河北省社会科学基金项目：基于多模态协同分析的罪犯智能分级处遇方法与机制研究
（立项编号：HB21ZZ002）部分资助

# 基于自然语言处理的智能司法文本分析及应用

高冠东 著

Intelligent Judicial Text Analysis and Application Based on

NATURAL LANGUAGE PROCESSING

NLP

法律出版社
LAW PRESS·CHINA
北京

**图书在版编目（CIP）数据**

基于自然语言处理的智能司法文本分析及应用 / 高冠东著. -- 北京 : 法律出版社, 2025. -- ISBN 978 - 7 - 5244 - 0126 - 1

Ⅰ. D916.13

中国国家版本馆 CIP 数据核字第 2025MP5216 号

**基于自然语言处理的智能司法文本分析及应用**
**JIYU ZIRAN YUYAN CHULI DE ZHINENG SIFA WENBEN FENXI JI YINGYONG**

高冠东 著

责任编辑 冯高琼
装帧设计 李 瞻

| | | | |
|---|---|---|---|
| **出版发行** | 法律出版社 | **开本** | 710 毫米×1000 毫米 1/16 |
| **编辑统筹** | 法规出版分社 | **印张** | 26 **字数** 425 千 |
| **责任校对** | 张红蕊 | **版本** | 2025 年 8 月第 1 版 |
| **责任印制** | 耿润瑜 | **印次** | 2025 年 8 月第 1 次印刷 |
| **经　　销** | 新华书店 | **印刷** | 北京建宏印刷有限公司 |

地址:北京市丰台区莲花池西里 7 号(100073)
网址:www.lawpress.com.cn　　销售电话:010 - 83938349
投稿邮箱:info@lawpress.com.cn　　客服电话:010 - 83938350
举报盗版邮箱:jbwq@lawpress.com.cn　　咨询电话:010 - 63939796


**书号**:ISBN 978 - 7 - 5244 - 0126 - 1　　**定价**:88.00 元

凡购买本社图书,如有印装错误,我社负责退换。电话:010 - 83938349

# 前　言

在数字化与智能化浪潮席卷全球的当下，司法领域正经历着前所未有的变革。海量司法文本数据的涌现，对高效、精准的分析处理提出了迫切需求。自然语言处理（NLP）技术凭借其强大的文本理解与分析能力，将文本分类技术、情感分析引入到犯罪领域中，能够对大量的犯罪文本进行深度挖掘，成为推动司法智能化进程的关键引擎。本书以司法文本分析为核心，着重介绍自然语言处理技术的基本理论、算法和应用方法，并结合作者多年的研究成果，提出了一些智能司法文本分析的应用案例，旨在搭建起 NLP 技术与司法实践之间的桥梁，以智能技术减轻基层干警工作压力提出一种技术可行性发展路径，为司法工作者、技术研发人员及相关领域学习者提供全面且实用的指导，也为警察院校数据警务技术和安全防范工程专业相关课程的教学提供参考教材。

司法行政工作涉及大量的文本数据，也蕴藏着巨大价值，但是如何挖掘和利用文本数据价值，实现智能化分析、决策和预测等应用，是提升司法行政工作水平和效率的关键问题。司法行政机关建设智慧系统时，技术人员面对众多技术、方案和产品常常难以抉择；面向司法行政的人才培养也缺乏兼顾技术和实务工作的专业书籍。因此，本书将文本分析技术与司法行政工作实务相结合，以司法行政相关文本数据设计案例，以案例诠释技术理论，并以案例引入司法应用，为相关从业人员和后备人才培养提供了技术理论和应用方案。

本书系统地融合了理论知识与实践案例，从自然语言处理的基础概念与核心技术出发，逐步深入到司法文本智能分析的具体应用场景。本书共分为九章：第一章面向司法的 NLP 技术概述及应用，主要介绍 NLP 基本概念、发展历程、研究现状和面向司法行政的应用情况；第二章 Python 开发环境构建，主要介绍本书软件实例所需开发环境的搭建；第三至六章主要介绍文本分析方面的原理及算法基础，包括：构建司法文本语料库、文本摘要、词向量推理方法、基于深度学习的 NLP 方法；第七至九章主要是 NLP 技术应用于司法行政文本分析的方法和案例介绍，结合作者的研究成果，以应用案例的方式介绍如何将 NLP 引入司法行政工作，包括：基于文本分类的犯罪心理归因及风险评估、基于相似性聚类的司法案例智能推荐、基于语言情感分析的亲情电话异常侦测。

本书具有三大鲜明特色：其一，内容编排循序渐进，兼顾理论深度与实践可操作性，无论是初学者还是有一定基础的专业人士，都能在书中找到适合自己的学习路径；其二，紧密结合司法业务场景，通过丰富的实例分析，展示 NLP 技术在司法领域的实际应用价值；其三，注重技术的前沿性，涵盖深度学习、注意力机制等前沿方法，帮助读者把握行业发展趋势。

在本书编写过程中，硕士研究生李辉、张家伟、王文静、梁聪哲、魏嘉雪、李仁正等同学参与了书稿的整理工作，在此表示感谢！本书内容参考了众多国内外研究成果与司法实践经验，力求内容的科学性与实用性。但由于自然语言处理技术与司法实践均处于快速发展阶段，书中难免存在不足之处，恳请广大读者不吝指正。希望本书能够成为您探索自然语言处理与司法文本智能分析领域的得力助手，也期待能为我国司法智能化建设贡献一份力量。

# 目　录


第一章　面向司法的 NLP 技术概述及应用　1

1.1　自然语言及语义　2

1.1.1　自然语言与文字信息　2

1.1.2　自然语言与数学　4

1.1.3　自然语言语义　4

1.2　自然语言处理　9

1.2.1　早期自然语言研究　9

1.2.2　基于统计方法的自然语言处理　9

1.2.3　自然语言处理技术的应用　13

1.3　文本分析及其应用　16

1.3.1　文本分析的相关概念　17

1.3.2　文本分析的流程　18

1.3.3　文本分析的应用方向　19

1.4　文本分析在司法工作智能化中的应用　21

1.4.1　人工智能技术的司法应用　21

1.4.2　司法领域的文本分析应用研究　22

第二章　Python 开发环境构建　29

2.1　Python 环境的选择　29

2.1.1　Python 的开发环境　29

2.1.2　Python 编程所需软件　31

2.1.3 Python 版本的选择 32
2.2 开发环境安装及配置方法 33
2.2.1 安装 Anaconda 34
2.2.2 安装 PyCharm 38
2.2.3 配置环境 41
2.2.4 安装 jupyter notebook 42
2.2.5 scikit - learn 开发环境配置 44
2.3 基本操作方法 46
2.3.1 Anaconda 界面介绍 46
2.3.2 Anaconda 编写代码的过程 47

**第三章 构建司法文本语料库 49**

3.1 语料库概述 49
3.1.1 语料的概念 49
3.1.2 语料的收集 50
3.1.3 语料库 50
3.1.4 语料库构建原则 51
3.1.5 语料库的种类 52
3.2 分词方法介绍 55
3.2.1 分词概述 55
3.2.2 为什么要分词 56
3.2.3 中英文分词的区别 56
3.2.4 中文分词算法 57
3.3 利用分词器构建语料库 61
3.3.1 jieba 分词器 61
3.3.2 语料库的制作 64
3.4 语料库数据管理 67
3.4.1 语料库的数据管理方式的发展阶段 67
3.4.2 语料库的物理结构 68

3.4.3 语料库数据管理系统应具备的功能 70
3.5 语料库读取器 71

第四章 文本摘要 74

4.1 文本摘要技术简介 75
4.2 文本摘要方法分类 76
4.3 关键短语提取 77
4.3.1 词语搭配 78
4.3.2 基于权重标签的短语提取 81
4.4 TextRank 文本摘要实例 83
4.4.1 TextRank 关键词提取原理 83
4.4.2 提取关键词、短语和文本摘要实例 86
4.5 主题模型 89
4.5.1 主题模型算法介绍 90
4.5.2 LSI 算法理论及实例 91
4.5.3 LDA 算法 96
4.6 基于 Gensim 库的主题模型实例 98
4.6.1 实例数据准备 98
4.6.2 语料库的制作 102
4.6.3 LSI 主题模型实例代码 103
4.6.4 LDA 主题模型实例代码 108
4.7 基于 scikit - learn 库的主题模型 115

第五章 词向量推理方法 122

5.1 传统特征工程模型 123
5.1.1 词袋模型 123
5.1.2 n - gram 词袋模型 126
5.1.3 one - hot 模型 127
5.1.4 TF - IDF 模型 129

5.2 高级特征工程模型 134
5.2.1 Word2Vec 模型 135
5.2.2 GloVe 模型 139
5.2.3 FastText 模型 142
5.2.4 ELMO 模型 144
5.2.5 OpenAI - GPT 模型 148
5.2.6 BERT 模型 151

**第六章 基于深度学习的 NLP 方法** 161

6.1 神经网络基础知识 161
6.1.1 感知机 162
6.1.2 认知偏置 163
6.1.3 反向传播算法 164
6.1.4 误差曲面 166
6.1.5 多种梯度下降算法 167
6.1.6 案例 168
6.2 卷积神经网络 171
6.2.1 卷积神经网络的发展 172
6.2.2 卷积神经网络在自然语言处理上的应用 174
6.2.3 卷积神经网络的结构 174
6.2.4 卷积神经网络的主要特点 178
6.2.5 案例 179
6.3 循环神经网络 185
6.3.1 循环神经网络的记忆功能 185
6.3.2 随时间反向传播算法 187
6.3.3 权重更新 187
6.3.4 循环神经网络的难点 188
6.3.5 案例 189
6.4 长短期记忆网络(LSTM) 192

6.4.1 长短期记忆 192
6.4.2 随时间反向传播算法 194
6.4.3 字符级建模 195
6.4.4 其他记忆机制 196
6.4.5 案例 196
6.5 注意力机制 203
6.5.1 注意力机制简介 204
6.5.2 注意力机制基本原理 205
6.5.3 注意力机制的各种方法 207
6.5.4 多头注意力机制应用实例 209

第七章 基于文本分类的犯罪心理归因及风险评估 219

7.1 文本分类 221
7.1.1 文本分类框架 222
7.1.2 数据预处理和规范化 224
7.1.3 构建训练和测试集 226
7.1.4 特征工程技术 227
7.1.5 构建分类模型 228
7.1.6 评估分类模型 233
7.2 犯罪心理归因分析实战 235
7.2.1 加载和查看数据集 236
7.2.2 文本预处理 238
7.2.3 特征工程的构建及分类 240
7.2.4 模型训练及测试 253
7.2.5 雷达图表示 257
7.3 犯罪心理归因结果分析 260

第八章 基于相似性聚类的司法案例智能推荐 263

8.1 基本概念 265

8.1.1 信息检索 265
8.1.2 特征工程 265
8.1.3 相似度度量 265
8.1.4 无监督的机器学习算法 266
8.2 文本相似度 267
8.3 分析词项相似度 267
8.3.1 汉明距离 271
8.3.2 曼哈顿距离 274
8.3.3 欧几里得距离 277
8.3.4 莱文斯坦编辑距离 279
8.3.5 余弦距离和相似度 285
8.4 分析文档相似度 289
8.5 构建司法案例推荐系统 289
8.5.1 司法案例数据集构建 290
8.5.2 司法案例数据集预处理 291
8.5.3 目标案例预处理 299
8.5.4 成对文档相似度的余弦相似度计算 300
8.5.5 司法案例推荐 300
8.6 文档聚类 306
8.6.1 k 均值聚类 307
8.6.2 近邻传播算法 312
8.6.3 凝聚层次聚类 317

第九章 基于语言情感分析的亲情电话异常侦测 324

9.1 前期准备 324
9.1.1 需求分析 324
9.1.2 多模态情感分析简介 325
9.1.3 项目数据集 327
9.1.4 框架流程介绍 328

9.2　基于多模态的情感分析案例　330
9.2.1　案例创建　330
9.2.2　BERT 模型模块介绍　332
9.2.3　小脚本文件介绍　354
9.2.4　run_classifier 主函数　366
9.2.5　结果分析　395
9.3　情感分析面临的挑战及研究方向　397

**参考文献**　401

# 第一章

# 面向司法的 NLP 技术概述及应用

近年来,以大数据、人工智能、物联网、云计算等为代表的信息技术快速发展,社会各个领域的信息化、数据化、智能化应用越来越广泛、越来越深入。党的二十大报告在工业、农业、公共服务、社会治理、国家安全等多方面都提到了"信息技术""智能化""智慧"等词语,可见党中央、国务院高度重视新一代信息技术产业发展。信息技术产业赋能、赋值、赋智作用深入显现,成为推动我国社会和经济发展的主要动力。《中共中央关于制定国民经济和社会发展第十四个五年规划和二〇三五年远景目标的建议》提出"统筹发展和安全,建设更高水平的平安中国"。坚持总体国家安全观,实施国家安全战略,维护和塑造国家安全。习近平总书记也对平安中国建设作出重要指示,强调"全面提升平安中国建设科学化、社会化、法治化、智能化水平,不断增强人民群众获得感、幸福感、安全感"。由此可见,利用人工智能技术提高社会治安管理水平,是政府治理工作面临的一项重大挑战,也是维护社会安全稳定的重要技术手段。最高人民法院和最高人民检察院发布的 2024 年数据显示,整体的犯罪率在逐年下降,然而却出现了新的犯罪趋势:青少年犯罪趋势逐渐上升,2024 年中国检察机关受理审查起诉未成年犯罪嫌疑人同比上升 4.3%,盗窃罪、诈骗罪、聚众斗殴罪、强奸罪、抢劫罪等五类犯罪比例较高,暴力犯罪现状依旧严峻。同时由于人口基数大,即使犯罪率下降,但犯罪人口数量依旧较高,尤其暴力犯罪直接对人民群众的生命安全造成了直接影响,依旧需要加强治理的力度。

在司法行政领域,新一代信息技术正在逐步深度融入司法工作,助力推进法治中国建设,在依法治国、依法行政、刑罚执行、执法监督、法律咨询等方面发挥着越来越大的作用。近年来,我国不断推进司法工作改革,并通过引入人工智能技术来提升犯罪案件的分类、审判的效率。目前犯罪数据大多以文本格式进行存储,如对案情描述性的文字、罪犯的测评报告、社会调查报告等。大量的文本数据中蕴含着重要的信息,用于分析罪犯的心理状态、情绪分类等,从而便于进一步了解其犯罪动机,制定合理的分级处遇措施,达到预防犯罪的目的。同时大量的案件,只依据人工去评判,需要大量的人力,也容易掺杂人为的主观因素,一定程度上影响公平公正。随着自然语言处理(natural language processing,NLP)技术逐渐成熟,深度学习算力逐渐增强,将文本分类技术、情感分析引入犯罪领域,能够对大量的犯罪文本进行深度挖掘,进一步扩展研究内容。

NLP 最初源于 20 世纪 40 年代后期构建的第一个人工智能系统,通过对自然语言进行处理并识别单词,达到理解人类命令的目的。随后艾伦·麦席森·图灵(Alan Mathison Turing)发表了一系列描述机器翻译算法的论文和关于自然语言的研究论文。1956 年,约翰·麦卡锡(John McCarthy)发表了一份关于描述如何使用自然语言与人工智能系统进行通信的报告,次年"人工智能"(artificial intelligence,AI)一词正式出现在大众的视野中。随着时间推移,不同的分析方法逐渐发展起来,创建了感知机神经网络,出现了第一个可以与人进行交谈的计算机程序 ELIZA。1979 年,NLP 出现了新的发展,诞生了第一个英语聊天机器人。1994 年,统计机器翻译在自然语言处理方面取得了重大突破。2003 年之前 NLP 中没有统一的表示方法,出现了各种统计方法用于表示文本信息,而该年约书亚·本吉奥(Yoshua Bengio)首次将深度学习的思想融合到语言模型中,将词表征为一个向量形式。随着 Word2Vec 的出现,极大地促进了深度学习在 NLP 中的应用。Transformer 框架的提出使 NLP 技术出现了新的发展,极大地推动了人工智能的发展。以上是 NLP 大致的发展历程,其中充满了坎坷,并从最初认为深度学习不适用于 NLP 到深度学习与 NLP 密不可分,也为 NLP 的发展提供了契机,接下来我们将详细介绍自然语言及语义、自然语言处理技术及应用和司法行政类文本的现状。

## 1.1 自然语言及语义

### 1.1.1 自然语言与文字信息

为了深入了解 NLP 及文本分析,我们需要了解是什么构成了语言的"自然性”。自然语言是人类基于自然使用和交流而发展演化来的语言，强调形成的自然性。与自然语言相对的是计算机编程语言，是为计算机而设的“人造”语言，能够被翻译为一组有限的数学运算集合，利用编译器或者解释器将指令翻译为机器指令。数字、文字与自然语言一样，都是信息的载体，存在天然的联系。究其根本，语言和数学的产生都归结于一个目的，即记录和传播信息。然而，直至克劳德·艾尔伍德·香农（Claude Elwood Shannon）提出信息论的概念，人们才开始把数学和信息系统联系到一起，构成一个整体。

早期人类已经通过某种方式进行信息的传递与交流。正如动物发出特定的叫声一样，人类对不同的行为发出特定的声音，进行信息的传递，随着时间的积累，形成了如今世界上不同的语言。这里面信息的产生、传播、接收和反馈，构成了一套完备的通信模型，如图 1.1 所示。如今，不同的通信模型各自有一套完善的系统架构，将文字、语音、图像等信息利用复杂的系统完成编码和解码的过程。

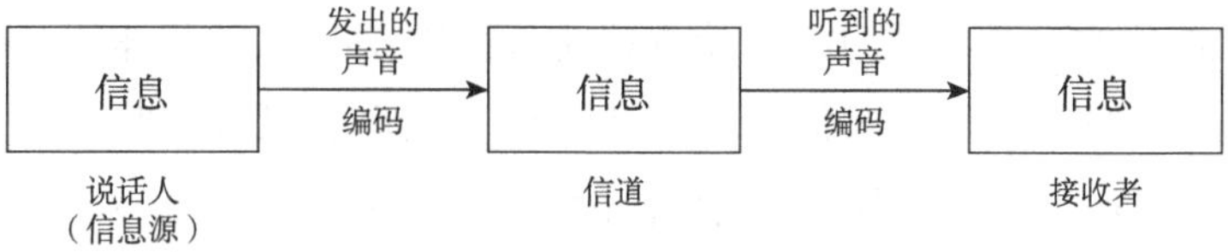


**图 1.1　早期通信模型**

随着时间的推移，人类对语言的描述逐渐丰富、抽象起来，根据共有的元素，形成了特定的词汇。随着词汇语言积累到一定的程度，仅依靠大脑已经无法完全记忆所有的词汇，于是产生了高效记录信息的需求，即文字。文字作为信息的载体，随着文明的不断进步，其数量开始激增，于是进一步出现了概括与归类，读音相同的词尽可能使用同一个符号进行记录，这种概念也类似于机器学习或者深度学习中的聚类。此时一个词语可能蕴含多种词义，单一显示的词语并不能正确判断其语义信息，需要依赖上下文才能正确获取其语义。大多数情况下能够根据上下文去除多义词的歧义，获取正确的语义信息。词语所蕴含的多种语义信息容易造成研究人员对某段话理解的不同，引起歧义，这也是学习自然语言的难点。

目前有 700 多种编程语言，而自然语言总数已经是当前世界各地常用自然语言的 10 倍。“自然语言”与“自然世界”中的“自然”一词意义相同。世界上自然的事物总是处于不断进化完善的过程中，语言也是如此。自然语言充满了复杂性、多义性，因此，对于能够处理某些自然事务的机器本身在一定程度上是不自然的，难以像人类一样精确可靠地执行多种实际任务。

### 1.1.2 自然语言与数学

随着文明的不断进步，文字在远古逐渐出现了“信息爆炸”的局面，数字的出现缓解了难以计数的局面。完整计数系统的产生，使人类能够进一步分辨超过3的数字。数字是计数系统的基础。然而，早期没有数字具体的书写形式，而是通过人类的手指进行计数，这也是十进制被广为接受的原因。为了方便统计数字，早期的人类也将数字一道一道地刻在木头等便于携带的物体上。值得注意的是，早期的数字与文字一样，只是承载信息的工具，并不具有任何抽象的含义。

任何事物发展的规律性都是内在的，并不会随着载体的不同而发生改变。自然语言的发展，也遵循信息科学的规律。从象形文字到如今的简化汉字以及拼音文字等，是时代的飞跃，这是由于人类在描述事物的方式上，从物体的表象进化到了抽象的概念，同时采用了对信息的编码技术。然而，在纸张发明之前，在龟壳、竹简上刻写一个字所花费时间较长，因此内容相对简洁但晦涩难懂。将口语落实到纸面的时候，便与通信的原理基本相似，即需要经过一个编码过程，如果信道相对较窄，信息就需要进行压缩传递，当接收者接收到信息时，则又需要经过一个解码过程。到了近现代，白话文的普及使字面内容与口语内容相近，则类似于在一个较宽的信道进行信息的传递。

值得一提的是，西方抄写应用了一种类似于如今计算机中校验码的方法，即抄写者将每一个字母对应一个数字，每一行加起来则得到一个特殊的数字，那么这个数字则是这一行的校验码，同时每一列也是如此处理。若这一页中每行与每列的校验码与原文相同，则抄写无误，如果出现不同，也能很快发现错误的地方。其中的原理与如今计算机中校验码是相同的。语言的发展经历了漫长的历史，在表达含义上比以前更加准确丰富，其中语法起到了重要作用。可以说，字母到词的构词法是词的编码规则，那么语法则是语言的编码和解码规则。

### 1.1.3 自然语言语义

语言意义的本质涉及语言的语义与意义自身的本质。语言学家一直试图找出语言对实际事物对象的意义，即任何字词与句子的意义的起源是什么，以及语言中不同字词如何成为彼此的同义词并形成特定的联系。同时，另一项重要的研究内容则是语言的结构和句法如何为语义奠定好的基础，即具有自身意义的字词如何被结构化地组织，从而形成有意义的句子。句法、语义、语法和解析树都是解决这些问题的方法。意义的本质则可以在两个人之间的语言学中得以体现，这里的两个人的角色分别为发送者与接收者。

在对语义进行深层了解时，首先需要了解如下几个概念。语言习得被定义为人类基于听觉和感知，利用认知能力、知识和经验来理解语言的过程，将会促使人类之间开始按照字词、短语和句子使用语言进行交流，即获取和产生语言的能力被称为语言习得。对于语言习得的研究已经持续了几个世纪，学者试图推理和理解语言习得的起源，并提出了许多理论，其中最为著名的是知识、学习和语言的使用更多的是一种自然的行为。

接下来继续介绍与言语行为有关的概念。其中言语行为主要分为三类：①言内（locutionary）行为：主要涉及当句子通过说话从一个人表达给另一个人时，实际所传递的信息；②言外（illocutionary）行为：更关注所表达句子的实际语义和意图；③言后（perlocutionary）行为：指言语表达对其接收者的实际影响，更注重心理或行为角度。言外行为包括以下五种类型：断言、指令、承诺、表达和宣告。这些言语行为成了人类之间使用和传递信息的主要方式。

语义（semantics）涉及语言中意义的研究，探讨了语言含义、词汇、短语以及符号之间的关系，以及其所表示知识的暗示、含义及指代。简言之，语义更加侧重于面部表情、标志、符号、身体语言，以及当信息从一个实体时传递到另一个实体时所包含的信息。

接下来详细探讨词汇语义之间的关系。

词汇语义学（lexical semantics）关注的是识别语言中词汇单元之间的语义关系，以及其与句法和语言结构的关联关系。词汇单元由词素表示，而语素是有意义且语法正确的最小语言单元。字词的本质是语素的子集。每个词汇单元都有自己独有的句法、形式和含义，也可以从上下文（短语、从句和句子的词汇单元）中派生出新的含义。词汇（lexicon）是词汇单元的一个完整的集合。

下面介绍一些关于词汇语义的概念。

(1)词元(lemma)是一组词的规范或基本形式。词元通常是一组词[词位(lexeme)]的基本形式。词元是一种特定的基本形式或头单词,代表了词位。词形(word form)是词元的变式,是词位的一部分,且可以作为文章的一个词元。词义(sense)是基于词在句子中的位置,所拥有的特定的含义。词义赋予了词在不同语境下拥有不同含义的具体表示。

(2)同形同音异义词(homonym)是具有相同的拼写或发音,但具有不同含义的单词。所替代词的定义要求具有相同的拼写,词含义之间的关系称为同形同音异义。例如,英文 bat 一词,在句子"The bat hangs upside down from the tree."中的含义为蝙蝠,而在"That baseball bat is really sturdy."中的含义为球棒,区别于以下同形异义词的概念,bat 在这两个句子的读音相同。

同形异义词(homograph)是具有相同的书面形式或拼写,但具有不同含义的词语。例如,lead 一词在"I am using a lead pencil."中的含义为含铅的,而在"Please lead the soldiers to the camp."的含义为带领,虽然读音相同,但是意思却不同。

同音异义词(homophone)是具有相同发音,但含义不同的词语,同时其拼写也不同。例如,pair 的含义为一对,而 pear 的含义为梨,读音相近,但含义和拼写均不同。

由于机器智能很难识别这些词语的时间含义和上下文语义,以上这些类型的词语会在 NLP 的任务中产生歧义。

(3)同形异音异义词(heteronym)是具有相同书面形式,但发音和含义均不同的词语。其本质上是同形异义词的子集。例如,lead 具有领导(动词)、领导者(名词)、含铅的(形容词)等含义。

同音同义异形词(heterograph)是具有相同发音但含义和拼写不同的词语,是同音异义词的子集。例如,to、too 和 two 读音相似,但含义和拼写均不同。

(4)语义相近多义词(polysemes)是具有相同书面形式或拼写,同时具有多重含义,这些含义的联系相近,其含义往往需要根据上下文确定。例如,bank 一词,有以下含义:①金融机构;②河岸;③属于金融机构的建筑;④依赖。该词具有多重含义,但①、③和④代表一个共同主题的语义相近多义词,即象征信任和安全。

(5)首字母大写异义词(capitonym)是具有相同的书面形式,但是当首字母大写时则具有不同的含义。例如，march 的含义为行军，但当写为 March 时，其含义为三月。

(6)下位词(hyponym)是另一个词的子类，具有非常具体的含义和上下文。与之相反的是上位词(hypernym)，其是下位词的超类，具有更通用的意义。例如，fruit 是一个上位词，而 apple、pear 等具有更具体的含义，则是下位词，这些词语之间的关系称为下位关系。

了解上述概念后，需要进一步思考如何使用这些词汇单元组合成具有实际意义的概念。语义网络旨在使用网络或图来解决表示知识和概念的问题，其基本单位是实体或概念。一个概念可以表示无形抽象的事物，也可以表示有形的事物；并且不同概念之间可以通过有向边或者无向边进行表示，每条边表示两个概念之间的特定关系。

借助语义网络可以实现词汇单元的相互关联。词在上下文中的位置顺序尤为重要。在词序列或句子中控制词序的规则称为语言的语法(grammar)，也称文法。语法主要包括一组规则，在自然语言构造句子时用来确定定位词、短语和从句。在传递基于语法构建的信息时，如何正确地表示一个句子所蕴含的含义是一件重要的事情。对于人类而言，理解所传达的含义是非常容易的，但是对于机器而言，则需要考虑多重问题。例如，在"Get the book from the table."中，机器需要考虑到具体"which book"或者"which table"这些问题。命题逻辑(propositional logic，PL)和一阶逻辑(first order logic，FOL)能够准确表达句子中各成分之间的含义与关系，从而推断一个句子是否基于其语义需要另外一个句子。由于机器缺乏人类内在的认知能力，因此语义表示对开展各种 NLP 任务具有重要意义，它使机器能够使用适当的表达来理解消息背后的语义。

信息的表示通过一个个句子得以体现，而句子则是表达一组词汇的结构化格式，需要遵循某些特定的句法规则。对自然语言的认知是通过分析语句和获取语义来实现的。句法和结构通常是密切相关的，一组特定的规则、约定和原则控制着词语组合的方式。在学习西方语言时，都需要关注它们的语法规则(grammar rules)、词性(part of speech)和构词法(morphologic)等。这些语法规则可以很容易地通过计算机算法实现。为了对句子中的每一部分进行详细分析，常采用语法分析树(parse tree)进一步表示。语法分析树是语言推导过程的图形化表示方法，能反映出语言的实质以及语言的推导过程。例如以下例子:猫喜欢老鼠。其中可以分为三部分:主语“猫”,动词短语(谓语)“喜欢老鼠”和句号,图 1.2 是该例句的语法分析树表示。接下来采用重写规则(rewrite rules)进一步表示。重写规则是转换生成语法术语,表示取代或扩展的规则,形式为“X→Y”“A→B/C”等。箭头左边的符号代表单一的结构成分,箭头右边的符号代表一个或几个成分构成的语符列,箭头的意思是用 Y 取代或扩展 X,斜线表示取代或扩展所处的环境。这类规则习惯上读作“X 重写为 Y”或“X 扩展为 Y”“当 A 处于 C 之前时重写为 B”或“当 A 处于 C 之前时扩展为 B”。例句的重写规则如下:

句子——→主语　谓语　句号

主语——→名词

谓语——→动词　名词短语

名词短语——→名词

名词——→猫

动词——→喜欢

名词——→老鼠

句号——→。

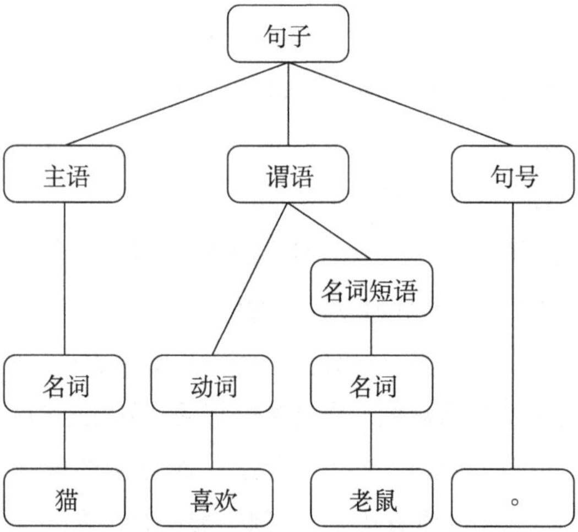


**图 1.2　例句的语法分析树表示**

## 1.2　自然语言处理

语言的出现实现了人类之间的通信。任何一种语言都是一种编码方式，而语言的语法规则则是编码和解码的方法。文字、数字和字母等均是信息编码的不同单位。自从 1946 年以冯·诺依曼(von Neumann)体系的 ENIAC 为准的现代电子计算机出现后，在大多数方面提高了人们的工作效率。但关于机器是否能理解自然语言包含了两个认知方面的问题：①计算机能否处理自然语言；②如果可以，机器处理方式是否和人类一样。答案显而易见都是肯定的。

机器智能的构想最早由图灵在 1950 年提出，他在 *Mind* 期刊上发表的一篇名为《计算的机器和智能》的论文，论文中虽然没有提出具体的研究方法，但提出了一种验证机器是否有智能的方法。最早的自然语言处理即可追溯到这个时候。经过 70 多年的发展，自然语言在很多领域中已经有了广泛应用，并取得了显著的成果。自然语言的发展可以分为两个阶段：第一阶段为 20 世纪 50 年代到 70 年代，所有科研人员对自然语言处理的认知局限在人类学习语言的方式上，即用电脑模拟人脑；第二阶段为 20 世纪 70 年代至今，基于数学模型和统计方法，在自然语言领域取得了实质性的发展。

### 1.2.1　早期自然语言研究

早期自然语言的研究主要集中在用电脑模拟人脑，让计算机像人一样理解自然语言。受传统语义学的影响，基于规则的自然语言处理获得青睐，而这些语法规则又能够轻易使用计算机算法描述。然而，在实际中，句法分析是一件复杂的事情，如图 1.2 所示的例句衍生出了 8 条文法规则，即使剔除词性标注后依旧还有 4 条。对于较长的句子，其完整的分析树十分庞大、非常复杂。单纯基于语法规则的分析器无法处理以上复杂的语句。同时其他问题也开始显现出来，如词的多义性很难用规则来描述，严重依赖上下文，句子中某一个词语所蕴含的信息往往需要在上下文语境中才能得到。

### 1.2.2　基于统计方法的自然语言处理

基于数学模型和统计方法使自然语言处理获得了新生。例如，采用基于统计的方法,IBM 将语音识别率从之前的 70% 提升到了 90%,同时识别规模从几百个单词上升到几万个单词,极大地推动了语音识别从实验室走向实际应用。随着数据量和算力的不断增加,基于统计的自然语言处理方法不仅在语音识别领域具有较高的性能,同时在机器翻译等领域都远胜于传统的句法规则。

基于统计的自然语言处理是为表示自然语言上下文相关的特性所建立的数学模型,即统计语言模型。其初衷是为了解决语音识别问题,从判断一个句子是否合理出发,用概率衡量这个句子合理的可能性。目前,已经有许多统计学方法应用到文本信息的度量中。随着深度学习应用的成熟,统计语言模型也可以分为两个阶段:第一个阶段是基于传统统计学方法,构建文本向量;第二个阶段以深度学习为标志。下面简单介绍相关概念,后面的章节将会详细描述这些方法。

1. 传统方法简介

传统方法主要是基于计数构建的一些数学模型,使用数学和统计方法将文本信息转换为结构化向量,包括词袋模型、n - gram、TF - IDF、文档相似度、主题模型等。

(1)词袋模型:将每个文本文档表示为数字向量,其中每个维度都是语料库中特定单词,其值可以是该词在文档中的频率、是否出现(one - hot),以及加权值表示。这种方法的弊端是没有考虑词语的顺序、句法结构等信息。

(2)n - gram 模型:进一步考虑词语或短语集合出现的顺序,将文本中的内容按照字节进行大小为 $n$ 的滑动窗口操作,形成长度是 $n$ 的字节片段序列。模型基于第 $n$ 个词的出现只与前面 $n-1$ 个词相关而与其他任何词都不相关这一假设,整句的概率就是各个词出现概率的乘积。常用的是二元的 Bi - Gram 和三元的 Tri - Gram。

(3)TF - IDF 模型:表示词频—逆文档频率,是词频(TF)和逆文档频率(IDF)的乘积,即 TF - IDF = TF · IDF,其中 TF 是特定词的原始频率值,IDF 是每个词项的文档频率。TF - IDF 的出现是为了避免大型语料库中某些常见的词语掩盖其他重要词项,如不常出现的词语,这些词语可能会对某一个文档具有实际意义。

(4)文档相似度:使用基于距离或相似度的度量指标,识别该文档与其他文档的相似程度,常用的相似度度量方法有余弦距离、欧几里得距离、曼哈顿距离等。该方法在文本聚类中应用广泛。

（5）主题模型：从作为主题表示的文档集中提取关键主题或概念，每一个主题都能表示语料库中一部分词语的集合。这些词语共同表示一个特定的主题、话题或概念，通过借助这些词语传达的语义，可以轻易区分不同的主题。在主题建模中包含多种方法：语义索引（latent semantic indexing，LSI）、奇异值分解（singular valued decomposition）和潜在狄利克雷分布（latent dirichlet allocation，LDA）。

尽管传统方法能够很好地表示文本信息，提取语义特征，但由于模型的内在性质只是非结构化的词语，丢失了许多其他信息，如文档中词语的语义及上下文、句子中词语的顺序及结构，不能捕获正确的语义信息，同时每一个词语都是向量表示中的一个维度，使文档的词向量稀疏，引起维度爆炸。

2. 机器学习方法简介

随着机器学习中神经网络算法的发展，向量空间模型（vector space model，VSM）被引入向量表示中，可以基于语义和上下文相似度将词向量嵌入连续的向量空间中。其放弃了传统统计词频计算权重的方式，引入了神经网络，利用神经网络预测一个词在文档中出现的概率，将该词和上下文词语紧密地联系起来，同时利用预测值为每个词语构建稠密的词向量。接下来简要介绍以下方法：

（1）Word2Vec 模型。Word2Vec 模型是一种基于预测性深度学习模型，用于计算和生成高质量、分布式和连续稠密向量表示的单词，来获取上下文和语义相似度。其本质上是一种无监督模型，可以学习大量语料库，尽可能多地创建词语的词汇表，并为代表词汇表的向量空间中每个词生成稠密的词嵌入。Word2Vec 利用两种模型架构表示词嵌入：

①CBOW 模型：根据上下文来预测当前词语的概率，如图 1.3 所示。

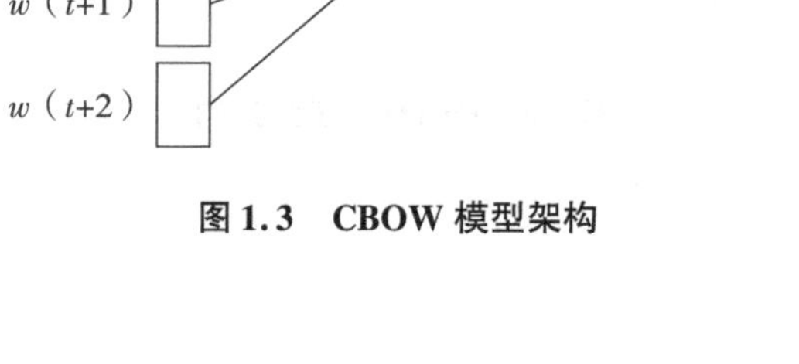


**图 1.3　CBOW 模型架构**

②Skip - gram 模型。根据给定目标词,来预测上下文词语的概率,与 CBOW 相反,如图 1.4 所示。

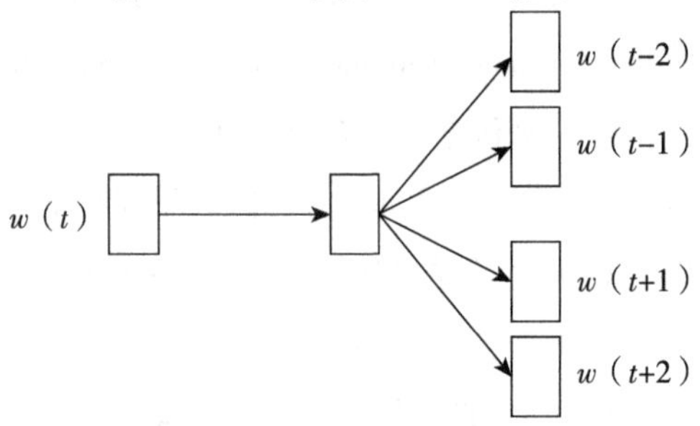


**图 1.4 Skip - gram 模型架构**

(2)GloVe 模型。GloVe(全局向量)模型是一种无监督学习模型,通过将词语映射到有意义的向量空间,其中词语之间的距离与语义相似性有关,对聚合的全局词语—词语贡献矩阵进行训练,从而提供有意义的向量空间。其基本方法是构建一个庞大的词语—上下文共现矩阵,矩阵由(word,context)对组成,矩阵中每一个元素均代表一个词在上下文出现的频率。作为用于词表示的无监督学习的对数—双线性回归模型,GloVe 模型结合了两个模型族的功能,即全局矩阵分解和局部上下文窗口方法。

(3)FastText 模型。FastText 是一个用于学习单词表征,并且具有稳定、快速和准确的执行特点的文本分类框架,将每一个单词看作一个 n - gram 的字符袋,模型架构和 Word2Vec 的 CBOW 模型架构非常相似,如图 1.5 所示。

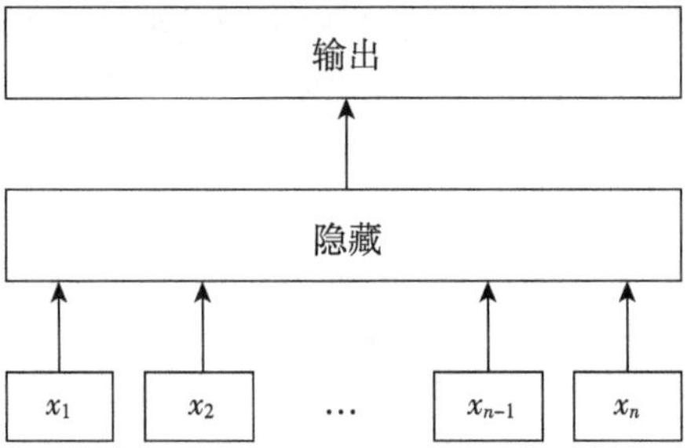


**图 1.5 FastText 模型架构**

在实际构建统计语言模型时，需要将文本划分为最小的表示单位。因为语言模型在词的基础上建立起来的，而词是表示语义的最小单位，所以在使用统计语言建模时，需要先进行分词，才能进一步做自然语言处理。对于英文而言，词之间有明显的区分标志，即不同单词之间的空格，在使用统计模型建模时会相对简单。但对于汉语、日语等一些语言，词与词之间没有明显的分隔符，需要进行分词处理。最初的分词方法是利用预定义的字典，将一个句子从左到右进行扫描，如果匹配字典中的词语，则将该词进行划分，如果没有匹配，则将其划分为单独的字。然而，该方法遇到具有二义性的分割时，会导致分词错误。基于统计的语言模型可以轻易解决二义性的问题。该模型是基于动态规划，选取分词后句子出现概率最大的，从而快速发现最佳的分词结果。分词器能够很大程度完成各种分词任务。对于司法领域，哈尔滨工业大学研制的语言技术平台（LTP）效果较好。

### 1.2.3 自然语言处理技术的应用

自然语言处理以计算机语言学为基础，属于计算机科学与工程和人工智能的专业领域，主要设计和构建让机器与人类所使用的自然语言间进行交互的应用和系统。这使 NLP 与人机交互（human - computer interaction，HCI）联系日益紧密。NLP 技术使计算机可以处理和理解人类的语言，并且进一步提供有用的输出。接下来简单介绍一些自然语言处理技术的主要应用方向。

1. 机器翻译

机器翻译是 NLP 中研究历史最长的任务之一，也是 NLP 最先主要研究与开发的领域，其为任何两种语言之间提供实现句法、语法、语义正确翻译的技术。简言之，就是使用机器实现自然语言的翻译，即机器翻译的基本模块是将单词从一种语言转换为另一种语言，但这种情况下容易忽略语法和短语一致性等问题。目前机器翻译已经经历了三个阶段：第一阶段是基于规则的，由词典和语法规则构成翻译知识库；第二阶段是基于统计的，把机器翻译看成一个信息传输的过程，用一种信道模型对机器翻译进行解释，这种方法任务源语言到目标语言的转换是一个概率问题，其关键就是找到概率最大的句子；第三阶段是基于神经网络的，将向量化的句子通过一个拥有海量结点（神经元）的深度神经网络，在黑盒中经过复杂的传导计算，自动从语料库中学习翻译知识，生成目标语言。

2. 问答系统

问答系统(question answering system,QAS)基于 NLP 和信息检索(information retrieval,IR)技术构建问题回答规则。其主要通过构建鲁棒的、可扩展的系统,以自然语言形式为用户的问题提供答案。通常包括三个环节:NLU(自然语言理解)、DM(中控平台)和 NLG(自然语言生成)。其中 NLU 主要对用户问题进行解析,将用户问题转化为机器能理解的语言;DM 主要包括对话状态跟踪(dialogue state tracking)和策略学习(policy learning)两部分,对话状态跟踪主要是获得当前的状态,即机器人所理解的用户问题所处的状态,策略学习主要是根据当前系统的状态所采取的策略;NLG 是对用户问题的回复,即机器人返回给用户的结果。

构建一个完备的问答系统,需要统筹各个领域的数据组成一个大型知识库。问答系统使用知识库中高效的检索系统,快速完成信息的检索,以自然语言的形式向客户端提供问题答案。目前问答系统已经在食品、健康、电子商务等领域有了较为广泛的应用,同时聊天机器人也成为一种新兴的研究趋势。然而,构建、维护和扩充知识库是一项巨大的工程,随着预训练模型的兴起,极大地提升了自然语言处理的能力,通过无监督学习能够很好地挖掘文本信息。

3. 文本摘要

文本摘要是通过各种技术对文本或文本集合进行抽取、总结或精练其中的要点信息,用以概括和展示原始文本(集合)的主要内容,其本质是一种信息压缩技术。其主要目标是对一个可能包含文本、段落或句子的文本语料合理地缩减内容,创建一个保留文档集关键点的摘要。一般而言,生成的简短摘要必须满足以下要求:①信息量充分、能够覆盖原文的主要内容;②冗余度低;③可读性高。在信息爆炸时代,文本摘要能够有效提升人们获取关键信息的效率。如何从冗余、非结构化的文本中提取关键信息,形成精简通顺易懂的摘要是文本摘要的核心问题。文本摘要可以通过浏览不同文档找到包含重要突出信息的关键字、关键短语和句子来实现。

目前主要有两类文本摘要技术:

(1)抽取式文本摘要技术,即直接从原文中选择一些句子组成摘要,该方法需要基于一个假设,即一篇文档的核心思想可以用文档中的某一句或几句话来概括,本质上是一个排序问题,给每个句子打分排序,再考虑冗余性、新颖性、多样性等做一些后处理，抽取高分的句子作为摘要。

(2)生成式文本摘要技术，该方法试图通过理解原文的意思来生成摘要，即模仿人类提取摘要的方式，不仅会使用原文中的词语，也会增加新的词语来进行表述，其优点是与抽取式相比用词更加灵活。但随着文本和非结构化数据的大量出现，对快速获得有洞见的文本摘要的需求巨大。

文本摘要目前主要应用于两类主要操作：第一类是通用摘要，通过分析对收集到的文本尽力提供一个通用的摘要；第二类是基于查询的摘要，根据从查询中提取的特定的查询、相关的关键字和短语对语料进行过滤生成一个查询相关的文本摘要。

4. 文本分类

文本分类利用相关技术按照一定的分类体系或者标准对文档进行自动分类标记，其主要目的是基于文档的内容，识别出文档属于哪个类型或类别。根据一个已经被标注的训练文档集合，找到文档特征和文档类别之间的关系模型，然后利用这种学习得到的关系模型对新的文档进行类别判断，是 NLP 和机器学习领域最受关注的应用之一。文本分类主要包含了两大基础结构：特征表示和分类模型。其中特征表示包括预处理、索引统计和特征抽取，将文本转变成一种能够让计算机更容易处理的形式，同时减少文本信息的损失，常见的文本特征表示方法包括 BOW、n－gram、TF－IDF、Word2Vec、Glove。分类模型目前分为以机器学习分类的浅层学习模型和以神经网络分类的深度学习模型两种，其中浅层学习模型主要依赖人工获取的文本特征，模型参数较少，具有很好的领域适应性，在小规模数据上表现要优于深度学习模型，常用的模型有朴素贝叶斯、SVM、KNN、Random Forest 等，但人工特征的获取是浅层学习面临的重难点；深度学习模型结构相对复杂，不依赖于人工获取的文本特征，可以直接对文本内容进行学习、建模，对于规模较大的数据具有更好的适用性，常见的模型有 MLP、RNN、LSTM、CNN、GCN、Transformer 等，但深度学习模型对于数据的依赖性较高，且存在领域适应性不强的问题。随着信息的爆炸式增长，人工标注数据不仅耗时、质量低下，而且容易受到人主观意识的影响，导致部分数据标注错误。因此，利用文本分类技术对大型文档进行标注具有现实意义，所标注的数据具有一致性、高质量等特点。同时分本分类技术在情感分析、主题分类、意图识别等领域应用也日益成熟。

5. 文本聚类

文本聚类或聚类分析是 NLP 和文本分析中的一个重要领域，主要是根据聚类假设：同类的文档相似度较大，而不同类的文档相似度较小。与文本分类相反，文本聚类是一种无监督学习方法，不需要数据集进行训练，也不需要预先对文档手工标注类别，因此具有一定的灵活性和较高的自动化处理能力。文本聚类使用无监督机器学习算法，将文档分组到不同的簇中，这些簇的特性是：与属于其他簇的文档相比，同一个簇中的文档相似度更高，且彼此关联性更强。文本聚类在处理文本时与文本分类类似，需要从成功文档语料库入手，并根据文档的某些特性将它们分为不同的组。

聚类是一种无监督的学习技术，由于不存在对一个完美簇的定义，因此簇之间总会有一些重叠的样本点。聚类技术均是基于数学、启发式方法以及与生成簇有关的一些固有属性。以下是一些常用的聚类算法：

(1)层次聚类模型，也称基于连接的聚类方法：指在向量空间中，相似的对象距离更近，而不相关的对象距离更远。基于不同对象的距离，将对象连接形成簇，且可以使用树状图进行可视化。

(2)基于划分或基于质心的聚类模型：指每个簇都有一个能够表示该簇中心的样本点，且具有能够将特定簇与其他簇区分开的特征。该模型需要提前设置簇数值，如 k 均值、k 中心点等算法。其中需要距离度量最小化，如每个数据点到质心距离的平方为最小。这种类型的缺点是需要预先指定生成 $k$ 个簇，这可能会导致局部最小值，并且可能无法获得数据真实的聚类表示。

(3)基于分布的聚类模型：指具有相似分布的对象可以聚类到同一组或簇中。在对数据点进行聚类时使用到了概率分布的概念。例如，在高斯混合模型(GMM)中使用预期最大化(EM)等算法来构建簇。同时也可以使用这类模型获取特征、属性相关性和依存关系，其缺点是容易过拟合。

## 1.3 文本分析及其应用

文本分析是自然语言处理技术中的一个研究方向，在文本数据结构化及获取文本语义信息等方面发挥着重要作用。文本属于高度非结构化数据，与结构化数据能够直接进行处理分析不同,也没有像关系型数据库或结构化属性所遵循一定的模式,因此无法直接使用统计方法进行处理分析。随着大量的计算资源和非结构化数据的出现,以及机器学习技术、统计分析技术和深度学习技术的成熟,文本分析由于其可以从非结构化数据中获取大量隐藏的信息,很快获得了较多的关注。文本分析是一项比常规统计分析更为复杂的任务,需要将非结构化的文本数据转换为特定格式,变为结构化数据,才能进一步应用其他算法进行处理。

### 1.3.1　文本分析的相关概念

文本分析是指通过对文本的表示、选取其特征项,或将抽取出的特征词进行量化来表示文本信息,从文本数据中获得高质量、可操作的信息的流程。文本由人主观意念形成,其语义信息能够在一定程度上反映某种特定的价值、利益、观点或立场,借助文本分析能够独立地对文本中的信息进行分类、排序及提取相关信息,最终获得确定的模式、关系、观点。文本分析使处理多个文档的效率更高,如果仅单凭人力去处理海量的文本,不仅无从下手,效率也十分低下。文本涉及两个主体,即文本生产者和文本消费者,文本生产者是生成文本的主体,传递生产者所要表达的内容,其中会蕴含生产者的一些潜在特质属性;文本消费者是接收文本的主体,消费者接收该文本后,对其认知活动产生新的影响。例如,对于企业,可以从众多非结构化中提取具有指导性的信息,根据社交媒体中的评论、客户的反馈以及邮件信息等,获取指导性意见,从而进行辅助决策。在大数据时代,网络使大量个人、团体、公司、政府等不同组织主体产生了大量文本,这些文本对不同研究对象、不同研究领域具有重要意义,可从中挖掘分析大量信息用于决策。

文本数据是由一定的符号或符码组成的信息结构体,与结构化数据不同,需要将其转换为算法能够接收的结构化形式。在未进行结构化处理前,此时是原始的文本,即定性的文本,某种意义上,所有形式的文本均包含可以被视为数据形式的信息,在一定意义上并不能看作数据,只能作为信息,且文本总是以某种形式传递一些信息。文本最初不需要进行抽象化处理后再进行分析,通过原始文本可以直接进行信息的传递。然而,为了发掘文本中深层次的模式,可将文本看作数据,而不是所传递的信息。要进一步将文本抽象为数据,就需要放弃直接理解文本的能力,利用机器处理并破坏文本的直接可解释性。此时文本的结构将会被消除,进而转换为结构化的表格数据，以进一步从其格式化的特征中进行更系统、更大规模的推断。将文本作为数据进行分析的重点不是解释数据，而是挖掘其深层次的模式。然而，在结构化数据的过程中，出于统计分析或者机器学习即深度学习的目的，往往会丢失一些信息，需要额外去关注。

量化后的文本可以称为意义上的数据，即可定量的数据。对于量化后的文本，人们关注的并不是文本所包含的内容，而是文本内容作为相关潜在特征的数据所揭示的信息，这些潜在特征为进一步深度挖掘提供了可能。例如，在心理学领域，一直将言语行为作为能够观察到的潜在信息的暗示，如人格特质、行为者的偏好、意图或个性等。根据受试者说话或者书写内容作为数据来进行分析将会成为接下来研究的热点，如情感分析、意图识别、归因分析等。

### 1.3.2 文本分析的流程

开展一项文本分析任务需要经历以下四个阶段的系统性流程：

第一阶段：数据收集。根据不同任务的需求或者用户的需要进行相关数据的收集，如社交媒体的文章、线上评论、新闻报道等。在获取数据时，由于所需数据量较大，往往采用网页爬取技术获取相关数据。

第二阶段：数据准备。数据准备是文本处理的重要部分。由于文本属于非结构化数据，因此需要进一步将其转换为算法所能接收的格式。读取数据后，对于中文文本需要对其进行分词处理，并根据特定的规则将停用词删除，这些停用词往往在文档中作为虚词存在，没有实际的含义。需要注意的是，英文文本不需要进行分词处理，可以将单词间的空格作为分割的标准。分词时可以将文本分割成以字、词语或者句子为最小单位，分别可以形成字向量、词向量或句子向量，构建文档的向量矩阵。在一些任务中还需要对词性标注、词性还原等。

第三阶段：文本分析。这是进行文本分析任务的核心部分，在该阶段利用各种技术对向量化后的文本进行处理，常用的技术有文本分类、文本聚类、文本摘要、实体抽取和识别、相似性分析与关系建模等。

第四阶段：可视化处理并生成报告。经过文本分析处理后，借助图形、图表等格式将分析结果转化为易于阅读、理解的格式。可视化的结果可以为用户提供文本隐含的发展趋势与深层次的模式，根据可视化的结果，获得反馈的分析结果后，生成决策报告。

### 1.3.3 文本分析的应用方向

文本分析涉及使用 NLP、信息检索、机器学习等技术从语法上将非结构化数据解析成结构化的形式，并提取出对用户有意义的模式。为满足相关分析任务的需要，文本分析通过对文本数据建模后，然后利用机器学习、语言学和统计技术从文本中挖掘深层数据信息，包括商业智能、探索性、描述性和预测性分析。然而，相对于结构化数据的数据挖掘任务，开展文本分析任务是一个更为复杂的过程，在应用相关技术与算法前，需要提前将文本数据转换为向量矩阵。向量矩阵由许多数值数组形成，每一个数值数组都代表文档最小单位的特定权重值，可以是最小单位的频率、出现次数或其他各种描述，最小单位可以根据不同的文本分析任务确定，可以是字、词或句子。经过预处理的文本，数据得到了清洗处理，去除了相关的噪声数据，并且得到了矩阵向量格式，并可进一步应用到各项任务中。文本分析在许多任务中获得了广泛应用，包括以下应用：

1. 垃圾邮件检测

垃圾邮件是指凡是未经用户许可（与用户无关）就强行发送到用户邮箱中的任何电子邮件，具有批量发送的特征。垃圾邮件可以分为良性和恶性的，其中良性垃圾邮件是指对收件人影响不大的信息邮件，而恶性垃圾邮件是指具有破坏性的电子邮件，如具有攻击性的广告，以及色情、钓鱼网站链接等。垃圾电子邮件具有严重危害，对电子邮件用户来说，垃圾电子邮件违背用户意愿，反复、强行投递，数量大，严重干扰了用户的正常通信；对电子邮件服务单位来说，垃圾电子邮件占用、浪费了大量网络资源，严重的会造成服务中断，干扰企业的正常运行；对社会来说，大量的反动、淫秽色情、赌博以及诈骗等有害信息利用垃圾电子邮件传播，严重影响社会正常秩序，也妨害了互联网的健康发展。

垃圾邮件检测是在自然语言处理领域中的一项重要应用。目前垃圾邮件检测主要有两类方法：

（1）基于知识工程的垃圾邮件检测，主要包括发件地址黑名单 RBLI21、DBL 等，利用已知规则鉴别垃圾邮件，该方法主要依赖对当前发件人身份的识别，其优点是鉴别准确率高，缺点是需要人为频繁更新规则，不易于维护。

（2）基于机器学习的垃圾邮件检测，主要包括朴素贝叶斯、支持向量机、人工神经网络等技术，该方法通过样本训练集生成分类器对垃圾邮件进行识别，其优点是其独立于知识库，无须经常更新，而缺点是检测效果完全依赖训练集，只有测试邮件跟训练集的正常邮件和垃圾邮件训练样本形式匹配时才能正确分类。

2. 新闻分类

随着互联网技术的飞速发展，互联网已经成为人们获取信息的主要途径。由于新闻文本信息文件格式小，更容易存储和阅读，成为互联网信息的主要载体之一，因此，新闻文本出现了数量极大、主题多样化的特点，不同类别的新闻混杂在一起。用户需要从新闻媒体平台的分类体系中选择自己感兴趣的领域进行阅读，而传统的新闻分类主要是通过人工分类的形式，虽然保证了准确率，却需要消耗大量的时间和人力，分类效率较为低下，在如今的大数据时代下则更加显得无力。传统新闻分类是以粗粒度作为分类依据进行划分，即按照领域进行新闻的分类。随着用户的需要，出现了细分粒度新闻分类，即针对某一领域的新闻，根据特定任务需要构建细分分类体系，例如，体育新闻可以根据体育项目不同划分为足球、篮球、乒乓球等细分领域。由于文本分类技术既可以将海量的新闻信息进行科学的组织和管理，又可以帮助网络新闻用户快速准确地找到所需的新闻文本信息，因此文本分类技术在新闻分类领域的研究得到了进一步发展。

3. 社交媒体分析与检测

随着社交媒体的快速发展和普及，社交用户和社交内容的规模急剧扩张，社交数据呈现出爆发式增长态势。社交媒体所产生的海量数据蕴藏着巨大的商业价值和研究价值。首先，在市场营销方面，社交媒体中的意见领袖开始扮演越来越重要的角色，依赖其在特定领域的专业知识，在某些话题上具有一定的话语权，可以通过其影响力实现对其关注者想法和行为的影响，引导舆论的走向。其次，在舆情监控方面，由于社交媒体中的内容呈爆发式增长，内容的可靠性开始降低，大量的假新闻、网络谣言、水军和网络暴力出现在社交媒体平台上，给企业和政府实施网络监管带来巨大挑战。最后，在个性化服务方面，海量的社交数据给用户带来了严重的信息过载问题，社交信息的数量已经远远超过人们的需要。基于自然语言处理技术能够深入理解和挖掘用户的社交影响力特性，对海量社交媒体内容实施快速有效的分类管理，结合用户有兴趣的对内容进行过滤，将有效提高社交信息的利用率，提升社交媒体中的用户体验，特别是文本分类、文本聚类及特征选择等方法的应用。

4. 情感分析

情感分析是文本分析中一项重要任务，也称意见分析或意见挖掘，它通过分析一些文本文档，并根据这些文档的内容预测其情感或意见，其关键目的是使用文本分析、NLP、机器学习和语言学的技术从非结构化文本中提取重要信息或数据点。在主观文本中人们能够表达自己的观点、感觉和情绪，因此情感分析对这类主观文本最为有效。情感分析被广泛用于分析企业调查、反馈调查、社交媒体数据，以及电影、场所、商品等评论，其目的是分析人们对某一特定实体的反应，并根据他们的情感采取有见地的行动。

情感分析同时也可以获得定性的输出，如情感在正面、中性或负面的程度权重值；以及定量的输出，如情感极性、主观性和客观性比例。情感极性通常是一个数值分数，基于主观参数将分数分配给文本文档的正面和负面，其中主观参数可以是表达感觉和情感的特定词语。在情感分析任务中，中性情感通常是 0，因为它不表达任何特定的情感，正面情感的极性大于 0，负面情感小于 0。在具体任务中，可以根据文本类型设置阈值。目前，情感分析所应用的技术包括无监督的词典模型、传统的有监督机器学习模型、新的有监督深度学习模型和高级的有监督深度学习模型。

## 1.4　文本分析在司法工作智能化中的应用

人工智能是一种能够模拟人类智能行为和思维过程的系统，是基于数学脑科学与神经科学、知识论和认知科学、心理学和控制理论、计算机科学等多种学科的交叉应用。自 20 世纪 70 年代起，人工智能开始在司法领域得到初步应用，逐步推动了司法工作的智能化发展。1970 年，布坎南（Buchanan）等发表了《关于人工智能和法律推理若干问题的考察》一文，这标志着人工智能在司法领域分支研究的开启。人工智能的发展让司法领域的许多方面都发生了巨大变革。

### 1.4.1　人工智能技术的司法应用

第一，危险性评估方面的应用。经过四个代际的发展，风险评估工具逐渐成熟,如 COMPAS、PAS、LSI – R 等风险评估工具。这些评估工具不仅仅评估行为人的犯罪危险性,也在不断考虑如何进一步对犯罪行为人进行更有效的改造与治疗,综合了系统性的干预,将更为广泛的犯罪风险因素纳入评估系统中,来保护社会免受再犯罪的危害。

第二,犯罪行为预测方面的应用。大量的研究已经基于犯罪心理学,实现犯罪行为的预测和预防。人们普遍认为犯罪心理结构的形成是综合原因,表明犯罪行为是在主体在内外因素共同作用下形成的。在犯罪心理学研究中,心理学具有隐含性、独立性和事前性的特征;另外,犯罪行为与犯罪心理是相互关联的,存在特定的因果关系。为了预防犯罪行为的发生,大量研究基于图像的多分类,自动识别图像中的行为类别,识别面部表情,提取面部表情的时间和空间特征,甚至自动识别微表情,为可能发生的犯罪行为进行预测。因此,基于犯罪心理学对犯罪行为进行分析,建立预测模型,降低犯罪率是十分必要的。

第三,犯罪趋势预测方面的应用。基于大数据分析技术,利用机器学习、深度学习和时间序列建模中的各种方法用于预测焦点地区未来的犯罪趋势。在对焦点地区犯罪趋势预测时,主要对犯罪与各种因素的关系进行深入分析,将犯罪记录、失业率、犯罪时间、犯罪类型等因素进行综合建模,将数据可视化后,从中深度挖掘产生犯罪的各种因素,以及焦点地区犯罪率最高的时刻,从而制定正确的决策。

第四,司法干预方面的应用。自然语言处理技术得到了广泛的应用,与机器学习、深度学习技术相结合,实现了司法干预中各类文本文件的自动化处理。在前三项应用中,数据大多是结构化数据或者图像数据,存在少量的文本数据,易于处理。在司法干预中,面向的大多是文本数据,如行政执法文书、诉讼案例、法条、判决文书等,大量的文本数据为判案人员分类归档等带来了巨大困难。自然语言技术的应用,使文本数据处理实现了自动化,同时根据执法文书进行自动化的文书审查和法理分析,提高了工作人员的效率,在类案推送、量刑等方面,为法院提供了参考,也避免了人为主观意见的引入。

### 1.4.2 司法领域的文本分析应用研究

司法领域涉及学科较多,包括法学、社会学、心理学、犯罪学、教育学、计算机科学等多个学科,从业人员需要经过专业系统训练,掌握大量的专业知识。人工智能技术能够结合复杂领域知识和大规模数据集,在执行模式识别、挖掘检索、知识推理和方案规划等任务上具有极大的潜能,在司法领域工作中具有广阔的应用场景。同时,司法领域中以文本数据为主,自然语言处理技术的应用使工作效率得到了提升。如何将自然语言处理技术更好地应用于司法领域并使其受益逐渐得到学业界和工业界的广泛关注。随着深度学习的飞速发展,研究人员开始将深度学习技术应用于司法领域。

在司法干预中,文本分析技术主要包含以下应用任务:

1. 争议焦点

争议焦点是诉辩双方存在争议的焦点问题,是驱动案件审理、纠纷解决的主线和枢纽。在诉讼案件中,争议焦点是诉辩双方在证据、事实和法律适用方面的核心争议,不仅与个案的事实、证据等因素相关,还与案件的性质和案由具有高度的关联性,因此,特定案件的争议焦点具备一定的特点,而且可以被归类为有限数量的类型,并且构建争议焦点库。将智能化方法应用于争议焦点识别,实现案件审理效率的提升是一项具有重要意义的研究任务。

自然语言处理已经在司法领域中有了广泛应用,文本分类作为自然语言处理中一项重要的任务,应用在争议焦点检测的任务中。在司法文档数据中,司法领域特有的争议焦点类型检测属于多标签分类。与单标签文本分类不同,多标签分类粒度细化程度较高,一个样本与多个类别的标签相关,同时类别标签之间存在一定的依赖关系。多标签分类方法可以直观地反映出多义性对象所具有的多种语义信息。在司法领域争议焦点多标签分类任务中,给定一条法律文档,通过提取诉方和辩方陈述内容,进而判定存在争议焦点的文书中包含的争议焦点的标签有哪些,即争议焦点标签的多标签分类任务。例如,一篇交通事故裁判书中可能存在事故责任认定争议、医疗费争议、误工费等争议焦点标签。争议焦点多标签分类任务需要做的是识别出裁判文书中存在的争议焦点类型。

争议焦点识别作为司法领域的一项基础任务,虽然目前通过智能算法解决该问题的研究还较少,但已经获得了广泛的关注。抽取出关键的要素也成为争议焦点检测的关键,有学者对法律要素进行了深入分析,提出用于从三种不同类型的案例中抽取要素(离婚纠纷、劳资纠纷和贷款纠纷)的数据集。部分研究利用该数据集在几种经典的编码模型上进行法律要素抽取，如 TextCNN、DPCNN、LSTM、BiDAF、BERT，结果表明在预训练过的 BERT 上的法律要素抽取效果最佳。白天等[①]基于深度神经网络对诉辩双方文本语义信息进行深层理解，通过结合字词级与句子级信息，同时进行句子级的矛盾检测、分类与完整诉辩文本的矛盾分类，通过基于规则的方法将二者结果融合，最终识别出诉辩文本中存在的争议焦点。刘永聪[②]构建了面向法律争议焦点归纳的带注意力机制 BERT 模型，由 BERT 编码层、注意力层和全连接 Sigmoid 层三部分组成，其中的注意力层可对 BERT 编码的 token 向量赋予权重，以观察各 token 对预测结果的重要性，提供可解释性，与其他文本分类模型相比较，模型性能得到了显著提高；同时构建了以离婚纠纷案件为重点的法律争议焦点数据集。争议焦点识别方面的研究目前仍然不充足，有待深入研究。另外，诉辩材料具有独特的结构特点，对其中多类争议焦点进行识别，能进一步使司法领域信息化进程得到发展。准确快速地归纳争议焦点有利于提高庭审质量和效率，达到支撑“智慧司法”建设的效果。

2. 类案推送

在人工智能和法律结合的场景中，类案推送作为智能司法系统的一项重要技术，对推动司法领域智慧化的建设有着极其重要的作用。司法体制改革后，法官有了更大的自主判断权和自由裁量权，会产生裁判尺度不统一、类案不同判、量刑不规范等问题。类案推送是指法官在审理案件时，能推送其他已经审结的或者其他具有指导意义的同类案件，保证该案件与其他案件裁判尺度一致，即类案同判。类案推送的核心是“类”，即两个案件如何才能被视为是同类案件，应当以什么样的标准来判断。建立类案标准，不能脱离类案同判的目的，否则类案标准将无法真正实现该司法政策的价值目标。类案推送技术可以通过发现案情相类似的裁判文书，并提供给法官作为判案参考，以实现司法过程中类案类判的目标，维护司法公信力。因此，类案推送的研究具有很高的意义和价值，极具应用前景。

类案推送主要包括以下三部分工作：

(1)事件抽取，首先要判断文书中的事件并进行识别，其次要抽取事件的对

---

① 参见白天、徐明蔚、刘思铭等：《基于深度神经网络的诉辩文本争议焦点识别》，载《吉林大学学报(工学版)》2022 年第 8 期。

② 参见刘永聪：《基于深度学习的法律争议焦点归纳研究》，西南财经大学 2021 年硕士学位论文。

象、动作、时间、地点、涉案物品、量刑结果以及事件的关系等信息。

(2)构建事件图谱知识库,这是一种有向的图结构形式,其中,以案件作为图结构中的节点,案件与案件之间的关系作为边,并带有一定的权重,表示两个案件之间发生的概率。

(3)判断量刑结果,对于某个具体的案件,以事件图谱知识库作为背景知识,首先进行案由类型的判断,若属于知识库中的某个案由,则可以进行后续的量刑进一步判断,否则不能处理。在量刑结果判断过程中,首先对案件进行分析,识别案件中的一些事件、事件要素以及事件关系,针对某一个具体的案件,可以构成一个以案件为节点、以关系为边的网络结构,然后再与事件图谱进行匹配,并最终给出该案件的量刑结果。

世界上许多国家根据已判决的案件作为参考来进行司法裁决,涉及如何判断两个案件的相似性。因此,为了更好地预测判决结果,类案推送主要对案件的相似性进行分析,并查找出相似的案例,以便为司法裁决提供参照,这已经成为法律智能中备受关注的又一个任务。张德①针对裁判尺度不统一、类案不同判和量刑不规范等问题,探索使用自然语言处理技术进行案件要素提取、案情画像构建、案情语义匹配和个性化类案推送研究。王君泽等②针对裁判文书类案推送任务,从裁判文书案情内容的抽取、案情内容中不同词性类别词项的权重分析、案情内容中未登录词的识别、案情内容中数量表述的相似度计算等角度展开研究,并设计相应的案情相似度计算模型。Duan 等③尝试从短文本“110”报警事件数据集中对“110”报警事件进行分类,但并未结合相应的文本特征进行更细致的分析,其方法也无法直接应用于本文任务。类案推送以“相似案例”为核心,与检察工作场景相结合,可一键推送参考案例、法律法规、业务专家观点、前沿法学理论等全面的办案参考信息,提升办案人员的工作质效。

---

① 参见张德:《自然语言处理技术在司法过程中的应用研究》,载《信息与电脑(理论版)》2017 年第 17 期。

② 参见王君泽、马洪晶、张毅等:《裁判文书类案推送中的案情相似度计算模型研究》,载《计算机工程与科学》2019 年第 12 期。

③ See DUAN L. ,XU T. ,*A short text similarity algorithm for finding similar police 110 incidents*,Proc of International Conference on Cloud Computing and Big Data(CCBD)2016:260 – 264.

3. 法律判决预测

在人工智能与大数据技术的推动下，我国各级司法机构进入了以智能司法服务为目的的“智慧司法”建设时期。特别是自然语言处理技术被应用于法律领域的任务，进行司法判决预测。法律判决预测是“智慧司法”服务体系下的一项重要研究任务，在学术界和企业界受到广泛关注。其任务的核心目标是通过分析案件的相关信息，自动预测出案件最终的判决结果。司法判决预测任务主要包含法条预测、罪名预测和刑期预测三项子任务，其主要目标为：通过给定的刑事法律文书中的案情描述部分，自动预测本案涉及的相关法条、被告人的罪名以及刑期和处罚结果。

(1)法条预测，是指根据案情信息，寻找出适用于案情描述的法条。案情描述信息往往错综复杂，致使法官和律师不得不反复阅读与分析案情，从众多法条中寻找适合于该案情的法条，从而大大延长了案件审判周期，增加了审判难度。法条预测作为智慧法院建设的重要一环，一方面，减轻了法官和律师审判的负担，造就更高效的法庭；另一方面，法条预测质量会直接影响罪名预测和刑期预测结果。法条预测大体可分为基于规则、基于机器学习和基于神经网络三大类。其中基于规则的法条预测是通过借助人为定义的规则，当案情满足某些条件时，自动根据规则匹配相应法条；基于机器学习的法条预测是通过采用随机森林、支持向量机、朴素贝叶斯等方法对案情文本作分类，具有一定的可解释性，可取得较稳定的效果；基于神经网络的法条预测利用神经网络从不同角度挖掘与增强案情信息，或寻找法条之间的相关性，并输出相应的法条，因其具有较强的泛化能力而成为法条预测的主流方法。

(2)罪名预测，是指根据罪犯的犯罪事实对被告人进行罪名分析并给出司法决断。其相关研究具有较高的应用价值，能为法官判决案件提供专业的建议作为参考，也能加快司法领域智能化的发展进程。但在实际生活中，一个被告人可能面临多项罪名的指控，或者在一个犯罪团伙中存在分工合作，这样最后的罪名定性需要对多罪名序列进行预测，大幅提升了工作难度和复杂度。同时也面临法律领域的公共数据集广泛存在数据不平衡、现有模型对低频罪名及易混淆罪名预测性能不佳等问题。目前罪名预测包括单罪名预测和多罪名预测，其可以划分为三个阶段：早期基于数学统计与分析的机器学习阶段、抽取浅层文本特征的简单神经网络阶和基于海量训练数据的深度学习阶段。

（3）刑期预测，是指通过分析文书中案情描述部分，自动预测该案件判处的刑罚时间。作为智慧法院项目中一项重要任务，机器的自动客观预测可以作为法官审判结果的补充，以提高整个案件处理的效率，促进当前司法体系的信息化、智能化、透明化，帮助维护司法公平正义，对推动国家“智慧法院”的建设有着重要意义和研究价值。刑期预测主要通过分析一段描述案件犯罪情节的文本来预测刑期，但是在实际的司法干预中，量刑时不仅需要考虑被告人的犯罪情节，还需要考虑被告人的基本信息，如健康状况、年龄、前科、是否累犯等因素，因此不能仅依靠犯罪情节这一静态因子进行量刑处理。在 2018 年“中国法研杯”司法人工智能挑战赛中提出了刑事案件的罪名预测、法条推荐和刑期预测三个 LJP 挑战任务，并以 TextCNN 作为基准模型进行对比，自此文本分类技术成为刑期预测的主要技术。

法律判决预测很早就受到了广泛关注。最初采用数学或统计方法来分析案件，并且为了促进法律判决的发展，构建了中国刑事判决预测数据集 C－LJP，包含了 268 万份法律文件。目前随着深度学习算力的提升，神经网络凭借良好的性能，在法律判决中得到了广泛研究。Zhong 等①利用拓扑图来构建不同法律判决预测任务之间的关系。刘宗林等②提出一种将相关法律条文和罪名预测两个任务联合进行建模的多任务学习模型，并利用统计算法从无标注数据中提取能够区分易混淆罪名的词语，构建了关键词字典。Long 等③基于法律阅读理解概念建立了自动化判决模型，依据案情描述、原告请求与相关法条进行自动化判决。Luo 等④基于注意力机制提出 Fact－Law Attention 模型，实现了在统一的体系下对罪名预

---

① See ZHONG H. X.，GUO Z. P.，TU C. C.，et al.，*Legal judgment prediction via topological learning*，Proceedings of the 2018 Conference on Empirical Methods in Natural Language Processing. Brussels，Belgium，oct － nov 2018. ACL，2018.

② 参见刘宗林、张梅山、甄冉冉等：《融入罪名关键词的法律判决预测多任务学习模型》，载《清华大学学报（自然科学版）》2019 年第 7 期。

③ See LONG S. B.，TU C. C.，LIU Z. Y.，et al.，*Automatic judgment prediction via legal reading comprehension*，China National Conference on Chinese Computational Linguistics. Kunming：Springer，2019：558－572.

④ See LUO B. F.，FENG Y. S.，XU J. B.，et al.，*Learning to predict charges for criminal cases with legal basis*，Proceedings of the 2017 Conference on Empirical Methods in Natural Language Processing，2017：2727－2736.

测和相关法条抽取任务进行联合建模和预测判决。Yang 等①基于任务间的拓扑结构,提出了一种结合词搭配的注意力机制和双向反馈神经网络的多视角网络模型,有效利用多个子任务之间的结果依赖性进行判决预测。

自动化法律判决是司法人工智能中的一个重要研究方向。通过构建多任务分类模型,对法条预测、罪名预测和刑期预测任务分别训练独立的预测模型,最后结合所有子任务的结果形成案件的判决预测结果。对法律判决开展的研究也能够为人工智能在智慧司法领域的应用提供重要的参考价值。

人工智能技术在司法行政领域具有较好的应用场景。推动人工智能技术在司法领域的广泛应用,不仅为加速推动司法行政体制改革提供了重要支撑,也推动了自然语言处理技术在人工智能领域的应用创新。通过人工智能技术与司法领域中的各个学科相结合,能够逐步建立我国宪法和法律规范体系的法理模型、政府部门程序和事权模型等。在法律判决预测中应用自然语言处理等技术分析案件卷宗文本,预测案件罪名、刑罚和适用法律等判决结果,是司法机关智能辅助办案系统的核心任务之一,能够减少法官、检察官等办案人员的大量案件分析工作,并为其作出决策时提供辅助分析,提高工作效率。人工智能技术的应用可以极大地推动"智慧司法"的建设,促进"人工智能 + 司法"的发展,促进中国特色社会主义法治体系建设,推动实现科学立法、严格执法、公正司法和全民守法。

① See YANG W. M. ,JIA W. J. ,ZHOU X. J. ,et al. ,*Legal judgment prediction via multi – perspective bi – feedback network*,Proceedings of the 28th International Joint Conference on Artificial Intelligence,2019:4085 – 4091.

# 第二章

# Python 开发环境构建

## 2.1 Python 环境的选择

### 2.1.1 Python 的开发环境

Python 的开发环境有:PyCharm、Spyder、PyDev、Rodeo、Sublime - Text、Wing、Eric Python、Atom、Thonny、IDLE。程序员可以在其中编写代码并生成最终产品。集成开发环境(integrated development environment,IDE)基本上统一了软件开发和测试所需的所有基本工具,这反过来又帮助程序员最大化输出。一些 IDE 是通用的,也就是说,它们可以支持多种语言。

一个完备的 IDE 应该包括以下内容:

(1)代码编辑器:用于编写和操作源代码。代码编辑器可以是独立的应用程序,也可以集成到 IDE 中。

(2)语法高亮:用于以不同的颜色和字体标记基本语言的语法。

(3)自动补全代码:旨在最大限度地减少时间消耗,自动完成功能代码,或建议程序员需要出现哪些变量、参数或代码位。

(4)调试器:测试和调试源代码所需的工具。

(5)编译器:将源代码从一种语言翻译成另一种语言的组件,通常用于执行预处理、词法分析、代码优化和代码生成任务。

(6)语言支持:IDE 可以是特定于语言的,也可以支持多种语言。

1. PyCharm

PyCharm 由捷克公司 JetBrains 开发,是一种 Python IDE,是一个跨平台的

IDE。因此,用户可以根据自己的需要下载任何 Windows、Mac 或 Linux 版本来使用。PyCharm 是 Python 最好的 IDE 之一,并且是使用最广泛的。

除常见功能外,PyCharm 还提供了其他功能,例如,专业的项目视图允许在文件之间快速切换;与 Django、Flask 和 web2py 一起快速进行 Web 开发;PyCharm 配备了 1000 多个插件,程序员也可以编写自己的插件来扩展其功能;它提供两个版本供下载,免费的社区版和付费的专业版,一般情况下社区版的功能完全够用。

2. Spyder

Spyder 是 Pierre Raybaut 于 2009 年开发的开源、跨平台 IDE。其主要为数据分析师和科学家设计,是一个用 Python 编写的强大的科学开发 IDE。

Spyder 的主要功能如下:与许多科学 Python 库集成,如 SciPy、NumPy、Matplotlib、Pandas 等;为编辑、分析和数据探索提供高级的支持;允许静态代码分析,其中分析是在不实际执行代码的情况下进行的。该 IDE 的功能可以通过其插件系统和 API 进一步扩展。

3. PyDev

PyDev 由 Alex Totic 于 2003 年创建,它基本上是一个开源的第三方包,用作 Eclipse 的插件,能够用于 Python 开发。PyDev 具有许多特殊功能,例如,远程调试器(可以调试未在 Eclipse 中启动的文件);代码折叠(有选择地隐藏或显示代码段);支持 Python 2. x 和 Python 3. x 语法。

4. Rodeo

Rodeo 是 Yhat 开发的开源 Python IDE,它专为机器学习和数据科学而构建。Rodeo 的主要功能如下:使加载数据和比较数据非常方便;允许进行数据实验;配有 Python 教程,指导用户使用;提供 Cheat sheets 供参考;文件和包搜索非常方便。

5. Sublime - Text

Sublime - Text 是一个用 C + + 和 Python 开发的跨平台 IDE。除 Python 外,它还提供对其他语言的支持。可以使用插件增强此 IDE 的功能。它提供很多功能,例如,允许快速访问文件、符号或 Goto Anything 功能;它的命令面板为键盘调用提供了强大的匹配功能;有基于 Python 的插件 API;允许同时编辑多个文件;可以使首选项进行项目定制。

6. Wing

Wing 由 Wingware 创建，它是一个轻量级的 IDE，旨在允许快速编程，有三种变体，分别为：①Wing Pro，专业人士的付费版本；②Wing Personal，学生和爱好者的免费版本；③Wing 101，初学者的简化免费版本。

Wing 的特色功能如下：自动多进程和子进程调试、远程调试过程、模块浏览器、重构、自动完成，也可用于非 Python 文件。

7. Eric

Eric 是用 Python 编写的免费软件，它的源代码免费提供，任何人都可以研究和重新创建。

它提供了一些高质量功能，例如，可格式化的窗口布局、可格式化的语法高亮、代码折叠、配备课堂浏览器、对单元测试的内置支持、对 Django 的内置支持。

8. Atom

Atom 是一个使用 Web 技术构建的开源免费 IDE。Atom 基于由 GitHub 构建的 Electron 框架，而后者是用 CoffeeScript 和 Less 编写的。

Atom 的具体特性如下：启用对第三方包和主题的支持以格式化编辑器；允许安装和管理 Atom 的 APM 包；提供对 Python 以外的多种语言的支持，如 C、C + +、Java、HTML 等；包含异常报告包。

9. Thonny

Thonny 是为初学者开发的 IDE，它为程序员提供了详细的帮助指南。

Thonny 具有许多功能，例如，提供单独的窗口来执行函数调用；行号可供用户跟踪每行；提供用户操作日志，以便日后为用户提供帮助；无须断点的语句步进。

10. IDLE

IDLE 完全采用 Python 编写，它是安装好 Python 环境之后默认自带的 IDE 工具。由于其简单性，该 IDE 被认为非常适合教育行业。

IDLE 提供了一些显著的功能，例如，具有语法高亮显示的 python shell 的可用性；多窗口文本编辑器；程序动画或步进（指一次执行一行代码）；断点可用于简化调试；调用堆栈清晰可见。

### 2.1.2　Python 编程所需软件

Python 编程所需软件如下：

(1)Upterm:属于一个终端,简单好用。它是一个全平台的终端,可以说是终端里面的 IDE,有强大的自动补全功能。

(2)PtPython:属于交互式的 Python 解释器,支持语法高亮、提示,甚至是 Vim 和 emacs 的键入模式。

(3)Anaconda:包管理,可以帮用户安装许多烦琐的软件,包含 Python 环境、pip 包管理工具、常用的库、配置好环境路径等使用 Python 做数据方面的工作,安装 Anaconda 即可。

(4)QPython:一个可以在安卓系统上运行的 Python 脚本引擎,整合了 Python 解释器、Console、编辑器和 SL4A 库。

(5)Sublime3:配合安装 Anaconda 和 Codelntel 插件,可以让 Sublime 拥有接近 IDE 的体验。

(6)IPython:基于 Python shell 的交互式解释器,具有自动补全功能,深受程序员的喜欢。

### 2.1.3 Python 版本的选择

开始学习使用 Python 之前,先要搭建好 Python 的开发环境。这时需要选择所用 Python 版本。

目前 Python 主要有 Python 2. x 和 Python 3. x 两个大版本。Python 2. x 的版本更新和技术支持已经停止,其最后一个版本是 2020 年发布的 Python 2. 7. 18。Python 3. x 并不是 Python 2. x 的简单升级,Python 3. x 在设计的时候没有考虑向下兼容,所以 Python 2. x 和 Python 3. x 在语法上有着很大的差异,二者并不兼容。

由于 Python 2. x 的应用非常广泛,目前仍有相当一部分公司在使用它,因此从 Python 2. x 升级到 Python 3. x 是有一定风险的,升级成本也比较大。新开发的软件可以直接使用 Python 3. x,而一些基于 Python 2. x 的代码仍需要维护或升级。总体来说,从 Python 2. x 完全迁移到 Python 3. x 还需要一个过渡期,而在此期间它们将会并存。

Python 3. x 根据不同的操作系统可以分为 Windows、Linux/UNIX、MacOS 和其他版本,用户可以根据自己的操作系统进行选择。日常工作学习,大多数还是以 Windows 为主,因此 Windows 对初学编程的同学相对熟悉友好一些。

Python 的安装包可以在官网下载。

那么,学习 Python 是不是用最新的版本就可以呢? 答案是否定的。这里首先要了解一下各版本对操作系统的支持情况,再选择安装哪个版本,这样可以事半功倍。

目前使用最多的 Windows 版本有 WinXP、Win7、Win10 和 Win11。WinXP 系统相对比较老,最高只能安装 Python 3.4.4 的版本,后续版本不支持 WinXP。官网下载地址:

https://www.python.org/downloads/release/python-344/。

WinXP 系统一般是 32 位用得比较多,64 位的很少用。Win7 系统也只能安装 Python 3.8.10 以下的版本。

目前,WinXP 系统已经停止维护,用户越来越少,Python 3.x 在 WinXP 上兼容性不太好,容易出问题,尤其是图形程序,不建议使用。使用 Win7 系统的用户还是不少的,所以大家在做 Python 开发时,可以安装两个版本的 Python,一个是兼容 Win7 的 3.8.10,另一个是最新版的,二者可以切换使用(修改操作系统的环境变量),Win10 以上的系统建议安装最新版的 Python,可以从官方网站下载安装使用。平时学习或者开发自用程序时可以用新版本,给别人开发软件时使用兼容性更好一些的低版本。

## 2.2 开发环境安装及配置方法

Anaconda 是一个免费开源的 Python 和 R 语言的发行版本,用于计算科学(数据科学、机器学习、大数据处理和预测分析)。Anaconda 致力于简化包管理和部署。Anaconda 的包使用软件包管理系统 Conda 进行管理。

Anaconda 拥有超过 1400 个软件包,其中包含 Conda 和虚拟环境管理,它们都包含在 Anaconda Navigator 中,因此无须去了解独立安装每个库。Anaconda 支持 Linux、Mac、Windows 系统,提供了包管理与环境管理的功能,可以很方便地解决多版本 Python 并存、切换以及各种第三方包安装问题。Anaconda 利用工具/命令 conda 来进行包和环境的管理,并且包含 Python 和相关的配套工具。可以使用已经包含在 Anaconda 中的命令 conda install 或者 pip install 从 Anaconda 仓库中安装开源软件包。pip 提供了 Conda 大部分功能,并且大多数情况下二者可以同时使用。可以使用 conda build 命令构建自定义包,然后通过上传到 Anaconda Cloud、PyPI 或其他仓库来进行分享。

## 2.2.1 安装 Anaconda

双击打开 Anaconda3 – 2021.05 – Windows – x86_64.exe 文件(计算机配置较差的可以换成 Miniconda3 – py39_4.9.2 – Windows – x86_64.exe,两者在基本功能上没有太大区别,二者选其一即可)。

(1)单击图 2.1 所示的"Next"按钮进入下一步。

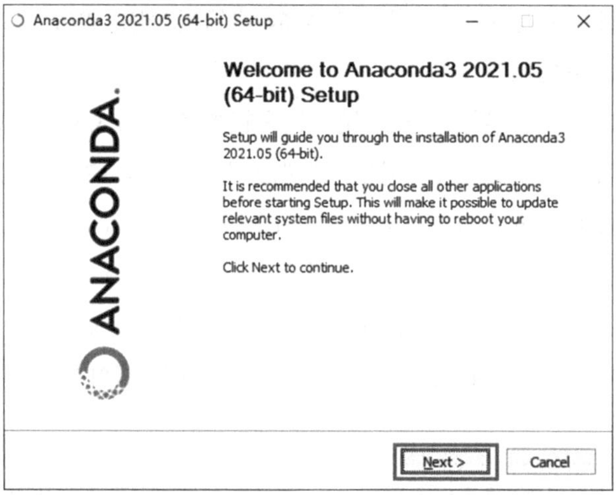


**图 2.1 Windows 系统安装 Anaconda 步骤 1**

(2)单击图 2.2 所示的"I Agree"按钮,同意上述协议,进入下一步。

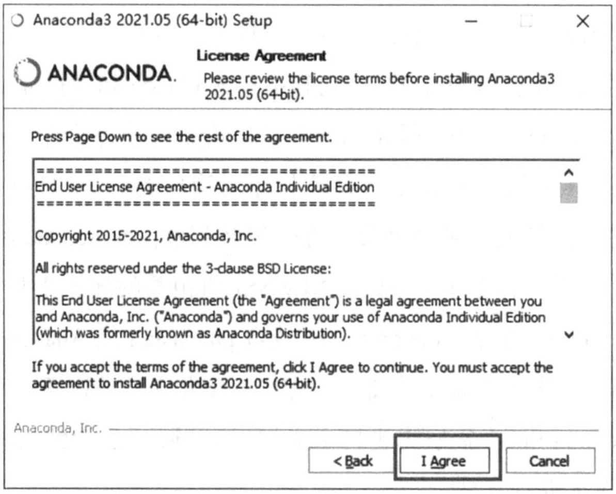


**图 2.2 Windows 系统安装 Anaconda 步骤 2**

(3)选择图 2.3 所示的“Just Me(recommended)”单选按钮,单击“Next”按钮进入下一步。

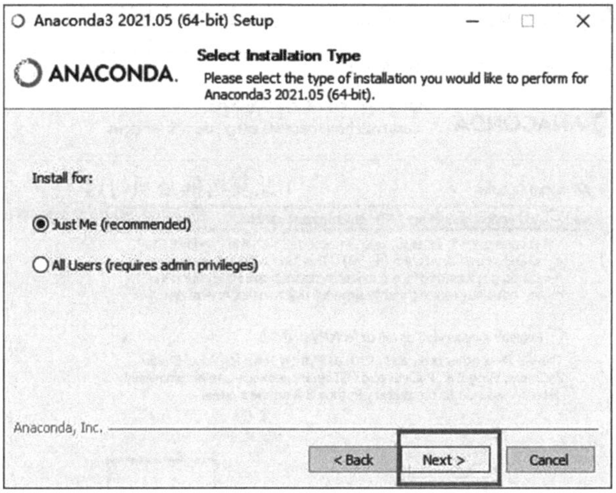


**图 2.3　Windows 系统安装 Anaconda 步骤 3**

这里需要注意,安装时可以选择 Just Me 或 All Users。如果用于学习,一般选择 Just Me。

(4)单击“Browse”按钮,选择在指定的路径安装 Anaconda,如图 2.4 所示,选择完成后单击“Next”按钮,进入下一步。

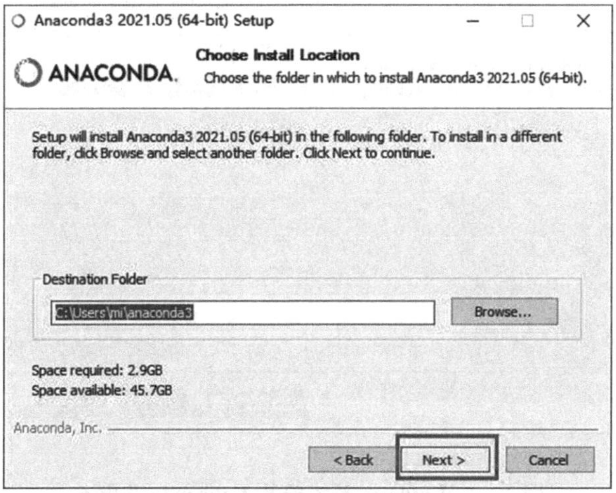


**图 2.4　Windows 系统安装 Anaconda 步骤 4**

(5)图 2.5 中的两个复选框分别代表了允许将 Anaconda 添加到系统路径环境变量中、Anaconda 使用的 Python 版本为 3.8。第一个复选框必须勾选,第二个复选框根据具体情况勾选。设置完成后,单击“Install”按钮,等待安装结束。

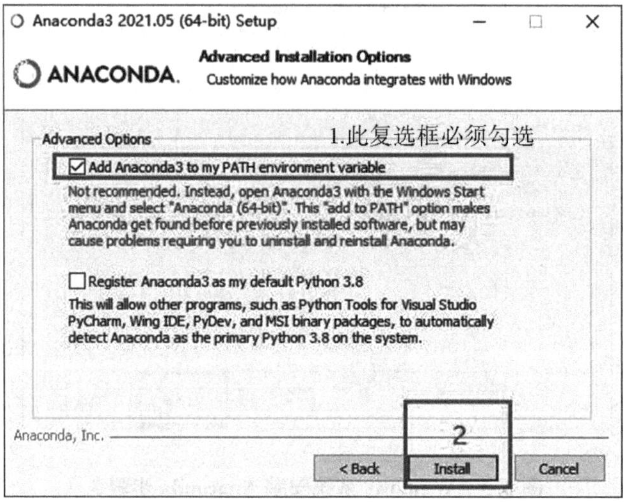


**图 2.5　Windows 系统安装 Anaconda 步骤 5**

(6)图 2.6 至图 2.8 所示为安装过程显示图,单击“Next”按钮,进入下一步。

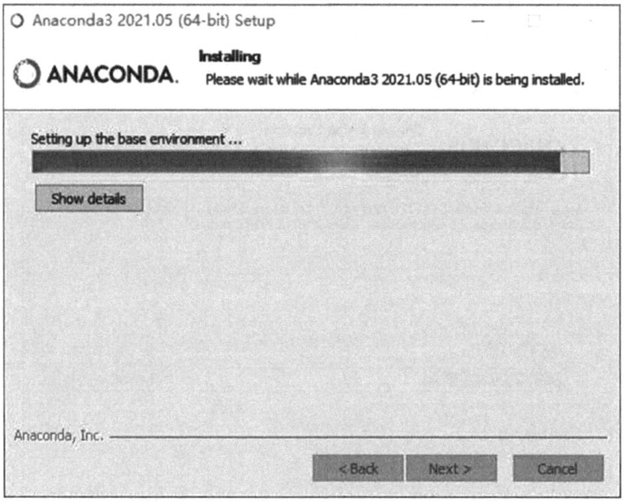


**图 2.6　Windows 系统安装 Anaconda 步骤 6**

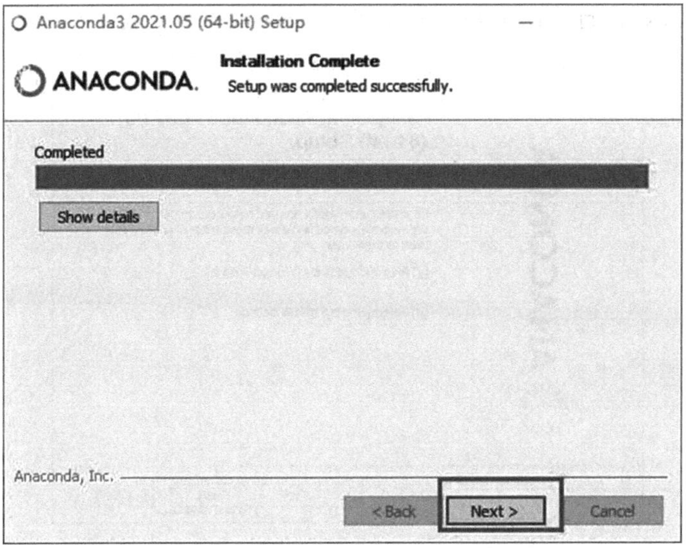


图 2.7 Windows 系统安装 Anaconda 步骤 7

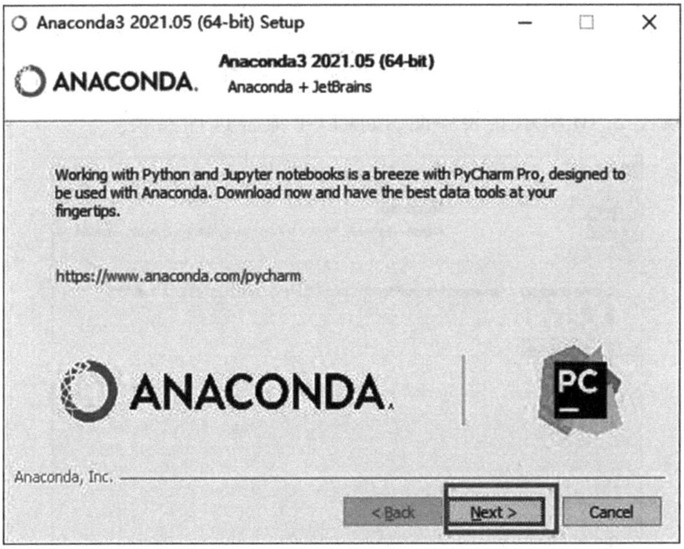


图 2.8 Windows 系统安装 Anaconda 步骤 8

(7)单击图 2.9 所示的"Finish"按钮,Anaconda 安装完成。

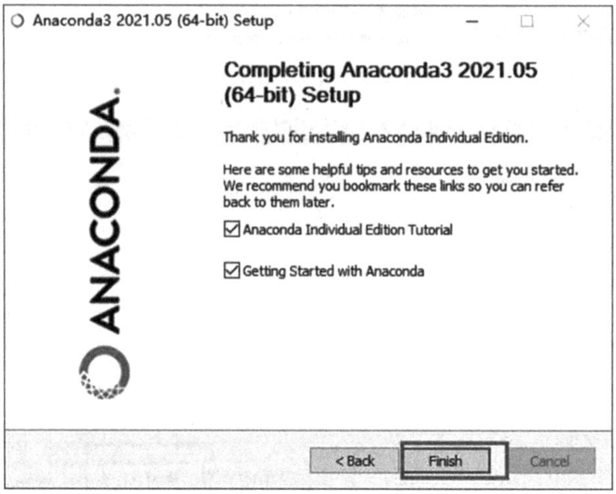


图 2.9　Windows 系统安装 Anaconda 步骤 9

## 2.2.2　安装 PyCharm

双击打开 Anaconda3 – 2021.05 – Windows – x86_64. exe 文件。

(1)出现图 2.10 所示安装界面,按照以下流程选择安装。

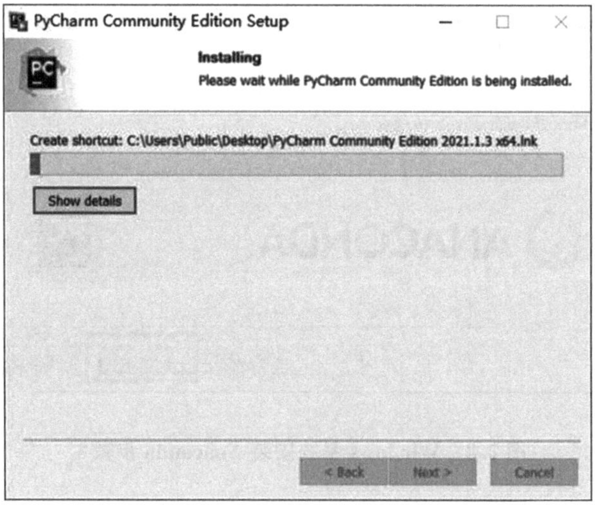


图 2.10　Windows 系统安装 PyCharm 步骤 1

(2)单击图 2.11 所示的“Finish”按钮,进入下一步。

**图 2.11　Windows 系统安装 PyCharm 步骤 2**

(3)单击图 2.12 所示的“Install”按钮,进入下一步。

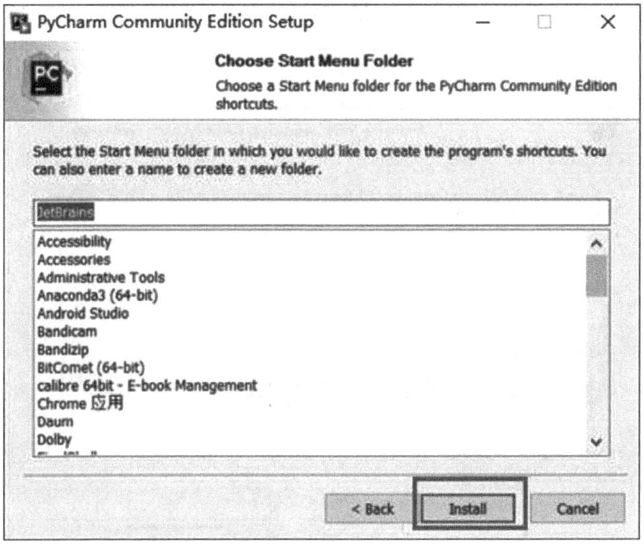


**图 2.12　Windows 系统安装 PyCharm 步骤 3**

(4)勾选图 2.13 中所有复选框,然后单击“Next”按钮进入下一步。

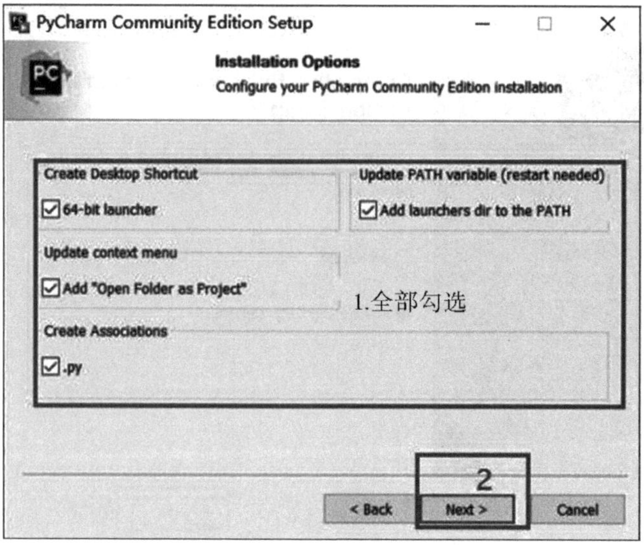


**图 2.13　Windows 系统安装 PyCharm 步骤 4**

(5)单击“Browse”按钮,选择在指定的路径安装 PyCharm,如图 2.14 所示,选择完成后单击“Next”按钮,进入下一步。

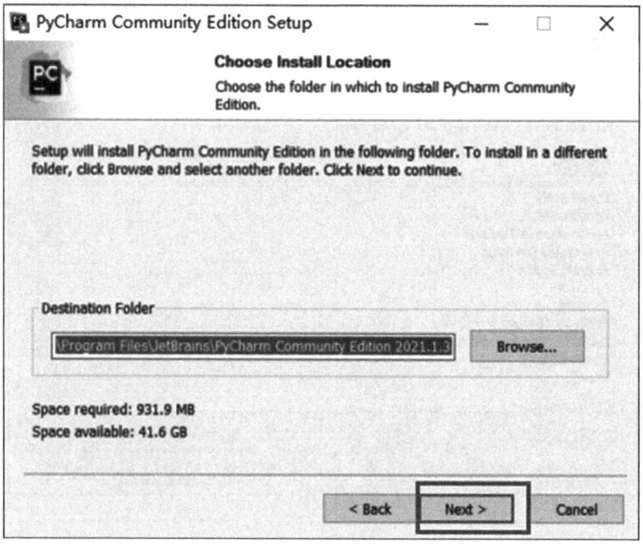


**图 2.14　Windows 系统安装 PyCharm 步骤 5**

(6)如图 2.15 所示,单击“Next”按钮,按照流程完成安装。

**图 2.15　Windows 系统安装 PyCharm 步骤 6**

## 2.2.3　配置环境

在“开始”任务栏打开已安装的 Anaconda,出现图 2.16 所示界面。

**图 2.16　Anaconda 界面 1**

创建一个新的环境,命名为 demo(名字可以任意起,给环境起标记作用)。

操作如下:

(1)输入:

```
conda create -n demo python=3.8
```

其中,conda create 为创建新环境命令,demo 为新环境名,python=3.8 为指定 Python 版本为 Python 3.8。按 Enter 键,出现图 2.17 所示界面。

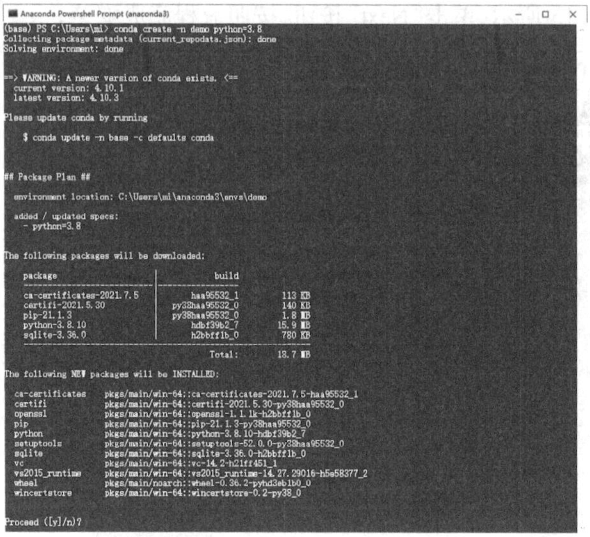


图 2.17　Anaconda 界面 2

(2)输入:y,按 Enter 键,出现图 2.18 所示界面。至此,新建环境完成。

图 2.18　Anaconda 界面 3

## 2.2.4　安装 jupyter notebook

(1)打开 Anaconda。

(2)激活创建的环境 demo,输入:

```
conda activate demo
```

按 Enter 键,界面如图 2.19 所示。

图 2.19　Anaconda 界面 4

(3)安装 jupyter notebook,输入:

```
pip install jupyter notebook
```

按 Enter 键,jupyter notebook 安装完成,界面如图 2.20 所示。

**图 2.20　Anaconda 界面 5**

(4)打开 jupyter notebook,输入:

```
jupyter notebook
```

按 Enter 键,界面如图 2.21 所示。

**图 2.21　Anaconda 界面 6**

如图 2.21 所示。浏览器自动跳转后,打开完成。继续打开文件夹,创建 python 文件。

### 2.2.5 scikit - learn 开发环境配置

scikit - learn 是"传统"机器学习最为流行的工具之一。其主要采用 Python 语言编写,构建在 NumPy、SciPy 和 matplotlib 等流行的科学计算及绘图库上。它采用 BSD 许可证开源,并可以用于商业用途,是学习和研究机器学习前沿的必备工具。值得一提的是,其详细而丰富的文档和示例,降低了入门机器学习的门槛。

scikit - learn 支持 Windows、MacOS 和 Linux,根据自己的系统选择即可。可以使用 pip 或 conda 的方式安装,建议使用 pip 安装:

```
pip install  -U scikit - learn
```

安装最新版本的 scikit - learn 需要满足以下要求:

```
Python( > = 3.5)
NumPy( > = 1.11.0)
SciPy( > = 0.17.0)
joblib( > = 0.11)
Matplotlib( > = 1.5.1)
scikit - image( > = 0.12.3)
panda( > = 0.18.0)
```

如果没有安装上述第三方库,可以使用 pip 安装它们。可以使用 pip 升级或卸载这个库:

```
# 升级
pip install  -U scikit - learn
# 卸载
pip uninstall scikit - learn
```

也可以使用第三方发行版来安装它们,其中,最著名的就是 Anaconda。

打开 Anaconda 管理工具界面,切换到 imooc_ai 环境(这里的环境是自定义,每个人都不相同),然后打开其命令行,输入以下命令,然后再输入 y 同意执行即可:

```
conda install scikit - learn
```

第一步:单击绿色小按钮,然后单击"open Terminal"打开终端界面,如图 2.22 所示。

**图 2.22　Anaconda 管理工具界面**

第二步:在命令行输入上面的执行命令,并且输入“y”命令同意下载所需 scikit - learn 安装包文件,如图 2.23 和图 2.24 所示。

**图 2.23　终端界面 1**

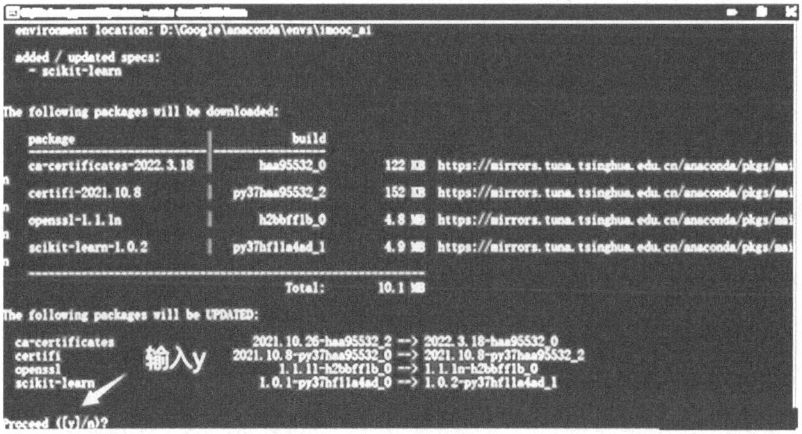


**图 2.24　终端界面 2**

至此,已在 Anaconda 中完成对 scikit - learn 机器学习库的安装。

升级或卸载使用 Anaconda 安装的 scikit - learn,或者 conda 安装的 scikit - learn 不是使用 pip 命令,而是使用 conda 命令:

```
# 升级 scikit - learn
conda update scikit - learn
# 卸载 scikit - learn
conda remove scikit - learn
```

## 2.3 基本操作方法

### 2.3.1 Anaconda 界面介绍

通过使用 Anaconda Navigator 或者命令行(在 Linux 和 macOS 系统中是终端,在 Windows 中是 Anaconda prompt)可以简单地安装、移除、更新 Anaconda 包。

Anaconda Navigator 是 Anaconda 发行版中包含的桌面图形用户界面(graphical user interface,GUI),使用户可以启动应用程序并轻松管理 conda 程序包(packages)、环境(environments)和通道(channels),而无须使用命令行命令。

Navigator 可以从 Anaconda Cloud 或者本地 Anaconda 仓库搜索 packages。

Anaconda Navigator 的截图如图 2.25 所示。

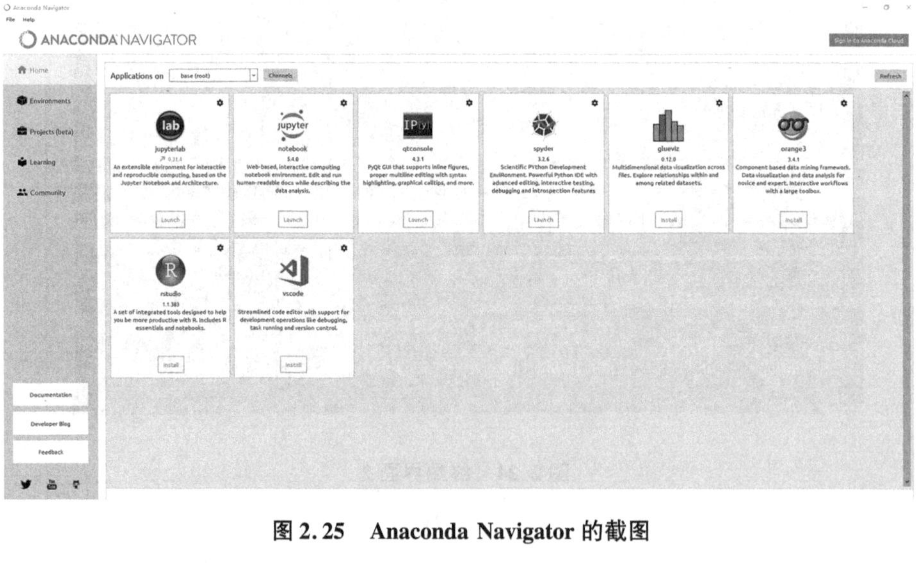


**图 2.25 Anaconda Navigator 的截图**

在数据科学中，常常要用到许多包的多个版本，因此需要管理和使用多个环境。

在 Navigator 中有一些默认安装的应用，例如：

（1）JupyterLab：一个基于 Web 的 IDE，可称增强版 Jupyter Notebook。

（2）Jupyter Notebook：一种 Web 应用，能让用户将说明文本、数学方程、代码和可视化内容全部组合到一个易于共享的文档中。

（3）Spyder：一个 Python 的 IDE，最大的优点是模仿 MATLAB 的"工作空间"的功能，可以很方便地观察和修改数组的值。

（4）PyCharm：一个 Python 的 IDE。

（5）VSCode：一个 Python 的 IDE，比较轻量。

（6）Glueviz，也就是 Glue，它是一个 Python 的绘图库，用于探索相关数据集内部和之间的关系。它建立在标准科学库（如 Numpy、Matplotlib、Scipy）之上。

（7）Orange 3 App：一款 Python 的数据挖掘库，常用于数据的输入、分类、聚类、预处理、建模等。

（8）RStudio：一款 R 语言的 IDE。

（9）Anaconda Prompt（Windows only）：Anaconda 发布的默认命令提示符工具，基于命令运行界面提供与 Anaconda 和相关环境的交互。

Anaconda PowerShell Prompt（Windows only）：基于 Windows PowerShell 的 Anaconda 命令提示符工具。

通过命令提示符工具启动 Anaconda 的代码如下：

```
#通过命令行启动 Anaconda
anaconda - navigator
```

## 2.3.2 Anaconda 编写代码的过程

（1）首先安装 Anaconda，安装完成后可以在"开始"菜单中找到 Anaconda，从 Anaconda 的下拉菜单中找到 Anaconda Prompt，并打开。Anaconda Prompt 是类似于 cmd 的窗口，如图 2.26 所示。

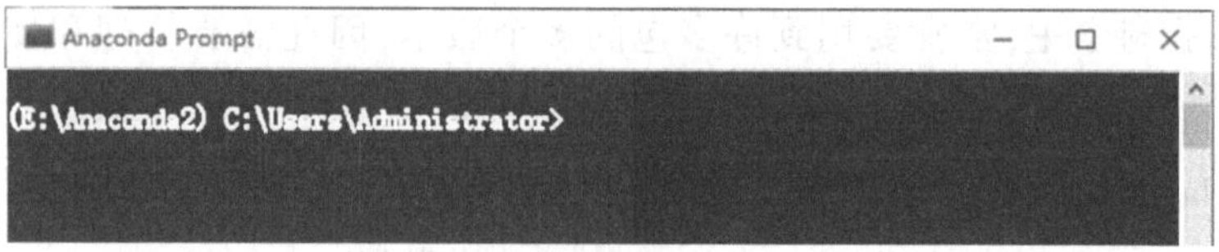


图 2.26　Anaconda Prompt 界面 1

(2)在桌面新建一个. py 文件,如“hello. py”,在其中输入如下代码并保存:

```
print("hello world")
```

(3)在“Anaconda Prompt”中通过“cd”命令切换到桌面(注:可以在桌面的任意文件属性中查找桌面的路径),如图 2.27 所示。

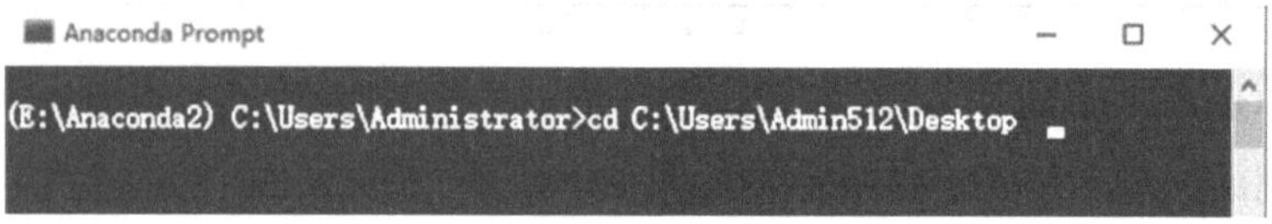


图 2.27　Anaconda Prompt 界面 2

(4)输入“python hello. py”,如图 2.28 所示。

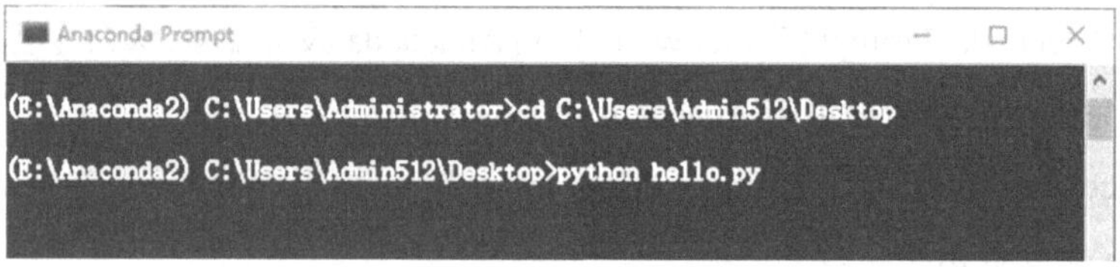


图 2.28　Anaconda Prompt 界面 3

(5)命令运行结果界面如图 2.29 所示。

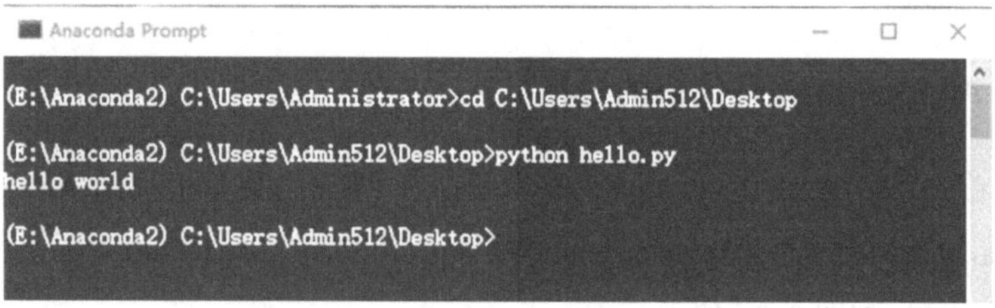


图 2.29　Anaconda Prompt 界面 4

# 第三章

# 构建司法文本语料库

构建司法文本语料库是使用自然语言处理技术对司法文本进行分析处理的基础。当前的自然语言处理技术,需要使用大量文本样本对算法模型进行训练,模型可以从中学习到词汇、语法、句法结构等语言规律和模式。文本语料库是由某一应用领域大量文本构建而成的数据集,用于对自然语言处理算法模型的训练。模型通过对司法文本语料库中大量的司法文本进行特征提取、语义分析、关系抽取等技术处理,为司法领域智能系统提供丰富的知识和语境。语料库中的文本样本越多,覆盖的主题和领域越广泛,模型的泛化能力就越强,分析结果也就越准确。

## 3.1 语料库概述

### 3.1.1 语料的概念

语料,即语言材料,是语言学研究的内容,是构成语料库的基本元素,通常指在自然语言处理中需要使用和分析的语言实例。司法文本语料是司法领域文本数据构成的语料,如某条司法文书上的文本记录:

> 马某在任职期间利用其掌控的上述未公开信息,从事与该信息相关的证券交易活动,操作自己控制的"金某""严某甲""严某乙"三个股票账户,通过临时购买的不记名神州行电话卡下单,先于(1~5个交易日)、同期或稍晚于(1~2个交易日)其管理的"博时精选"基金账户买卖相同股票76只,累计成交金额人民币10.5亿余元,非法获利人民币18833374.74元。2013年7月17日,马某主动到深圳市公安局投案。

### 3.1.2 语料的收集

语料的收集工作包括选择合适的语料进行预处理,并为语料的标注提前做好准备。语料选择的方法关系到语料库的覆盖率,即语料在各个不同领域的分布或散布。这里的不同领域通常是指由时间轴(反映时间/时代特征)、空间轴(反映地域特征)、学科轴(反映知识特征)、风格轴(反映语体特征)构成的四维模型。语料收集是一个制作优质语料库最基本的前期工作,高质量的原始语料数据,会对后期处理工作具有非常大的帮助,会避免因语料不规范而导致的分词词性错乱、特征提取困难、分类准确率低等问题。因此,构建语料库需重视语料收集工作,对语料来源进行仔细的筛选和分类。

### 3.1.3 语料库

语料库相当于存放语言材料的仓库,是为一个或者多个应用目标而专门收集的、有一定结构的、有代表的、可被计算机程序检索的、具有一定规模的语料数据集合。从本质上讲,语料库实际上是通过对自然语言运用的随机抽样,以一定大小的语言样本来代表某一研究中所确定的语言运用的总体。在语言学上意指大量的文本,通常经过整理,从而具有既定的格式与标记。其具备三个显著的特点:①语料库中存放的是在语言的实际使用中真实出现过的语言材料;②语料库以电子计算机为载体承载语言知识的基础资源,但并不等于语言知识;③真实语料需要经过加工(分析和处理),才能成为有用的资源。

语料库的发展历史大致可以分为两个时期:一是计算机化以前的时期,可以称为传统语料库时期;二是计算机化后的时期,可以称为现代化语料库时期。在计算机化之前,语料库通常用于以下三点:一是为词典编撰、语法研究而收集语料库,如《牛津英语词典》(*Oxford English Dictionary*)和《韦伯斯特新国际词典》(*Webster's New lnternational Dictionary*);二是为教学目的而编制的书面语料库和词表,如陈鹤琴的《语体文应用字汇》;三是为语言调查而收集的方言库,如 19 世纪、20 世纪英、美等国都做过大型的方言调查,调查的结果形成了几个大规模的方言库,而在我国,运用语料的研究方法可以追溯到周秦,如我国汉语方言学的第一部著作《輶轩使者绝代语释别国方言》是扬雄经过 27 年的艰苦努力而写成的。

1959 年,英国伦敦大学学院(University College London)的语言学家夸克(Quirk)开创了新一代语料库,建立了英国英语口语和书面语的“英语用法调查”(the Survey of EnglishUsage,SEU)语料库的计划,目的是对英语进行全面的描写。1961 年,以弗朗西斯(Francis)和库塞拉(Kucera)为首的一批语言学家和计算机专家汇集在美国的布朗大学,合作建成了世界上最早的机读语料库,即布朗语料库(Brown corpus)。1975 年,斯沃特威克(Svartvik)与他在隆德大学的同事把 SEU 语料库中的口语部分转变为计算机可读的形式,最后建立了“伦敦—隆德英语口语语料库”(London – Lund corpus of spoken English,LLC)。至此,语料库开始向计算机化转变,发展进入现代语料库阶段。

语料库构建方法的发展经历了以下几个阶段:前期(计算机发明以前),第一代语料库,如布朗语料库、LOB 语料库( The Lancaster – Oslo/Bergen corpus)、LLC 语料库;第二代语料库,如朗文语料库(Longman corpus network)、COBUILD 语料库、英国国家语料库、国际英语语料库;第三代语料库,即目前国际上正在使用的语料库,如 UPenn 树库(宾州树库)、语言资源联盟、ACL/DCI 美国计算语言学学会数据采集计划,而我国也是在第三代语料库时代开始进行国内语料库的建设,如中文语言资源联盟、国际中文语言资源联盟、中文五地区共时语料库。现在人们谈起语料库一般是指第三代语料库,即存放在计算机中的原始文本或经过加工后带有语言学信息标注的语料文本。

世界上有不少规模较大的语料库,有些是国家级的,有些是某专业领域的,有些由大学和词典出版商联合建设的。语料库的构建目的也由原来的语言学研究逐步扩展到自然语言处理领域,用于算法模型的训练和语义特征的提取,从而实现语义理解、文本分类、文本摘要、语言交互等功能。而且,由于个人计算机的迅猛发展和存储数据的硬盘造价持续下降,研究者个人也开始建立适合于自己研究的小型语料库。

### 3.1.4 语料库构建原则

语料库的构建质量会直接影响自然语言处理的结果,因此构建语料库是一项非常重要的前期工作。语料库的构建应该遵循代表性、结构性、平衡性、规模性、元数据等原则,具体如下:

(1)代表性:在应用领域中,语料库不是根据量而划分,而是在一定的抽样框架范围内采集而来的,并且能在特定的抽样框架内做到代表性和普遍性。也就是说,语料库中的数据能够较为全面地反映出应用领域中的各种语言文本类别。

(2)结构性:收集语料的集合要有目的、有存储结构,必须以电子数据的形式存在。语料库的存储结构要满足计算机可读写的数据结构,具体体现在语料库中语料记录的代码、元数据项、数据类型、数据宽度、取值范围、完整性约束等方面的结构性。

(3)平衡性:平衡性是要基本保证语料库各类别数据的数量基本相当。这样在数据训练时,不至于因数据的不平衡而导致数据特征及权重的差异,影响结果的准确性。一般根据实际情况选择其中一个或者几个重要的指标作为平衡因子,最常见的平衡因子有学科、年代、文体、地域等,在司法领域可能包括年龄、文化程度、案件类别、刑期等。

(4)规模性:大规模的语料对语言研究特别是对自然语言研究处理很有用,但是随着语料库的增大,垃圾语料越来越多,语料达到一定规模以后,语料库功能不能随之增长,因此语料库规模应根据实际情况而定。

(5)元数据:元数据对于研究语料库有着重要的意义,可以通过元数据了解语料的时间、地域、作者、文本信息等,并可基于云数据构建不同的子语料库,与不同的子语料对比,记录语料知识版权、加工信息、管理信息等方面。

### 3.1.5 语料库的种类

语料库作为自然语言处理领域中的数据集,是训练机器理解人类语言不可或缺的数据来源。语料库需要根据应用领域构建与之相对应的内容,即构建不同种类的语料库,以提升专业领域语义的识别率,实现较高的判断准确率。

语料库按照不同的研究目的和应用需求,可以分为多种类型。按照语料库的内容性质分类,可以分成四类:①异质的:广泛收集各类内容的语料;②同质的:只收集同一类内容的语料;③系统的:根据预先确定的原则和比例收集语料,使语料具有平衡性和系统性,能够代表某一范围内的语言事实;④专用的:只收集用于某一特定用途的语料。按照语料的采集单位,语料库可以分为语篇的、语句的、短语的。按照语料的语种分类,语料库可以分成单语的、双语的和多语的。按照语料的组织形式,语料库可以分为平行(对齐)语料库和比较语料库,主要用于文本翻译方面。下面列举了一些中文处理中的常见语料库种类。

1. 中文分词语料库

中文分词语料库是指由人工正确切分后的句子集合。以著名的1998年《人民日报》语料库为例进行介绍。该语料库由北京大学计算语言学研究所联合富士通研究开发中心有限公司,在人民日报社新闻信息中心许可下,从1999年4月起至2002年4月底,共同标注完成。其语料规模达到了2600万汉字,被作为原始数据应用于大量的研究和论文中。

2. 词性标注语料库

词性标注语料库是指切分并为每个词语指定一个词性的语料。总之,要教机器干什么,就要给机器示范什么。样例如下:

在/p 1998年/t 来临/v 之际/f,/w 我/r 十分/m 高兴/a 地/u 通过/p [中央/n 人民/n 广播/vn 电台/n]nt 、/w [中国/ns 国际/n 广播/vn 电台/n]nt 和/c [中央/n 电视台/n]nt,/w 向/p 全国/n 各族/r 人民/n,/w 向/p 世界/n 各国/r 的/u 朋友/n 们/k,/w 致以/v 诚挚/a 的/u 问候/vn 和/c 良 > 好/a 的/u 祝愿/vn !/w

其中,标注集里有26个基本词类标记:n为名词、t为时间词、s为处所词、f为方位词、m为数词、b为区别词、r为代词、v为动词、a为形容词、z为状态词、d为副词等,而且从语料库应用及语言学的角度,又增加了一些标记符。

3. 命名实体识别语料库

命名实体识别语料库人工标注了文本内部制作者关心的实体名词以及实体类别。样例如下:

**埃及**/ns **坦塔大学**/nt 教授/n **萨威**/nr 表示/v,[大/a **埃及**/ns **博物馆**/nt]/nt 利用/v 数字化/n 技术/n 丰富/v 了/ule 观展/n 体验/n。

这个句子中的加粗词语分别是人名、地名和机构名。中括号括起来的是复合词,可以看到,有时候机构名和地名复合起来会构成更长的机构名,这种构词法上的嵌套现象增加了命名实体识别的难度。

4. 句法分析语料库

句法分析是自然语言处理的核心技术之一，能够实现对语言深层次的理解，其主要任务是识别出句子所包含的句法成分以及这些成分之间的关系，并以句法树表示。因此，构建句法分析语料库是实现句法分析的基础。汉语中常用的句法分析语料库包括宾州中文树库（Chinese treebank，CTB）、北京大学汉语树库（Peking University treebank，PCT）、清华汉语树库（Tshinghua Chinese treebank，TCT）等。以 CTB 8.0 版为例，其一共含有来自新闻、广播和互联网的 3007 篇文章，共计 71369 个句子、1620561 个单词和 2589848 个字符，每个句子都经过了分词、词性标注和句法标注。句法树库以句法为理论基础，表示句子的谓词—论元结构，即以句子的谓词为中心，研究句子中各成分与谓词之间的关系，并且用语义角色来描述它们之间的关系，形成句法结构树，如图 3.1 所示。

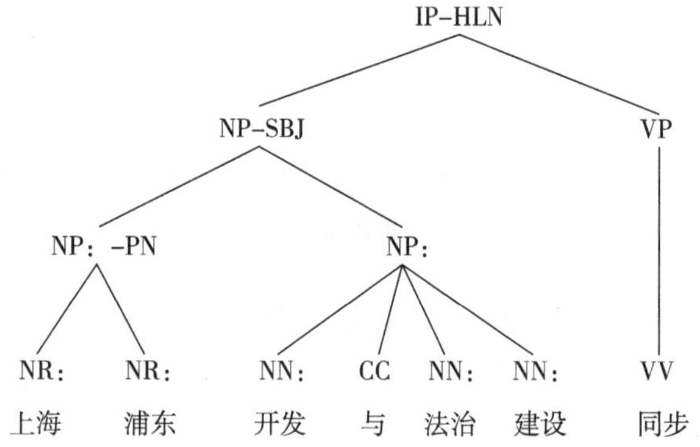


**图 3.1　句法树示例**

5. 文本分类语料库

文本分类语料库是指人工标注了所属分类的文章构成的语料库。相较于上面介绍的 4 种语料库，文本分类语料库的数据量明显要大很多。以搜狗文本分类语料库为例，其一共包含汽车、财经、IT、健康、体育、旅游、教育、招聘、文化、军事 10 个类别，每个类别下含有 8000 篇新闻，每篇新闻大约数百字。

另外，一些新闻网站上的栏目经过编辑的手工整理，相互之间的区分度较高，也可作为文本分类语料库使用。如果这些语料库中的类目、规模不满足实际需求，还可以按照需求自行标注。标注的过程实际上就是把许多文档整理后放到不同的文件夹中。

6. 单语语料库

单语语料库是指包含一种语言文本的语料库,又可分为通用语料库和专门语料库。通用语料库是指收录多种不同主题或文本类型的目的语原创文本组成语料库。专门语料库是指收录某一特定主题或文本类型的目的语原创文本构成语料库。单语语料库可以用于分析具体词汇或短语结构在目的语及其特定语境中的使用情况。

7. 双语平行语料库

双语平行语料库是指具有两个单语种语料库,且一个语料库是另一个语料库的翻译,即收录某一A语言源语文本及其对应的B语言目的语文本的语料库,两种语言文本之间存在不同层次的平行对应关系。按照语料平行对应的方向,双语平行语料库分为单向平行和双向平行。单向平行语料库是指所收录语料均为A语言的源语文本及其译成B语言的目的语文本。双向平行语料库所收录的语料由A语言文本及其B语言译本,以及B语言及其A语言译本组成。

8. 对比语料库

对比语料库是指由某一语言的原创文本和翻译文本组成的语料库,其中翻译文本译自不同语言。原创文本和翻译文本在语料库大小、领域、语言变体和时间上应该具有相似性,但不具有翻译关系。需要指出的是,可比性是对比语料库的突出特征,关系到对比语料库建设的成败。对比语料库主要用于语言对比研究。

9. 多模态语料库

多模态语料库是指包含经过转写、处理与标注的语言文本及与文本紧密关联的音视频数据库。其目的在于采用实证的方法系统地研究语言符号与非语言符号之间的相互作用。多模态语料库主要用于口译研究、口译教学实践和机器口译系统训练,以使口译更准确,质量更高。

## 3.2 分词方法介绍

### 3.2.1 分词概述

分词是NLP领域的基础任务,是将句子、段落、文章等长文本分解为字节单位,以方便后续的处理分析任务。

来看下面这个例子：

> 经查明，截至 2016 年 12 月 31 日，温某某、蔡某某、蔡某某 2、孙某某、余某某以上述形式走私柴油入境八个航次共计 3861.26 吨，偷逃进口环节应缴税额共计人民币 9043410.07 元。

分词结果如下：

> 经查明/，/截至/2016/年/12/月/31/日/，/温/某某/、/蔡/某某/、/蔡/某某/2/、/孙/某某/、/余/某某/以/上述/形式/走私/柴油/入境/八个/航次/共计/3861.26/吨/，/偷逃/进口/环节/应/缴税/额/共计/人民币/9043410.07/元/。

可以清晰地看出，以“/”为分隔符，整句话被分为若干部分，每一部分是一个字节。

### 3.2.2 为什么要分词

分词可以将复杂的语义理解问题转换为数学问题。机器学习之所以能够解决很多复杂的问题，是因为它将各种复杂问题转换为了数学问题，通过数学模型寻找最优解。NLP 也是同样的思路，文本都是一些非结构化数据，需要将这些数据转换为结构化数据，而结构化数据便可以转化为数学问题，分词就是转化为结构化数据的第一步。

此外，语句中的词是一个较为合适的粒度。词是能够独立存在且有意义的最小语言成分。字的粒度太小，无法表达完整含义，例如，“罪”这个字可以是“犯罪”，也可以是“罪行”。句子的粒度太大，承载信息过多，难以复用，例如，“被告人余某某让与其共同经营万宁养发馆的被告人刘某某帮其出售一只折中鹦鹉”，会使语义难以被结构化分析。因此，词的粒度大小合适，能够让计算机对文本进行结构化，进而分析处理并最终识别和理解语义。

### 3.2.3 中英文分词的区别

中文分词（Chinese word segmentation）和英文分词（English word segmentation）在分词方式上有着很大差别。在英文的行文中，单词之间是以空格作为自然分界符的，而中文的词没有一个形式上的分界符。虽然英文也同样存在短语的划分问题，不过在词这一层上，中文比英文要复杂得多、困难得多，主要包括：

(1)核心词表问题：许多分词算法都需要有一个核心的(通用且与领域无关的)词表。凡在该词表中的词，分词时就应该切分出来。但对于哪些词应当收进核心词表，目前尚无统一标准。

(2)词的变形问题：汉语中的动词和形容词有些可以产生变形结构，还包含大量的离合词，给分词造成了较大困难。例如，"打牌"可能变形成"打打牌"，可以被切出"打打/牌"；又如，"打架"可以合理地变形为"打了一场架"。分词过程中，对日常用语中经常出现的变形结构切分往往缺少合理且可操作性强的规范。

(3)词缀的问题：例如，语素"者"在现代汉语中单用是没有意义的，因此"犯罪者""违法者"内部不能切开。依据这个标准，如"造成了巨大公共财产损失和社会恶劣影响犯罪者""无视法律法规进行危险性行为违法者"也不能切开，但这样复杂的结构与词的定义和分词的初衷相矛盾。又如，职务名称"司法局长"，语义上理解为"司法局之长"，但切成"司法/局长""司法局/长""司法/局/长"，都表述不准确或产生歧义。

### 3.2.4 中文分词算法

现有的中文分词算法有四大类：基于词典的分词方法，基于统计的分词方法，基于规则的分词方法，基于知识理解的分词方法。

1. 基于词典的分词方法

基于词典的分词方法的原理是按照一定策略将待分析的汉字串与一个足够大的词典中的词条进行匹配，若在词典中找到某个字符串，则匹配成功。其按照扫描方向可分为正向匹配与逆向匹配；按照长度可分为最大匹配与最小匹配；按照是否与词性标注过程相结合，可分为单纯分词方法与分词及标注相结合方法。

(1)正向最大匹配算法(forwards maximum matching，FMM)。正向最大匹配算法的分词原理是：单词的颗粒度越大，所能表示的含义越确切。具体实现过程为：假定分词词典中的最长词有 $m$ 个汉字字符，则从左向右取待切分语句的 $m$ 个字符作为匹配字段，进而查找词典内容并进行匹配，若匹配成功，则将这个匹配字段作为一个词切分出来；若匹配不成功，则将这个匹配字段的最后一个字去掉，剩下的字符串作为新的匹配字段,进行再次匹配,重复以上过程直到切分出所有词为止。

(2)逆向最大匹配算法(reverse maximum matching,RMM)。逆向最大匹配算法是正向最大匹配的逆向思维(最大匹配的顺序不是从首字母开始,而是从末尾开始,由右向左),若匹配不成功,则将匹配字段的最前一个字去掉。该算法通常情况下要优于正向最大匹配算法。

(3)双向最大匹配法(bi - directction matching method,BM)。双向最大匹配法是将正向最大匹配法得到的分词结果和逆向最大匹配法得到的分词结果进行比较,从而决定正确的分词方法。

中文中 90.0% 左右的句子,正向最大匹配法和逆向最大匹配法完全重合且正确;只有大概 9.0% 的句子两种切分方法得到的结果不一样,但其中必有一个是正确的(歧义检测成功);只有不到 1.0% 的句子,或者正向最大匹配法和逆向最大匹配法的切分虽重合却是错的,或者正向最大匹配法和逆向最大匹配法切分不同但两个都不对(歧义检测失败)。这正是双向最大匹配法在实用中文信息处理系统中得以广泛使用的原因所在。

(4)最短路径匹配算法(shortest path matching method)。最短路径匹配算法是根据词典匹配出字串中所有可能的词(也称全分词),然后构造切分词语的有向无环图(directed acyclic graph,DAG),每一个词对应图中的一条有向边。若赋给相应的边长一个权值(该权值可以是常数,也可以是构成的词的属性值),然后针对该有向无环图,在起点到终点的所有路径中求出最短路径,该最短路径上包含的词就是该句子的切分结果。最短路径匹配算法的规则是使切分处理的词数最少,符合汉语自身的语言规律。具体算法主要包括 Dijkstra 算法和 N - 最短路径分词算法。但在实际应用中,对于词典中不包括的词,不能从句子中正确切分出来。

2. 基于统计的分词方法

基于统计的分词方法是无字典分词的方法,即不需要提前构建字典。其主要思想是:上下文中相邻的字同时出现的次数越多,就越可能构成一个词。字与字相邻出现的概率或频率能较好地反映词的可信度,由此可以统计训练文本中相邻出现的各个字的组合频度,计算它们之间的互现信息。由于互现信息体现了汉字之间结合关系的紧密程度，因此当紧密程度高于某一个阈值时，便可以认为此字组可能构成了一个词。该方法的主要统计模型有 $n$ 元文法模型、隐马尔可夫模型、条件随机场模型和最大熵模型等。在实际应用中，一般是将其与基于词典的分词方法结合起来，既发挥匹配分词切分速度快、效率高的特点，又具备无词典分词结合上下文识别生词、自动消除歧义的优点。

（1）$n$ 元文法模型（n－gram model）。n－gram 模型的基本思想是将文本中的内容按照字节进行大小为 $n$ 的滑动窗口操作，形成长度为 $n$ 的字节片段序列。每一个字节片段称为 gram，对所有 gram 的出现频度进行统计，并且按照事先设定好的阈值进行过滤，形成关键 gram 列表，也就是这个文本的向量特征空间，列表中的每一种 gram 就是一个特征向量维度。

该模型基于这样一种假设：第 $n$ 个词的出现只与前面 $n-1$ 个词相关，而与其他任何词都不相关，整句的概率就是各个词出现概率的乘积。这些概率可以通过直接从语料中统计 $n$ 个词同时出现的次数得到。常用的是二元的 Bi－gram 和三元的 Tri－gram。

（2）隐马尔可夫模型（hidden markov model，HMM）。HMM 用于处理时间序列数据，即样本之间有时间序列关系的数据。隐藏变量是 HMM 中的关键概念之一，可以理解为无法直接观测到的变量，即 HMM 中 hidden 一词的含义；与之相对的是观测变量，即可以直接观测到的变量。HMM 的能力在于能够根据给出的观测变量序列，估计对应的隐藏变量序列是什么，并对未来的观测变量做出预测。

（3）条件随机场模型（conditional random fields，CRF）。条件随机场模型需要使用已经做好分词标记的语料库，其中按照 4 种类型：词头（begin）、词中（middle）、词尾（end）和单字成词（single）标记每个词语中的每个字，根据条件随机场理论计算待分词语句与标记序列的条件概率模型，并用无向图模型表示标记序列的联合概率分布，即进行全局归一化，进而采用链式结构表示分词结果。此方法避免了偏置问题，从而克服了 HMM 的不足，利用语境实现全局最优分词，成为统计方法中应用最为广泛的模型。

3. 基于规则的分词方法

基于规则的分词方法是通过模拟人对句子的理解，达到识别词的效果，基本思想是：通过句法、语义分析，利用句法信息和语义信息对文本进行分词。它能自动推理,并完成对未登录词的补充。且由于语义分词法引入了语义分析,所以对自然语言自身的语言信息能进行更多的处理,如扩充转移网络法、知识分词语义分析法、邻接约束法、综合匹配法、后缀分词法、特征词库法、矩阵约束法、语法分析法等。

(1)扩充转移网络法。扩充转移网络法以有限状态机为基础,改进了有限状态机模型,使其具有递归能力,形成递归转移网络(recursive transition network,RTN)。有限状态机是一种描述对象不同状态之间如何转换的模型。在RTN中,弧线上的标志可以是终极符(单词)、非终极符(词类)和其他子网络(如字或字串的成词条件)。词法扩充转移网络的使用,使分词处理和语言理解的句法处理阶段交互成为可能,并且有效地解决了汉语分词的歧义,是一种较为有效的分词方法。

(2)矩阵约束法。矩阵约束法的基本思想是:先建立一个语法约束矩阵和一个语义约束矩阵。语法约束矩阵中的元素表明具有某词性的词和具有另一词性的词相邻是否符合语法规则。语义约束矩阵中的元素表明属于某语义类的词和属于另一词义类的词相邻是否符合逻辑。机器在切分时以两个矩阵约束分词结果。

4. 基于知识理解的分词方法

基于知识理解的分词方法采用机器学习算法的同时进行句法、语义分析,利用句法信息和语义信息来处理歧义现象。通常包括三部分:分词子系统、句法语义子系统和总控部分。在总控部分的协调管理下,分词子系统可以获得有关词、句子等的句法信息和语义信息来对分词歧义进行判断,模拟了人对句子的理解过程。该方法需要预先使用大量的语言知识和信息进行机器学习算法模型训练。目前基于知识理解的分词方法主要有神经网络分词法、专家系统分词法以及各算法的优化组合。

(1)神经网络分词法。神经网络分词法主要通过各类神经网络模型使计算机能够模拟人的学习及分词过程,通过自学习和迭代训练调整内部权值,以达到正确的分词结果。因此,模型大都基于已标注好的语料库进行训练,是一个训练生成神经网络分词模型的过程。该过程是分步进行的:首先以确定待处理语句的权字串为基础,来确定网络处理单元;其次根据链接权重表激活输入/输出单元之间的链接,如取一个汉字作为关键字,确定其链接表,通过不断训练使输入/输出结果匹配,形成分词算法模型,用于分词处理。

神经网络分词法具有自学习、自组织功能,可以进行并行、非线性处理,并且反应迅速、对外界变换敏感。前些年基于神经网络的分词算法存在网络模型表达复杂、学习算法收敛速度较慢、训练时间长,并且对已有的知识维护更新困难等不足。但随着深度学习算法的应用,目前基于深度学习的神经网络算法逐渐替代传统方法成为主流,主要包括卷积神经网络模型(convolutional neural network, CNN)、双向长短时记忆网络模型(bidirectional long short - term memory, Bi - LSTM)、双向门限循环单元模型(bidirectional gated recurrent unit, Bi - GRU)、BERT(bidirectional encoder representation from transformers)模型等。

(2)专家系统分词法。专家系统分词法从专家角度把分词知识(包括常识性分词知识与歧义切分规则)提取出来,构造推理网络,将分词过程看作知识推理过程,即将分词所需要的语法、语义以及句法知识从系统的结构和功能上分离处理。知识库是专家系统具有"智能"的关键,它将知识的表示、知识库的逻辑结构与维护作为首要考虑的问题,使知识库按常识性知识与启发性知识分别组织。专家系统分词算法是一种统一的分词算法,具有处理交集歧义字段和多义组合歧义字段的能力和一定的自学习功能,不仅使整个分词处理过程简明,也使整个系统的运行效率提高。

## 3.3　利用分词器构建语料库

### 3.3.1　jieba 分词器

分词器是根据分词算法开发出的分词工具。当前 NLP 领域有很多种分词器,如 jieba、SnowNLP、北京大学 PKUse、清华大学 THULAC 等。其中,jieba 分词器作为一个开源项目,在准确度与速度方面均有不错的表现。因此,本小节将以 jieba 分词为例,展示其使用方法和原理,并用其构建语料库。

1. jieba 分词器安装

jieba 分词器的安装需要在已有的 Anaconda 虚拟环境中进行(详情请参阅第二章:Python 开发环境构建),Python 2. x 和 Python 3. x 均兼容。下面主要介绍两种 jieba 的安装方式：

(1)全自动安装方式：在已创建的 Anaconda 虚拟环境内输入"pip install jieba"命令，等待安装完毕即可。

(2)半自动安装方式：首先，进入项目开源网址下载项目压缩包并解压；其次，在已创建的 Anaconda 虚拟环境内，将根目录切换到项目解压目录；最后，输入"python setup. py install"命令，等待安装完毕。

2. jieba 分词

jieba 分词支持三种基础的分词模式，分别是全模式、精确模式和搜索引擎模式。其中，全模式可以把句子中所有可以成词的词语都扫描出来，速度非常快，但是不能解决歧义问题；精确模式试图将句子最精确地切开，适合文本分析；搜索引擎模式在精确模式的基础上，对长词再词切分，提高召回率，适合搜索引擎分词。在这三种模式之外，jieba 还支持分词标注模式，能够直接对语料数据进行词性标注。

各模式示例代码如下：

```
import jieba
import jieba.posseg
seg_str = "随后在上述人员协助下,吴某某将某柱公司吸收的托管于第三方支付平台的资金归其个人支配、使用。"
seg_result_list = jieba.cut(seg_str)#精简模式,返回一个列表类型的结果
print("/".join(seg_result_list))
seg_result_list = jieba.cut(seg_str,cut_all = True)#全模式,使用'cut_all = True'指定,返回一个列表类型的结果
print("/".join(seg_result_list))
seg_result_list = jieba.cut_for_search(seg_str)#搜索引擎模式,返回一个列表类型的结果
print("/".join(seg_result_list))
seg_result_list = jieba.posseg.cut(seg_str)#标注模式,返回一个generator 类型的结果
for word,flag in seg_result_list:
print('% s\% s' % (word,flag),end = '')
```

分词结果如下:

精简模式:随后/在/上述/人员/协助/下/,/吴/某某/将某柱/公司/吸收/的/托管/于/第三方/支付/平台/的/资金/归其/个人/支配/、/使用/。

全模式:随后/在/上述/人员/协助/下/,/吴/某某/将/某/柱/公司/吸收/的/托管/于/第三/第三方/三方/支付/平台/的/资金/归/其/个人/支配/、/使用/。

搜索引擎模式:随后/在/上述/人员/协助/下/,/吴/某某/将某柱/公司/吸收/的/托管/于/第三/三方/第三方/支付/平台/的/资金/归其/个人/支配/、/使用/。

标注模式:随后\d 在\p 上述\b 人员\n 协助\v 下\f, \x 吴\nr 某某\r 将\d 某\ng 柱\n 公司\n 吸收\v 的\uj 托管\v 于\p 第三方\m 支付\v 平台\n 的\uj 资金\n 归\v 其\r 个人\n 支配\vn 、\x 使用\v 。\x

3. jieba 分词器添加自定义词典

jieba 分词器可以由开发者指定自己的自定义词典,以包含词库中没有的词。虽然 jieba 分词有新词识别能力,但是自行添加新词可以保证更高的正确率。在使用的时候,词典的格式和 jieba 分词器本身的词典格式必须保持一致,一个词占一行,每一行分成三部分:一部分为词语,一部分为词频(可以省略),最后为词性(可以省略),三部分用空格隔开。

自定义词典:

```
吴某某 2 nr
运营费用 2 n
```

代码如下:

```
seg_str = r"为此,吴某某共支付给被告人胡某等人运营费用及好处费共计人民币3500 万元(以下币种均为人民币)。"
#使用官方字典(默认)
seg_result_list = jieba.cut(seg_str)
print("/".join(seg_result_list))
```

```
#使用自定义字典
jieba.load_userdict("G:\Asystem\Desktop\jie.txt")
seg_result_list = jieba.cut(seg_str)
print("/".join(seg_result_list))
```

分词结果如下:

```
使用官方字典:为此/,/吴/某某/共/支付/给/被告人/胡某/等/人/运营/费用/及/好处费/共计/人民币/3500/万元/(/以下/币种/均/为/人民币/)/。
使用自定义字典:为此/,/吴某某/共/支付/给/被告人/胡某/等/人/运营费用/及/好处费/共计/人民币/3500/万元/(/以下/币种/均/为/人民币/)/。
```

可以看出,在使用了自定义字典后,jieba分词器将"吴某某"与"运营费用"看作了一个整体,分词更加精准。

### 3.3.2 语料库的制作

制作语料库总共有两个步骤:一是前期的语料收集工作;二是后期的语料标注工作。本节主要讲述需要对收集的语料进行哪些处理,即如何标注语料库。语料库的标注主要包括元信息标注和词性标注。

1. 元信息标注

元信息是指非语言信息,需要人工进行整理,包括文本的外部信息,就司法文本语料库而言需要有引用源、罪犯姓名、案件类型、罪名等信息。例如:

```
'引用源':'https://wenshu.court.gov.cn/',
'罪犯姓名':'李某',
'案件类型':'刑事案件',
'罪名':'危险驾驶罪',
'刑期':'有期徒刑一年',
```

2. 词性标注

词性标注方式目前分为两类:第一类是人工手动标注,这种标注方式标注精度较高,但标注人员需要进行枯燥且乏味的重复工作;第二类是使用分词工具自动标注,这种标注方式只需将语料输入程序中,等待程序完成分词任务后,自动标注工作即可,简单快捷,但标注精度较低。因此,使用分词工具自动分词并进行词性标注,再由人工进行校对,成为当下先众多相关工作者的优先选择。下面介绍如何使用 jieba 分词器,对语料库原始数据进行分词和词性的标注,完成司法文本语料库的制作。

首先准备好相应的原始语料数据。就司法文本语料库而言,原始语料数据是罪犯的犯罪事实。接下来介绍如何使用分词器进行词性标注,数据如下:

2021 年 1 月 16 日凌晨 2 时许,被告人徐某某搭乘被害人范某驾驶的出租车行驶至苏州工业园区某一村东门时,徐某某拒付车费并下车离开,被害人范某上前拦阻后,二人发生扭打,其间徐某某用左臂将范某推倒在地,造成范某右侧股骨颈骨骨折。经法医学鉴定,被害人范某外伤致其右股骨颈骨折未见股骨头坏死,并行假体置换术,其损伤已构成人体轻伤一级。

先将语料库原始数据保存在 txt 文件中,之后使用 Python 的 open 函数读取文件,读取格式选择'r',表示只读文件,编码选择'utf - 8',使用 read 函数查看文件内容。代码如下:

```
txt_path = r'G:\module\gensim - m\data.txt'
file = open(txt_path,'r',encoding = 'utf - 8')
data = file.read()
```

将数据读取出来后,使用 jieba 库中 posseg 模块的 cut 方法,同时完成分词与词性标注工作。

代码如下:

```
result  =jieba.posseg.cut(data)
```

标注结果如下:

> 2021\m 年\m 1\m 月\m 16\m 日\m 凌晨\t 2\m 时许\d,\x 被告人\n 徐某某\nr 搭乘\v 被害人\n 范某\nr 驾驶\v 的\uj 出租车\n 行驶\v 至\p 苏州工业园区\ns 某\r 一村\n 东门\ns 时\n,\x 徐\nr 某某\r 拒付\v 车费\n 并\c 下车\v 离开\v,\x 被害人\n 范某\nr 上前\t 拦阻\v 后\f,\x 二人\nrt 发生\v 扭打\v,\x 其间\f 徐\nr 某某\r 用\p 左臂\n 将\d 范某\nr 推倒\v 在\p 地\n,\x 造成\v 范某\nr 右侧\f 股骨颈\n 骨\n 骨折\n 。\x 经\n 法医学\nt 鉴定\v,\x 被害人\n 范某\nr 外伤\n 致\v 其\r 右\n 股骨颈\n 骨折\n 未\d 见\v 股骨头\n 坏死\v,\x 并行\v 假体\n 置换术\n,\x 其\r 损伤\v 已\d 构成\v 人体\n 轻伤\a 一级\m 。\x

在标注完成后,通过迭代器将分割结果合并为字符串数据,之后将该数据保存在 txt 文件中,使用 Python 的 open 函数读取文件,读取格式选择'w',表示写入文件,编码选择'utf-8',使用 write 函数将文本保存到 txt 文件。代码如下:

```
result_str = ''''
for word,flag inresult:
    result_str  + =  word + '\\' + flag
txt_path = r'G:\DATA\data_result.txt'
file = open(txt_path,'w',encoding ='utf -8')
file.write(result_str)
```

保存结果如下:

> 2021\m 年\m1\m 月\m16\m 日\m 凌晨\t2\m 时许\d,\x 被告人\n 徐某某\nr 搭乘\v 被害人\n 范某\nr 驾驶\v 的\uj 出租车\n 行驶\v 至\p 苏州工业园区\ns 某\r 一村\n 东门\ns 时\n,\x 徐\nr 某某\r 拒付\v 车费\n 并\c 下车\v 离开\v,\x 被害人\n 范某\nr 上前\t 拦阻\v 后\f,\x 二人\nrt 发生\v 扭打\v,\x 其间\f 徐\nr 某某\r 用\p 左臂\n 将\d 范某\nr 推倒\v 在\p 地\n,\x 造成\v 范某\nr 右侧\f 股骨颈\n 骨\n 骨折\n。\x 经\n 法医学\nt 鉴定\v,\x 被害人\n 范某\nr 外伤\n 致\v 其\r 右\n 股骨颈\n 骨折\n 未\d 见\v 股骨头\n 坏死\v,\x 并行\v 假体\n 置换术\n,\x 其\r 损伤\v 已\d 构成\v 人体\n 轻伤\a 一级\m。\x

最后将元信息标注和词性标注合并,便完成一条语料的标注工作:

'引用源':'https://wenshu.court.gov.cn/',
'罪犯姓名':'李某',
'案件类型':'刑事案件',
'罪名':'危险驾驶罪',
'刑期':'有期徒刑一年',
'犯罪事实':"2021\m 年\m1\m 月\m16\m 日\m 凌晨\t2\m 时许\d,\x 被告人\n 徐某某\nr 搭乘\v 被害人\n 范某\nr 驾驶\v 的\uj 出租车\n 行驶\v 至\p 苏州工业园区\ns 某\r 一村\n 东门\ns 时\n,\x 徐\nr 某某\r 拒付\v 车费\n 并\c 下车\v 离开\v,\x 被害人\n 范某\nr 上前\t 拦阻\v 后\f,\x 二人\nrt 发生\v 扭打\v,\x 其间\f 徐\nr 某某\r 用\p 左臂\n 将\d 范某\nr 推倒\v 在\p 地\n,\x 造成\v 范某\nr 右侧\f 股骨颈\n 骨\n 骨折\n。\x 经\n 法医学\nt 鉴定\v,\x 被害人\n 范某\nr 外伤\n 致\v 其\r 右\n 股骨颈\n 骨折\n 未\d 见\v 股骨头\n 坏死\v,\x 并行\v 假体\n 置换术\n,\x 其\r 损伤\v 已\d 构成\v 人体\n 轻伤\a 一级\m。\x"

将收集的众多原始语料数据经以上步骤处理与整理后,语料库便制作完成了。

## 3.4　语料库数据管理

### 3.4.1　语料库的数据管理方式的发展阶段

现代意义上的语料库是计算机可读、可检索的语料库,所以语料库的数据管理方式也是用计算机进行的语料库管理。语料库的数据管理方式的发展是随计算机技术的发展而发展的。

1. 文件管理方式

最早的代表性语料库 Brown 语料库于 1964 年开始使用,当时,计算机操作系统已经有了文件管理模块,语料的元数据和语料样本以文件的形式存储,由用户规定文件的格式。

2. 数据库管理方式

20 世纪 70 年代数据库技术的普及,特别是 20 世纪 80 年代关系数据库系统的普及,使用数据库进行语料管理变得非常容易,如国家语言文字工作委员会主持的“现代汉语语料库”就是以数据库的形式存储。

3. XML 格式的文件管理方式

20 世纪末 21 世纪初,随着可扩展标记语言(extensible markup language, XML)的提出,以 XML 作为语料文件的组织格式成为国际上的主流,如国家语言文字工作委员会主持的“现代汉语语料库管理系统”就能支持将该语料库以 XML 格式的文件集合备份、存储和管理。与传统的文件管理方式的区别在于,由于有了统一的文件格式规定,XML 格式的文件不需要用户自己定义文件的格式。

4. 多媒体语料数据的管理

口语语料库不仅要存储转录的文本语料,还要存储语音形式、波形图形式的语料,并且要实现多种媒体的语料的同步集成,支持基于文字、声音、波形的查询、统计。现有的数据库管理系统已能很好地支持多媒体数据的存储、管理、演播,但对于支持基于声音、波形的查询、统计还需依赖多媒体数据库技术的进一步发展。

### 3.4.2 语料库的物理结构

语料库的物理结构是指语料数据的逻辑存储方式,和具体的物理存储细节无关。语料库可以是文件的集合,其优点是比较容易按字或按词建立索引,访问速度快,存储结构不受关系数据库管理系统的约束,开放性好,能方便地编写程序对其进行加工、检索、统计。现行的语料库加工程序的操作对象大多是纯文本文件。当语料库是纯文本文件的集合,也没有元数据时,这种结构的优点表现明显。其不足之处在于:当语料记录包含元数据、语料文本以及其他格式的语料载体时,控制比较复杂,数据的一致性较难控制;当语料库的数据结构改变时,程序要进行较大的修改,且系统的可扩充性差。

也可以利用数据库管理系统来存储语料库,其优点是可以充分利用数据库系统已有的功能,开发效率高,语料的插入、删除、更新、备份都很容易,特别是便于语料的元数据的查询、更新、统计。其不足之处在于:早期的关系数据库管理系统(relational database management system,RDBMS)对于大文本数据、音频数据、图形数据的支持不够得力,现在该问题已经解决,RDBMS 一般都支持“大对象”这种数据类型,字段的宽度可以达到几吉字节,能管理和支持多种媒体数据。另外,如何对于关系数据库中的大文本，按字或者按词建立索引，实现索引和关系数据库的无缝连接，还是一个有待研究的课题，一些专用的全文检索软件较好地解决了这个问题，但是这些软件缺少对语料库语言学研究的有效支持。虽然全文检索软件能快速地在大量文件中检索出含有特定的字符串的所有文件，但没有提供通用的函数库。

1. 用文件集合管理语料库

早期的语料库一般以文本文件的形式存储，一条语料记录作为一个文本文件，语料库是相同结构的语料记录文件的集合。在这种方式下，一般要预先定义语料文本文件的格式。由于一个语料库是一种文件格式，数据和程序依赖性强，一个程序对应一个语料库，因此语料库共享性较差，系统的可扩展性较差。

改进的方法是用 XML 来组织语料文件。使用 XML 组织语料库，可以减少程序和数据的依赖性，提高语料库的数据独立性，从而提高语料库的共享性。这时，一个语料库的文件是一个或多个 XML 格式的文件集合，用 DTD（数据类型定义）或者 XML SCHEMA（XML 模式）来定义它们的结构。这样，通用的软件（如 Microsoft Edge 等浏览器）就可以依据 DTD 来检查每个语料文件的结构是否规范，解读语料文件的程序就不用像传统的文件系统那样，过多地在程序中解决物理存储结构的问题，从而提高语料数据和程序的独立性，提高共享性。

2. 用关系数据库管理语料库

用关系数据库管理系统（RDBMS）来管理语料库时，语料库是一个关系数据库，每个子库是一个关系，一条语料记录是关系中的一个元组，多种形式的语料分别用能支持大文本、多媒体类型的数据字段来存储。这时，用户通过 RDBMS 访问数据库，只需要了解语料库的逻辑结构，程序和数据具有较高的独立性。

3. 元数据用关系数据库管理，语料内容用文件存放

20 世纪 90 年代以前，由于关系数据库系统要求数据有规范的结构，它不能很好地处理语料库、网页等半结构化的数据，关系数据库系统也不能较好地处理大文本数据、多媒体数据。当时，如果要用关系数据库系统管理语料库，当语料文件的规模过大或者无法预知时，可以采用折中的策略，用关系数据库存储语料记录的元数据，用文件形式存储语料文本，通过定义记录号和文件名的映射关系来实现元数据和语料的匹配。

这种语料和元数据分开存储的结构的优点是:语料文件结构单纯,一些与元数据无关的研究可以直接针对文件进行,结构简单,程序编写方便;对元数据进行的操作可以用关系数据库进行,效率高。这种结构的缺点是:第一,用户可以直接绕过关系数据库系统对语料进行操作,数据的一致性无法保证。例如,由于用户的误操作,造成丢失语料文件、改动语料文件名等错误,语料记录的元数据和语料本身就无法匹配。第二,文件系统原有的数据和程序的依赖性强的问题仍然没有解决,哪怕是改变语料文件的存储位置,都会对系统的运行产生影响。

### 3.4.3 语料库数据管理系统应具备的功能

1. 语料库定义功能

语料库管理系统要提供语料库定义语言,让用户定义语料库的数据结构,包括元数据字段名称、数据类型、数据宽度等。语料库的字段的数据类型包括字符型、日期型、数值型、文本型、声音数据、波形数据。文本型数据用于存储语料本身,因为长度不固定,所以与字符型数据区别开来,以便于管理。

2. 词表定义功能

语言的基本组成单位是词,要对语料库进行加工,以及分析语料库,都离不开词。语料库管理系统可以提供一些基本的词表,也应该提供词表定义功能、词表编辑功能,让用户自己设计词表,同时还要提供词表查找、排序、统计等基本功能。

3. 索引功能

语料库管理系统不仅要能像关系数据库管理系统那样按数据项建索引,还能够对语料样本文字按字或按词创建索引,以提高按关键词查找的速度。没有这种索引的支持,很难提高在大规模语料库中检索数据的速度。

4. 数据存储功能

不管语料库管理系统以什么形式存储语料库,都应该能提供一个以二维表(数据库中称二维表为关系)形式呈现的视图,用户可以直接对关系进行操作,而不用了解具体的存储细节。

5. 语料库加工软件集成功能

语料库管理系统本身要具备一些语料库加工的功能,如口语语料的播放、转写、编辑同步进行,根据词表进行词性标注的功能,语料库管理系统要能够集成现有的比较成功的各种语料库加工工具，并提供开放的接口，供用户调用其他语料库加工工具。

6. 语料检索与统计功能

语料库管理系统要支持常规关系数据库管理系统具备的检索和统计功能，用户界面要友好，还要提供常用的语料检索和统计软件所支持的功能，如按关键字串、按句型查找，统计字数、词数、句子数、段落数，统计词的同现现象等。

## 3.5 语料库读取器

一旦在磁盘上构建、组织起语料库，就为在编程环境中用系统方法访问语料库，以及对语料库变化的监控和管理打好了基础。大多数有用的语料库包含数千个文档，包含文本数据的总量可能会有几吉字节。从文档加载的原始文本字符串，需要进行预处理，并将其解析为适合分析的表示，这是用来生成或复制数据的附加过程，增加了处理所需内存量。

从计算角度来看，这是一个重要的考虑因素，因为如果没有从磁盘流式传输和选择文档的合适方法，文本分析很快就会受到单个机器性能的限制，进而限制生成模型的能力。然而，NLTK 库充分考虑了这一需求，并提供了用于从磁盘流式访问语料库的工具，可以通过 CorpusReader 对象在 Python 程序中打开语料库。

CorpusReader 是一个编程接口，用于读取、定位、流式传输和过滤文档，还可以将数据处理部分，如编码和预处理，开放给需要访问语料库数据的代码。CorpusReader 的初始化，需要传入包含语料库文件的目录根路径、用于发现文档名称的签名以及文件编码(默认情况下为 UTF－8)。

因为语料库包含超出分析用途的文件(如自述文件、引用、许可等)，所以必须向用户提供相应的机制，以准确识别哪些文档是语料库的一部分。此机制是一个参数，可以显式地用名称列表指定，也可以隐式地用正则表达式指定，它将匹配根目录下的所有文档(如\w +\. txt)，匹配扩展名. txt 前面文件名是一个或多个字符或数字的文件。然后，这三个简单参数使 CorpusReader 能够列出语料库中所有文档的绝对路径，使用正确的编码打开每个文档，并允许用户单独访问元数据。在默认情况下，NLTK CorpusReader 对象甚至可以访问格式为 Zip 的语料库，简单扩展也允许读取 gzip 或 bzip 压缩文件。

在处理大量文档时，CorpusReader 允许用户将一个或多个文档读入内存，向前或向后定位语料库中的特定位置而无须打开或读取不必要的文档，将数据流式传输到分析过程中，一次只在内存中保存一篇文档，或者根据需求过滤或仅从语料库中选择特定文档。这些技术使对大规模语料库的内存文本分析成为可能，因为它们每次只能处理载入内存中的少量文档。

NLTK 附带了各种语料库读取器，专门用于访问通过 NLTK 下载的文本语料库和词汇资源。它还附带了更通用的工具 CorpusReader 对象，在语料库结构方面要求相当严格，但可以快速创建语料库，并与读取器直接绑定。NLTK 还提供了根据应用程序要求定制 CorpusReader 的技巧。这里列举几个值得关注的工具读取器，见表 3.1。

**表 3.1　工具读取器展示**

| 读取器 | 解　　释 |
| --- | --- |
| PlaintextCorpusReader | 纯文本文档语料库读取器，假定语料库文本段落用空行隔开 |
| TaggedCorpusReader | 简单词性标记语料库读取器，句子在单独的一行，词条用对应的词性标记分隔 |
| BracketParseCorpusReader | 括号标记的解析树语料库读取器 |
| ChunkedCorpusReader | 用括号格式化的分块（可带标签）语料库读取器 |
| TwitterCorpusReader | 推文语料库读取器，数据为序列化的行分隔 JSON 格式 |
| WordListCorpusReader | 词列表读取器，每行一个，空行会被忽略 |
| XMLCorpusReader | XML 文档语料库读取器 |
| CategorizedCorpusReader | 分类混合文档语料库读取器 |

示例代码如下：

```
from nltk.corpus import PlaintextCorpusReader
corpus_root = r'G:\DATA'# 文件根目录
corpue_file = r'data.txt'# 文件名
file = PlaintextCorpusReader(corpus_root,corpue_file)
print('raw - - - - - >',file.raw())
```

输出结果如下：

```
raw ------> 2021年1月16日凌晨2时许,被告人徐某某搭乘被害人范某驾驶的出租车行驶至苏州工业园区某一村东门时,徐某某拒付车费并下车离开,被害人范某上前拦阻后,二人发生扭打,其间徐某某用左臂将范某推倒在地,造成范某右侧股骨颈骨骨折。经法医学鉴定,被害人范某外伤致其右股骨颈骨折未见股骨头坏死,并行假体置换术,其损伤已构成人体轻伤一级。
```

# 第四章

# 文本摘要

在文本分析和自然语言处理方面,需要掌握为各种应用程序处理和标注的文字信息。同时,还可以通过特征工程了解最新的文本表示方法。现在已经进入机器学习的发展阶段,并且已经通过各种特征提取算法以及有监督的机器学习算法,建立了自己的多类文本分析体系。

随着信息技术的发展,人们迎来了大数据时代。人们的生活和工作中会产生海量的数据信息,用以通信交流、获取新闻、互动娱乐、商业交易、协同工作、社会管理等。由此产生的海量数据信息,会加重人们对于大型文档的阅读量。于是,出现了文本摘要(text summarization)的技术。文本摘要技术就是利用计算机自动地把大量文字转换成简短内容的一种信息压缩技术。一般而言,生成的简短摘要必须满足信息量充分、能够覆盖原文的主要内容、冗余度低和可读性高等要求。

在司法领域中,司法工作也会产生大量的文件、档案、案例等数据信息,并在其信息管理系统中处理、传输和存储。文本摘要技术可以将各类档案、文件、资料中大段的文本进行抽取缩减,存储形成文本摘要,以便于分类存档,也便于民警在海量档案文件中快速浏览和查阅摘要,获得需要的信息。

本章首先对文本摘要方法及分类进行介绍,然后介绍其中比较典型的几种方法,主要包括关键词句提取(key - phrase extraction)、主题建模(topic modeling)、文档自动摘要(document summarization)①等。

① 参见袁军鹏、朱东华、李毅等:《文本挖掘技术研究进展》,载《计算机应用研究》2006 年第 2 期。

## 4.1　文本摘要技术简介

文本摘要是指对文本或者文本集合的内容进行抽取、总结和提炼,以摘要的形式生成简要的概括本文,使其能够概括和展示原文本的主要内容或主要思想。文本摘要技术从本质上来说,属于一种信息压缩技术。

文本摘要技术在当前信息大爆炸的时代,具有较为重要的实用价值,可以帮助人们快速了解一篇文章、一段新闻、一篇资料的关键内容,节省阅读时间、加快信息检索速度、增强文本自动生成能力、提高工作效率。其作用具体体现在以下几个方面:

(1)提供概要信息:文本摘要技术可以从文本中提取出关键句子或段落,这些句子或段落概括了文本的主要内容和要点。用户可以通过阅读这些摘要信息快速了解文本的核心内容,而不必阅读整篇文本。

(2)精简冗余信息:文本摘要技术可以识别和删除文本中的冗余信息,如重复内容、不必要的细节或无关的信息。这样可以使阅读更加高效,用户能够快速获得需关注最重要的信息。

(3)保留关键信息:文本摘要技术可以识别和保留文本中的关键信息,如重要观点、主题句或关键词。用户可以通过阅读这些关键信息来获取文本的主要内容,而不必阅读整篇文本。

(4)提供多种摘要长度选项:通常可以根据用户的需求提供不同长度的摘要。用户可以根据自己的时间和兴趣选择适合自己的摘要长度,从而节省阅读时间。

(5)智能文本生成:基于人工智能的文本摘要提取技术可以根据用户的需求,从大量文本中提取出关键信息,并以语音或文字的形式生成摘要信息反馈给用户,还可以根据用户的兴趣和偏好,自动抽取出相关文章的摘要,并推荐给用户阅读。

总之,文本摘要技术通过提供概要信息、精简冗余信息、保留关键信息和提供多种摘要长度选项等方式,帮助用户快速了解文本的要点,从而节省阅读时间。这对于处理大量文本或需要快速获取信息的场景非常有用,如新闻报道、研究论文、社交媒体、文档管理等。

## 4.2 文本摘要方法分类

从不同的分类角度文本自动摘要技术可以被划分为不同的类型,一般从以下五个角度进行划分:

(1)按照摘要与原文关系分类,可以分为抽取式摘要、压缩式摘要和生成式摘要。抽取式摘要是通过摘录原文重要的词语和句子组成摘要内容。压缩式摘要是通过抽取并简化原文的重要句子形成摘要。生成式摘要是通过改写或重新组织原文内容生成摘要。由于抽取式和压缩式文本摘要生成方式较为类似,因此有时也被归为一类。

(2)按照对文本处理的数量,可以分为单文本摘要和多文本摘要。单文本摘要是对单一文本生成摘要。多文本摘要是针对某一主题的多个文本内容生成摘要。针对单文档来说,可以采用数据抽取技术,输出的语句通常可以按照在文章中出现的时间顺序排列。但针对多个文件,一个主题中的各个文件之间难免会出现重复的内容,时间顺序也可能较乱,所以在减少信息冗余的时候,体现出各个文件间内容的不同,才是多文件的首要任务。对多文本摘要的研究是目前受到各界重视的一个热点领域。

(3)按照摘要的应用方向,可以分为通用型摘要和面向用户查询的摘要。通用型摘要只根据原文主要内容或观点生成摘要。面向用户查询的摘要根据用户兴趣和习惯生成摘要。面向用户查询的摘要方法更多地用于智能辅助和智能推荐的应用场景。

(4)按照摘要的功能,可以分为指示型摘要、报道型摘要和评论型摘要。指示型摘要生成输入文档或文档集的关键主题,旨在帮助用户决定是否需要阅读原文,如标题生成、文档分类等。报道型摘要生成输入文档或文档集的主要内容信息,使用户无须阅读原文即能了解概要信息,如新闻摘要。评论型摘要不仅生成输入文档或文档集的主要内容信息,而且需要给出关于原文的关键评论或评价,如立场判别、情感分类等。

(5)按照使用的方法分类,可以分为基于统计学的方法、基于外部语义资源的方法、基于图排序的方法、基于机器学习的方法和基于深度学习的方法。基于统计学的方法需要计算统计特征,如词频、相似性、位置等,并据此设置权重,抽取权重高的词或句子组成摘要。基于外部语义资源的方法借助外部的数据(如词典或词性标注工具),将原文档中与某个主题相关的词集合起来构成词汇链,并计算重要性权重,进而根据权重选择特定数量的句子生成摘要。基于图排序的方法是通过把文本分成若干段落或句子的集合,每个集合对应一个图的顶点,集合之间的关系对应边,最后通过图排序的算法计算各个顶点最后的得分,然后依据得分高低生成文本摘要。基于机器学习的方法通过使用具有标签的训练数据集,以文本特征以及句子重要性标签训练机器学习模型,用以对新文本生成摘要。基于深度学习的方法是机器学习方法中较为前沿的一种方法,它通过对文档提取词向量特征,并使用深度学习模型对文本特征进行学习训练,进而用其对新文档生成摘要。

下面对常用的一些文本摘要基本算法进行简要介绍。

## 4.3　关键短语提取

关键短语是指能够表示文档中心信息特征的词汇,主要适用于计算机网络信息系统标引论文内容特性、信息搜索、系统汇总,以供用户查询。关键短语提取是文本挖掘研究领域的一项重要分支技术,是文本检索、文本比较、摘要生成、文本分析与聚类等文本挖掘研究方面的基本工作。关键短语提取方法能够提取文本中对语义表达具有关键作用的词语。关键短语构成了一个简洁的概念性文档摘要,有助于语义索引、文档聚类和分类等多个任务的效果提升。其中抽取式短语提取中,无监督提取方法比较典型的有 TF - IDF、YAKE、TextRank、SIFRank 等,有监督提取方法比较典型的有 CRF、BERT - KPE 等。

从算法的视角分析,关键短语提取大致有两种:无监督关键短语提取方法和有监督关键短语提取方法。

1. 无监督关键短语提取方法

不要求人工标记的语言,通过某些方法把文本中相对重要的词组作为关键字,实现关键词组提取。这种技术是先抽取出候选词,之后再对所有候选词打分,之后再得出在 TopK(求数组的最小或最大的 $K$ 个数)中积分最大的候选词的关键词。按照打分的策略差异,有各种各样的方法,如 TF - IDF、TextRank、LDA 等。

无监督关键词组提取方法主要包括以下三种:

(1)基于统计特征的关键短语提取方法。主要包括 TF、TF - IDF 算法。其基本思路是:通过在文献中使用的统计信息提取文档的关键字。

(2)基于词图模型的关键短语提取方法。主要包括 PageRank、TextRank 算法。其基本思路是:首先建立文档的语言网络结构图,其次对文字进行绘制法分析,在这个图中找到有关键意义的词组,这种词组就是文本的关键字。

(3)基于主题模型的关键短语提取方法。主要包括 LDA 算法。其基本思路是:采用主题模式,根据主题分布的特性实行关键字提取。

2. 有监督关键短语提取方法

把关键字的获取流程看作二分类问题,使用已标记关键词数据集进行训练获得分类器,进而用于关键词提取。首先,需训练分类器:抽取出候选词,针对各个候选词划分标记,即标注好候选词类型(关键词或非关键词),进而用其训练关键词提取分类器;其次,对待处理文档,先抽取出全部的候选词,再使用训练好的关键词提取分类器,对全部候选词加以排序;最后,把标记为关键词的全部候选词作为最终结果。

3. 无监督方法和有监督方法的优缺点比较

无监督方法因为不需要人工标注训练信息集合的过程,所以比较方便,但是因为不能高效整合使用各种信息对候选关键词进行排名,所以效率与有监督方法相比较低;有监督方法因为可以根据训练学习调整多种信息进行判别关键字的影响,所以效率更高,但有监督的文本关键字获取算法需要较昂贵的人工标记成本。目前的文本关键字获取技术大多使用适应性较强的无监督关键词获取。

在文本分类的 NLP 中,关键短语提取往往是进行更复杂任务设计的起点。关键提取有多种途径,以下介绍两种主要的方法:词语搭配和基于权重标签的短语提取。

### 4.3.1 词语搭配

词语搭配,或称搭配词(collocation),是语言学研究中的一个重要领域,是指由两个及以上的词所组成的语言表示,即对词惯用搭配位置的描述。一般常用的方法是基于词频的 n - gram 词语搭配方法,即根据 n - gram 模型词频获得词语搭配。具体思路是:首先选择一个语料库,然后将语料库的内容按照字节以大小为 $n$

的滑动窗口分成字节片段(gram)序列，进而统计每个字节片段的频率，并按照频率进行排列，以获得出现频率最高的 n - gram 搭配作为词语搭配。

n - gram 算法具体过程：

(1)清除掉了文本信息中的标点符号和其他特殊字符。

(2)对每个英文单词进行小写转化，并去除英文单词中间的空格、换行符等标记位。

(3)通过宽度为 $n$ 的窗口对文字内容进行字符级滑动取词后，将结果存入有序的列表。

n - gram 算法流程如图 4.1 所示。

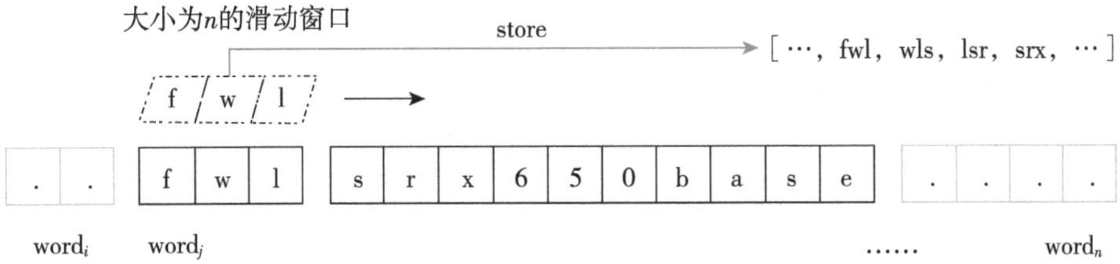


**图 4.1　n - gram 算法流程**

下面通过一个例子来介绍如何使用 Python 演示 n - gram 模型的过滤文本和滑动取词。假设有一串包含有字母数字和字符的文本：sifaYuLiaoKu * ^% $ * \r\n)110，需要过滤掉其中的字符，进行小写转化，并按照 5 个字符一组取词，则代码如下：

```
"""
文本过滤器函数 text_filter：过滤掉文本数据中的标点符号和其他特殊字符
:param text：待过滤的文本
:return：过滤后的文本
"""
def text_filter(text:str) -> str:
  result = str()
  for t in text:
    if t.isalnum():
```

```
        if t.isalpha():
            t = t.lower()
            result + = str(t)
    return result


"""
滑动取词器函数 slide_word
:param text: 过滤后的文本(只包含小写数字/字母)
:param l: 滑动窗口长度,默认为 5
"""
def slide_word(text: str,l: int = 5) - > list: # 设置取词长度为 5
    tf = text_filter(text)
    result = list()
    if len(tf) < = l:
        result.append(tf)
        return result
    for i in range(len(tf)):
        word = tf[i:i + l]
        if len(word) < l:
            break
        result.append(word)
    return result


if __name__ = = '__main__':
test_text = 'sifaYuLiaoKu * % $ *    \r\n)110' # 待文本过滤及滑动取词的字符串
    print(slide_word(test_text)) # 调用函数并输出结果
```

输出结果如下:

['sifay','ifayu','fayul','ayuli','yulia','uliao','liaok','iaoku','aoku1','oku11','ku110']

由此可见,通过以上代码即实现了 n-gram 算法过程,构建了有序列表。

### 4.3.2 基于权重标签的短语提取

基于权重标签的短语提取是统计所有语块的 TF-IDF 权重,并返回权重最高的语句作为结果。TF-IDF 是一个应用消息搜索(information retrieval)与文字数据挖掘(text mining)的使用加权方法。

TF-IDF 是一个统计学指标,可以用来判断一个词语对某个文本集或一个文本语料库中的某一部分的重要程度。词语的重要性随着其在文字中出现的次数成正比增加,也会随着其在文字语料库中出现的频率成反比下降。

TF-IDF 理论的主要思路为:假设一个词语在一篇文档中出现的频率高,而在其他文档中极少出现,即认为此词语和短语都具备了很好的类别划分能力,因此非常适合用于分类。

1. 词频 TF(term frequency)

词频(TF)表示词条(关键字)在文章中出现的平均频率。

这些数据经常会被归一化(往往是词频除以文章总词频数),以阻止它偏离长的文件。TF 计算式如下:

$$\mathrm{TF}_{ij} = \frac{n_{ij}}{\sum n_{ij}} \tag{4-1}$$

式中,$\mathrm{TF}_{ij}$ 为词频计算结果;$n_{ij}$为某词在文章中的词频;$\sum n_{ij}$ 为文章词频数的和。

2. 逆向文件频率 IDF(inverse document frequency)

逆向文件频率(IDF):某一特定字词的 IDF,可将总文字数量除以含有该字词的文档的数量,然后再把所得的商取对数而得出。

若包含词条 $t$ 的文件越少,则 IDF 值较大,即表示词条有较好的类别划分功能。IDF 计算式如下:

$$\mathrm{IDF}_i = \log \frac{|D|}{|\{j:t_i \in d_j|} \tag{4-2}$$

式中，$|D|$为语料库中的文件数量；$|\{j:t_i \in d_j\}|$表明存在词语$t_i$的文件总量。但假如该词不在语料库中，则将会出现分母为零，为避免出现分母为零的情况，在通常情况下用$1+|\{j:t_i \in d_j\}|$作为分母。

IDF 用于衡量一个术语的重要性。在计算 TF 时，所有项都被认为是同等重要的。但是，某些术语，如“是”、“的”和“那个”，虽然可能会出现很多次，但意思并不重要。因此，需要通过计算以下内容来对常用术语进行权衡，同时放大稀有术语的重要性，就形成了 TF－IDF 算法。

某一给定文本中的最高词频，加上该词汇在整个文本集合中的高逆向文件频率，即是 TF－IDF 的权重。所以，TF－IDF 更偏向于将常用词汇过滤掉，将重要词汇保留下来。虽然此算法极易掌握，而且易于实现，不过其基本设计却不能考虑单词的语义内容，也不能解决一词多义和一义多词的现象。

以下示例用 TF－IDF 代码来统计司法语料库中频率最高的 10 个词。代码如下：

```
import jieba.analyse as analyse
# 获取关键字
with open('data123.csv',encoding='utf8')as f:
    lines = f.read()  # 读入文本保存到字符串中
    withWeight = True
    tags = analyse.extract_tags(lines,topK=10,withWeight
=withWeight,allowPOS=())
    if withWeight:
        print(tags)  # 元组列表
        print("--------")
        for tag in tags:

            print("tag: %s \t \t weight: %f" % (tag[0],tag
[1]))
    else:
        print(tags)
```

```
        print("---------")
        print(" ".join(tags))#keywords = analyse.extract_tags('D: \shujuji \caipanwenshu.txt', topK = 5, withWeight = False, allowPOS = ())
```

输出结果如下：

```
[('某某',0.6189159855985644),('被告人',0.17351440838241866),('万余元',0.09723657861862733),('有限公司',0.06759196370544536),('公司',0.06350517382914567),('发票',0.05304363591300246),('虚开',0.05057098537466984),('专用发票',0.05013805795074689),('合计',0.04902960312033688),('10',0.04847703177622084)]
tag:某某 weight:0.618916
tag:被告人 weight:0.173514
tag:万余元 weight:0.097237
tag:有限公司 weight:0.067592
tag:公司 weight:0.063505
tag:发票 weight:0.053044
tag:虚开 weight:0.050571
tag:专用发票 weight:0.050138
tag:合计 weight:0.049030
tag:10 weight:0.048477
```

## 4.4　TextRank 文本摘要实例

文本摘要的生成建立在关键词提取的基础之上。本节首先介绍常用的 TextRank 关键词提取算法的原理和实例,作为理论和实践的基础,进而引出使用 TextRank 算法生成文本摘要的实例,以对文本摘要的生成方式进行整体的讲解和演示。

### 4.4.1　TextRank 关键词提取原理

TextRank 算法是一种基于图的排序算法,被广泛应用于自然语言处理领域文本的关键词提取、摘要生成等任务。它源于 PageRank 算法,通过构建文本中的词或句子之间的相似度图,并利用图论中的 PageRank 算法思想来计算每个词或句子的权重,最终根据权重高低来提取出最重要的词或句子作为关键词或摘要。

1. PageRank 算法

PageRank 算法是谷歌检索页面的重要性排名方法。它利用统计网站链接的数量与质量来粗略估算网站的重要性,算法在诞生之初就使用于谷歌的搜索引擎中,对网站内容做出了排序。其核心思想分为两个方面:①链接数量:如果一个网页被越多的其他网页链接,说明这个网页越重要,即该网页的 PR 值(PageRank 值)也就相应较高;②链接质量:假设某个网站被一个较高 PR 值的网站链接,就说明该网站比较重要,即某个 PR 值较高的网站链接了一个其他网站,所以被链接到的网站的 PR 值也相应增加。

为了便于理解,举一个例子:假设一个由 4 个网页组成的链接集合 $A$、$B$、$C$ 和 $D$。

(1)如果网页 $B$、$C$、$D$ 都链向网页 $A$,且网页 $B$、$C$、$D$ 均没有链出,如图 4.2(a)所示,那么网页 $A$ 的 PR 值将是网页 $B$、$C$、$D$ 的 PR 值之和,即

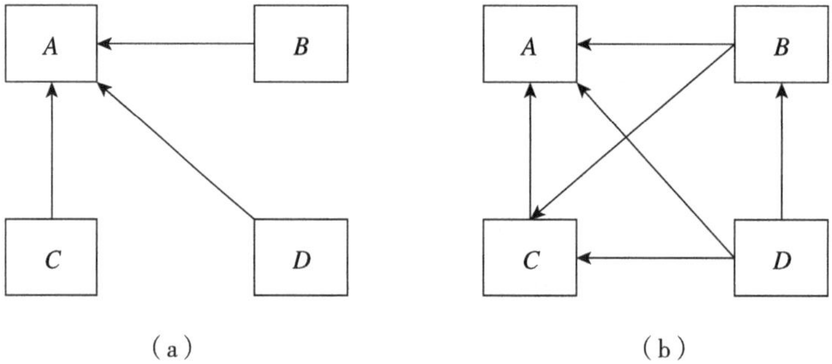


**图 4.2　PR 链接图示例**

$$\mathrm{PR}(A)=\mathrm{PR}(B)+\mathrm{PR}(C)+\mathrm{PR}(D) \tag{4-3}$$

(2)继续假设在上述情境下,网页 $B$ 有链接链向网页 $A$ 和网页 $C$,网页 $D$ 有链接链向网页 $A$、网页 $B$、网页 $C$,如图 4.2(b)所示。由于一个网页的链接投票不能大于 1,故网页 $B$ 投给其链向的网页 $A$、网页 $C$ 各 1/2 票,网页 $D$ 投给其链向的网页各 1/3 票,此情境下计算网页 $A$ 的 PR 值为

$$\mathrm{PR}(A)=\frac{\mathrm{PR}(B)}{2}+\frac{\mathrm{PR}(C)}{1}+\frac{\mathrm{PR}(D)}{3} \tag{4-4}$$

因此,PageRank 算法计算公式为

$$S(V_i) = (1-d) + d\sum_{j\in \mathrm{In}(V_i)}\frac{1}{|\mathrm{Out}(V_j)|}S(V_j) \tag{4-5}$$

式中, $S(V_i)$ 为网页 $i$ 的重要性(PR 值);$d$ 为阻尼系数,一般为 0.85; $\mathrm{In}(V_i)$ 为整个互联网中所存在的有指定网页 $i$ 的连接的页面集合体; $\mathrm{Out}(V_j)$ 为网页 $j$ 中存在的指定所有外部页面连接的集合体; $|\mathrm{Out}(V_j)|$ 为该集合体中元素的总数量。

可以发现,将文本中的词作为节点构建成有权无向图,并用以上公式计算节点间的权重,节点间的对应关系自然就形成了,即可根据权重值进行排序,生成网页搜索结果顺序。

2. TextRank 算法理论

TextRank 算法以 PageRank 算法为基础改进而来,是一种无监督学习方法,具有灵活性强、可扩展性好的特点:可以根据不同的需求调整节点和边的定义,以适应不同的应用场景;能轻松地扩展用于大规模文本数据的处理。它使用一组在文件中词或句之间的相似度或共现关系来构建图,通过迭代计算它们的权重,并根据最终权重值的排序作为文档的关键词或摘要句子。TextRank 算法根据应用场景不同,可以用于关键词提取、关键短语提取、文本摘要提取。文本摘要提取方法与关键词提取相似,同样需要构造出一个图,图中的节点是句子,通过句子间相似度构造有权无向图,就可以根据排序生成由多个关键句构成的文本摘要。

TextRank 算法的基本思路是把文本视为一个词/句之间的关系图,而词/句和词/句之间的"链接"为它们的语义关联。该算法权重值计算式与 PageRank 算法较为相似,具体为

$$WS(V_i) = (1-d) + d\cdot\sum_{V_j\in \mathrm{In}(V_i)}\frac{w_{ji}}{\sum_{V_k\in \mathrm{Out}(V_j)} w_{jk}}\cdot WS(V_j) \tag{4-6}$$

式中,$WS(V_i)$为代词/句 $i$ 的权重值。式(4-6)右侧与式(4-5)不同之处在于求和部分,$W_{ji}$表示词/句 $i$ 和 $j$ 间的近似度; $WS(V_j)$ 表示上次迭代出的词/句 $j$ 的权重值。

TextRank 算法的流程如下:

(1)构建图:将文本拆分成若干单元(词或句子),这些单元作为图中的节点。根据单元之间的相似度或共现关系构建边。相似度可以通过多种方式计算,如词

之间的共现频率、句子之间的内容重叠度等。共现关系是在文档中同时出现两个或多个单元的频率和模式。

(2)初始化权重:图中每个节点的初始权重在最初设置为相同的初值,如 1。

(3)迭代计算权重:使用类似于 PageRank 的迭代算法计算并更新每个节点的权重。节点的权重由其邻居节点的权重和它们之间的边的权重共同决定。迭代过程一直进行到节点的权重变化小于某个预设的阈值或达到指定的迭代次数为止。

(4)提取结果:根据节点的最终权重进行排序,提取出权重最高的若干节点作为关键词或摘要句子。

### 4.4.2 提取关键词、短语和文本摘要实例

本小节实例使用 Textrank4zh 库演示 TextRank 算法提取关键词、关键短语和本文摘要,文本文档数据集为来自裁判文书网的 3 条司法文档数据,文件名为 data123. csv。

首先,需要下载 Textrank4zh 库,并在 Python 上安装,在 Prompt 控制台使用语句 pip install Textrank4zh 下载并安装。

代码如下:

```
# -*- encoding:utf-8 -*-
from __future__ import print_function
import sys
try:
    reload(sys)
    sys.setdefaultencoding('utf-8')
except:
    pass
import codecs
from textrank4zh import TextRank4Keyword, TextRank4Sentence
text = codecs.open('data123.csv', 'r', 'utf-8').read()
tr4w = TextRank4Keyword()
```

```
tr4w.analyze(text=text, lower=True, window=2)  # py2 中text 必须是 utf-8 编码的 str 或者 unicode 对象,py3 中必须是 utf-8 编码的 bytes 或者 str 对象
# 关键词提取
print('关键词:')
for item in tr4w.get_keywords(20, word_min_len=1):
    print(item.word, item.weight)#输出显示关键词
print()
# 关键短语提取
print('关键短语:')
for phrase in tr4w.get_keyphrases(keywords_num=20, min_occur_num=2):
    print(phrase)# 输出显示关键短语
tr4s = TextRank4Sentence()
tr4s.analyze(text=text, lower=True, source='all_filters')
print()
# 文本摘要生成
print('摘要:')
for item in tr4s.get_key_sentences(num=3):
    print(item.index, item.weight, item.sentence)  # index 是语句在文本中位置,weight 是权重,输出显示文本摘要
```

同样地,语料库运用的是司法语料库。

输出结果如图 4.3 和图 4.4 所示。

关键词：
后 0.011088649055040258
公司 0.009136726271038528
被告人 0.008198433836306642
人 0.005805119872475774
被害人 0.005214317139441628
内 0.0038991325919707715
刘某 0.003850271558030239
时 0.0036241914513084846
有限公司 0.0034110799580931435
中 0.0032173414891247688
资金 0.0026982535657354314
系 0.0025621509223239976
李某 0.0024739933992003428
小学 0.002418375425937589
购买 0.0024076914541472337
致 0.0022886731620419517
毒品 0.0022253112400256302
支付 0.002195451069125823
刑事案件 0.0021219518462757517
不 0.002113935746035232

(a)

关键短语：
被告人李某
人李某
系被告人
被害人刘某
支付公司
致刘某
毒品后
公司资金
中公司
购买公司
人购买
后支付
被害人购买
后公司
被告人刘某
购买毒品
致人
被害人李某
被害人刘某系
后被害人
资金中
后刘某
后被告人
时公司

(b)

**图 4.3　关键词和关键短语输出结果**

摘要：

1045 0.000840710709127822297,王某某2,53,汉族,25215,浙江省遂昌县,专科,无业,刑事案件,集资诈骗,2017年7月,吴某某(在逃,另案处理)因资金紧张,而与被告人胡某等人共谋,利用胡某转让给吴某某的杭州鼎柱网络科技有限公司(以下简称鼎柱公司)以线上理财的方式面向社会不特定公众进行非法集资

1060 0.000836928123879028898,王某某,46,汉族,27990,浙江省东阳市人,本科,无业,刑事案件,集资诈骗,2017年7月,吴某某(在逃,另案处理)因资金紧张,而与被告人胡某等人共谋,利用胡某转让给吴某某的杭州鼎柱网络科技有限公司(以下简称鼎柱公司)以线上理财的方式面向社会不特定公众进行非法集资

1385 0.000832314967946775116,王某某2,23,汉族,36162,江西省九江市,初中,无业,刑事案件,诈骗,2017年至2018年7月,被告人张某某伙同叶某某、陈某某等人,冒充医疗机构工作人员,多次给冯某某等199名被害人拨打电话,以组织免费体检、安排“专家”会诊等方式,约被害人到北京弘福康业生物科技有限公司(以下简称弘福康业公司),虚构被害人患有老年痴呆症等疾病,诱骗被害人购买磷脂酰丝氨酸片等产品,骗取人民币3806511元(以下币种均为人民币)

**图4.4 文本摘要输出结果**

图4.3(a)所示为TextRank算法提取关键词的结果,包括关键词和其权重值;图4.3(b)所示为关键短语,由两个词构成,由于仅依据共现关系划分,因此有些并不符合中文短语连接习惯。图4.4为生成的文档摘要,由多个短句构成,基本能够体现文档主要内容。

## 4.5 主题模型

以上两种关键词提取方法,虽然能够提取出文档或者文本库的核心关键词,但是由于太过简单,无法准确地描述语料库中不同的概念。为了更好地管理当今爆炸式的电子文档档案,就需要通过处理自动组织、搜索、索引和浏览大型电子文档集合的新技术或新工具。因此,在当今机器学习和统计学研究的基础上,利用层次概率模型来发现文档集合中的单词模式,称为主题模型(topic model)。主题模型往往反映的是潜在的文本主题,这些主题组合在一起形成文档,很容易被扩

展应用于其他类型的本文关键词提取。主题模型也适合用来分析很多文字以外的信息,如图像、生物资料、测量信息等。

主题模型①是对词语隐含主题进行建模的方法,可以计算出文本的主题词,并以此关联有相同主题的文本。因此,主题模型的基本思想是,通过对文本的统计分析找到其对应的主题,再由主题找到在此主题下会产生主题词的概率。换言之,主题模型就是文本的生成模型,它给出了一种可以生成文本的最简单概率模型。通过概率模型,根据文本内容归纳生成能够代表文本主要内容的主题或标题,以便用于文献检索、分类归档和快速浏览等场景。

在司法行政领域,随着信息化、数据化管理系统的广泛应用,警务工作过程中会产生海量的文本数据,如个人档案、工作日志、异常情况、计分考核情况、谈心谈话记录等,给司法行政工作的数据管理带来了很大挑战。因此,应用主题模型方法能够智能化生成文本资料的主题,对于大量的档案、资料、工作日志、异常记录等能实现分类归档、快速检索和阅读,减轻了工作人员对于数据管理的负担,遇到工作交接和突发情况也能够快速收集信息、全面掌握情况,具有很强的实用价值。

### 4.5.1 主题模型算法介绍

主题模型算法最早出现于20世纪90年代,研究者提出了潜在语义索引(latent semantic indexing,LSI)算法②,用于解决信息检索中的同义词和多义词查找问题。进而,基于概率图模型提出了概率潜在语义分析(probabilistic latent semantic analysis,PLSA)算法,进一步提高了主题模型的准确性。进入21世纪后,主题模型算法快速发展,出现了隐含狄利克雷分布(latent dirichlet allocation,LDA)算法、相关的主题模型(correlated topic model, CTM)、神经网络主题模型(neural topic model,NTM)等,成功地提高了主题模型在文本处理领域的应用效果和能力,主题模型算法也得到了广泛的研究和应用。

主题模型算法可以根据不同的分类标准进行分类。按照生成方式的不同,主

---

① 参见黄佳佳、李鹏伟、彭敏等:《基于深度学习的主题模型研究》,载《计算机学报》2020年第5期。

② 参见林鸿飞、高仁璟:《基于潜在语义索引的文本摘要方法》,载《大连理工大学学报》2001年第6期。

题模型可以分为生成式模型算法(如 LDA)和判别式模型算法(如 NTM)。按照模型结构的不同,可以分为基于概率图模型的算法(如 PLSA、LDA)和基于矩阵分解的算法(如 LSA)。按照应用场景的不同,主题模型算法可以分为文档主题模型、图片主题模型、社交网络主题模型等。几种主要的主题模型算法如下:

1. 潜在语义索引(LSI)

LSI 是一种基于矩阵分解的主题模型算法,通过将文本表示为一个文档—词汇矩阵,再利用奇异值分解来检测矩阵中的潜在主题。此算法在处理大规模文本数据方面具有优势,但无法处理稀疏矩阵和具有明显语法结构的文本。

2. 概率潜在语义分析(PLSA)

PLSA 是一种基于概率图模型的主题模型算法,通过将文档表示为主题的混合分布,以词的概率分布表示主题。PLSA 通过期望最大化(EM)算法迭代更新文档—主题分布矩阵和主题—词分布矩阵,直到收敛。PLSA 克服了 LSA 无法处理稀疏矩阵的问题,但存在过拟合问题。

3. 隐含狄利克雷分布(LDA)

LDA 是一种生成式概率模型,是对 PLSA 算法的改进,将狄利克雷先验分布引入 PLSA,使模型能够更好地处理文本数据的稀疏性和多样性问题。LDA 假设每篇文档由多个主题组成,每个主题由多个词组成。LDA 通过吉布斯抽样(gibbs sampling)或变分推断(variational inference)迭代更新文档—主题分布矩阵和主题—词分布矩阵,直到收敛。LDA 具有更强的泛化能力和更好的鲁棒性,是目前应用最广泛的主题模型算法之一。

4. 神经网络主题模型(NTM)

NTM 是一种基于人工神经网络的主题模型算法,即利用神经网络来学习文本中的主题。NTM 能够处理复杂的文本结构和大规模文本数据,但计算资源和时间消耗较大。随着深度学习技术的发展,NTM 在主题模型领域具有广阔的应用前景。

### 4.5.2　LSI 算法理论及实例

LSI 也称潜在语义分析(latent semantic analysis,LSA),最早于 1988 年由美国贝尔通信实验室的 S. T. Dumais 等提出,用于解决多义词和同义词的识别索引问题，实现文本特征提取和文本主题建模。举例来说，想要在某司法机关网站上以关键词“智能化建设”搜索相关新闻，那么包含“智慧”“信息化”“数字化”等新闻主题与搜索关键词的相关性较强，在实际应用中也需要能够检索出这些相关新闻，LSI 算法即是用于实现近义词、相关词等潜在语义相关词检索和主题生成的方法。它的核心思想是通过发现文本之间的关联性来提取文本的主题信息，即将文本数据转换为一个低维的向量空间模型，从而捕捉到文本之间的隐含语义关系。该算法针对信息检索领域中传统的向量空间模型方法易受同义词和多义词影响导致检索精度下降的问题，采用奇异值分解方法对向量空间进行分解降维，以计算词之间的相关性，从而减少文本数据中与主题相关性较弱的噪声数据，提高文本表示的质量，并得到文本主题，使在处理大量文本数据时能够更有效地提取出有用的信息。下面具体介绍一下采用向量空间模型及改进奇异值分解的 LSI 算法。

1. 向量空间模型

向量空间模型（vector space model，VSM）将文字内容映射为向量空间，构建单词—文档矩阵，以向量空间中的近似度表示语义的近似度，即如果所有的文本信息构成一个文档数据空间，每一条文本信息都被描述为文档数据空间中的一个向量，就能够通过计算向量间的相似性来衡量文件之间的相似性。

假设有一个包含大量单独文档的文档数据集 $D$，首先需要将所有文档和查询关键词 $q$ 都表示成以词（term）为特征的向量，特征值为每个词的 TF - IDF 值，然后使用向量空间模型计算 $q$ 与 $D$ 中每个文档 $d_i$ 的相似度（最常用余弦相似度），从而获得与查询最相关的文档。因此，VSM 利用相似性来衡量文件间的关系，通过将文件与其关键词建立联系，能够实现按照用户提供的关键词来查询相应信息的文件。

根据 TF - IDF 算法，可以计算出文档中词权重向量 $\boldsymbol{V}(d)$ 和查询 $q$ 的权重值向量 $\boldsymbol{V}(q)$，将文档词权重向量和查询权重向量纳入一个 $N$ 维空间，如图 4.5 所示。图中词向量的夹角 $\theta$ 越小，说明相关性越高，即余弦相关性。

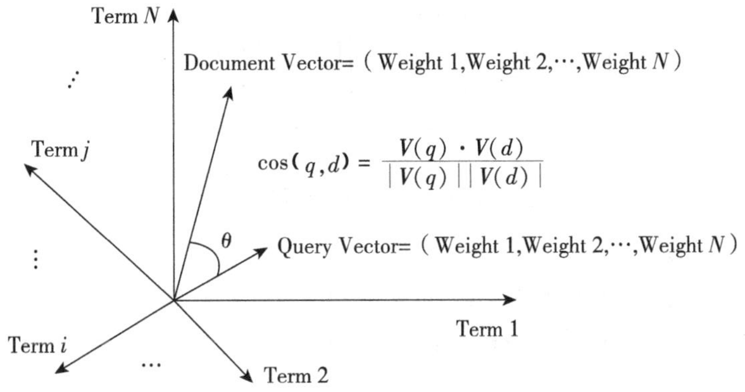


**图 4.5　N 维空间**

具体计算式如下：

$$\cos(q,d) = \frac{\boldsymbol{V}(q) \cdot \boldsymbol{V}(d)}{|\boldsymbol{V}(q)||\boldsymbol{V}(d)|} \tag{4-7}$$

然而，向量空间模型算法是基于单词的检索方法，其无法识别同义词和多义词。比如，对于“喜欢”和“喜爱”这种同义词，算法计算出的相关性可能并不高。此外，算法对于一词多义也难以区分，如“包袱”既可以表示实物物体，也可以表示思想上的负担，算法计算的相关性却很高。以上情况降低了 VSM 算法检索的准确性，因此需要进一步改进，提升主题模型的性能。

2. 奇异值分解

奇异值分解（singular value decomposition，SVD）是对矩阵进行分解的一种方法，能够从单词—文档矩阵中发现不相关的索引变量（因子），将原来的数据映射到语义空间，实现词向量不相似但具有语义相关性的两个文档，在语义空间内被判定为具有相关性。

假定单词－文档矩阵 $A$ 为 $m \times n$ 矩阵，矩阵的秩为 $r(r>0)$，则奇异值分解的目标是将矩阵 $A$ 分解表示为式(4－8)：

$$A = UWV^{\mathrm{T}} \tag{4-8}$$

式中，$U$ 为一个 $m$ 阶的实对称矩阵，即 $U^{\mathrm{T}}U = I$，为单词特征矩阵；$V$ 为一个 $n$ 阶的实对称矩阵，是文档特征矩阵；$W$ 为一个左上角为 $r$ 阶对角阵的矩阵，建立了单词与文档矩阵间的相关性，其矩阵除主对角线上的元素之外均为零，且主对角线上的所有元素均是奇异值。具体形式如图 4.6 所示，其中 * 代表矩阵中的元素值。

$$\begin{bmatrix} * & * & & * \\ * & * & & * \\ * & * & & * \\ * & * & & * \end{bmatrix} = \underset{A}{\begin{bmatrix} * & * & * & & * \\ * & * & * & & * \\ * & * & * & & * \\ * & * & * & & * \end{bmatrix}} \underset{U}{\begin{bmatrix} * & 0 & 0 \\ 0 & * & 0 \\ 0 & 0 & * \\ 0 & 0 & 0 \end{bmatrix}} \underset{W}{\begin{bmatrix} * & * & * \\ * & * & * \\ * & * & * \end{bmatrix}}$$

**图 4.6　奇异值分解**

矩阵分解的算法过程如下：

(1) $A$ 的转置和 $A$ 的矩阵相乘，可以得出 $n \times n$ 的方阵 $A^{\mathrm{T}}A$，可以对其进行特征分解，所得到的特征值和特征向量都满足式(4－9)：

$$(A^{\mathrm{T}}A)\, v_i = \sigma_i\, v_i \tag{4－9}$$

式中，$v_i$为矩阵 $V$ 中的元素，可计算得出矩阵 $A^{\mathrm{T}}A$ 的 $n$ 个特性值和相应的 $n$ 个特性向量 $v_i$。通常把 $V$ 中的各个特征向量称为 $A$ 的右奇异向量。

(2) 把 $A$ 与 $A$ 转置进行矩阵乘法，可以得出 $m \times m$ 的方阵，也可进行特征分解，所得到的特征值和特征向量都满足式(4－10)：

$$(A A^{\mathrm{T}})\, u_i = \sigma_i\, u_i \tag{4－10}$$

可计算出矩阵 $AA^{\mathrm{T}}$ 的 $m$ 个特性值和相应的 $m$ 个特性向量 $u_i$，获得 SVD 中的 $U$ 矩阵。通常把 $U$ 中的各个特征向量称作 $A$ 的左奇异矢量。

(3) 求解奇异值矩阵。既然除了对角线位置有奇异值外其余的都为零，那么就只需求出一个奇异的值 $\sigma$。

$$A = UW V^{\mathrm{T}} \Rightarrow AV = UW V^{\mathrm{T}} V \Rightarrow AV = UW \Rightarrow Av_i = \sigma_i = \frac{A\, v_i}{u_i} \tag{4－11}$$

即可求出每个奇异值，获得奇异值矩阵。

(4) 截断奇异值分解。通过截断奇异值分解，压缩矩阵获得最终的单词－文档矩阵 $\tilde{A}$，即

$$\tilde{A} \approx U_k\, W_k\, V_k^{\mathrm{T}} \tag{4－12}$$

式中，$U_k$ 为 $m \times k$ 矩阵；$V_k$ 为 $n \times k$ 阶矩阵；$W_k$ 为前 $k$ 阶对角方阵。经截断奇异值分解使矩阵秩降低的分解，等同于对原矩阵进行了压缩。

3. SVD 实例

SVD 在奇异值矩阵中对角线的奇异值按由大到小进行排序，并实现了对矩阵的压缩。因此，SVD 被广泛用于 PCA 降维，也用于进行数字压缩和去噪。在主题模型方法中能够对查询单词与文本文档对应的矩阵进行特征分解，从而获取隐含

的用户特征信息并进行对应检索，如用于潜在语义搜索算法。本节采用 Python 中 numpy 库实现一个简单的奇异值分解演示。代码如下：

```
import numpy as np
a = np.random.randn(9,6)# 生成一个 9 行 6 列的随机数矩阵,用于模拟待分解矩阵
u,s,vh = np.linalg.svd(a)  # 奇异值分解
print('分解得到矩阵的形状:\n',u.shape,s.shape,vh.shape)
print('奇异值:\n',s)
smat = np.zeros((9,6))# 生成 9 行 6 列的 0 值矩阵
smat[:6,:6] = np.diag(s)# 转为对角线矩阵,即奇异值矩阵
print('奇异矩阵:\n',smat)
# 验证奇异值分解
result = np.allclose(a,np.dot(u,np.dot(smat,vh)))  # 对比两个矩阵的各个元素,若一致则返回 True
print(result)
```

输出结果如下：

```
分解得到矩阵的形状:
 (9,9)(6,)(6,6)
奇异值:
[4.58553677  3.21158118  2.61914922  2.48563523  1.65796884  1.35227853]
奇异矩阵:
[[4 .58553677  0.          0.          0.          0.          0.        ]
[0.          3.21158118 0.          0.          0.          0.        ]
[0.          0.          2.61914922 0.          0.          0.        ]
[0.          0.          0.          2.48563523 0.          0.        ]
[0.          0.          0.          0.          1.65796884 0.        ]
[0.          0.          0.          0.          0.          1.35227853 ]
[0.          0.          0.          0.          0.          0.        ]
[0.          0.          0.          0.          0.          0.        ]
[0.          0.          0.          0.          0.          0.        ]]
True
```

**图 4.7　代码运行结果**

以上仅为计算获得的奇异值矩阵结果，未进行矩阵压缩。

4. LSI 算法原理

LSI 算法的原理为:某两个词语的语义越接近,这两个词语将会有越大的概率出现在同一篇文档中,所以对单词-文档矩阵进行奇异值分解,得到的分解结果矩阵就是文档-主题矩阵( $U_k$ )和主题-单词矩阵( $V_k$ ),从而挖掘出文本词汇的潜在语义即文本主题。

(1)LSI 算法的优点:

①LSI 隐藏在词语中的隐藏含义,有助于更好地刻画文本真实内涵。

②LSI 使用了潜在的语义结构表征词条和文字,把词条和文字反映在某个 $k$ 维度的语义空间里,均表现为 $k$ 个要素的形态,向量的意义也产生了巨大的改变。

③因为词条与文字相互之间被反映在了一种 $k$ 维度的语义空间结构,使在 LSI 模式中不但可以实现常规的词条与词条、文字与文字中间的类似关联解析,也可以解析词条与文字中间的类似关联,与常规的向量空间模式比较,有着更佳的灵活性。

④针对原单词-文档矩阵,采用 LSI 方法抽取出 $k$ 维文本语义空间。在保存大量数据的时候就使 $K < < V$,从而以低维单词、文档特征向量等作为空间向量,就能够更高效地管理大量的文本库。

(2)LSI 算法的缺点:

①LSI 在进行信息提取时,往往忽视了词汇的句法信息,忽略词语在句子中出现顺序。

②LSI 所运算的文字内容必须为可视的(文字集中呈现的词汇、文字),但并无法通过运算得出字词的暗喻意思,或者类似推理意义。

### 4.5.3 LDA 算法

潜在的狄利克雷分布(LDA)是基于贝叶斯学习理论的主题模型算法,是一种三层贝叶斯生成模型。它通过对语料库中的文档进行分析并得到对应的主题分布概率,再通过聚类或者分类获得文档主题。LDA 算法是典型的离散文本表示模型,与 LSI 算法类似,不考虑文档中词语之间的关联以及顺序。

假设 $D$ 代表语料库中文档总数,$K$ 为所有主题数量,$N_m$ 代表第 $m$ 篇文档词的总数。$\beta$ 代表各个主题下词的狄利克雷分布先验参数,$\alpha$ 代表某篇文档下主题的分布先验参数。$Z_{m,n}$是第 $m$ 篇文档中第 $n$ 个词的主题，$W_{m,n}$代表第 $m$ 篇文档对应的第 $n$ 个词。$\theta$ 是一个 $k$ 维向量，代表第 $m$ 篇文档对应的主题分布；$\varphi$ 是 $v$ 维向量，代表第 $k$ 个主题下词的分布。

在语料库给定的情况下，变量 $W_{m,n}$可以根据统计得出，$\alpha$ 和 $\beta$ 是根据先验信息进行设定的参数，变量 $Z_{m,n}$、$\theta$、$\varphi$ 需要根据所给定的资料进行估计得到。LDA模型对应的联合分布为

$$p(\bar{w}_m,\bar{z}_m,\bar{\theta}_m,\bar{\varphi}_m \mid \bar{\alpha},\bar{\beta}) = \prod_{n=1}^{N_m} p(w_{m,n} \mid \varphi_{z_{m,n}}) \tag{4-13}$$

要求解以上 LDA 模型的分布，需要用到期望最大化(expectation - maximum，EM)算法。它是最常见的隐变量估计方法，使用迭代优化策略，计算方法中每一次迭代都分为期望步(E 步)和最大化步(M 步)，因此称为 EM 算法。该算法在机器学习中有极为广泛的用途。利用 EM 算法求解的具体过程如下：

1. 期望步骤

在期望步骤，需要求解语料库 $D$ 中给定的文档 $d$ 和词 $w_m$，以及模型参数 $\theta$ 和 $\varphi$，$w_m$属于主题 $k$ 的概率 $p$。根据贝叶斯定理，可以将该概率表示为

$$p(z_m = k \mid w_m, d, \theta, \varphi) = \frac{p(w_m \mid z_m = k, \varphi) p(z_m = k \mid \theta)}{p(w_m \mid d, \theta, \varphi)} \tag{4-14}$$

式中，$p(w_m \mid z_m = k,\varphi)$ 表示在主题 $k$ 下词 $w_m$ 出现的概率，即 $\varphi_{k,w_m}$；$p(z_m = k \mid \theta)$ 表示文档 $d$ 中位置 $m$ 所对应的主题为 $k$ 的概率，即 $\theta_{d,k}$；$p(w_m \mid d,\theta,\varphi)$ 表示词 $w_m$在文档 $d$ 中出现的概率，可以表示为

$$p(w_m \mid d,\theta,\varphi) = \sum_{k=1}^{K} p(w_m \mid z_m = k,\varphi) \cdot p(z_m = k \mid \theta) \tag{4-15}$$

将 $\varphi_{k,w_m}$、$\theta_{d,k}$ 和式(4 - 15)代入贝叶斯定理，可以得到

$$p(z_m = k \mid w_m, d, \theta, \varphi) = \frac{\varphi_{k,w_m} \cdot \theta_{d,k}}{\sum_{n=1}^{K} \varphi_{n,w_m} \cdot \theta_{d,n}} \tag{4-16}$$

式中，分母是归一化因子，保证所有主题的概率之和为 1。

2. 最大化步骤

在最大化步骤，需要根据期望步骤计算出来的 $p(z_m = k \mid w_m, d, \theta, \varphi)$ 更新模型参数 $\theta$ 和 $\varphi$。使用对数似然函数

$$L(\theta,\varphi \mid D) = \sum_{d \in D} \log p(d \mid \theta,\varphi) = \sum_{d \in D} \left[ \sum_{m=1}^{N} \log p(w_m \mid z_m,\varphi) + \log p(z \mid \theta) \right] \tag{4-17}$$

式中,$N$ 表示文档 $d$ 中的词数量;$p(w_m \mid z_m,\varphi)$ 表示在主题 $z_m$ 下词 $w_m$ 出现的概率,即 $\varphi_{z_m,w_m}$;$p(z \mid \theta)$ 表示文档 $d$ 中所有位置对应主题的联合概率 $\prod_{m=1}^{N} \theta_{d,z_m}$。为了使对数似然函数最大化,需要用拉格朗日乘数法对 $\theta$ 和 $\varphi$ 进行约束优化。此处引入两个拉格朗日乘子 $\alpha$ 和 $\beta$,从而满足两个约束条件:

$$\sum_{k=1}^{K} \varphi_{k,w} = 1 \text{,对于所有单词 } w \in N_m \tag{4-18}$$

$$\sum_{w \in N_m} \theta_{d,k} = 1 \text{,对于所有文档 } d \in D \text{ 和主题 } k \in 1,2,\cdots,K \tag{4-19}$$

进而分别对 $\theta$ 和 $\varphi$ 求导,并使导数为0,即可求解出最优解。

通过以上迭代求解过程,可以获得文档的主题分布,并且可以根据用户的兴趣建模推荐文档主题。

## 4.6 基于 Gensim 库的主题模型实例

Gensim 是一个用于自然语言处理任务的开源 Python 库,提供了许多强大的功能函数,主要包括文档的相似度计算、关键词提取、主题分析和文本索引等,可以广泛地用于文本挖掘和信息检索、文本分类、文本情感分析、构建推荐系统等应用场景,是许多自然语言处理算法工程师的首选库。本节基于一个司法文本语料库,使用 Gensim 库中的潜在语义索引(LSI)算法为例,演示如何实现文本的主题模型生成。

### 4.6.1 实例数据准备

1. 加载和查看数据集

本部分准备了一个从裁判文书网下载的公开案件判决数据,并对其进行了整理,建立了一个具有 222 条文档数据的司法案件数据集,用于演示主题模型的生成,具体包含的数据集属性如图 4-8 所示。

| 序号 | 姓名 | 年龄 | 民族 | 出生年月 | 户籍所在地 | 文化程度 | 职业 | 案件类型 | 案由 | 罪名 | 犯案事实 | 刑期 |
|---|---|---|---|---|---|---|---|---|---|---|---|---|

**图 4.8 司法案件数据集属性**

将数据集文件[Excel 文件名:最新版裁判文书网数据(10.24).xlsx]读取出来,可以用以下代码加载数据集,需要使用 Pandas 库中的文件读取函数。代码如下:

```
import pandas as pd#导入 pandas 库
fm = pd.read_excel(r"C:\Users\10641\Desktop\最新版裁判文书网数据(10.24).xlsx",sheet_name = "Sheet1")#用该方法读取表格和表单里的单元格的数据
print(fm)
```

读取 Excel 文件的数据存在 fm 变量中,显示的结果如图 4.9 所示。由于表单的数据过多,因此在输出时其中间的数据会以"..."的形式省略掉。

```
      序号   姓名  ...                                        犯案事实           刑期
0      1   耿某某  ...  1985年5月21日,原审被告人耿某某以陈某东平货铺的名义与四川省江津县果品公司(以下简称江...      有期徒刑五年
1      2   张某某  ...  2002年,在被告单位物美集团收购中国国际旅行社总社(以下简称国旅总社)持有的泰康人寿保险股...     有期徒刑十二年
2      3   刘某某  ...  2012年11月9日,原审被告人刘某某驾驶一辆奥德赛商务车,从祁东县城运输毒品前往湖北省宜昌...      有期徒刑十年
3      4   张某某  ...  胺酮并交给郭某。随后,郭某乘坐长途客车携带毒品返回海南省海口市。被告人王某某将毒品贩卖。\n...          无期
4      5   王某某  ...  胺酮并交给郭某。随后,郭某乘坐长途客车携带毒品返回海南省海口市。被告人王某某将毒品贩卖。\n...          无期
..   ...   ... ...                                         ...          ...
217  218    陈某  ...  被告人陈某与被害人邱某(女,殁年36岁)于2010年8月结婚后生育一女,2015年7月协议离...      无期
218  219   谭某某  ...  被告人谭某某与刘某甲自2002年起以夫妻名义共同生活,后因谭某某经常赌博及二人分居两地务工等...         无期
219  220   闫某某  ...  2019年7月4日2时许,被告人闫某某在河南省漯河市源汇区××路××桥头××路南公共健身活动...      无期
220  221   刁某某  ...  被告人刁某某因无法清偿网络赌博所欠债务,遂生抢劫之念,为此准备绳子、口罩、机动车牌照套等作案...          无期
221  222  杨某某2  ...  原审被告人杨某某2系广西壮族自治区灵山县某某村村民,2007年至2018年间,杨某某2多次骚...  判处无期,缓期二年执行

[222 rows x 13 columns]
```

**图 4.9 Python 中打开 Excel 文件**

同样,假如文档集为 csv 文件,文件名为"data123.csv",也可以用以下代码读取 csv 文件:

```
import csv
with open('data123.csv', 'r', encoding = 'utf - 8')as csv_f:
reader  = csv.DictReader(csv_f)
for row in reader:
print(row)
```

输出结果如图 4.10 所示。

```
{'序号': '1', '姓名': '耿某某', '年龄': '70', '民族': '汉族', '出生年月': '18508', '户籍所在地': '江苏省滨海县', '文化程度': '小学', '职业': '会计', '案件类型': '刑事案件', '案由': '诈骗', '罪名': '诈骗', '犯案事实': '1985年5月21日，原审被告人耿某某以陈某东平货铺的名义与四川省江津县果品公司（以下简称江津果品公司）订了50吨柑橘购销合同。同年6月15日耿某某所在单位，江苏省阜宁县综合贸易服务部（以下简称阜宁服务部）亦与江津果品公司订了50吨柑橘。\n为解决资金问题，1985年10月17日，阜宁服务部以代买橘子罐头为由，与滨海县陈某供销社签订联营橘子的合同，陈某供销社向阜宁服务部提供3万元资金；10月21日，耿某某因滨海县土产果品公司（以下简称滨海果品公司）对橘子罐头感兴趣，持内容为"现货20吨，价2650元，果品加工厂，如要速汇款复"的电报，与滨海果品公司经理王某1、高某谈妥代购橘子罐头事宜。双方在电报上注明货名、价款及到货时间等，加盖阜宁服务部业务专用章。耿某某表示购买橘子罐头需资金3万元，滨海果品公司于当日向江津果品公司汇出2万元，10月26日又汇出1万元。\n1985年10月21日，阜宁服务部经理田某、业务员耿某某前往四川省江津县（现重庆市江津区）办理购买橘子事宜。到达江津后，田某、耿某某二人前往江津果品加工厂了解行情，得知当地并无罐头存货，而且价格远超预期。耿某某遂将该行情告知耿某某，耿某某亦转告滨海果品公司。滨海果品公司随即表示不要橘子罐头，要求耿某某等人归还3万元，但耿某某以钱款在田某、 耿某某手上为由推脱。 其间，耿某某向耿某某去信，要求耿某某将滨海果品公司的3万元用于购买东平货铺的橘子，至于滨海果品公司所需的罐头可以想办法先发一部分或购买当地批发货充抵，最终耿某某、田某将全部款项用于购买橘子。由于当时四川控制橘子销售，加上天气原因，橘子腐烂严重，耿某某未将东平货铺购买的橘子发往江苏。而田某则将阜宁服务部购买的橘子分批发往江苏，其中一批到达阜宁后，耿某某打电话通知滨海果品公司，滨海果品公司随即派人前去收货，后由阜宁服务部负责销售该批橘子，将所卖橘子款约10500元交给滨海果品公司。之后阜宁服务部又汇款9000元给滨海果品公司偿还欠款。1986年3月，在滨海县人民法院的调解下，阜宁服务部以白酒抵欠款10544.88元，双方债务两清。', '刑期': '有期徒刑五年'}
```

**图 4.10 Python 中打开 csv 文件**

2. 文本预处理

在进行主题建模之前，需要对文档集进行整理，即文本预处理，如删除停用词的操作，为后面的分词做准备。停用词就是从文档集中去除不必要、无意义的词和字符，以便于提升分词效果。如前文所述，虽然在中文文本处理中有常用停用词表，但若是要根据文档语言特色想使用特殊的停用词表，还需要自建停用词表。下面也使用构建停用词表（cn_stopword. txt）和删除停用词的方法，对本节司法文书文档（ceshi. txt）进行处理，处理结果存储在 jieguo. txt。代码如下：

```
#停用词表 [ ]停用词的标准格式应该是一个词一行在 txt 中展示。如果一行中有多词汇，可以采用本文方法转换成标准格式
#文本集 [ ]
#处理后文本 [ ]
stop = [ ]
standard_stop = [ ]
text = [ ]
after_text = [ ]
file_stop = r'C:\Users\10641\Desktop\cn_stopword.txt'  #停用词表
file_text = r'C:\Users\10641\Desktop\ceshi.txt'  #要处理的文本集合
with open(file_stop, 'r', encoding ='utf-8-sig')as f:
    lines = f.readlines()  # lines 是 list 类型
    for line in lines:
```

```
            lline = line.strip()  #line 是 str 类型,strip 去掉\
n 换行符
            stop.append(lline)  #stop 停用词变量为列表形式

#stop 的元素是一行一行的句子,需要进行转化为一个词一行,即下面:
for i in range(0, len(stop)):
    for word in stop[i].split():
            standard_stop.append(word)

#读取文本集
with open(file_text, 'r', encoding='utf-8-sig')as f:
    lines = f.readlines()
    print(lines)
    for line in lines:
            lline = line.split()
            for i in lline:
                    if i not in standard_stop:
                            after_text.append(i)
print(after_text)
#将结果保存在 txt 中
with open(r'C:\Users\10641\Desktop\jieguo.txt', 'w+')as f:
    for i in after_text:
            f.write(i)
```

以上示例中各文档的内容如下:

ceshi.txt 内容:

马某 担任 博时基金管理有限公司 旗下的 博时精选股票证券 投资经理, 全权 负责 投资基金 投资股票市场,掌握了 博时精选股票证券投资基金交易的标的股票、交易时间和交易数量等 未公开信息 。

cn_stopword.txt 内容:

博时基金管理有限公司　全权　未公开信息。

jieguo. txt 内容：

马某担任旗下的博时精选股票证券投资经理，负责投资基金投资股票市场，掌握了博时精选股票证券投资基金交易的标的股票、交易时间和交易数量等。

以上就是去停用词的简单操作。目前，国内公开可使用的停用词表，包括哈工大停用词、四川大学机器智能实验室停用词、百度停用词、中文停用词等。

### 4.6.2　语料库的制作

本小节使用司法语料库作为示例，演示如何制作语料库。首先是构建词典，可以使用 jieba 分词获得词典，然后再转换为词向量。

1. 构建词典

构建词典的 Gensim 库函数为 gensim. corpora. Dictionary，给所有语料库中的词汇提供一个任意整数的 ID 编号，从而获得词计数及一些与之有关的数据信息。代码如下：

```
import jieba
import gensim
print(jieba.user_word_tag_tab)
string = ['被告人张某某伙同叶某某、陈某某等人，冒充医疗机构工作人员，多次给冯某某等 199 名被害人拨打电话，']
texts_list = []
for sentence in string:
  sentence_list = [ word for word in jieba.cut(sentence)]
texts_list.append(sentence_list)
dictionary = gensim.corpora.Dictionary(texts_list)
print(dictionary)
print(dictionary.token2id)
```

输出结果如下：

```
Dictionary(21 unique tokens: ['199','、','人','伙同','冒充']...)
{'199':0,'、':1,'人':2,'伙同':3,'冒充':4,'冯':5,'医疗机构':6,'叶':7,
```

'名':8,'多次':9,'工作人员':10,'张':11,'拨打':12,'某某':13,'电话':14,'等':15,'给':16,'被告人':17,'被害人':18,'陈':19,',':20}

以上输出结果,第一行显示词典中的唯一词数量为21;第二行则显示词及其唯一 ID 之间的映射关系。

2. 词向量转换

Gensim 库中的函数 doc2bow 能够对各种不同词汇的出现次序进行计算,并把词汇转化为编码,进而以稀疏向量的形态返回计算结果,从而将词转换为词向量。代码如下:

```
corpus =[dictionary.doc2bow(doc)for doc in texts_list] # 将 texts_list 中的文本转为词向量
print(corpus)
```

输出结果如下:

```
[(0, 1),(1, 1),(2, 1),(3, 1),(4, 1),(5, 1),(6, 1),(7, 1),(8, 1),(9, 1),(10, 1),(11, 1),(12, 1),(13, 4),(14, 1),(15, 2),(16, 1),(17, 1),(18, 1),(19, 1),(20, 3)]
```

以上结果中,每个元组数据(小括号内)的两个数字分别代表词的 ID 及其对应的出现频率,比如第一个元组数(0,1),表示的就是 ID 为 0 的词,及其出现的次数为 1 次。

### 4.6.3 LSI 主题模型实例代码

根据 LSI 主题模型算法理论知识,结合司法行政文本文档主题建模内容,本节使用 Gensim 库中的 gensim. models. Lsimodel 来实现 LSI 主题模型的构建。

代码如下:

```
import jieba
import numpy as np
import gensim
from gensim import corpora
from gensim import similarities
import pandas as pd
```

```
from utils import *
def get_data(intro_list):

#中文预处理
    new_list = []
    for intro in intro_list:
        new_list.append(format_str(intro))
#进行分词
    fenci_list = []
    fenci_list = fenci(new_list)
#去除停用词
    with open('./stopwords.txt','r',encoding='utf-8')as f:
        stopwords_list = []
        for line in f.readlines():
            stopwords_list.append(line.strip())
    clean_list = drop_stopwords(fenci_list,stopwords_list)
    return clean_list

#中文文本预处理
def is_cnen(uchar):
#只保留汉字与英文,去掉了数字标点和特殊字符
    if(uchar >= u'\u4e00' and uchar <= u'\u9fa5')or(uchar >= u'\u0041' and uchar <= u'\u005A')or(uchar >= u'\u0061' and uchar <= u'\u007A'):
        return True
    else:
        return False
def format_str(content):
```

```
    content_str = ''
    for i in content:
        if is_cnen(i):
            content_str = content_str + i
    return content_str

#分词
def fenci(new_list):
    cut_words = map(lambda s: list(jieba.cut(s)),new_list)
    return list(cut_words)

#去除停用词
def drop_stopwords(fenci_list,stopwords):
    fenci_list_clean = []
    for line in fenci_list:
        line_clean = []
        for word in line:
            if word in stopwords:
                continue
            line_clean.append(word)
        fenci_list_clean.append(line_clean)
    return fenci_list_clean

def cos_sim(vector_a,vector_b):
    vector_a = np.mat(vector_a)
    vector_b = np.mat(vector_b)
    num = float(vector_a * vector_b.T)
    denom = np.linalg.norm(vector_a) * np.linalg.norm(vec-
```

```
tor_b)
        cos = num /denom
        sim = 0.5 + 0.5 * cos
        return sim
    """
    计算两个向量之间的余弦相似度
    :param vector_a:向量 a
    :param vector_b:向量 b
    :return: sim
    """
    #读取数据,进行中文预处理,得到词语字典,将文档变成 DT 矩阵
    #读取 frame 中的 app 概要说明
    game_frame = pd.read_csv("data123.csv")
    intro_list = game_frame['犯案事实'].values.tolist()
    #得到的 clean_list 是预处理完成的词语列表
    # get_data 函数对读入数据进行预处理,保留汉字与英文字母,分词,去除
停用词
    clean_list = get_data(intro_list)
    clean_df = pd.DataFrame(clean_list)

    #保存为 .csv 文件,每一行一个子列表
    clean_df.to_csv("caipanwenshu.csv",index = False,header =
False)
    #下一步准备 Document - Term 矩阵
    #创建语料的词语词典,每个单独的词语都会被赋予一个索引
    dictionary = corpora.Dictionary(clean_list)
    #使用上面的词典,将转换文档列表(语料)变成 DT 矩阵
    doc_term_matrix = [dictionary.doc2bow(doc) for doc in
clean_list]
```

```
#创建 tfidf 对象
#LSI 模型通常用 bow 向量或是 tfidf 向量作为语料输入,上面的 doc_term_matrix 就是 bow 向量
tfidf = gensim.models.TfidfModel(doc_term_matrix)
corpus_tfidf = tfidf[doc_term_matrix]
#构建 LSI 模型进行训练
Lsi = gensim.models.LsiModel
lsimodel = Lsi(corpus_tfidf,id2word=dictionary,num_topics=13)
#用待检索的文档向量初始化一个相似度计算的对象
index = similarities.MatrixSimilarity(lsimodel[corpus_tfidf])
#保存相似度矩阵,index 中每一行表示一篇文档,列表示主题,列数与前面定义的 num_topics 数是一致的
index.save('./sim_mat.index')
index = similarities.MatrixSimilarity.load('./sim_mat.index')
#计算一篇文档与现有语料中所有文档的(余弦)相似度
#这里先取语料中的第一篇文档试验一下
query_bow = dictionary.doc2bow(clean_list[0])
#tfidf 向量化
query_tfidf = tfidf[query_bow]
#用之前训练好的 LSI 模型将其映射到 topic 空间
query_vec = lsimodel[query_tfidf]
#检查 query 在 index 中的相似度
sim = index[query_vec]
print(list(enumerate(sim)))
```

输出结果如下:

[(0, 1.0000001), (1, 0.9210356), (2, 0.3668204), (3,

```
0.34744298),(4, 0.34744298),(5, 0.79280865),(6, 0.8714347),(7,
0.5242582),(8, 0.5242582),(9, 0.4481077),(10, 0.4481077),(11,
0.7432503),(12, 0.89219457),(13, 0.47639656),(14, 0.3505937),
……(210, 0.36145747),(211, 0.51570714),(212,0.42739692),(213,
0. 1914281 ), ( 214, 0. 1914281 ), ( 215, 0. 1914281 ), ( 216,
0.48689187), ( 217, 0. 48341343 ), ( 218, 0. 41950044 ), ( 219,
0.5041764),(220, 0.4678571),(221, 0.29841366)]
```

语料库有 222 条数据,数据主题相似度结果的显示只截取了前 14 行和后 12 行,中间结果用省略号省略了。结果显示,通过 LSI 算法计算出了主题与犯案事实的相似度,其中每个元组中,第一个数为文本 ID,第二个数为相似度。例如,输出结果中的第一项(0,1.0000001)其中的 0 表示的是第一行数据,由于是对自身数据的相似度计算,因此相似度为 1.0000001,即相似度为 1,完全一致。

### 4.6.4 LDA 主题模型实例代码

根据 LDA 主题模型算法理论知识,本小节使用 Gensim 库中的 gensim. models. ldamodel. LdaModel 来实现 LDA 主题模型算法实例。

使用 LDA 主题模型算法,需要对计算结果进行评估并选取最佳主题,一般采用主题一致性和困惑度来进行评价。

主题一致性(coherence)衡量主题内部单词之间的关联程度,表示整体主题的可解释性,用于评估主题的质量。主题一致性指标越高表示主题越连贯。对于生成的多个主题,通常会选择主题一致性最高的作为最终的文本主题。主题一致性的计算式为

$$C(z;S^z) = \sum_{n=2}^{N} \sum_{l=1}^{n-1} \log \frac{D_2(w_n^z, w_l^z) + 1}{D_1(w_l^z)} \tag{4-20}$$

式中,$z$ 为给定的一个主题方向(aspect);$S^z = \{w_1^z, w_2^z, \cdots, w_N^z\}$ 为前 $N$ 个 $z$ 中的词集合;$D_1(w_l^z)$ 是词 $w_l^z$ 在文档中出现的概率;$D_2(w_n^z, w_l^z)$ 是词 $w_n^z$ 和 $w_l^z$ 在文档中共同出现的概率。

主题的困惑度(perplexity)是对概率分布或概率模型预测样本好坏的一种度量,也是衡量主题模型好坏的指标。困惑度可以理解为对于一篇文章,所训练出

来的主题模型对文档属于哪个主题不确定性的度量。困惑度越小说明模型对新样本的预测效果越好。在 LDA 中,可以通过计算每个主题下的单词概率来计算困惑度,即

$$\text{perplexity}(D) = \exp\left(-\frac{\sum \log p(w)}{\sum_{d-1}^{M} N_d}\right) \tag{4-21}$$

式中,分母是测试集中所有单词之和; $p(w)$ 是测试集中每个单词出现的概率,计算公式为

$$p(w) = p(z \mid d)p(w \mid z) \tag{4-22}$$

式中, $p(z|d)$ 表示的是一个文档中每个主题出现的概率。

Gensim 库中使用 LDA 算法对司法数据集 caipanwenshu. csv 生成主题,并对其一致性和困惑度进行评价计算,代码如下:

```
import gensim
from gensim import corpora
import matplotlib.pyplot as plt
import matplotlib
import numpy as np
import warnings
warnings.filterwarnings('ignore') # To ignore all warnings
that arise here to enhance clarity
from gensim.models.coherencemodel import CoherenceModel
from gensim.models.ldamodel import LdaModel
#准备数据
PATH = "D:\...\caipanwenshu.csv"
file_object2 = open(PATH, encoding ='utf -8', errors ='ig-
nore').read().split('\n')  #一行行地读取内容
data_set = []#建立存储分词的列表
for i in range(len(file_object2)):
    result = []
    seg_list = file_object2[i].split()
```

```
        for w in seg_list:  # 读取每一行分词
            if w! = "":
                result.append(w)
        data_set.append(result)
    dictionary = corpora.Dictionary(data_set)# 构建 document -
term matrix
    corpus = [dictionary.doc2bow(text)for text in data_set]
    #Lda = gensim.models.ldamodel.LdaModel  # 创建 LDA 对象
    #计算困惑度函数
    def perplexity(num_topics):
        ldamodel = LdaModel(corpus, num_topics = num_topics,
id2word = dictionary, passes = 50)#计算 LDA 模型
        print(ldamodel.print_topics(num_topics = num_topics,
num_words = 7))#输出 LDA 结果
        print(ldamodel.log_perplexity(corpus))#输出困惑度结果
        return ldamodel.log_perplexity(corpus)
    #计算一致性函数
    def coherence(num_topics):
        ldamodel = LdaModel(corpus, num_topics = num_topics,
id2word = dictionary, passes = 30, random_state = 1)
        #print(ldamodel.print_topics(num_topics = num_topics,
num_words = 10))
        ldacm = CoherenceModel(model = ldamodel, texts = data_
set, dictionary = dictionary, coherence = 'c_v')
        print(ldacm.get_coherence())#输出一致性结果
        return ldacm.get_coherence()
    #绘制一致性折线图
    if __name__ = = '__main__':
        x = range(1,30)
```

```
y = [coherence(i)for i in x]
plt.subplot(121)#第 1 个子图
plt.plot(x,y)
plt.xlabel('主题数目')
plt.ylabel('coherence 大小')
plt.rcParams['font.sans - serif'] = ['SimHei']
matplotlib.rcParams['axes.unicode_minus'] = False
plt.title('主题 - coherence 变化情况')
plt.show()
# 绘制困惑度折线图
x = range(1, 30)  # 主题范围数量
y = [perplexity(i)for i in x]
plt.subplot(122)#第 2 个子图
plt.plot(x, y)
plt.xlabel('主题数目')
plt.ylabel('困惑度大小')
lt.title('主题 - 困惑度变化情况')
plt.show()
```

输出结果如下：

[(0, '0.049 * "刑事案件" + 0.047 * "汉族" + 0.017 * "初中" + 0.017 * "无业" + 0.011 * "小学" + 0.008 * "本科" + 0.007 * "务工" + 0.007 * "故意伤害" + 0.007 * "无期" + 0.006 * "专科"')]

[(0, '0.042 * "刑事案件" + 0.041 * "汉族" + 0.016 * "初中" + 0.012 * "无业" + 0.011 * "小学" + 0.008 * "故意伤害" + 0.008 * "务农" + 0.007 * "无期" + 0.007 * "故意伤害罪" + 0.006 * "走私、贩卖、运输、制造毒品"'),(1, '0.054 * "刑事案件" + 0.051 * "汉族" + 0.021 * "无业" + 0.019 * "初中" + 0.012 * "本科" + 0.011 * "小学" + 0.011 * "走私普通货物" + 0.010 * "经商" + 0.010 * "务工" + 0.010 * "走私普通货物、物品"')]

生成的一致性变化曲线和困惑度变化曲线如图 4.11 所示。

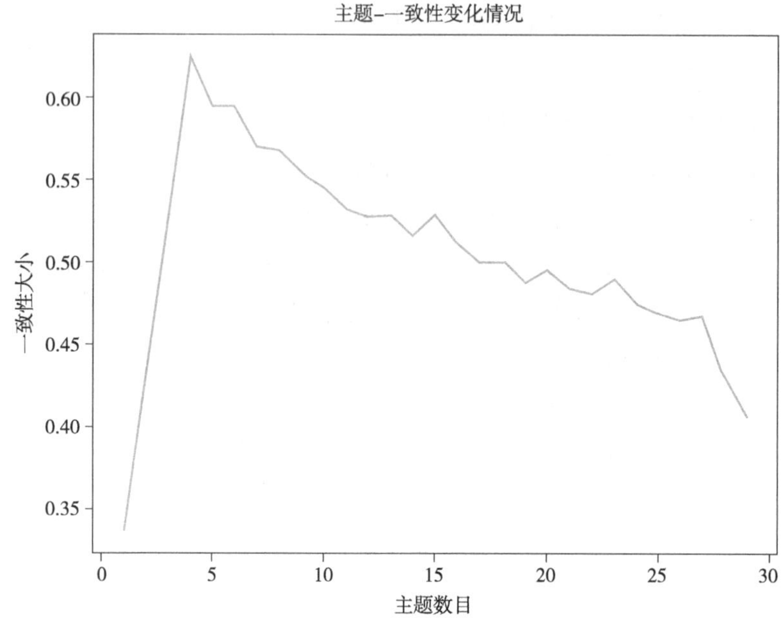


（a）一致性变化曲线

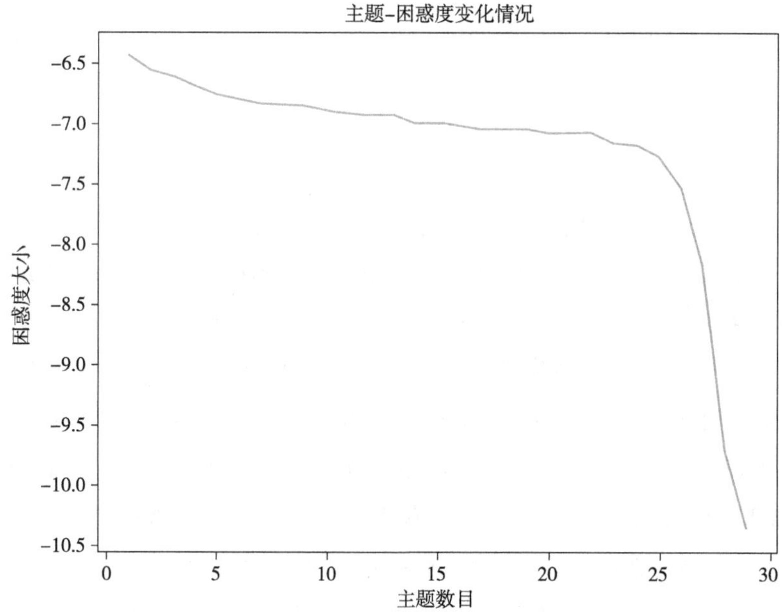


（b）困惑度变化曲线

**图 4.11　主题模型一致性变化曲线和困惑度变化曲线**

此外,为了能够更清楚地看到 LDA 算法的结果,可以用 pyLDAvis 对 LDA 模型结果进行可视化显示。

代码如下:

```
from gensim.models import LdaModel
import pandas as pd
from gensim.corpora import Dictionary
from gensim import corpora,models
import csv
import pyLDAvis.gensim
#准备数据
PATH = "caipanwenshu.csv"
#PATH = "answers.csv"
file_object2 = open(PATH,encoding ='utf - 8',errors ='ig-
nore').read().split('\n')  #一行行地读取内容
data_set = []  #建立存储分词的列表
for i in range(len(file_object2)):
    result = []
    seg_list = file_object2[i].split(',')
    for w in seg_list:  #读取每一行分词
        if w! ="":
            result.append(w)
    data_set.append(result)
# print(data_set)
dictionary = corpora.Dictionary(data_set)  #构建词典
# print(dictionary)
corpus = [dictionary.doc2bow(text)for text in data_set]
lda = LdaModel(corpus = corpus,id2word = dictionary,num_
topics =9,passes =30,random_state =1)
topic_list = lda.print_topics()
```

```
#print(topic_list)
for i in lda.get_document_topics(corpus)[:]:
    listj = []
    for j in i:
        listj.append(j[1])
    bz = listj.index(max(listj))
#print(i[bz][0])
#pyLDAvis.prepare( )
data = pyLDAvis.gensim.prepare(lda,corpus,dictionary)
#pyLDAvis.displace(data)
pyLDAvis.save_html(data,'3topic.html')
```

使用语料库中 222 条数据来进行可视化分析得到的结果如图 4.12 所示。

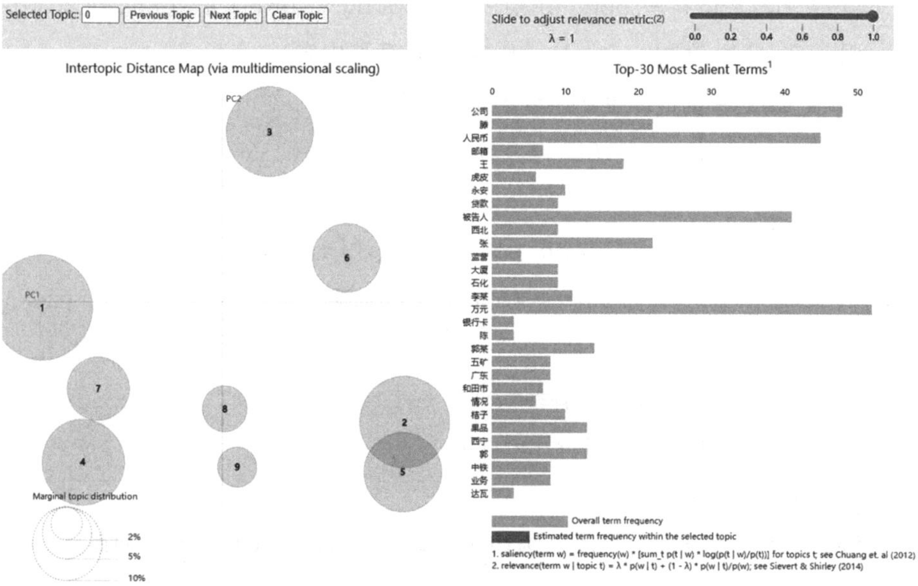


(a)　　　　　　　　(b)

**图 4.12　可视化分析生成图**

图 4.12(a)中每个圆圈表示提取的一个主题,图 4.12(b)表示各个词语对主题的贡献度。

## 4.7　基于 scikit - learn 库的主题模型

scikit - learn 是基于 Python 编程语言的机器学习工具库,能够完成数据预处理、分类、回归、降维、模型筛选等常用的机器学习算法,还需要具有 NumPy、SciPy、Matplotlib 的基础。用户可以通过 scikit - learn 实现各种常用的机器学习模型,其具体安装方法参考第二章。本节主要以实例介绍如何使用 scikit - learn 库进行主题建模。

scikit - learn 中的 LatentDirichletAllocation 库可以实现 LDA 算法,本节实例对三篇较长的司法文书生成主题。

程序主要步骤如下:

(1)构建词典:对每篇文书进行分词整理(本例中使用的 jieba 库),但暂时不进行删除停留词处理。

(2)通过计算词频,通过 CountVectorizer 可以得到所有文件中各个单词的词频向量,与主题词袋组成的一个 list。

(3)运用 LatentDirichletAllocation 的 LDA 处理,通过确定文书需要划分的题目个数和参数,可以得到各文书中归属于各话题的概率矩阵,以及分布的概率矩阵。

代码如下:

```
#! /usr/bin/env python
# - * - coding: utf -8 - * -
# @ Time     : 2020 /2 /25 17:07
# @ Author   : ystraw
# @ Site     :
# @ File     : t3 .py
# @ Software: PyCharm Community Edition
# @ function:
import numpy as np
import jieba
#司法文档链表
```

docment = ['1985 年 5 月 21 日,原审被告人耿某某以陈某东平货铺的名义与四川省江津县果品公司(以下简称江津果品公司)订了 50 吨柑橘购销合同。同年 6 月 15 日耿某某所在单位,江苏省阜宁县综合贸易服务部(以下简称阜宁服务部)亦与江津果品公司订了 50 吨柑橘。为解决资金问题,1985 年 10 月 17 日,阜宁服务部以代买橘子罐头为由,与滨海县陈某供销社签订联营橘子的合同,陈某供销社向阜宁服务部提供 3 万元资金;10 月 21 日,耿某某因滨海县土产果品公司(以下简称滨海果品公司)对橘子罐头感兴趣,持内容为"现货 20 吨,价 2650 元,果品加工厂,如要速汇款复"的电报,与滨海果品公司经理王某 1、高某谈妥代购橘子罐头事宜。双方在电报上注明货名、价款及到货时间等,加盖阜宁服务部业务专用章。耿某某表示购买橘子罐头需资金 3 万元,滨海果品公司于当日向江津果品公司汇出 2 万元,10 月 26 日又汇出 1 万元。1985 年 10 月 21 日,阜宁服务部经理田某、业务员耿某 1 前往四川省江津县(现重庆市江津区)办理购买橘子事宜。到达江津后,田某、耿某 1 二人前往江津果品加工厂了解行情,得知当地并无罐头存货,而且价格远超预期。耿某 1 遂将该行情告知耿某某,耿某 1 亦转告滨海果品公司。滨海果品公司随即表示不要橘子罐头,要求耿某某等人归还 3 万元,但耿某某以钱款在田某、耿某 1 手上为由推脱。其间,耿某某向耿某 1 去信,要求耿某 1 将滨海果品公司的 3 万元用于购买东平货铺的橘子,至于滨海果品公司所需的罐头可以想办法先发一部分或购买当地批发货充抵,最终耿某 1、田某将全部款项用于购买橘子。由于当时四川控制橘子销售,加上天气原因,橘子腐烂严重,耿某 1 未将东平货铺购买的橘子发往江苏。而田某则将阜宁服务部购买的橘子分批发往江苏,其中一批到达阜宁后,耿某某打电话通知滨海果品公司,滨海果品公司随即派人前去收货,后由阜宁服务部负责销售该批橘子,将所卖橘子款约 10500 元交给滨海果品公司。之后阜宁服务部又汇款 9000 元给滨海果品公司偿还欠款。1986 年 3 月,在滨海县人民法院的调解下,阜宁服务部以白酒抵欠款 10544.88 元,双方债务两清',

'2004 年至 2009 年,被告人陈某担任中国建设银行(以下简称建行)会计部柜面业务管理处高级副经理(主持工作)、会计部操作管理处高级经理、会计部总经理助理等职务,主要职责包括负责全行柜面服务质量管理、全行存单存折的凭证设计并与采购部一同进行存单存折的招标、采购等。2004 年至 2007 年,陈某

```
接受湖南华威金融印刷有限公司(以下简称华威金融公司)实际控制人杨某1的请托,利用职务便利为华威金融公司承揽建行《柜面服务技巧实用手册》《柜面业务应知应会实用手册》等印制业务上提供帮助,先后三次非法收受杨某1给予的钱款共计人民币75万元(以下币种均为人民币)。2005年至2009年,陈某接受杨某1的请托,利用职务便利为华威金融公司承揽建行存折、单证等印制业务提供帮助,该段时间内华威金融公司自建行多家分行承揽了大量存折、单证印制业务。2009年,陈某收受杨某1给予的钱款共计380万元。2007年,陈某以买房借款为名,向杨某1索要钱款100万元,钱款被陈某的妹妹李某1用于个人公司增资。截至案发,该笔钱款仍未归还。',
    '2012年至2016年,张某某伙同刘某,利用张某某担任北京市住建委副主任、环卫集团总经理等职务上的便利,为中集集团在承揽昌平区老旧小区综合整治工程、董村分类垃圾综合处理厂渗沥液处理站工程、北京京环文化产业(通州)发展大厦工程等事项上提供帮助,2013年至2016年,张某某伙同刘某先后两次收受中集集团法定代表人李某1给予的共计600万元贿赂款。张某某收受李某1给予的1万美元并接受李某1为其支付的房屋装修款90万元。张某某收受李某1给予的贿赂款共计696.0496万元,其中刘某伙同张某某收受李某1给予的贿赂款600万元。']
    #进行分词,并存入list
    result = []
    for doc in docment:
        document3_cut = jieba.cut(doc)
        result.append(' '.join(document3_cut))

    #获取词频向量
    from sklearn.feature_extraction.text import CountVectorizer
    from sklearn.decomposition import LatentDirichletAllocation
    corpus = result
```

```
cntVector = CountVectorizer()
cntTf = cntVector.fit_transform(corpus)

#输出选取词特征
vocs = cntVector.get_feature_names()
print('主题词典:',len(vocs))
print(vocs)
#输出即为所有文档中各个词的词频向量
# print(cntTf)

# LDA 主题模型
lda = LatentDirichletAllocation(n_components =2,  #主题个
数
max_iter =5,  # EM 算法的最大迭代次数
learning_method ='online',
learning_offset =50.,  #仅仅在算法使用 online 时有意义,取值要
大于 1。用来减小前面训练样本批次对最终模型的影响
random_state =0)
docres = lda.fit_transform(cntTf)

#文档所属每个类别的概率
LDA_corpus = np.array(docres)
print('类别所属概率:\n',LDA_corpus)
#每篇文章中对每个特征词的所属概率矩阵:list 长度等于分类数量
# print('主题词所属矩阵:\n', lda.components_)
#构建一个零矩阵
LDA_corpus_one = np.zeros([LDA_corpus.shape[0]])
#对比所属两个概率的大小,确定所属的类别
LDA_corpus_one = np.argmax(LDA_corpus,axis =1)  #返回沿轴
```

axis 最大值的索引,axis =1 代表行;最大索引即表示最可能表示的数字是多少

```
    print('每个文档所属类别:',LDA_corpus_one)

    #打印每个单词的主题的权重值
    tt_matrix = lda.components_
    id = 0
    for tt_m in tt_matrix:
        tt_dict = [(name,tt)for name,tt in zip(vocs,tt_m)]
        tt_dict = sorted(tt_dict,key = lambda x: x[1],reverse =
True)
    #打印权重值大于 0.6 的主题词
    # tt_dict = [tt_threshold for tt_threshold in tt_dict if tt_
threshold[1] > 0.6]
    #打印每个类别前 5 个主题词
        tt_dict = tt_dict[:8]
        print('主题% d:' % (id),tt_dict)
        id + = 1
```

输出结果如下:

主题词典:269

['0496', '10', '100', '10500', '10544', '15', '17', '1985', '1986', '20', '2004', '2005', '2007', '2009', '2012', '2013', '2016', '21', '26', '2650', '380', '50', '600', '696', '75', '88', '90', '9000', '一同', '一批', '一部分', '万元', '万美元', '三次', '不要', '专用章', '业务', '业务员', '东平', '两次', '两清', '严重', '个人', '中国建设银行', '中集集团', '为名', '主任', '主持', '主要职责', '之后', '买房', '了解', '事宜', '事项', '二人', '交给', '京环', '人民币', '人民法院', '代买', '代购', '以下', '价格', '价款', '伙同', '会计部', '但耿', '供销社', '便利', '借款', '债务', '偿还', '先发', '先后', '全行', '全部', '公司', '共计', '其中', '内容', '凭证', '分类', '分行', '刘某', '利用',

'到货', '到达', '前去', '前往', '副经理', '办法', '办理', '加上', '加工厂', '加盖', '助理', '包括', '北京', '北京市', '华威', '单证', '印制', '印刷', '原因', '原审', '双方', '发展', '可以', '合同', '同年', '名义', '向耿', '告知', '四川', '四川省', '土产', '垃圾', '增资', '处理', '处理厂', '多家', '大厦', '大量', '天气', '如要速', '妹妹', '存单', '存折', '存货', '实用手册', '实际', '小区', '工作', '工程', '币种', '帮助', '应会', '应知', '建委', '建行', '归还', '当地', '当日', '当时', '得知', '总经理', '感兴趣', '截至', '房屋', '所在单位', '手上', '打电话', '批发', '承揽', '技巧', '担任', '招标', '接受', '控制', '推脱', '提供', '操作', '支付', '收受', '收货', '整治', '文化产业', '日耿', '时间', '昌平区', '最终', '有限公司', '服务', '服务质量', '服务部', '其间', '李某', '杨某', '果品', '某则', '某某', '柑橘', '柜面', '案发', '橘子', '欠款', '款约', '款项', '段时间', '汇出', '汇款', '江津', '江津县', '江苏', '江苏省', '法定代表', '注明', '渗沥液', '湖南', '滨海', '滨海县', '王某', '环卫', '现货', '用于', '田某', '由于', '电报', '白酒', '签订', '简称', '管理', '管理处', '索要', '经理', '给予', '综合', '罐头', '老旧', '而且', '而田', '职务', '联营', '腐烂', '至于', '董村', '行情', '表示', '被告人', '装修', '要求', '解决', '设计', '该批', '该笔', '请托', '调解', '谈妥', '负责', '货充', '货名', '货铺', '购买', '购销', '贸易', '贿赂款', '资金', '转告', '进行', '远超', '通州', '通知', '采购', '采购部', '重庆市', '金融', '金融公司', '钱款', '销售', '问题', '阜宁', '阜宁县', '陈某', '随即', '集团', '非法', '预期', '高某', '高级']

类别所属概率:

[[0.00176661 0.99823339] [0.9965311 0.0034689 ] [0.00760911 0.99239089]]

每个文档所属类别:[1 0 1]

主题 0: [('陈某', 6.504419372855747), ('业务', 5.504415307069428), ('钱款', 5.504415307069428), ('华威', 5.499914833207526), ('存折', 4.499914911675407), ('建行', 4.499914911675407), ('柜面', 4.499914911675407), ('金融公司', 4.499914911675407)]

主题 1: [('某某', 24.499684969193645), ('果品', 18.499853371433566), ('公司', 16.508289258170194), ('橘子', 15.499853379725486), ('滨海', 11.499853403026728), ('服务部', 10.499853413601777), ('阜宁', 10.499853413601777), ('万元', 10.49711758139574)]

以上实例对三个司法文档提取主题词,构成了具有 269 个词的词典,并进行了输出显示。然后生成了两个主题类别。在类别所属概率部分,每个数组内的数据表示文档所属主题类别的概率,如[0.00176661 0.99823339]表示第一篇文章属于第一个主题的概率是0.0017,属于第二个主题的概率是0.99。每个文档所属类别部分,[1 0 1] 表示经判别第一篇和第三篇文章属于主题1,第二篇文章属于主题0。最后,显示的是两个主题中概率较高前 8 个主题词及其概率。

# 第五章

# 词向量推理方法

前面的章节介绍了什么是自然语言及语义，如何构建语料库，自然语言处理流程，以及如何处理和清洗文本数据。但是这些数据并不能被机器学习模型所识别并处理，因为这些模型不能直接理解文本数据，而只能理解将特征的数值表示作为输入。本章将探究如何处理文本数据。文本数据无疑是非结构化数据中最丰富的来源之一。文本是由文本和标点组成的字符串。字或者字符组成词、词组或短语，进而形成句子、段落和篇章。要使计算机能够高效处理真实文本，就必须找到一种形式化表示方法。这种表示方法一方面能够真实地反映文档的内容，包括文档的主题、领域、结构和语义等；另一方面又要对不同文档有较好的区分能力。因此，本章将探究一些最流行的和最有效的策略，以便从文本数据中提取有意义的特征。然后，这些特征可用来高效地表示文本，可在构建机器学习模型时进一步利用这些文本表示，并能够轻松解决复杂问题。

特征工程是一个包含内容很多的主题，也被认为是成功应用机器学习的一个很重要的环节。如何充分利用数据进行预测建模就是特征工程要解决的问题。实际上，所有机器学习算法的成功都取决于如何呈现数据。特征工程对机器学习的成功与否起着至关重要的作用。机器学习算法很多都是由于建立一个学习器能够理解的工程化特征而获得成功的。

本章将与司法领域相结合，介绍用于特征工程的多种技术来表示文本数据，并介绍基于深度学习的传统模型以及新模型。

## 5.1 传统特征工程模型

关于文本数据的传统(基于计数)特征工程策略属于一类模型,通常被称为“词袋”(bag of words,BOW)模型。这包括 n - gram、one - hot、TF - IDF 等。尽管它们是从文本中提取特征的有效方法,但是由于该模型的固有性质只是非结构化的代词,往往会丢失其他信息,如每个文本文档中附近单词的语义、结构、顺序和上下文。有更高级的模型可以处理这些方面,将在本章中介绍它们。传统特征工程模型是使用数学和统计方法构建的,将在本节中介绍。

### 5.1.1 词袋模型

词袋模型最初被用在文本分类中,将文档表示成特征矢量。它的基本思想是假定对于一个文本,忽略其词序和语法、句法,仅仅将其看作一些词汇的集合,而文本中的每个词汇都是独立的。简单来说,就是将每篇文档都看成一个袋子(因为里面装的都是词汇,所以称为词袋),然后将这个袋子里装的词汇进行分类。如果文档中颈部、捅、砍、杀人、刺、腹部、锐器、数刀、猛刺、连刺这样的词汇多些,我们就倾向于判断指控的罪名为故意杀人,如果文档中抢劫、抢走、截取、水果刀、匕首、被劫、反抗这样的词汇多些,我们就倾向于判断指控的罪名为抢劫,当然还要通过全局语义层面进行具体分析。

1. 词袋模型的作用

将两篇文本通过词袋模型变为向量模型,通过计算向量的余弦距离来计算两个文本间的相似度。

2. 词袋模型的缺点

(1)词袋模型最重要的是构造词库,需要维护一个很大的词库。

(2)词袋模型严重缺乏相似词之间的表达。

①“我喜欢司法行业”“我不喜欢司法行业”其实这两个文本是严重不相似的。但词袋模型会判为高度相似。

②“我喜欢司法行业”与“我爱司法行业”其实表达的意思是非常接近的,但词袋模型不能表示“喜欢”和“爱”之间高度相似的关系。

(3)向量稀疏。

3. 词袋模型的文本表示过程

句子1:小孩喜欢吃零食。

句子2:小孩喜欢玩游戏,不喜欢运动。

句子3:大人不喜欢吃零食,喜欢运动。

首先根据语料中出现的句子分词,然后构建词袋(每一个出现的词都加进来)。计算机不认识字,只认识数字,在计算机中怎么表示词袋模型呢?其实很简单,给每个词一个位置索引就可以了。小孩放在第一个位置,喜欢放在第二个位置,依此类推。

{"小孩":1,"喜欢":2,"吃":3,"零食":4,"玩":5,"游戏":6,"大人":7,"不":8,"运动":9}

其中key为词,value为词的索引,预料中共有9个单词,那么每个文本就可以使用一个9维的向量来表示。如果文本中含有的一个词出现了一次,就将那个词的位置置为1,词出现几次就置为几,那么上述文本可以表示如下:

句子1:[1,1,1,1,0,0,0,0,0]

句子2:[1,2,0,0,1,1,0,1,1]

句子3:[0,2,1,1,0,0,1,1,1]

该向量与原来文本中单词出现的顺序没有关系,仅仅是词典中每个单词在文本中出现的频率。

与词袋模型非常类似的一个模型是词集模型(set of words,SoW),和词袋模型唯一的不同是它仅仅考虑词是否在文本中出现,而不考虑词频。也就是一个词在文本中出现1次和多次特征处理是一样的。在大多数情况下使用词袋模型。

4. 词袋模型的代码实现

对于中文来说,词袋模型首先会进行分词,在分词之后,通过统计每个词在文本中出现的次数,就可以得到该文本基于词的特征,如果将各个文本样本的这些词与对应的词频放在一起,就是向量化。向量化完毕后一般会使用TF-IDF进行特征的权重修正,再将特征进行标准化。再进行一些其他的特征工程后,就可以将数据带入机器学习算法进行分类聚类了。

为了实现方便,本节基于英文来介绍词袋模型的代码实现。

代码如下:

```
#操作词袋模型
# CountVectorizer:对语料库中出现的词汇进行词频统计,相当于词袋模型
#操作方式:将语料库当中出现的词汇作为特征,将词汇在当前文档中出现的频率(次数)作为特征值
import numpy as np
from sklearn.feature_extraction.text import CountVectorizer
count = CountVectorizer()

#语料库
docs = np.array([
    "Where there is a will,there is a way.",
    "There is no royal road to learning.",
])
# bag 是一个稀疏的矩阵。因为词袋模型就是一种稀疏的表示
bag = count.fit_transform(docs)
#输出单词与编号的映射关系
print(count.vocabulary_)
# 调用稀疏矩阵的 toarray 方法,将稀疏矩阵转换为 ndarray 对象
print(bag)
print(bag.toarray())

# where 映射为编号 8,  there 映射为编号 5……
#编号也是 bag.toarray 转换来的 ndarray 数组的索引
```

输出结果如下:

```
{'where': 8,'there': 5,'is': 0,'will': 9,'way': 7,'no': 2,'royal': 4,'road': 3,'to': 6,'learning': 1}
  (0,8)1
```

```
  (0,5)2
  (0,0)2
  (0,9)1
  (0,7)1
  (1,5)1
  (1,0)1
  (1,2)1
  (1,4)1
  (1,3)1
  (1,6)1
  (1,1)1
[[2 0 0 0 0 2 0 1 1 1]
[1 1 1 1 1 1 1 0 0 0]]
```

### 5.1.2 n－gram 词袋模型

一个词只是一个标识符，通常称为 unigram 或 1－gram。词袋模型不会考虑词的顺序。当我们希望考虑短语或单词集合的出现顺序，该怎么办？n－gram 可以帮助我们做到这一点。n－gram 基本上是文本文档中单词标识符的集合，因此这些标识符是按顺序连续出现。bi－gram 表示二元的 n－gram（两个单词），tri－gram 表示 3 元的 n－gram（三个单词），依此类推。n－gram 词袋模型只是利用了基于 n－gram 特征的词袋模型的扩展。

n－gram 是从一个句子中提取的 *n* 个（或更少）连续单词的集合。这一概念中的“单词”也可以替换为“字符”。

下面来看一个简单的例子。考虑句子“The cat sat on the mat.”（“猫坐在垫子上。”）。它可以被分解为以下二元语法（2－grams）的集合。

{"The","The cat","cat","cat sat","sat","sat on","on","on the","the","the mat","mat"}

这个句子也可以被分解为以下三元语法（3－grams）的集合。

{"The","The cat","cat","cat sat","The cat sat","sat","sat

on","on","cat sat on","on the","the","sat on the","the mat","mat","on the mat"}

这样的集合分别称作二元语法袋(bag - of - 2 - grams)及三元语法袋(bag - of - 3 - grams)。这里袋(bag)这一术语指的是处理的是标记组成的集合,而不是一个列表或序列,即标记没有特定的顺序。这一系列分词方法称作词袋。

词袋是一种不保存顺序的分词方法(生成的标记组成一个集合,而不是一个序列,舍弃了句子的总体结构),因此它往往被用于浅层的语言处理模型,而不是深度学习模型。在使用轻量级的浅层文本处理模型时(如 logistic 回归和随机森林),n - gram 是一种功能强大、不可或缺的特征工程工具。提取 n - gram 是一种特征工程,深度学习不需要这种死板而又不稳定的方法,并将其替换为分层特征学习。

### 5.1.3 one - hot 模型

1. one - hot 模型介绍

对于有 $N$ 种类别值的集合,one - hot 编码(独热编码)采用长度为 $N$ 位的状态寄存器来对每一个类别值进行编码,每个类别值对应一个独立的寄存器位,在任意时刻只有一个寄存器位为 1,其余为 0。故 one - hot 编码又称一位有效编码。

以{"中","俄","美","英","法"}为例,其编码见表 5.1。

**表 5.1 one - hot 编码**

| | 中 | 俄 | 美 | 英 | 法 |
|---|---|---|---|---|---|
| 中 | 1 | 0 | 0 | 0 | 0 |
| 俄 | 0 | 1 | 0 | 0 | 0 |
| 美 | 0 | 0 | 1 | 0 | 0 |
| 英 | 0 | 0 | 0 | 1 | 0 |
| 法 | 0 | 0 | 0 | 0 | 1 |

这 5 种类别值的编码分别是[1,0,0,0,0],[0,1,0,0,0],[0,0,1,0,0],[0,0,0,1,0],[0,0,0,0,1]。若类别值集合长度为 $N$,则每种类别值的 one - hot 编码是一个长度为 $N$ 的向量。在任何情况下,每个向量中只有 1 个分量为 1,其他分量

为0,从而保证了唯一性。

在实际应用中,需对类别的取值予以区别,区分该类别是属于定序类型(ordinal feature)还是定类类型(categorical feature)。定类类型的取值没有先后逻辑关系。诸如男、女等形式的取值,适合采用 one - hot 编码。对于定序类型的取值,诸如文化程度、小学、初中、高中等形式的取值,在逻辑上存在一定的排序关系,适合采用标签编码,标签编码中的数字顺序不破坏原有的逻辑关系。数据应用所采用的模型也是数据编码的依据。对数值大小敏感的模型,适合采用 one - hot 编码。如逻辑回归模型和支持向量机模型的损失函数对数值大小敏感,并且变量间的数值大小是有比较意义的。对数值大小不敏感的模型,如树模型,不适合采用 one - hot 编码。

2. one - hot 模型的优缺点

(1)优点:

①解决了分类器处理离散数据困难的问题;

②一定程度上起到了扩展特征的作用。

(2)缺点:

①one - hot 是一个词袋模型,不考虑词与词之间的顺序问题,而在文本中,词的顺序是一个很重要的问题;

②one - hot 是基于词与词之间相互独立的情况下的,然而,在多数情况中,词与词之间应该是相互影响的;

③one - hot 得到的特征是离散的、稀疏的。

3. one - hot 代码实现

代码如下:

```
from sklearn.preprocessing import LabelBinarizer
a = ['中','俄','美','英','法']
encoder = LabelBinarizer()
one_hot = encoder.fit_transform(a)
print(one_hot)
```

输出结果如下:

```
[[1 0 0 0 0]
```

```
 [0 1 0 0 0]
 [0 0 0 1 0]
 [0 0 0 0 1]
 [0 0 1 0 0]]
```

### 5.1.4　TF－IDF 模型

当用于大型语料库时,词袋模型可能会出现一些潜在的问题。由于特征向量是基于绝对词频的,因此,在所有文档中可能经常出现某些词项,并且这些词项可能会掩盖特征集中的其他词项,特别是那些不常出现的词,其作为识别特定类别的特征可能会更有效。这是 TF－IDF 的来源。这项技术最初开发为一种基于用户查询对搜索引擎结果进行排名的度量指标,现在已经成为信息检索和文本特征提取的一部分。

1. TF－IDF 算法介绍

TF－IDF 是一种用于信息检索与文本挖掘的常用加权技术。TF－IDF 是一种统计方法,用以评估字词对于一个文件集或一个语料库中的其中一份文件的重要程度。字词的重要性随着它在文件中出现的次数成正比增加,但同时会随着它在语料库中出现的频率成反比下降。

TF－IDF 的主要思想是:如果某个单词在一篇文章中出现的频率 TF 高,并且在其他文章中很少出现,则认为此词或者短语具有很好的类别区分能力,适合用来分类。

(1)TF。TF 表示词条(关键词)在文本中出现的频率。

这个数字通常会被归一化(一般是词频除以文章总词数),以防止它偏向长的文件。其计算式为

$$\mathrm{TF}_{ij} = \frac{n_{i,j}}{\sum_k n_{k,j}} \tag{5-1}$$

即

$$\mathrm{TF}_w = \frac{\text{在某一类中词条 } w \text{ 出现的次数}}{\text{该类中所有的词条数目}} \tag{5-2}$$

式中,$n_{i,j}$ 是该词在 $d_j$ 中出现的次数;分母则是文件中 $d_j$ 中所有词汇出现的次数总和。

(2)IDF。某一特定词语的 IDF,可以将总文档数目除以包含该词语的文档数

目,再将得到的商取对数得到。如果包含词条 $t$ 的文档越少,IDF 越大,则说明词条具有很好的类别区分能力。其计算式为

$$\mathrm{IDF}_i = \log \frac{|D|}{|\{j: t_i \in d_j\}|} \tag{5-3}$$

式中,$|D|$ 是语料库中的文件总数;$|\{j: t_i \in d_j\}|$ 表示包含 $t_i$ 的文件数目($n_{i,j} \neq 0$ 的文件数目)。如果该词语不在语料库中,就会导致分母为零,因此一般情况下使用 $1 + |\{j: t_i \in d_j\}|$。

即

$$\mathrm{IDF} = \log\left(\frac{\text{语料库的文档总数}}{\text{包含词条}\, w\, \text{的文档数} + 1}\right) \tag{5-4}$$

分母之所以要加 1,是为了避免其为 0。

(3)TF－IDF 实际上是 TF·IDF。某一特定文件内的高词语频率,以及该词语在整个文件集合中的低文件频率,可以产出高权重的 TF－IDF。因此,TF－IDF 倾向于过滤掉常见的词语,保留重要的词语。

公式:

$$\mathrm{TF-IDF} = \mathrm{TF} \cdot \mathrm{IDF} \tag{5-5}$$

注:TF－IDF 算法非常容易理解,并且很容易实现,但是其简单结构并没有考虑词语的语义信息,无法处理一词多义与一义多词的情况。

2. TF－IDF 代码实现

(1)Sklearn 实现 TF－IDF 算法。代码如下:

```
from sklearn.feature_extraction.text import CountVectorizer
from sklearn.feature_extraction.text import TfidfTransformer


x_train = ['TF-IDF 主要 思想 是','算法 一个 重要 特点 可以 脱离 语料库 背景',
           '如果 一个 网页 被 很多 其他 网页 链接 说明 网页 重要']
x_test = ['原始 文本 进行 标记','主要 思想']


#该类会将文本中的词语转换为词频矩阵,矩阵元素 a[i][j] 表示 j 词在 i 类文本下的词频
```

```
vectorizer = CountVectorizer(max_features=10)
#该类会统计每个词语的tf-idf权值
tf_idf_transformer = TfidfTransformer()
#将文本转为词频矩阵并计算tf-idf
tf_idf = tf_idf_transformer.fit_transform(vectorizer.fit_transform(x_train))
#将tf-idf矩阵抽取出来,元素a[i][j]表示j词在i类文本中的tf-idf权重
x_train_weight = tf_idf.toarray()

#对测试集进行tf-idf权重计算
tf_idf = tf_idf_transformer.transform(vectorizer.transform(x_test))
x_test_weight = tf_idf.toarray()  #测试集TF-IDF权重矩阵

print('输出x_train文本向量:')
print(x_train_weight)
print('输出x_test文本向量:')
print(x_test_weight)
```

输出结果如下：

```
输出x_train文本向量:
[[0.70710678 0.         0.70710678 0.         0.         0.
  0.         0.         0.         0.        ]
 [0.         0.3349067  0.         0.44036207 0.         0.44036207
  0.44036207 0.44036207 0.         0.3349067 ]
 [0.         0.22769009 0.         0.         0.89815533 0.
  0.         0.         0.29938511 0.22769009]]
输出x_test文本向量:
```

```
[[0.0.0.0.0.0.0.0.0.0.0.]
   [0.0.1.0.0.0.0.0.0.0.0.]]
```

(2)jieba 实现 TF－IDF 算法。代码如下：

```
import jieba.analyse
text = '2021 年 3 月 6 日 7 时许,被告人姚某酒后驾驶小型轿车沿苏州工业园区李公堤行驶至苏州工业园区苏州大道西与星明街路口时在车内睡着,后在星明街逆向行驶时被巡逻民警查获。经司法鉴定,被告人姚某血液中乙醇浓度为201mg/100ml。'
keywords = jieba.analyse.extract_tags(text,topK=5,withWeight=False,allowPOS=())
print(keywords)
```

输出结果如下：

```
['姚某','苏州工业园区','被告人','逆向行驶','2021']
```

3. TF－IDF 算法的不足

TF－IDF 采用文本逆频率 IDF 对 TF 值加权取权值大的作为关键词,但 IDF 的简单结构并不能有效地反映单词的重要程度和特征词的分布情况,使其无法很好地完成对权值调整的功能,所以 TF－IDF 算法的精度并不是很高,尤其是当文本集已经分类的情况下。

在本质上 IDF 是一种试图抑制噪声的加权,并且单纯地认为文本频率小的单词就越重要,文本频率大的单词就越无用。这对于大部分文本信息,并不是完全正确的。IDF 的简单结构并不能使提取的关键词,十分有效地反映单词的重要程度和特征词的分布情况,使其无法很好地完成对权值调整的功能。尤其是在同类语料库中,这一方法有很大弊端,往往一些同类文本的关键词被覆盖。

TF－IDF 算法实现简单快速,但是仍有许多不足之处：

(1)用 TF 衡量词的重要性不够合理,例如,有时对主题刻画具有代表性的词,其在某篇文档的出现次数不多将导致 TF 低,但其重要性实际并不低(如具有代表性但出现次数不多的专业名词、人物、地点等,但可能通篇都围绕其阐述和解释)；反之,许多如没有实际意义的语气词、助词(停顿词)却因出现次数多导致 IF 高。(一种解决方法：将停顿词排除在计算范围外,提高精确性)

(2)用 IDF 衡量词的重要性不够合理,例如,有时对主题刻画不具有代表性的词,其在所有文档的出现频率较低将导致 IDF 高,但其重要性实际并不高(如某些意义不大的生僻字词,却被误以为很重要);反之,某些因重要性高而被大量文档提及的词,却因出现频率高导致 IDF 低。

(3)忽略了词在同一类别中、不同类别间的分布情况,仅考虑词与其出现的文档之间的关系,过于单纯简单。

(4)并未考虑词的语义信息,无法处理一词多义 / 一义多词等各种语义相关的复杂情况。

(5)无法体现词的位置信息,出现靠前和靠后的词很可能具有不同的重要性/区分度,不应等同视之。(一种解决方法:对全文首段和每段首句给予较大权重)

4. TF - IDF 的改进方法 TF - IWF

IDF 因结构简单,无法反映特征词的重要程度和分布情况,导致难以较好地实现对 TF 权值调整的功能。尤其是同类语料库中弊端很大,一些同类文本的关键词往往会被掩盖,导致召回率不足。例如,某文档集/语料库中的医学类文章偏多,设当前文档是一篇属于医学类的文章,那么医学类相关词的 IDF 将因整体出现频率高偏小,使提取文本关键词的召回率偏低。因此,研究者提出了改进的加权算法 TF - IWF(term frequency - inverse word frequency)。

一方面,设某个词 $t$ 在文档 $d$ 中出现的总次数为 $N_{d,t}$ ,且文档 $d$ 的总词数为 $N_d$ ,则词 $t$ 相对于文档 $d$ 的 TF 为

$$\mathrm{TF} = \frac{N_{d,t}}{N_d} \tag{5-6}$$

另一方面,设某一文档集/语料库所有词的频数为 $W_c$ ,其中词 $t$ 在文档集/语料库所有词中的频数为 $W_{c,t}$ ,则词 $t$ 相对于文档集/语料库的 IWF 为

$$\mathrm{IWF} = \log\left(\frac{W_c}{W_{c,t}}\right) \tag{5-7}$$

从而,词 $t$ 相对于文档 $d$ 的 TF - IWF 为

$$\mathrm{TF-IWF} = \mathrm{TF} \times \mathrm{IWF} = \frac{N_{d,t}}{N_d} \times \log\left(\frac{W_c}{W_{c,t}}\right) \tag{5-8}$$

由此可见,TF - IWF 这种加权方法降低了文档集/语料库中同类文本对词权重的影响,更加精确地表达了词在待查文档中的重要程度。传统 TF - IDF 所求的

权值一般很小,甚至接近于0,精确度也不好,而TF-IWF的计算结果恰能解决权值过小的问题。

## 5.2 高级特征工程模型

传统文本数据(基于计数)特征工程策略包括属于一个模型家族的模型,通常称为"词袋模型"。这包括词频、TF-IDF、n-gram、one-hot等。尽管它们是从文本中提取特征的有效方法,但由于该模型的内在性质只是一袋非结构化的单词,丢失了其他信息,如每个文本文档中单词的语义、结构、顺序和上下文。这促使人们探索可以获得此信息的更复杂的模型,并提供以单词的向量为表示形式的特征,通常称为嵌入。

关于语音和图像识别系统,所有信息都已经以丰富的稠密特征向量的形式存在,这些特征向量嵌入高频率数据集中,如音频频谱图和图像像素强度。但是,当涉及原始文本数据时,尤其是基于计数的模型(如"词袋"),我们正在处理可能具有自己标识符的单个单词,但未能捕捉单词之间的语义关系。这导致文本数据的词向量稀疏,因此,如果没有足够的数据,由于维数灾难,最终可能会得到较差的模型,甚至可能过度拟合数据。

为了克服词袋模型的缺点,需要使用向量空间模型(VSM),以便可以基于语义和上下文相似度将词向量嵌入此连续向量空间中。由分布语义学领域中的分布假设可知,在相同的上下文中出现并使用的词在语义上彼此相似,并且具有相似的含义。简言之,"一个词的特点是它拥有的同伴"。

谈论这些语义词向量和各种类型的著名论文之一是Baroni等的"Don't count,predict! A systematic comparison of context-counting vs. context-prediction semantic vectors"。上下文词向量主要有两种区分类型的方法。如潜在语义分析(LSA)之类的基于计数的方法可用于计算单词在语料库中的与其相邻单词出现频率的统计度量,然后根据这些度量指标为每个单词构建稠密的词向量。如基于神经网络的语言模型之类的预测方法试图通过查看语料库中的单词序列来从相邻单词进行预测。在此过程中,它学习分布式表示法,从而提供稠密的词嵌入。本节重点介绍这些预测方法。

### 5.2.1　Word2Vec 模型

Word2Vec 模型由谷歌于 2013 年创建，是一种基于预测性深度学习的模型，用于计算和生成高质量、分布式和连续稠密向量表示的单词，以捕获上下文和语义相似度。本质上，这些是无监督模型，可以吸收大量文本语料库，创建可能单词的词汇表，并未代表该词汇表的向量空间中的每个单词生成稠密的词嵌入。通常可以指定词嵌入向量的大小，向量的总数本质上是词汇表的大小。这使该稠密向量空间的维数比使用传统的词袋模型构建的高维稀疏向量空间的维数低得多。

Word2Vec 是轻量级的神经网络，其模型仅包括输入层、隐藏层和输出层，模型框架根据输入/输出的不同，主要包括 CBOW 和 Skip - gram 模型，如图 5.1 所示。CBOW 模型是通过上下文的内容预测中间的目标词，而 Skip - gram 则相反，通过目标词预测其上下文的词，通过最大化词出现的概率，训练模型可得到各个层之间的权重矩阵，单词嵌入向量（word embedding vector）就是从这个权重矩阵里面得来的。

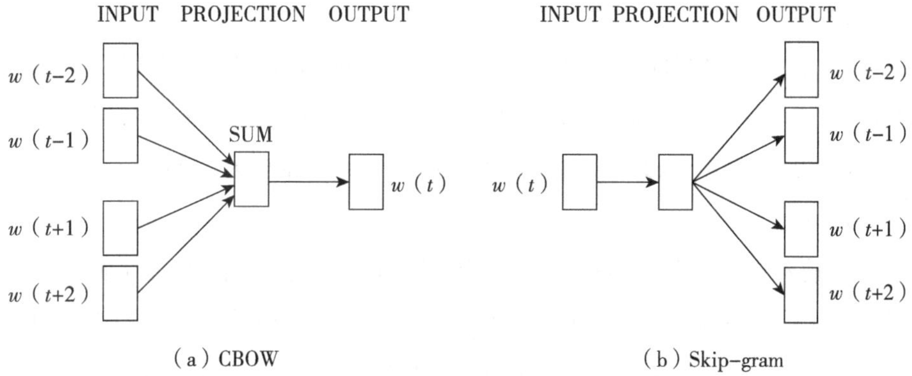


**图 5.1　Word2Vec 框架**

1. Simple CBOW 模型

为了更好地了解模型深处的原理，本节先从 Simple CBOW 模型（仅输入一个词，输出一个词）框架说起。

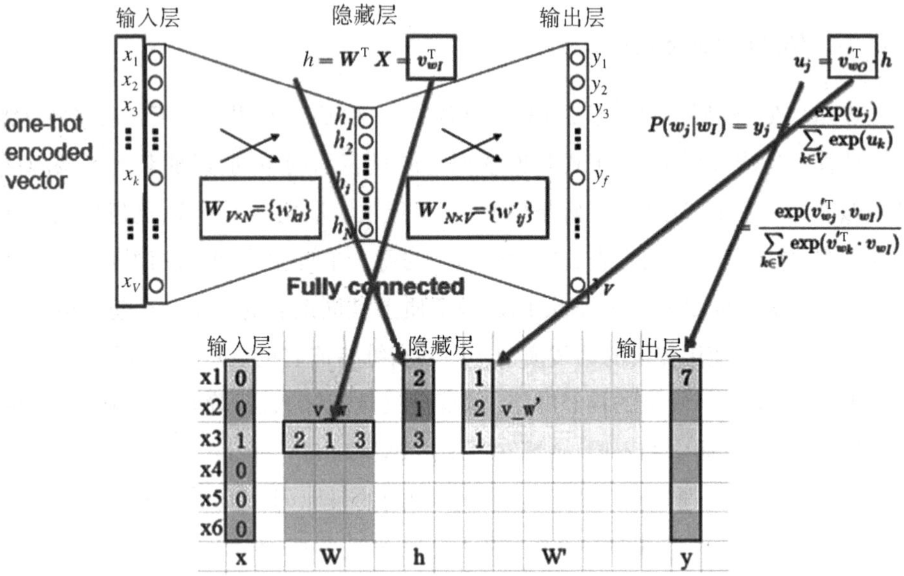


**图 5.2 Simple CBOW 模型**

如图 5.2 所示：

(1)输入层输入的 $x$ 是单词的 one – hot representation(考虑一个词表 $V$,里面的每一个词 $w_i$ 都有一个编号 $i \in \{1,2,\cdots,|V|\}$,那么词 $w_i$ 的 one – hot 表示就是一个维度为$|V|$的向量,其中第 $i$ 个元素值非零,其余元素全为 0,例如,$w_2 = [0,1,0,\cdots,0]^{\mathrm{T}}$)。

(2)输入层到隐藏层之间有一个权重矩阵 $W$,隐藏层得到的值是由输入 $X$ 乘上权重矩阵得到的,0 – 1 向量乘上一个矩阵,就相当于选择了权重矩阵的某一行,图 5.2 中,输入的向量 $X$ 是[0,0,1,0,0,0],$W$ 的转置乘上 $X$ 就相当于从矩阵中选择第 3 行[2,1,3]作为隐藏层的值。

(3)隐藏层到输出层也有一个权重矩阵 $W'$,因此,输出层向量 $y$ 的每一个值,其实就是隐藏层的向量点乘权重向量 $W'$的每一列,如输出层的第一个数 7,就是向量[2,1,3]和列向量[1,2,1]点乘之后的结果。

(4)最终的输出需要经过归一化指数函数,即 softmax 函数,将输出向量中的每一个元素归一化到 0 ~ 1 之间的概率,概率最大的,就是预测的词。

2. CBOW 模型

了解 Simple CBOW 模型之后,扩展到 CBOW 就很容易了,将单个输入换成多个输入即可,如图 5.3 所示(图中画横线部分)。

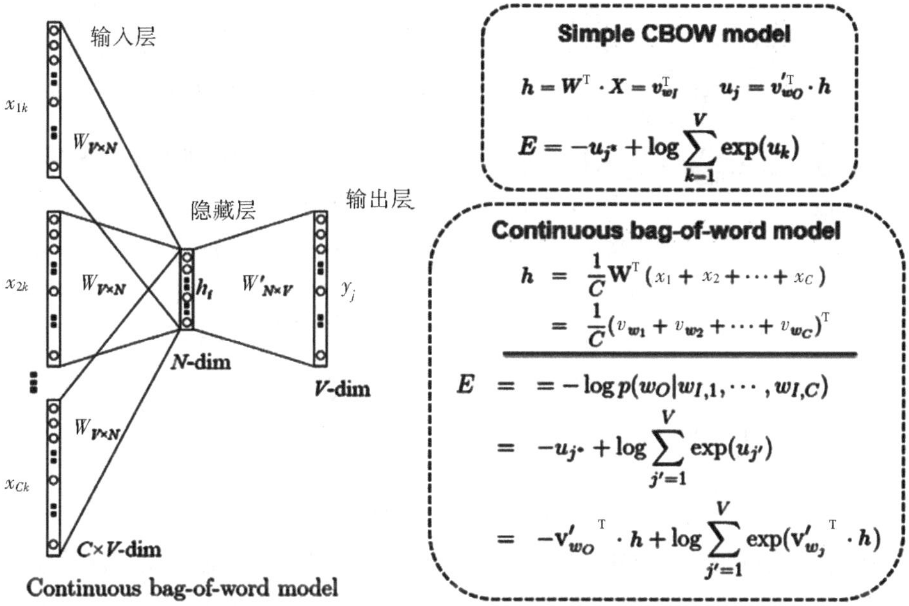


**图 5.3　CBOW 模型**

对比可以发现,和 simple CBOW 模型不同之处在于,输入由 1 个变成了 $C$ 个,每个输入 $X_{ik}$ 到达隐藏层都会经过相同的权重矩阵 $W$,隐藏层 $h$ 的值变成了多个词乘上权重矩阵之后相加求平均值。

3. Skip－gram 模型

有了 CBOW 模型的介绍,对于 Skip－gram 模型的理解应该会更快一些,如图 5.4 所示。

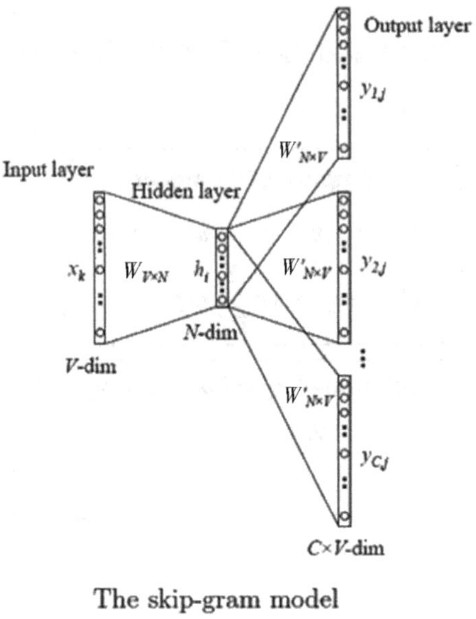


**input → hidden**

$$h = W^{\mathrm{T}}_{(k,\cdot)} := v^{\mathrm{T}}_{w_I}$$

**hidden → output**

$$p(w_{c,j} = w_{O,c}|w_I) = y_{c,j} = \frac{\exp(u_{c,j})}{\sum_{j'=1}^{V}\exp(u_{j'})}$$

**Share the same weights:**

$$u_{c,j} = u_j = {v'_{w_j}}^{\mathrm{T}} \cdot h, \text{ for } c = 1, 2, \cdots, C$$

**Loss function:**

$$\begin{aligned} E &= -\log p(w_{O,1}, w_{O,2}, \cdots, w_{O,C}|w_I) \\ &= -\log \prod_{c=1}^{C} \frac{\exp(u_{c,j_c^*})}{\sum_{j'=1}^{V}\exp(u_{j'})} \\ &= -\sum_{c=1}^{C} u_{j_c^*} + C \cdot \log \sum_{j'=1}^{V} \exp(u_{j'}) \end{aligned}$$

**图 5.4 Skip－gram 模型**

Skip－gram 模型通过输入一个词去预测多个词的概率。输入层到隐藏层的原理和 simple CBOW 模型一样,不同的是隐藏层到输出层,损失函数变成了 $C$ 个词损失函数的总和,权重矩阵 $W'$ 还是共享的。

4. Word2Vec 应用场景

Word2Vec 的定位应当是一项复杂工作或研究的前序,因为本质上它就是用来生成词向量的,有了词向量之后,就可以进行很多工作。在这里列举几个小的应用方向。

(1)用来做司法领域情感分析。情感分析是自然语言处理领域的一个重要的分支,在进行分词、词性标注、词嵌入之后,可以利用司法文本中的情感词(形容词、副词等),通过建立一个用来表征情感强度的数学模型来表示情感强度、极性,或者作为深度学习模型的输入自动判别情感类型。更进一步,针对产品特征可以分析用户的满意度,进而分析用户的情感态度。

(2)用来计算司法文本相似度。既然已经获得了每一个司法文本的向量表示,那么就可以利用司法文本向量空间,结合一些常见的相似度计算方法计算司法文本相似度。基于此,更进一步可以通过相似度排序去做推荐,可以是相似司法案例推荐、相似服务推荐、相似用户推荐。

(3)用来挖掘相关词、关系挖掘。

5. Word2Vec 优缺点

(1)优点:

①由于 Word2Vec 会考虑上下文,与 Embedding 方法相比,效果更好。

②比 Embedding 方法维度更少,所以速度更快。

③通用性很强,可以用在各种 NLP 任务中。

(2)缺点:

①由于词和向量是一对一的关系,所以多义词的问题无法解决。

②Word2Vec 是一种静态的方式,虽然通用性强,但无法针对特定任务做动态优化。

### 5.2.2 GloVe 模型

2014 年 Pennington 等提出了 GloVe 模型。Word2Vec 只考虑了词与窗口范围内邻接词的局部信息,没有考虑到词语局部窗口外词的全局信息,基本没有使用语料库中的统计信息;GloVe 利用共现矩阵,既考虑了目标词周围的局部信息又考虑了整个语料的全局信息。GloVe 本质上是对共现矩阵进行降维。构建一个词汇的共现矩阵,每一行是一个 word,每一列是 context。共现矩阵就是计算每个 word 在每个 context 出现的频率。以词向量与共现矩阵之间的近似关系建立损失函数,并通过神经网络进行训练获得词向量。GloVe 模型克服了 Word2Vec 模型只关注上下文局部信息的缺点,在利用上下文信息的同时,通过矩阵奇异值分解方法使用了词汇共现的信息,有效地结合了全局的统计信息和局部上下文信息。

GloVe 的全称为 global vectors for word representation,它是一个基于全局词频统计(count - based & overall statistics)的词表征(word representation)工具,它可以把一个单词表达成一个由实数组成的向量,这些向量捕捉到了单词之间的一些语义特征,如相似性(similarity)、类比性(analogy)等。通过对向量的运算,如欧几里得距离或者 cosine 相似度,可以计算出两个单词之间的语义相似性。

1. GloVe 的实现流程

GloVe 的实现分为以下三步:

(1)根据语料库(corpus)构建一个共现矩阵(co – ocurrence matrix)$X$,矩阵中的每一个元素 $x_{ij}$ 代表单词 $i$ 和上下文单词 $j$ 在特定大小的上下文窗口(context window)内共同出现的次数。一般而言,这个次数的最小单位是 1,但是 GloVe 不这么认为:它根据两个单词在上下文窗口的距离 $d$,提出了一个衰减函数(decreasing weighting):decay = $1/d$ 用于计算权重,也就是说,距离越远的两个单词所占总计数(total count)的权重越小。

(2)构建词向量和共现矩阵之间的近似关系。式(5 – 9)可以近似地表达两者之间的关系:

$$w_i^{\mathrm{T}}\tilde{w}_j + b_i + \tilde{b}_j = \log(X_{ij}) \tag{5-9}$$

式中,$w_i$ 和 $w_j$ 是最终要求解的词向量;$b_i$ 和 $b_j$ 是两个词向量的偏置(bias)项。

(3)有了式(5 – 9)之后,就可以构造损失函数了:

$$J = \sum_{i,j=1}^{V} f(X_{ij})[w_i^{\mathrm{T}}\tilde{w}_j + b_i + \tilde{b}_j - \log(X_{ij})]^2 \tag{5-10}$$

这个损失函数的基本形式就是简单的均方误差损失(mean square loss),只不过在此基础上加了一个权重函数 $f(X_{ij})$,那么这个函数起了什么作用,为什么要添加这个函数呢?由于一个语料库中,肯定存在很多单词,它们在一起出现的次数是很多的(frequent co – occurrences),那么希望:

①这些单词的权重要大于那些很少在一起出现的单词(rare co – occurences),所以这个函数要是非递减函数(non – decreasing)。

②但也不希望这个权重过大(over weighted),当到达一定程度之后应该不再增加。

③如果两个单词没有在一起出现,也就是 $X_{ij} = 0$,那么它们应该不参与到损失函数的计算当中,也就是 $f(x)$ 要满足 $f(0) = 0$。

满足以上条件的函数有很多,采用如下形式的分段函数:

$$f(x) = \begin{cases} \left(\dfrac{x}{x_{\max}}\right)^{\alpha} & x < x_{\max} \\ 1 & 其他 \end{cases} \tag{5-11}$$

式中,$x$ 表示共现次数;$x_{\max}$ 表示最大共现次数。

该分段函数的图像如图 5.5 所示。

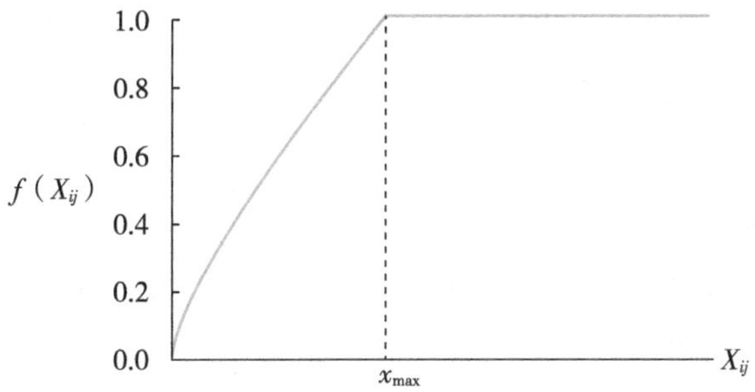


**图 5.5　分段函数**

在所有实验中，$\alpha$ 的取值都是 0.75，$x_{max}$ 取值都是 100。

2. GloVe 的训练流程

虽然很多人声称 GloVe 是一种无监督的学习方式(因为它确实不需要人工标注 label)，但其实它还是有 label 的，这个 label 就是式(5－9)中的 $\log(X_{ij})$，而式(5－9)中的向量 $w_i$ 和 $w_j$ 就是要不断更新/学习的参数，所以本质上它的训练方式跟监督学习的训练方法没什么不一样，都是基于梯度下降的。具体来说，采用了 AdaGrad 的梯度下降算法，对矩阵 $X$ 中的所有非零元素进行随机采样，学习率(learning rate)设为 0.05，在 vector size 小于 300 的情况下迭代了 50 次，其他大小的 vectors 上迭代了 100 次，直至收敛。最终学习得到的两个向量分别是 $w_i$ 和 $w_j$，因为 $X$ 是对称的，所以从原理上讲 $w_i$ 和 $w_j$ 也是对称的，它们唯一的区别是初始化的值不一样，而导致最终的值不一样。所以，这两者其实是等价的，都可以当成最终的结果使用。但是为了提高鲁棒性，最终会选择两者之和 $w_i + w_j$ 作为最终的向量(两者的初始化不同相当于加了不同的随机噪声，所以能提高鲁棒性)。在训练了 400 亿个 token 组成的语料后，得到的实验结果如图 5.6 所示。

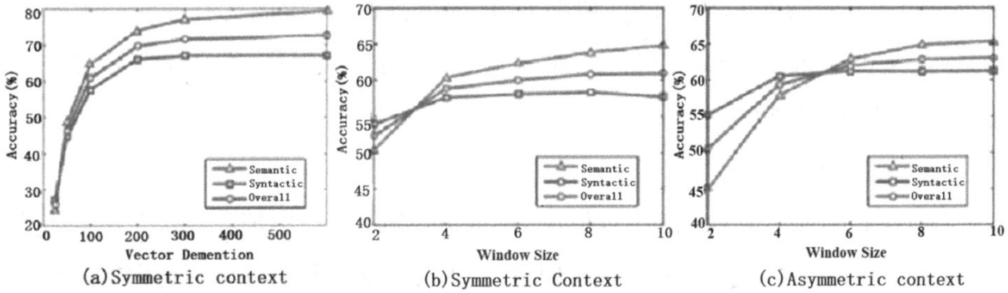


**图 5.6　实验结果**

图5.6一共采用了三个指标:语义准确度、语法准确度以及总体准确度。不难发现,Veceor Dimension 在300时能达到最佳,而 context Windows size 大致在6~10。

3. GloVe 和 Skip-gram、CBOW 模型对比

(1)Skip-gram、CBOW 计算时只考虑了单个窗口内的词汇信息,而 GloVe 是同时考虑多个窗口(共现矩阵),引入了全局信息。

(2)GloVe 的计算更简单,可以加快模型的训练速度。

(3)Skip-gram、CBOW 容易使高曝光的词汇获得过高的权重,而 GloVe 模型引入权重函数,可以控制词的相对权重。

4. GloVe 模型优缺点介绍

(1)优点:

①考虑到词语的上下文和全局语料库的信息,学习到了语义和语法的信息;

②得到的词向量维度小,节省存储和计算资源;

③通用性强,可以应用到各种 NLP 任务中。

(2)缺点:

①词和向量一对一的关系,无法解决多义词的问题;

②GloVe 也是一种静态的模型,虽然通用性强,但无法针对特定的任务做动态优化。

### 5.2.3 FastText 模型

FastText 是 Facebook 在2016年引入的,作为 vanilla Word2Vec 模型的扩展和改进。总体而言,FastText 是一个用于学习单词表征,并具有稳定、快速和准确地执行特点的文本分类框架。该框架在 GitHub 上开源,并生成具有最新的英文词向量、在 Wikipedia 和 Crawl 上受过训练的157种语言词向量、语言识别和各种有监督任务的模型等特点。

1. FastText 实现流程

FastText 是 Word2Vec 的衍生模型,在 Word2Vec 模型中把训练每个单词当成一个单位,从而为每个单词生成一个向量,但 Word2Vec 忽略了单词的内部形态特征,如"咨询"与"咨询信息",理论上来理解两个词具有共同的含义,但 Word2Vec

会将它编码成不同的 id，因此会因为这两个 id 不同丢失它的内部结构信息，为了克服这个问题，FastText 使用了字符级别的 n – gram 来表示一个单词，并且为了区分前后缀在单词的开头和结尾加上“ < ”“ > ”。例如，对于单词“apple”，假设 $n$ 的取值为 2，则它的 2 – gram 特征有“ <a”“ap”“pp”“pl”“le”“e > ”。这种形式的表达方式对于低频词的训练比较友好，因为可能会与其他单词拥有共同的词汇特征，且对于不在训练语料之内的词可以根据这些字符特征，构建各自的词向量。FastText 结构如图 5.7 所示。

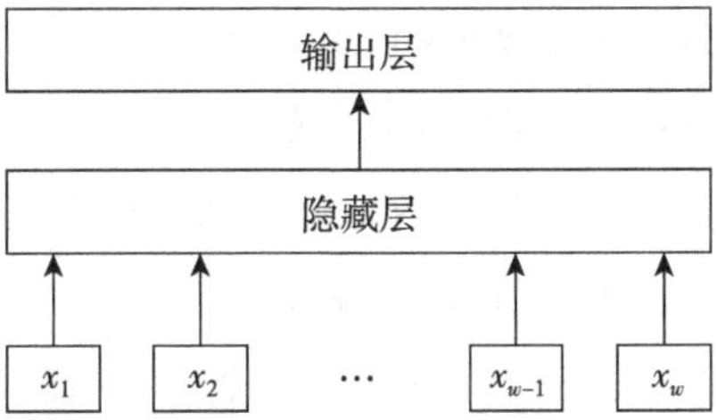


**图 5.7　FastText 结构**

FastText 模型大致上和 CBOW 模型类似，均使用 Hierarchical Softmax 技巧来加速训练。除此之外，FastText 的模型结构与 CBOW 的输入层和输出层都有差别：CBOW 输入层是已限定大小的窗口里除了预测的词之外的所有其他词的词向量，舍去了语句的语序信息。FastText 输出层使用了 n – gram 特征，以能够利用语句的语序信息；CBOW 输出层任务是预测中心词，而 FastText 输出层的任务是预测输入文本的类别，由于 FastText 使用的是带有标签的数据，所以 FastText 是监督学习模型。FastText 最大的特点是能够极大地缩小模型预测目标的数量，从而加快训练速度。

2. FastText 优缺点

(1) FastText 结构简单，本质上是一个线性模型，因此不适合处理一些长度较长的文本，或者线性不可分的样本。但对于一些偏线性的短文本分类任务，FastText 的优势还是比较明显的。

(2) 浅层网络往往能取得深层网络相媲美的精度，训练时间上比深度网络快许多数量级。（由于模型结构简单，它对数据量的要求不大，而且训练速度很快，一般规模的语料都可以在几秒内完成训练）

(3) 丢失了词顺序的信息，因为隐层是通过简单的求和取平均得到的。为了弥补这个不足，FastText 增加了 n – gram 的特征。

(4)由于加入了 subword 以及 word－ngram 特征,FastText 可以捕捉到更多的文本信息,如单词的前后缀,以及 CBOW 无法体现的词之间的语序。

对于低频词的词向量效果会更好。因为它们的 n－gram 可以和其他词共享。

对于训练词库之外的单词,仍然可以构建它们的词向量。我们可以叠加它们的字符级 n－gram 向量。

(5)由于 n－gram 的量要比 word 大得多,完全存下所有 n－gram 也不现实。FastText 采用了 Hash 桶的方式,把所有的 n－gram 都哈希到 buchets 个桶中,哈希到同一个桶的 n－gram 共享一个 embedding vector。

Word2Vec、GloVe、FastText 模型均属于静态词嵌入方式。固定的词向量作为输入的文本特征进行学习训练可以有效地解决维数灾难、多词一义和计算量大的问题,却无法解决单词的一词多义问题。基于动态表针的词嵌入利用上下文语境信息解决这个问题,即输入的不再是单独的某个词汇,而应包含该词所处的上下文信息,然后再获得该词在当前语境下的向量表示。这样生成的词向量不再是固定不变的,而是随着单词的上下文不同,生成的词向量也会不同。下面介绍几个典型的基于动态表征的词嵌入模型。

### 5.2.4 ELMO 模型

词嵌入(word embedding)是现在自然语言处理中最常用的 word representation 方法,常用的 word embedding 由 Word2Vec 的方法生成,然而 Word2Vec 本质上是一个静态模型,所谓“静态”,指的是训练好之后,每个单词的表达方式就固定住了,以后使用的时候,不论新句子上下文单词是什么,这个单词的 word embedding 不会跟着上下文场景的变化而改变,如 Bank 这个词,它事先选好的 word embedding 中混合了几种语义,在应用中来了个新句子,即使从上下文中(如句子包含 money 等词)明显可以看出它代表的是“银行”的含义,但是对应的 word embedding 内容不会变,它还是混合了多种语义。这就是为何说它是静态的,这也是问题所在。

ELMO 的提出就是为了解决这种语境问题,动态地去更新词的 word embedding。ELMO 的本质思想是:实现用语言模型在一个大的语料库上学习好词的 word embedding,但此时的多义词仍然无法区分;接着用训练数据(去除标签)来微调(fine－tuning)预训练好的 ELMO 模型,一般将这种称为领域迁移(domain transfer)。这样利用训练数据的上下文信息就可以获得词在当前语境下的 word embedding。

1. ELMO 模型概述

ELMO 采用了典型的两阶段过程:

(1)第一个阶段是利用语言模型进行预训练。

(2)第二个阶段是在做下游任务时,从预训练网络中提取对应的单词的网络各层的 word embedding 作为信息特征补充到下游任务中。

图 5.8 展示的是其训练过程,它的网络结构采用了双层双向 LSTM,目前语言模型训练的任务目标是根据单词的上下文去正确预测单词,输入的是从左到右顺序的除了预测单词外的上文 context - before;右端的逆向双层 LSTM 代表反方向编码器,输入的是从右到左的逆序的句子下文 context - after;每个编码器的深度都是两层 LSTM 叠加。这个网络结构其实在 NLP 中是很常用的。

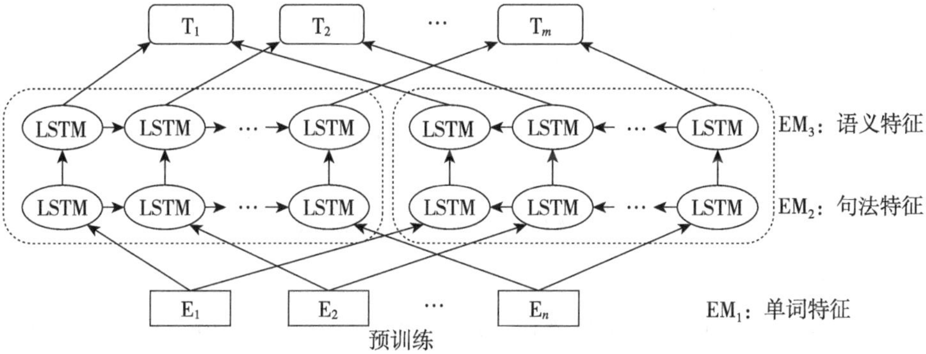


**图 5.8　ELMO 训练过程**

使用这个网络结构利用大量语料做语言模型任务就能预先训练好这个网络,如果训练好这个网络后,输入的一个新句子 Snew,句子中每个单词都能得到对应的三个 Embedding:最底层是单词 word embedding,往上走是第一层双向 LSTM 中对应单词位置的 Embedding,这层编码单词的句法信息更多一些;再往上走是第二层的 LSTM 中对应单词位置的 Embedding,这层编码单词的语义信息更多一些。也就是说,ELMO 的预训练过程不仅仅学会单词的 word embedding,还学会了一个双层双向的 LSTM 网络结果。

上面介绍的是 ELMO 的第一阶段:预训练阶段。那么预训练好网络结构后,如何给下游任务使用呢？图 5.9 展示了下游任务的使用过程，比如下游任务仍然是 QA 问题，此时对于问句 X，可以先将句子 X 作为预训练好的 ELMO 网络进行输入，这样句子 X 中每个单词在 ELMO 网络中能获得对应的三个 Embedding（三个 1024 维的向量表示），之后给予这三个 Embedding 中每一个 Embedding 一个权重 $a$，这个权重可以学习得来，根据各自权重累加求和，将三个 Embedding 整合成一个。然后将整合后的 Embedding 作为 X 句在自己任务的那个网络结构中对应单词的输入，以此作为补充的新特征给下游任务使用。对于图 5.9 所示下游任务 QA 中的回答句子 Y 来说也是如此。因为 ELMO 给下游提供的是每个单词的特征形式，所以这一类预训练的方法被称为基于特征的预训练（Feature – based Pre – Training）。

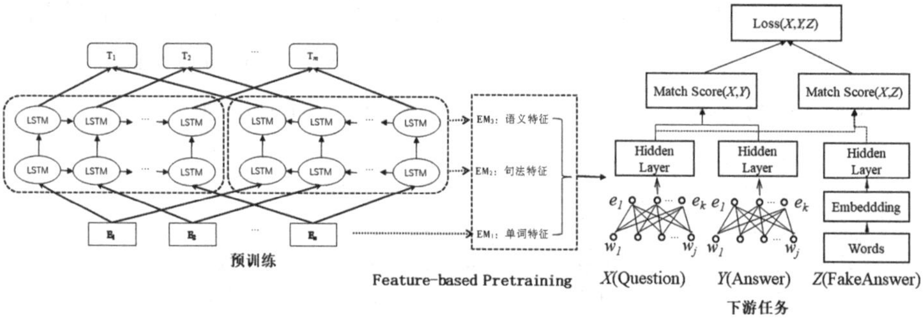


**图 5.9　ELMO 下游任务的使用过程**

2. 模型结构

ELMO 是基于语言模型的，确切来说是一个双向语言模型（Bidirectional Language Models），也是一个 bidirectional LSTM 结构。我们要做的是给定一个含有 $N$ 个 tokens 的序列，一共分为以下三步：

（1）得到 word embedding，即图 5.8 中的 E。所谓 word embedding 就是一个 $n \times 1$ 维的列向量。

（2）送入双向 LSTM 模型中。

（3）将 LSTM 的输出 $h_k$，与 $W'$ 相乘，再将该列向量经过 softmax 归一化。其中，假定数据集有 $V$ 个单词，$W'$ 是 $|V| \times m$ 的矩阵，$h_k$ 是 $m \times 1$ 的列向量，于是最终结果 $|V| \times 1$ 的归一化后向量，即从输入单词得到针对每个单词的概率。

3. 公式解析

前向表示：

$$p(t_1, t_2, \cdots, t_N) = \prod_{k=1}^{N} p(t_k \mid t_1, t_2, \cdots, t_{k-1}) \tag{5-12}$$

后向表示：

$$p(t_1, t_2, \cdots, t_N) = \prod_{k=1}^{N} p(t_k \mid t_{k+1}, t_{k+2}, \cdots, t_N) \tag{5-13}$$

Bi－LSTM 训练过程中的目标就是最大化：

$$\sum_{k=1}^{N} \begin{bmatrix} \log p(t_k \mid t_1, t_2, \cdots, t_{k-1}; \Theta_x, \vec{\Theta}_{\text{LSTM}}, \Theta_s) + \\ \log p(t_k \mid t_{k+1}, t_{k+2}, \cdots, t_N; \Theta_x, \overleftarrow{\Theta}_{\text{LSTM}}, \Theta_s) \end{bmatrix} \tag{5-14}$$

两个网络中都出现了 $\Theta_x$ 和 $\Theta_s$，两个网络共享的参数。其中 $\Theta_x$ 表示映射层的共享，表示在第一步中，将单词映射为 word embedding 的共享，也就是说，同一个单词，映射为同一个 word embedding；$\Theta_s$ 表示第三步中的上下文矩阵的参数，这个参数在前向和后向 LSTM 中是相同的。

ELMO 对于每个 token$t_k$，通过一个 $L$ 层的 Bi－LSTM 计算 $2L+1$ 个表征，这是输入第二阶段的初始值：

$$R_k = \{x_k^{LM}, \vec{h}_{k,j}^{LM}, \overleftarrow{h}_{k,j}^{LM} \mid j = 1,2,\cdots,L\} = \{h_{k,j}^{LM} \mid j = 0,1,\cdots,L\} \tag{5-15}$$

其中下标解释：$k$ 表示单词位置，$j$ 表示所在层，$j=0$ 表示输入层。故整体可用右侧的 $h$ 表示。具体如下：

是对 token 进行直接编码的结果（这里是字符通过 CNN 编码），是每个 Bi－LSTM 层输出的结果。在实验中还发现不同层的 Bi－LSTM 输出 token 表示，对于不同的任务效果不同。最上面一层的输出使用 softmax 来预测下面的一个单词。

应用中将 ELMO 中所有层的输出 $R$ 压缩为单个向量，最简单的压缩方法就是取最上层的结果作为 token 的表示，更通用的做法是通过一些参数来联合所有层的信息：

$$\text{ELMO}_k^{\text{task}} = E(R_k; \Theta^{\text{task}}) = \gamma^{\text{task}} \sum_{j=0}^{L} s_j^{\text{task}} h_{k,j}^{LM} \tag{5-16}$$

4. ELMO 步骤

ELMO 的使用主要有以下三步：

（1）在大的语料库中预训练 Bi－LSTM 模型。模型由两层 Bi－LSTM 组成，模型之间用 residual connection 连接起来。而且低层的 Bi－LSTM 层能提取语料中的句法信息,高层的 Bi – LSTM 能提取语料中的语义信息。

(2)在训练语料中(去除标签),fine – tuning 预训练好的 Bi – LSTM 模型。这一步可以看作 Bi – LSTM 的 domain transfer。

(3)利用 ELMO 产生的 word embedding 来作为任务的输入,有时也可以在输入时加入,还可以在输出时加入。

5. ELMO 优缺点介绍

(1)优点:

①多义词方面的极大改善;

②效果提升:6 个 NLP 任务中性能都有幅度不同的提升,最高的提升达到 25% 左右,而且是应用于覆盖范围比较广的 6 个任务中,包含句子语义关系判断、分类任务、阅读理解等多个领域,这说明其适用范围是非常广的,普适性强。

(2)缺点:

①一个非常明显的缺点在特征提取器选择方面,ELMO 使用了 LSTM,而不是 Transformer。Transformer 是谷歌在 2017 年做机器翻译任务的论文"Attention is all you need"中提出的,引起了相当大的反响,很多研究已经证明了 Transformer 提取特征的能力要远强于 LSTM 的。

②训练时间长,这也是 RNN 的本质导致的,和上面特征提取缺点差不多。

### 5.2.5 OpenAI – GPT 模型

2017 年,Google 团队提出了一种完全基于 Attention 机制的 seq2seq 模型,即 Transformer。之前的 seq2seq 模型都是通过循环神经网络来建模的,循环神经网络虽然可以学习到上下文之间的关系,但是计算不能实现并行化。Transformer 模型只是用 Self – Attention 机制去学习上下文所蕴含的语义知识以及之间的关系,使每个输入可以同时被处理,实现并行化计算,缩短了训练时间。在 Transformer 模型的基础上,OpenAI 团队在 2018 年提出了 GPT 模型。

OpenAI – GPT 以半监督方式来处理语言理解的任务,使用非监督的预训练和监督方式的微调。模型的目标是通过预训练学习一个通用的语言表征,在下游任务中经过很小的调整就得到非常不错的效果。这个模型的设置不需要目标任务和非标注的数据集在同一个领域。模型首先使用以 12 层单向 Transformer 解码器所构成的深度网络在大型语料数据集上进行预训练得到模型，随后使用自然语言处理下游任务中的相应的数据对这些参数进行微调，以达到最好效果。

1. OpenAI－GPT 模型结构

模型的结构是使用了多层的单项 Transformer 结构。图 5.10 是 GPT 语言模型的结构。

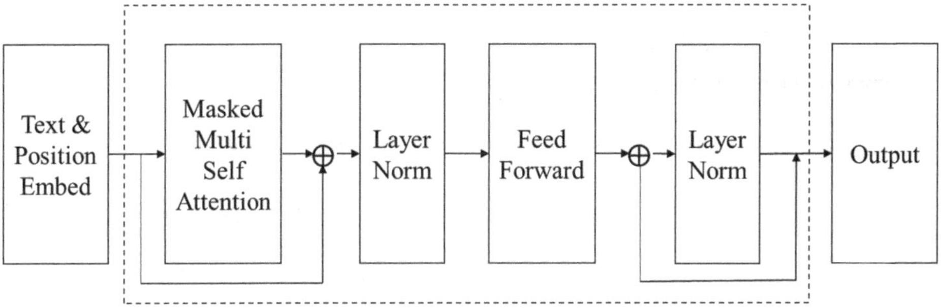


**图 5.10　GPT 语言模型的结构**

训练的两个阶段如下：

(1) 无监督的预训练。

对于无标签的文本 $U = \{u_1, u_2, \cdots, u_n\}$，最大化语言模型的极大似然函数：

$$L_1(U) = \sum_i \log P(u_i \mid u_{i-k}, \cdots, u_{i-1}; \Theta) \tag{5-17}$$

式中，$k$ 是文本上下文窗口的大小。

研究中使用多层 Transformer 的 decoder 语言模型，input 为词嵌入以及单词 token 的位置信息；再对 transformer_block 的输出向量做 softmax，output 为词的概念分布。具体公式如下：

$$h_0 = UW_e + W_p \tag{5-18}$$

$$h_l = \text{transformer\_block}(h_{l-1}) \forall i \in [1, n] \tag{5-19}$$

$$P(u) = \text{softmax}(h_n W_e^T) \tag{5-20}$$

(2) 有监督的 fine－tuning。

在对模型预训练之后，采用有监督的目标任务对模型参数微调，假设一个有标签的数据集，每一条数据为一个单词序列 $x_1, x_2, \cdots, x_m$ 以及相应的标签 $y$，通过之前的预训练模型获得输出向量 $h_l^m$，在送入线性输出层，来预测标签 $y$。

$$P(y \mid x^1,x^2,\cdots,x^m) = \mathrm{softmax}(h_l^m W_y) \tag{5-21}$$

损失函数为

$$L_2(C) = \sum_{(x,y)} \log P(y \mid x^1,x^2,\cdots,x^m) \tag{5-22}$$

最后,将两阶段的目标函数通过超参数 $\lambda$ 相加训练整个模型:

$$L_3(C) = L_2(C) + \lambda L_1(C) \tag{5-23}$$

2. 具体任务的模型微调

GPT 模型微调如图 5.11 所示。

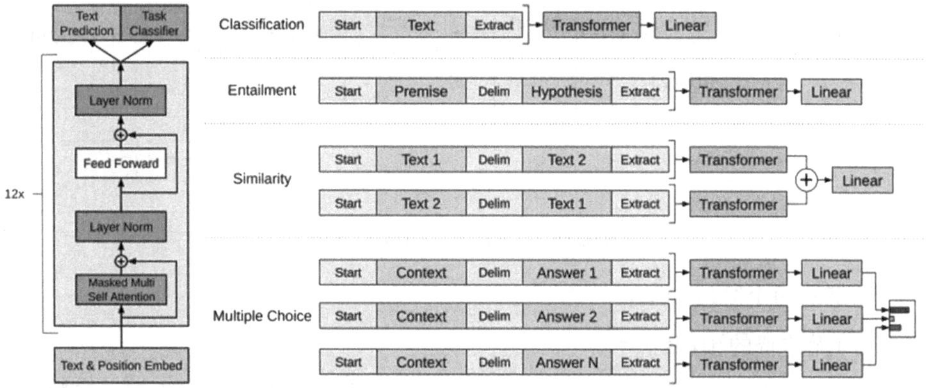


**图 5.11　GPT 模型微调**

对于文本分类,只需要在预训练模型上进行微调。对于 QA 任务或者文本蕴含,因为预训练模型是在连续序列上训练,需要做一些调整,修改输入结构,将输入转化为有序序列输入。

(1)文本蕴含:将前提 $p$ 和假设 $h$ 序列拼接,中间用"\$"号来分割两个序列。

(2)文本相似度:分别将两个序列输入,通过模型输出两个序列的特征向量,再逐个元素相加输入线性层。

(3)问答和常理推理:给定上下文文本 $z$,问题 $q$,一组可能的候选答案 $\{a_k\}$,将上下文文本、问题以及每个候选答案拼接起来,得到序列 $[z;q;\$;a_k]$,再将该序列输入预训练模型,经过 softmax 层得到候选答案的概率分布。

3. OpenAI - GPT 模型优缺点介绍

(1)优点:

①循环神经网络所捕捉到的信息较少,而 Transformer 可以捕捉到更长范围

的信息。

②计算速度比循环神经网络更快,易于并行化。

③实验结果显示 Transformer 的效果比 ELMO 和 LSTM 网络更好。

(2)缺点:

对于某些类型的任务需要对输入数据的结构进行调整。

### 5.2.6 BERT 模型

OpenAI - GPT 模型使用的是从左到右的单项 Transformer 解码器,仅仅用目标单词的上文对目标单词进行预测,无法学习到目标单词下文知识,使模型的学习能力受到限制。由此,2018 年 Google 团队提出了基于双向 Transformer 编码器的语言模型 BERT(bidirectional encoder representations from transformers),BERT① 模型是利用大规模标注语料训练从而获得包含上下文语义信息的文本特征和词向量。与 ELMO 不同,BERT 通过"双向 Transformer 编码器"构建深层网络实现真正的双向连接。总体来说,BERT 具有以下特点:

(1)结构:采用了 Transformer 的 Encoder 结构,但是模型结构比 Transformer 更深。Transformer Encoder 包含 6 个 Encoder block,BERT - base 模型包含 12 个 Encoder block,BERT - large 包含 24 个 Encoder block。

(2)训练:训练主要分为预训练阶段和微调阶段。预训练阶段与 Word2Vec、ELMO 等类似,根据一些预训练任务得到。微调阶段是后续用于一些下游任务的时候进行微调,如文本分类、词性标注、问答系统等,BERT 无须调整结构即可在不同的任务上进行微调。

(3)预训练任务 1:BERT 的第一个预训练任务是 Masked LM,在句子中随机遮盖一部分单词,然后同时利用上下文的信息预测遮盖的单词,这样可以更好地根据全文理解单词的意思。Masked LM 是 BERT 的重点,和 Bi - LSTM 预测方法是有区别的,后续会讲到。

(4)预测任务 2:BERT 的第二个预测任务是下一句预测任务(next sentence prediction,NSP),以让模型能够更好地理解句子间的关系。

---

① See DEVLIN J. ,CHANG M. W. ,LEE K. ,et al. ,*Bert: pre - training of deep bidirectional transformers for language understanding*,arXiv preprint arXiv:1810. 04805.

1. BERT 结构

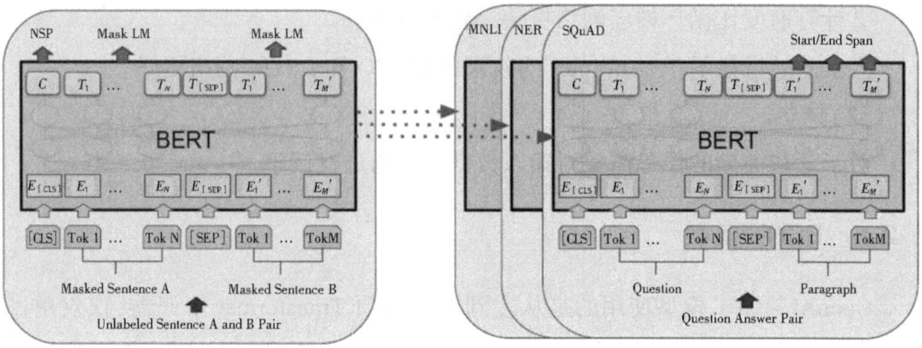


（a）预训练　　　　　　　　　　　　（b）微调过程

**图 5.12　BERT 的结构**

图 5.12 是 BERT 的结构图，图 5.12(a)表示了预训练的过程，图 5.12(b)是对于具体任务的微调过程。

(1)BERT 的输入。BERT 的输入可以包含一个句子对(句子 A 和句子 B)，也就是单个句子。同时 BERT 增加了一些有特殊作用的标志位：

①[CLS]标志放在第一个句子的首位，经过 BERT 得到的表征向量 C 可以用于后续的分类任务。

②[SEP]标志用于分开两个输入句子，例如输入句子 A 和 B，要在句子 A、句子 B 后面增加[SEP]标志即可。

③[MASK]标志用于遮盖句子中的一些单词，将单词用[MASK]遮盖之后，再利用 BERT 输出的[MASK]向量预测单词是什么。

例如，给定两个句子“my dog is cute”和“he likes palying”作为输入样本，BERT 会转为“[CLS] my dog is cute [SEP] he likes play ##ing [SEP]”。BERT 里面用了 WordPiece 方法，会将单词拆成子词单元(SubWord)，所以有的词会拆除词根，如“palying”会变成“paly” + “##ing”。

BERT 得到要输入的句子后，要将句子的单词转成 Embedding，Embedding 用 E 表示。与 Transformer 不同，BERT 的输入 Embedding 由三部分相加得到：令牌嵌入(Token Embedding)、段落嵌入(Segment Embedding)、位置嵌入(Position Embedding)，如图 5.13 所示。

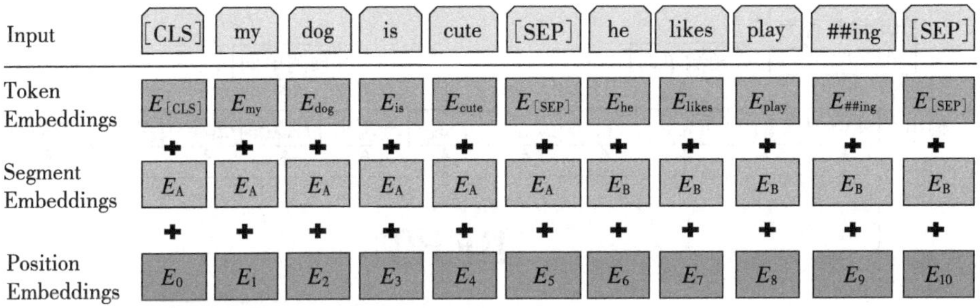


**图 5.13 BERT Embedding**

Token Embedding:单词的 Embedding,如[CLS] dog 等,通过训练学习得到。

Segment Embedding:用于区分每一个单词属于句子 A 还是句子 B,如果只输入一个句子就只使用 EA,通过训练学习得到。

Position Embedding:编码单词出现的位置,与 Transformer 使用固定的公式计算不同,BERT 的 Position Embedding 也是通过学习得到的,在 BERT 中,假设句子最长为 512。

(2)BERT 预训练。BERT 输入句子中单词的 Embedding 之后,通过预训练的方式训练模型,预训练有两个任务。

第一个是 Masked LM,在句子中随机用[MASK]替换一部分单词,然后将句子传入 BERT 中编码每一个单词的信息,最终用[MASK]的编码信息 T[MASK]预测该位置的正确代词。

第二个是下一句的预测,将句子 A 和句子 B 输入 BERT,预测 B 是否为 A 的下一句,使用[CLS]的编码信息 C 进行预测。

BERT 预训练的过程如图 5.14 所示。

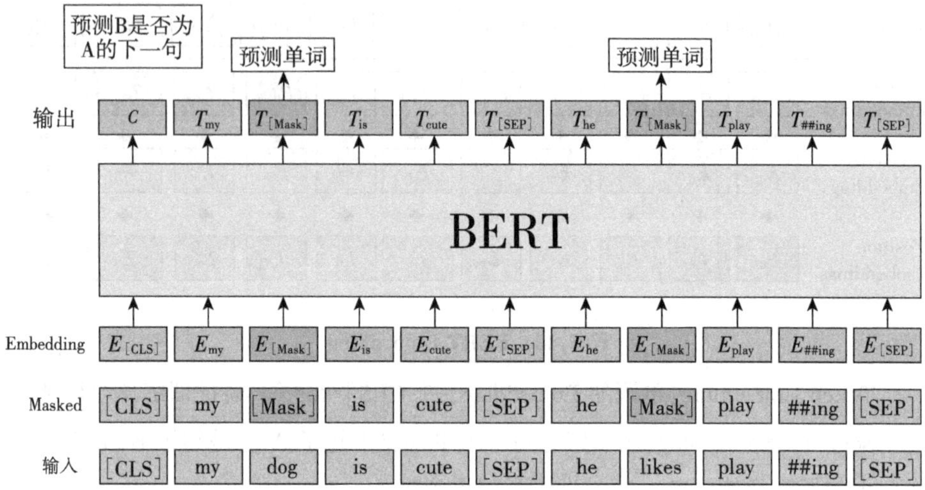


**图 5.14 BERT 预训练的过程**

(3)BERT 用于具体 NLP 任务。预训练得到的 BERT 模型可以在后续用于具体 NLP 任务中进行微调(Fine - tuning 阶段),BERT 模型可以适用于多种不同 NLP 任务,如图 5.15 所示。

①双句子的分类任务:如自然语言推断(MNLI),句子语义等价判断(QQP)等,如图 5.15(a)所示,需要将两个句子传入 BERT,然后使用[CLS]的输出值 C 进行句子对分类。

②单个句子分类任务:如句子情感分析(SST - 2),判断句子语法是否可以接受(CoLA)等,如图 5.15(b)所示,只需要输入一个句子,无须使用[SEP]标志,然后使用[CLS]的输出值 C 进行分类。

③问答任务:如 SQuAD v1.1 数据集,样本是句子对(Question,Paragraph),Question 表示问题,Paragraph 是一段文本,Paragraph 包含了问题的关键。训练的目标是在 Paragraph 找出答案的起始位置(Start,End)。如图 5.15(c)所示,将 Question 和 Paragraph 传入 BERT,然后将 BERT 根据 Paragraph 所有单词的输出概率 Start 和 End 的位置。

④单个句子标注任务:如命名实体识别(NER),输入单个句子,然后根据 BERT 对于每个单词的输出 T 预测这个单词的类别是属于 Person、Organization、Location、Miscellaneous 还是 Other(非命名实体)。

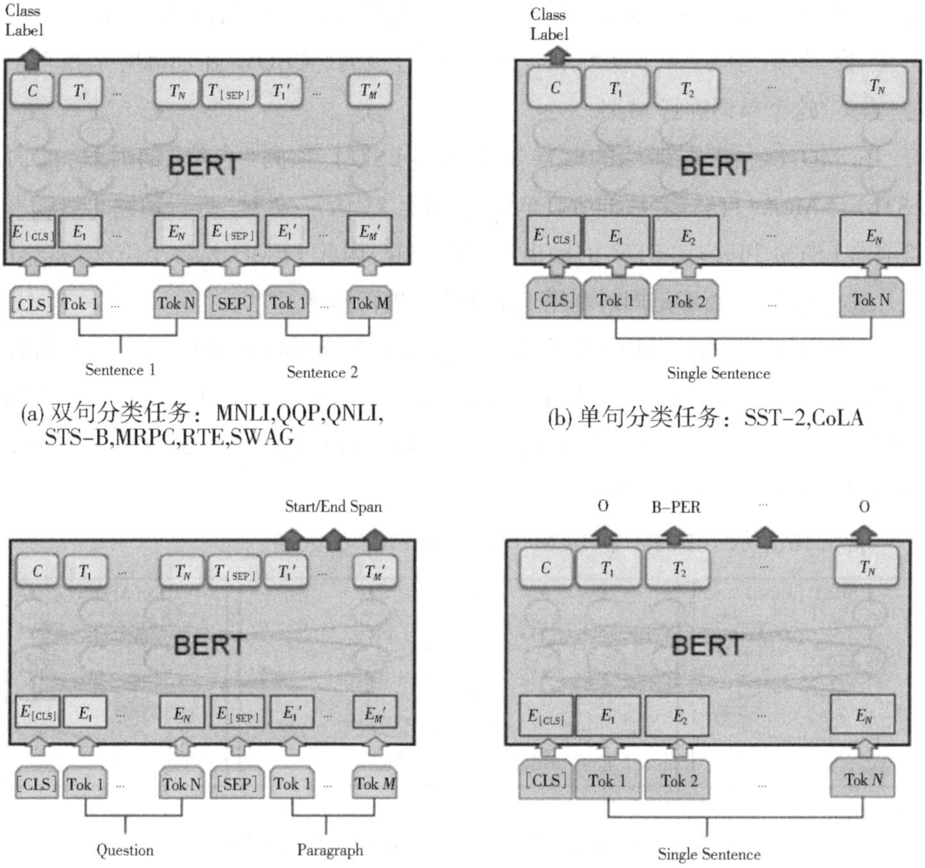


(a) 双句分类任务：MNLI,QQP,QNLI, STS-B,MRPC,RTE,SWAG

(b) 单句分类任务：SST-2,CoLA

(c) 问答任务：SQuAD v1.1

(d) 单句标注任务：CoNLL-2003 NER

**图 5.15　BERT 用于具体 NLP 任务**

2. 预训练任务

预训练部分是 BERT 的重点,接下来介绍 BERT 预训练的细节。BERT 包括两个预训练任务:Masked LM 和下一句预测。

(1) Masked LM。首先回顾一下以往语言模型的预训练方法,以句子“我/喜欢/学习/自然/语言/处理”为例。在训练语言模型的时候通常需要进行一些 Mask 操作,防止信息泄露问题,信息泄露指在预测单词“自然”的时候,提前得知“自然”的信息。

Word2Vec 的 CBOW:通过单词 i 的上文和下文信息预测单词 i,但是采用的是词袋模型,不知道单词的顺序信息。例如,预测单词“自然”的时候,会同时采用上文“我/喜欢/学习”和下文“语言/处理”进行预测。CBOW 在训练时是相当于把“自然”这个单词进行 Mask。

ELMO:ELMO 在训练的时候使用 Bi – LSTM,预测“自然”的时候,前向 LSTM 会 Mask“自然”之后的所有单词,使用上文“语言/处理”进行预测。然后再将前向 LSTM 和后向 LSTM 的输出拼接在一起,因此 ELMO 是将上下文信息分隔开进行预测的,而不是同时利用上下文信息进行预测。

OpenAI GPT:OpenAI GPT 是另外一种使用 Transformer 训练语言模型的算法,但是 OpenAI GPT 使用的是 Transformer 的 Decoder,是一种单向的结构。预测“自然”的时候只使用上文“我/喜欢/学习”,Decoder 中包含了 Mask 操作,将当前预测词之后的单词都进行 Mask。

图 5.16 显示了 BERT 和 ELMO、OpenAI GPT 的区别。

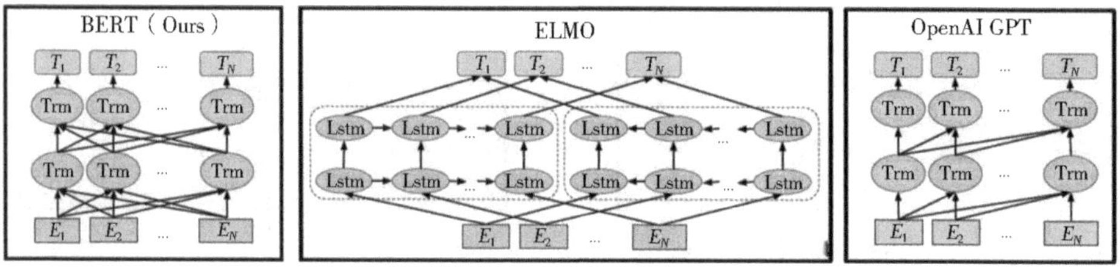


**图 5.16　BERT 和 ELMO、OpenAI GPT 的区别**

BERT 相关算法在进行预测单词时,要同时利用单词 left(上文)和 right(下文)信息才能最好地预测。将 ELMO 这种分别进行 left – to – right 和 right – to – left 的模型称为浅层双向模型(shallow bidirectional model),BERT 希望在 Transformer Encoder 结构上训练出一种深度双向模型(deep bidirectional model),因此提出了 Mask LM 方法进行训练。

Mask LM 是用于防止信息泄露的,如预测单词“自然”的时候,如果不把输入部分的“自然”Mask 掉,则预测输出的地方是可以直接获得“自然”的信息。

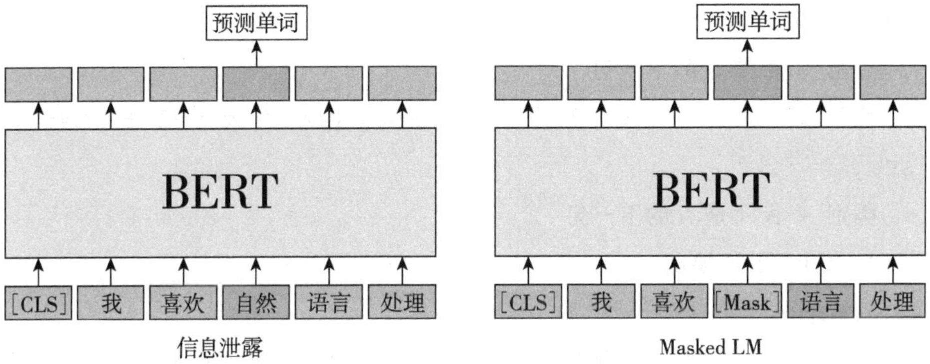


**图 5.17　Mask LM**

BERT 在训练时只预测[Mask]位置的单词,这样就可以同时利用上下文信息。但是,在后续使用的时候,句子中并不会出现[Mask]的单词,这样会影响模型的性能。因此,在训练时采用如下策略:随机选择句子中 15% 的单词进行 Mask,在选择为 Mask 的单词中,有 80% 真的使用[Mask]进行替换,10% 不进行替换,剩下 10% 使用一个随机单词进行替换。

例如,句子"my dog is hairy",选择了单词"hairy"进行"Mask",则:

①80% 的概率,将句子"my dog is hairy"转换为句子"my dog is [Mask]"。

②10% 的概率,保持句子"my dog is hairy"不变。

③10% 的概率,将单词"hairy"替换成另一个随机词,如"apple"。将句子"my dog is hairy"转换为"my dog is apple"。

(2)下一句预测。BERT 的第二个预训练任务是下一句预测(NSP),给定两个句子 A 和 B,要预测句子 B 是否是句子 A 的下一个句子。

BERT 使用这一预训练任务的主要原因是,很多下游任务,如问答系统(QA)、自然语言推断(NLI)都需要模型能够理解两个句子之间的关系,但是通过训练语言模型达不到这个目的。

BERT 在进行训练的时候,有 50% 的概率会选择相连的两个句子 A 和 B,有 50% 的概率会选择不相连得到两个句子 A 和 B,然后通过[CLS]标志位的输出 C 预测句子的下一句是不是句子 B。

例如:

输入 = [CLS] 我 喜欢 玩 [Mask] 联盟 [SEP] 我 最 擅长 的 [Mask] 是

亚索 [SEP]

类别 = B 是 A 的下一句

输入 = [CLS] 我 喜欢 玩 [Mask] 联盟 [SEP] 今天 天气 很 [Mask] [SEP]

类别 = B 不是 A 的下一句

3. BERT 的优缺点

(1)优点:

效果好,可以完成 11 项 NLP 任务,基本全面支持 Transformer。微调下游任务的时候,即使数据集非常小(如小于 5000 个标注样本),模型性能也有不错的提升。

(2)缺点:

主要就是 MLM 预训练时的 Mask 问题:

①[Mask]标记在实际预测中不会出现,训练时用过多[Mask]影响模型表现。

②每个 batch 只有 15% 的 token 被预测,所以 BERT 收敛得比 left - to - right 模型要慢(它们会预测每个 token)。

③BERT 的预训练任务 MLM 使能够借助上下文对序列进行编码,同时也使其预训练过程中的数据与微调的数据不匹配,难以适应生成式任务。

④BERT 没有考虑预测[Mask]之间的相关性,是对语言模型联合概率的有偏估计。

⑤由于最大输入长度的限制,适合句子和段落级别的任务,不适用于文档级别的任务(如长文本分类)。

4. 基于 BERT 的衍生模型

随着 BERT 模型的提出,迁移学习在 NLP 领域取得了极大的突破,随后基于 BERT 的改进模型层出不穷。下面简要介绍 3 个基于 BERT 的改进模型。

(1)SpanBERT 模型:是一个从分词层面上进行研究的预训练模型,能够对分词进行更好的表示和预测。SpanBERT 模型采用了一种与 BERT 不同的掩码方式 Span Masking,通过对分词前后有关联性的字词同时添加掩码,能够使模型更好地根据其所在的语境进行预测。另外,SpanBERT 还使用分词边界的表示来推测被掩码遮盖的分词内容。SpanBERT 在多个任务中的表现比原始的 BERT 模型效果要好。

(2)RoNERTa 模型:RoNERTa 是 Facebook AI 联合 UW 发布的基于 BERT 改进的预训练模型,RoNERTa 模型在掩码方式、预训练任务、训练批量上对 BERT 模型进行了改进。RoNERTa 模型提出了一种动态的掩码机制,将预训练数据复制 10 份,每一份都随机进行掩码,则每个句子序列被掩码的单词在每次是不同的。RoNERTa 与训练任务 Next Sentence Prediction 改为将多个连续句子同时输入预测句子序列最大长度,又称全局模式。RoNERTa 使用批量大小为 2k 和 8k 代替 BERT 的 256。RoNERTa 在多个任务上获得了超越 XLNet 的表现。

(3)ALBERT 模型:ALBERT 模型和 BERT 模型的结构一样,ALBERT 模型通过对 BERT 模型进行 3 方面的改进使得 ALBERT 模型的参数量比 BERT 模型少了很多。ALBERT 模型在输入时使用一种因式分解的方法以降低参数,把携带词语信息的 $m$ 维 one - hot encoding 映射到一个 $v$ 维的低维空间,然后再将低维空间的向量映射到 $h$ 维的高维空间,即将参数量($mh$)降为了($mv + vh$);ALBERT 模型提出了一种参数共享的方法,其将模型中使用的 transform 编码器内的所有参数全部共享;ALBERT 模型提出了一种新的训练任务 sentence - order - prediction (SOP),SOP 相对于 BERT 模型的 NEP 在选择负样本时,选择了同一主题文档下的句子,增加了任务的难度。ALBERT 模型的改进提升了模型的整体效果,而且该模型减少了训练时所需的内存资源和训练时间。

在自然语言处理领域中,词嵌入技术使情感分类、机器翻译等 NLP 下游任务的基础。随着词嵌入模型研究的不断深入,众多自然语言处理领域任务的最优性能不断被刷新,自然语言处理取得了巨大突破。本章介绍了各种特征工程技术和模型,同时介绍了传统的、高级的、更新的文本表示模型。传统策略基于数学、信息检索和自然语言处理的概念,因此,随着时间的推移,这些久经考验的方法已被证明在各种数据集和问题中都是成功的。本章还介绍了许多传统工程模型,包括词袋、n - gram、one - hot、TF - IDF。

对于稀疏表示,传统模型有一些局限性,从而导致特征激增。这导致了维数灾难,并丢失了文本数据中相关单词的上下文、顺序和相关序列。本章介绍的高级特征工程模型利用了深度学习和神经网络模型,为任何语料库中的每个单词生成稠密的嵌入。本章从静态词嵌入方法(如 Word2Vec 和 GloVe)到动态词嵌入预训练模型(如 ELMO、GPT 和 BERT)沿着词嵌入技术的发展路线对词嵌入模型进行梳理。目前,词嵌入模型相对于 BERT 模型减少了大量的模型参数和训练数据,但模型的参数量仍是巨大的。今后的词嵌入研究热点方向应是在保证算法性能的前提下,如何尽可能地缩减模型的参数量。

# 第六章

# 基于深度学习的 NLP 方法

传统 NLP 领域的表征方法一般分为三种：一是采用词袋来表征文本，该方法依靠统计每个词在句子或文档中的频率，但是这种方式无法捕捉词语之间的顺序或者词语之间的语义信息；二是把文本表示成序列，相对于词袋会捕捉更多的序列信息，并且会包含词对之间的前后关系；三是把文本表示成图，之后不再局限于前后位置的序列关系，可以捕捉到任意两个位置之间的关系，除位置关系、语法关系外，还可以捕捉语义关系。对句子的文本表示越彻底越全面，对表征学习任务帮助越大。早在深度学习之前就有算法把自然语言表示成图结构。虽然传统能够表征为图结构，但是对语言的处理具有比较大的局限性。对于预处理模型同时完成多个任务时，需要利用深度学习来解决特征提取环节。本章详细介绍各种深度学习算法基本原理以及在 NLP 领域的应用案例。

## 6.1 神经网络基础知识

近年来，围绕神经网络前景的新闻频频出现，起初它们主要针对神经网络对于输入数据进行分类和识别的能力进行报道，近年来有关特定神经网络结构生成原创性内容的报道不断出现。大大小小的公司都在使用神经网络，并将其应用于各种领域，从图像描述生成、自动驾驶车载导航，到卫星图像中的太阳能电池板检测，以及监控视频中的人脸识别。神经网络也被应用于 NLP 领域。神经网络非常强大，可以轻易地使用它来完成 NLP 聊天机器人流水线里的输入文本分类、文档摘要甚至小说作品生成等任务。

神经网络也称人工神经网络（artificial neural network，ANN）或模拟神经网络

(simulative neural network, SNN),是机器学习的子集,并且是深度学习算法的核心。其名称和结构是受人类大脑的启发,模仿了生物神经元信号相互传递的方式。人工神经网络由节点层组成,包含一个输入层、一个或多个隐藏层和一个输出层。每个节点也称一个人工神经元,它们连接到另一个节点,具有相关的权重和阈值。如果任何单个节点的输出高于指定的阈值,那么该节点将被激活,并将数据发送到网络的下一层。否则,不会将数据传递到网络的下一层。

### 6.1.1 感知机

20 世纪 50 年代,弗兰克·罗森布莱特(Frank Rosenblatt)首次提出了感知机算法用于数据中的模式识别。感知机的基本思路是简单地模仿活性神经元细胞的运行原理。当电信号通过树突进入细胞核时(见图 6.1)会逐渐积聚电荷,达到一定电位后,细胞就会被激活,然后通过轴突发出电信号。然而,树突之间具有一定的差异性。由于细胞对通过某些特定树突的信号更敏感,因此在这些通路中激活轴突所需要的信号更少。有一个关键概念是细胞如何对输入信号进行加权,神经元会在其生命周期内的决策过程中动态调整这些权重。接下来将对这个过程进行模拟。

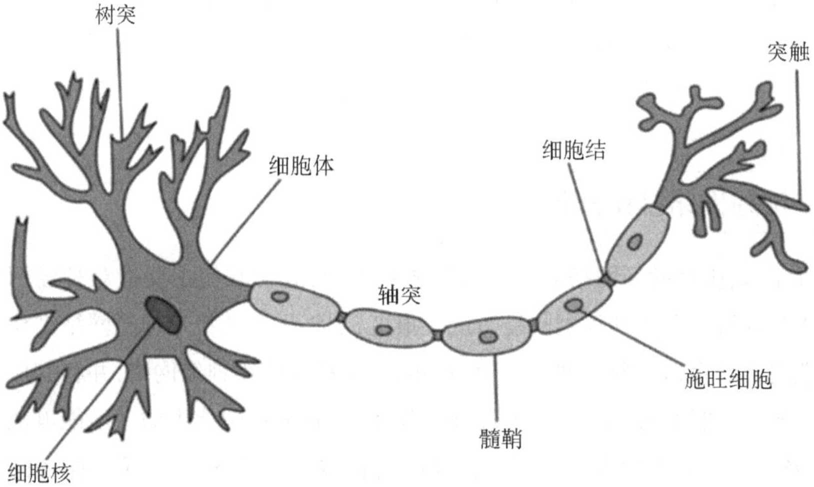


**图 6.1 神经元细胞**

最初的感知机是光接收器和电位器的集合体,而不是现代意义上的计算机。罗森布莱特曾研究机器识别图像的项目,他的想法是取一幅图像的特征,并为每项特征赋予相应的权重,用于度量其重要性。输入图像的每项特征都是图像的一小部分。通过将图像暴露给光接收器栅格,每个光接收器都会接收图像的一小部分。特定的光接收器所能接收的图像亮度将决定它发送给相关"树突"的信号强度。

每个树突都有一个电位器形式的权值,当输入信号足够强时,它就会把信号传递给主体"细胞"。一旦所有电位器发出的信号达到一定程度的阈值,感知机会激活轴突,表示当前展示的图像是正向匹配。如果对于给定的图像没有激活,那就是一个负向匹配。

感知机从本质上说,这个过程就是从数据集中选取一个样本,并将其展示给算法,然后让算法判断"是"或"不是"。所需完成的第一步是确定样本的特征,选择适合的特征是机器学习中一个极具挑战性的部分。在"一般性"的机器学习问题中,如预测房价,特征可能是房屋面积、最终售价和所在地区的邮政编码。在罗森布莱特的实验中,特征是每个像素(图像的子区域)的强度值,每个照片接收器接收一个像素,然后为每个特征分配权重。这里不用担心如何得到这些权重,只要把它们理解为能够输入神经元所需的信号强度值的百分比即可。

### 6.1.2　认知偏置

偏置是神经元中常用的输入项。与其他输入元素一样,神经元会给偏置一个权重,该权重与其他权重用同样的方式来训练。在关于神经网络的各种文献中,偏置有两种表示形式。一种表示形式是,将其表示为输入向量,如对于 $n$ 维向量的输入,在向量的开头或结尾处增加一个元素,构成一个 $n+1$ 维的向量。1 的位置与网络无关,只要在所有样本中保持一致即可。另一种表示形式是,首先假定存在一个偏置项,将其独立于输入之外,其对应一个独立的权重,将该权重乘以 1,然后与样本输入值及其相关权重的点积进行相加求和。

设置偏置权重的原因是神经元需要对全 0 的输入具有弹性。网络需要学习在输入全为 0 的情况下输出仍然为 0,但它可能做不到这一点。如果没有偏置项,神经元对初始或学习的任意权重都会输出 $0 \times$ 权重 $= 0$。有了偏置项之后,就不会有这个问题了。如果神经元需要学习输出 0,在这种情况下,神经元可以学会减小与偏置相关的权重,使点积保持在阈值以下即可。

输入向量($X$)与权重向量($W$)两两相乘后的加和就是这两个向量的点积。这是线性代数在神经网络中最基础的应用,对神经网络的发展影响巨大。另外,通过现代计算机 GPU 对线性代数操作的性能优化来完成感知机的矩阵乘法运算,使实现的神经网络变得极为高效。

### 6.1.3 反向传播算法

感知机通过线性方程来描述数据集的特征与数据集中的目标变量之间的关系,这就是线性回归,但是感知机无法描述非线性方程或者非线性关系。很多数据值之间的关系不是线性的,也没有好的线性回归或线性方程能够描述这些关系。许多数据集不能用直线或者平面来线性分割,因为世界上的大多数数据不能由直线或平面来清楚地分开,明斯基和佩珀特发表的“证明”让感知机被束之高阁。但是 Rumelhardt McClelland 发现了一种方法①,该方法可以为每个感知机适当地分配误差。他们使用的是反向传播思想,通过这种跨越多个神经元层的反向传播思想,第一个现代神经网络诞生了。

尽管神经网络可以解决复杂的非线性问题,但是那时计算成本太高,用两个感知机和许多反向传播数学算法来解决异或问题被认为是对宝贵计算资源的极大浪费,因为这个问题只需要用一个逻辑门或一行代码就能解决。事实证明,它们不适合被广泛使用,所以只能再次回到学术界和超级计算机实验的角落,此后进入第二次“人工智能寒冬”。

随着计算能力、反向传播算法和原始数据的发展,昂贵的计算算法和有限的数据集不再是障碍,由此开启了第三次神经网络时代。

辛顿(Hinton)和他的同事提出一种用多层感知机同时处理一个目标的方法。这个方法可以解决线性不可分问题。通过该方法,可以像拟合线性函数那样去拟合非线性函数。但是如何更新这些不同感知机的权重呢?造成误差的原因是什么?假设两个感知机彼此相邻,并接收相同的输入,无论怎样处理输出,当试图将误差传播回到初始权重的时候,输出都将是输入的函数(两边是相同的),所以输出的每一步的更新量都是一样的,感知机不会有不同的结果。这里的多个感知机

① See RUMELHART D. E., HINTON G. E., WILLIAMS R. J., *Learning representations by back propagating errors*, Nature, 1986, 323(6088): 533 – 536.

将是冗余的。它们的权重一样,神经网络也不会学到更多的东西。

反向传播可以解决这个问题,但首先需要稍微调整一下感知机。权重是根据它们对整体误差的贡献来更新的。如果权重对应的输出成为另一个感知机的输入,那么从第二个感知机开始,对误差的认识就变得有些模糊了。所有类型的神经网络都是由一组神经元和神经元之间的连接组成的。一般情况下把它们组织成层级结构。如果在神经网络的结构中,将一个神经元的输出作为另一个神经元的输入,就意味着出现了隐藏神经元或者隐藏层,而不再只是单纯的输入层、输出层。

图 6.2 中展示的是一个全连接网络,图中没有展示出所有的连接。在全连接网络中,每个输入元素都与下一层的各个神经元相连,每个连接都有相应的权重。因此,在一个以三维向量为输入,有 4 个神经元的全连接神经网络中,一共有 12 个权重(4 个神经元各连接 3 个权重)。感知机的每个输入都有一个权重,第二层神经元的权重不是分配给原始输入的,而是分配给来自第一层的各个输出。从这里可以看到计算第一层权重对总体误差的影响的难度。第一层权重对误差的影响并不是只来自某个单独权重,而是通过下一层中每个神经元的权重来产生的。

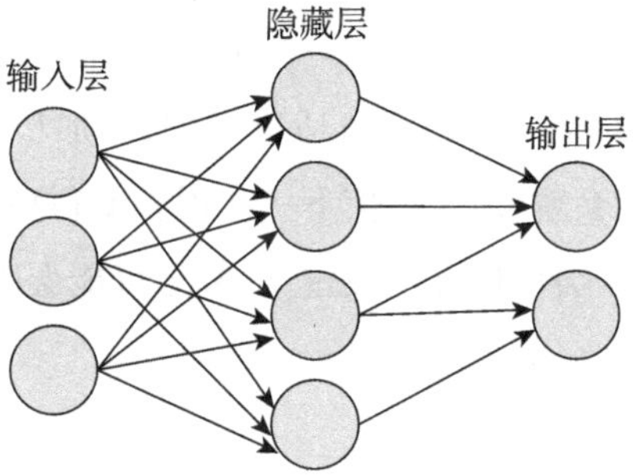


**图 6.2　全连接网络**

反向传播是误差反向传播的缩写,描述了如何根据输入、输出和期望值来更新权重。传播或者说前向传播,是指输入数据通过网络"向前"流动,并以此计算出输入对应的输出。要进行反向传播,首先需要将感知机的激活函数更改为稍微复杂的函数。

反向传播需要一个非线性连续可微的激活函数,为什么激活函数需要是线性的呢? 因为需要让神经元能够模拟特征向量和目标变量之间的非线性关系。如果神经元只是将输入与权重相乘然后做加和,那么输出必然是输入的线性函数,这个模型连最简单的非线性关系都无法表示。神经元阈值函数是一个非线性阶跃函数,所以理论上只要有足够多的神经元就可以用来训练非线性关系模型。这就是非线性激活函数的优势,它使神经网络可以建立非线性关系模型。一个连续可微的非线性函数 sigmoid,可以将误差平滑地反向传播到多层神经元上,从而加速训练进程。为什么要求可微呢?如果能够计算出这个函数的导数,就能对函数中的各个变量求偏导数。这里的关键是“各个变量”,这样就能通过接收的输入来更新权重。

接下来将全部数据输入网络中进行训练,得到每个输入对应的误差,然后将这些误差反向传播至每个权重,根据误差的总体变化来更新每个权重。当网络处理完全部的训练数据后,误差的反向传播也随之完成,这个过程称为神经网络的一个训练周期(epoch)。可以将数据一遍又一遍地输入网络来优化权重,但是要注意,网络可能会对训练集过拟合,导致对训练集外部的新数据无法做出有效的预测。

在学习过程中,有一个重要的概念为学习率。它决定了在一个训练周期或一批数据中权重中误差的修正量。通常在一个训练周期内学习率保持不变,但也有一些复杂的训练算法会对学习率进行自适应调整,以加快训练速度并确保收敛。如果学习率过大,很可能会矫枉过正,使下一次误差变得更大,导致权重离目标更远。如果学习率设置太小会使模型收敛过慢,甚至可能会陷入误差曲面的局部极小值。

### 6.1.4 误差曲面

训练神经网络的目标是通过寻找最佳参数(权重)来最小化代价函数。早期,均方误差是很常用的代价函数。给定一组输入和一组预期输出,如果把误差当作可能的权重的函数,以此绘制一张图,则图中存在一个最接近零的点,这个点就是最小值点,模型在这个点上误差最小。这个最小值点将是针对给定训练样本得到最优输出的一组权重集合。它经常被表示成一个三维的碗状图形,其中两维表示权重向量,第三维表示误差。类似地,可以针对训练集上所有输入的所有可能的权重函数绘制出误差曲面。这里需要稍微调整一下误差函数,在给定权重集合的情况下，聚合所有输入前向传播产生的误差。

算法在每个周期的训练中使用梯度下降算法来最小化误差。每次在某个方向上对权重的调整都有可能减小下次的误差。如果是凸误差曲面，可以实现非常好的效果。但误差函数所在的曲面并非总是一个平滑的碗。误差曲面可能有许多坑坑洼洼，这就是非凸误差曲面，如图 6.3 所示。

在高维空间中，可视化已经不具有意义。一旦开始使用神经网络误差曲面，可视化就变得不再重要，但可以在训练过程中观察(或绘制)误差或其他相关指标来判断它是否逐渐趋于 0，从中看出网络是否在做正确的优化。模型优化的结果取决于权重的随机初始值，由于无法从局部极小值中走出来，当训练结束时，不同的权重初始值可能会导致模型收敛于完全不同的结果。在更高维的空间中，网络依然会伴随局部极小值问题。

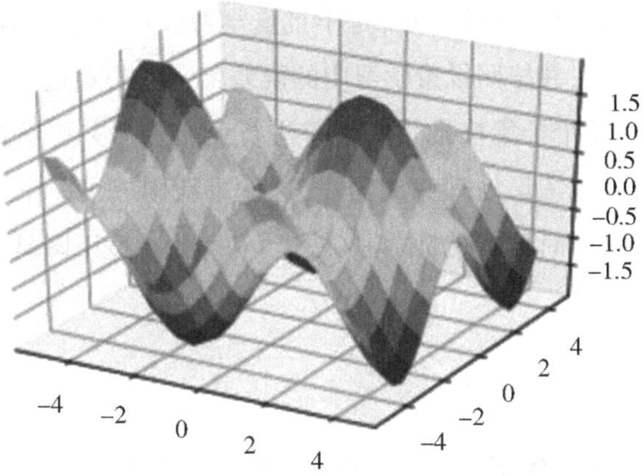


**图 6.3 非凸误差曲面**

### 6.1.5 多种梯度下降算法

把所有训练样本的误差聚合起来然后再做梯度下降，这种训练方法称为批量学习。一批是训练数据的一个子集，但是在批量学习中误差曲面对于整个批是静态的，如果从一个随机的起始点开始，得到的很可能是某个局部极小值，从而无法看到其他权重值的更优解。有两种方法可以避开这个陷阱。

第一种方法是随机梯度下降法。在随机梯度下降中，不用去查看所有的训练样本，而是在输入每个训练样本后就去更新网络权重。在这个过程中，每次都会重新排列训练样本的顺序,这样将为每个样本重新绘制误差曲面,由于每个相异的输入都可能有不同的预期答案,因此大多数样本的误差曲面都不一样。对每个样本来说,仍然使用梯度下降法来调整权重。不过不用像之前那样在每个训练周期结束后聚合所有误差再做权重调整,而是针对每个样本都会去更新一次权重。其中的关键点是,每一步都在向假定的极小值前进(不是所有路径都通往假定的极小值)。使用正确的数据和超参数,在向这个波动误差曲面的各个最小值前进时,可以更容易地得到全局极小值。如果模型没有进行适当的调优,或者训练数据不一致,会导致原地踏步,模型无法收敛,也学不会任何东西。不过在实际应用中,随机梯度下降法在大多数情况下都能有效地避免局部极小值。这种方法的缺点是计算速度比较慢。计算前向传播和反向传播,然后针对每个样本进行权重更新,这在本来已经很慢的计算过程的基础上又增加了很多时间开销。

第二种方法也是更常见的方法,是小批量学习。在小批量学习中,会传入训练集的一个小的子集,并按照批量学习中的误差聚合方法对这个子集对应的误差进行聚合。然后对每个子集按批将其误差进行反向传播并更新权重。下一批会重复这个过程,直到训练集处理完成为止,这就重新构成了一个训练周期。这是一种折中的办法,它同时具有批量学习(快速)和随机梯度下降具有弹性的优点。

### 6.1.6 案例

1. 案例说明

本案例使用梯度下降算法对一个简单的线性回归模型进行训练和优化。使用的数据集包括输入数据 x_data 和对应的标签 y_data。通过不断调整权重 w 来最小化预测值与真实标签之间的差异,从而实现对线性关系的拟合。

2. 案例数据

输入数据 x_data = [1.0,2.0,3.0],标签数据 y_data = [2.0,4.0,6.0]。

3. 代码示例

```
import numpy as np
import matplotlib.pyplot as plt


#输入数据
```

```
x_data = [1.0,2.0,3.0]
y_data = [2.0,4.0,6.0]

# 初始化权重
w = 1.0

# 前向传播函数,计算预测值
def forward(x):
    return x * w

# 损失函数,计算预测值与真实标签之间的差异
def loss(x,y):
    y_pred = forward(x)
    return(y_pred - y) * * 2

# 梯度函数,计算损失函数对权重 w 的梯度
def gradient(x,y):
    return 2 * x *(x * w - y)

# 打印训练前的预测值
print('训练前的预测',4,forward(4))

# 保存每个 epoch 的损失值和 epoch 数
epoch_list = []
loss_list = []

# 开始训练(100 次训练)
for epoch in range(100):
    # 遍历所有的训练样本
```

```
    for x,y in zip(x_data,y_data):
        # 计算梯度
        grad = gradient(x,y)
        # 更新权重
        w -= 0.01 * grad
        # 计算损失值
        l = loss(x,y)
        # 保存损失值和 epoch 数
        loss_list.append(l)
        epoch_list.append(epoch)
        # 打印当前 epoch 的权重和损失值
        print('Epoch:',epoch,'w =',w,'loss =',l)

# 打印训练后的预测值
print('训练之后的预测',4,forward(4))

# 画图
plt.plot(epoch_list,loss_list)
plt.ylabel('Loss')
plt.xlabel('Epoch')
plt.grid(1)
plt.show()
```

4. 结果及说明

```
Epoch: 98 w=1.999999999999874 loss=6.340252588964947e-26
Epoch: 98 w=1.9999999999998967 loss=9.608404711682446e-26
Epoch: 99 w=1.9999999999998987 loss=1.025203632425227e-26
Epoch: 99 w=1.9999999999999067 loss=3.478876592024662e-26
Epoch: 99 w=1.9999999999999236 loss=5.250973729513143e-26
训练之后的预测 4 7.9999999999996945
```

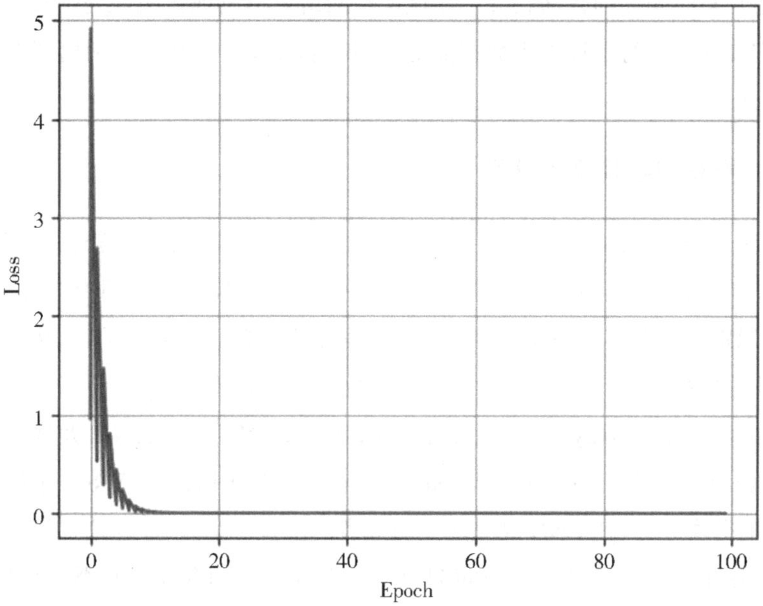


**图 6.4　损失值随迭代变化曲线**

通过训练和优化,模型能够较好地拟合输入数据和标签之间的线性关系。训练前的预测值为 4.0,训练后的预测值为 8.0,与真实标签 6.0 较为接近。损失值随着迭代 epoch 的增加逐渐减小,表明模型的拟合效果在不断改善。最终的损失值较小,说明模型的预测与真实标签的差异较小。通过绘制损失值随迭代变化的曲线(见图 6.4),可以直观地观察到模型的训练过程和优化效果。

## 6.2　卷积神经网络

在过去的几年里,围绕神经网络的研究迅速开展起来,同时出现了大量可用的开源工具,神经网络在大型数据集中发现模式的能力得到大幅提升,并使自然语言处理领域发生了巨大的转变。感知机迅速转变为前馈网络(一个多层感知机),并由此衍生出各种变体:卷积神经网络和循环神经网络,并发展出各种应用于大型数据集上模式挖掘的更为有效和准确的工具。

卷积神经网络(convolution neural network,CNN)得名于在数据样本上用滑动窗口(或卷积)的概念,是深度学习中应用十分广泛的模型。卷积在数学中应用很广泛,通常与时间序列数据相关。卷积神经网络最早出现在图像处理和图像识别领域,它能够捕捉每个样本中数据点之间的空间关系,也就能识别出图像中的是猫还是狗。

### 6.2.1 卷积神经网络的发展

早在2006年以前,已有人提出一种学习效率很高的深度学习模型——CNN①。20世纪80~90年代,一些研究者发表了CNN的相关研究工作,且在几个模式识别领域尤其是手写数字识别中取得了良好的识别效果②③。然而此时的CNN只适合做小图片的识别,对于大规模数据识别效果不佳。

2012年,Krizhevsky等④使用扩展了深度的CNN在ImageNet大规模视觉识别挑战赛(ImageNet large scale visual recognition challenge,ILSVRC)中取得了当时最佳的分类效果,使CNN越来越受研究者的重视。AlexNet在增加网络深度的同时,采用了很多新技术:采用ReLU代替饱和非线性函数tanh函数,降低了模型的计算复杂度,模型的训练速度也提升了几倍;通过Dropout技术在训练过程中将中间层的一些神经元随机置为0,使模型更具有鲁棒性,也减少了全连接层的过拟合;通过图像平移、图像水平镜像变换、改变图像灰度等方式来增加训练样本,从而减少过拟合。

2014年,Szegedy等⑤大大增加了CNN的深度,提出了一个超过20层的CNN结构,称为GoogleNet。在GoogleNet的结构中采用了三种类型的卷积操作,分别

---

① 参见周飞燕、金林鹏、董军:《卷积神经网络研究综述》,载《计算机学报》2017年第6期。

② 参见周飞燕、金林鹏、董军:《卷积神经网络研究综述》,载《计算机学报》2017年第6期。

③ See LAWRENCE S., GILES C. L., TSOI A. C., et al., *Face recognition: a convolutional neural-network approach*, IEEE transactions on neural networks, 1997, 8(1): 98-113.

④ See KRIZHEVSKY A., SUTSKEVER I., HINTON G. E., *Imagenet classification with deep convolutional neural networks*, Advances in neural information processing systems, 2012: 1097-1105.

⑤ See SZEGEDY C., LIU W., JIA Y., et al., *Going deeper with convolutions*, Proceedings of the IEEE conference on computer vision and pattern recognition, 2015: 1-9.

是 1×1、3×3、5×5，该结构的主要特点是提高了计算机资源的利用率，它的参数是 AlexNet 的 1/12，而且准确率更高，在 LSVRC－14 中获得了图像分类“指定数据”组的第 1 名。

2014 年，Simonyan 等①在其发表的文章中探讨了“深度”对于 CNN 网络的重要性，该文通过在现有的网络结构中不断增加具有 3×3 卷积核的卷积层来增加网络的深度，实验结果表明，当权值层数达到 16～19 时，模型的性能能够得到有效提升，该文中的模型也被称为 VGG 模型。VGG 模型用具有小卷积核的多个卷积层替换一个具有较大卷积核的卷积层，如用大小均为 3×3 卷积核的 3 层卷积层代替一层具有 7×7 卷积核的卷积层，这种替换方式减少了参数的数量，而且能够使决策函数更具有判别性。VGG 模型在 LSVRC－14 竞赛中，得到了图像分类“指定数据”组的第 2 名，该模型证明了深度在视觉表示中的重要性。

2014 年，GoogleNet 和 VGGNet 两种网络架构同时参加 LSVRC 的比赛，并分别取得了分类的第一名和第二名。VGG 与 GoogleNet 的深度都比较深，所以网络结构比较复杂，训练时间长，而且 VGG 还需要多次微调网络的参数。

2015 年，He 等②采用残差网络（Residual Networks，ResNet）来解决梯度消失的问题。ResNet 的主要特点是跨层连接，它通过引入捷径连接技术（shortcut connections）将输入跨层传递并与卷积的结果相加。在 ResNet 中只有一个池化层，它连接在最后一个卷积层后面。ResNet 使底层的网络能够得到充分训练，准确率也随着深度的加深而得到显著提升。深度为 152 层的 ResNet 在 LSVRC－15 的图像分类比赛中获得了第 1 名的成绩。He 等还尝试将 ResNet 的深度设置为 1000，并在 CIFAR－10 图像处理数据集中验证该模型。

近年来，CNN 的局部连接、权值共享、池化操作及多层结构等优良特性使其受到了许多研究者的关注。CNN 通过权值共享减少了需要训练的权值个数、降低了网络的计算复杂度，同时通过池化操作使网络对输入的局部变换具有一定的不变性如平移不变性、缩放不变性等，提升了网络的泛化能力。CNN 将原始数据

① See SIMONYAN K.，ZISSERMAN A.，*Very deep convolutional networks for large－scale image recognition*，arXiv preprint arXiv：1409.1556，2014.

② See HE K.，ZHANG X.，REN S.，et al.，*Deep residual learning for image recognition*，Proceedings of the IEEE conference on computer vision and pattern recognition，2016：770－778.

直接输入网络中,然后隐性地从训练数据中进行网络学习,避免了手工提取特征从而导致误差累积的缺点,其整个分类过程是自动的。虽然 CNN 所具有的这些特点使其已被广泛应用于各种领域中,但其优势并不意味着目前存在的网络没有瑕疵。如何有效地训练层级很深的深度网络模型仍旧是一个有待研究的问题。尽管图像分类任务能够受益于层级较深的卷积网络,但一些方法还是不能很好地处理遮挡或者运动模糊等问题。

### 6.2.2 卷积神经网络在自然语言处理上的应用

卷积神经网络如何应用到自然语言处理上呢?

由于词之间的相对垂直关系可以是任意的,只取决于页面宽度,因此关联信息主要体现在"水平"方向上。对于图像这种二维输入使用的是二维卷积,而对于句子这种一维输入,大家主要关注的是词条在一维空间维度的关系,所以使用的是一维卷积。如果将文本想象为图像,则"第二个"维度是词向量的全长,一般是 100 维到 500 维,就像一个真实的图像。大家只需要关心卷积核的"宽度"。

一维卷积核这个词可能会误导大家,词本身的向量表示是以"向下"扩展的方式来表示,卷积核在移动过程中会覆盖到词向量这个维度的整个长度。当说一维卷积的维数时,指的是词向量的"宽度"。在二维卷积中,如图像,将从左到右、从上到下地滑动来扫描输入图像,因此称为二维。在这里,只是在从左到右这一个维度上滑动。

在前向传播过程中,对于给定的输入样本,卷积核中的权重值不变,这意味着对于一个给定卷积核,可以并行地处理其所有"快照"并同时合成输出"图像"。这就是卷积神经网络速度快的秘诀。卷积神经网络的处理速度,加上忽略特征位置的能力,是研究人员一直使用卷积方法来提取特征的原因。

### 6.2.3 卷积神经网络的结构

卷积神经网络的网络模型多种多样,但一个卷积神经网络模型一般由若干卷积层、池化层和全连接层组成。卷积层的作用是提取图像的特征;池化层的作用是对特征进行抽样,可以使用较少训练参数,还可以减轻网络模型的过拟合程度。卷积层和池化层一般交替出现在网络中,称一个卷积层加一个池化层为一个特征提取过程。但是并不是每个卷积层后都会跟池化层，大部分网络只有三层池化层。网络的最后一般为 1 ~2 层全连接层，全连接层负责把提取的特征图连接起来，最后通过分类器得到最终的分类结果。

1. 卷积层

卷积网络不像传统的前馈网络那样对每个元素（图像中的每个像素）分配权重，而是定义了一组在图像上移动的过滤器（也称卷积核、滤波器或者特征检测器）。这就是卷积。在图像识别中，每个数据点的元素可以是黑白图像中的每个像素点，取值是 1 或 0，也可以是灰度图像中每个像素的强度，或者彩色图像中每个像素的每个颜色通道的强度。卷积核会在输入样本中即图像的像素值进行卷积或滑动。卷积核窗口大小的参数由模型构建器选择，并且高度依赖数据内容。在滑动阶段，移动的距离是一个参数，一般不会超过卷积核宽度，每个卷积"走"的距离称为步长，通常设置为 1。只移动一个像素（或其他小于卷积核宽度的距离）将使进入卷积核的不同输入在一个位置和下一个位置之间出现重叠。如果由于步长太大而使卷积核之间设有重叠，就会失去像素与相邻像素之间的"模糊"效果。

卷积核的组成由两部分组成：一组权重和一个激活函数。

当卷积核在图像上滑动时，每次前进一个步长，得到当前覆盖像素的快照，然后将这些像素的值与卷积核中对应位置的权重相乘。假设使用的是 3 ×3 卷积核，从左上角开始，第一个像素(0,0)乘以卷积核第一个位置(0,0)上的权重，第二个像素(0,1)乘以位置(0,1)上的权重，依此类推。然后对像素和权重（对应位置）的乘积求和，并传递到激活函数中，通常选择 ReLU 函数（线性修正单元）。该激活函数的输出将被记录在输出图像中的一个位置上。卷积核滑动一个步长，处理下一个快照并将输出值放在上一个输出值的旁边。在一个层中有多个这样的卷积核，当它们在整个图像上进行卷积时，会各自创建一个新的"图像"一个被"过滤"后的图像。

如果从输入图像的左上角开始一个 3 ×3 的卷积核，每次移动一个像素，当卷积核的最右侧边缘到达输入图像的最右侧边缘时停止，那么输出的"图像"将比原图像窄两个像素。有两个策略可以解决这个问题。第一个策略是忽略输出维度变小的问题。使用这种方法时，需要注意下层输入的维度。这种策略的缺点是重叠位置上的内部数据点被多次传递到每个卷积核上,原始输入的边缘数据将被欠采样。第二个策略称为填充,即向输入数据的外部边缘添加足够多的数据,使边缘上的第一个数据点可以被视为内部数据点进行处理。这种策略的缺点是向输入数据中添加了可能不相关的内容,导致偏离了输出结果。

图 6.5 中为普通的 3 ×3 卷积在一个 5 ×5 的特征图上的计算方式,每个位置需要 9 次乘法,一共 9 个位置,整个操作要 81 次乘法运算。

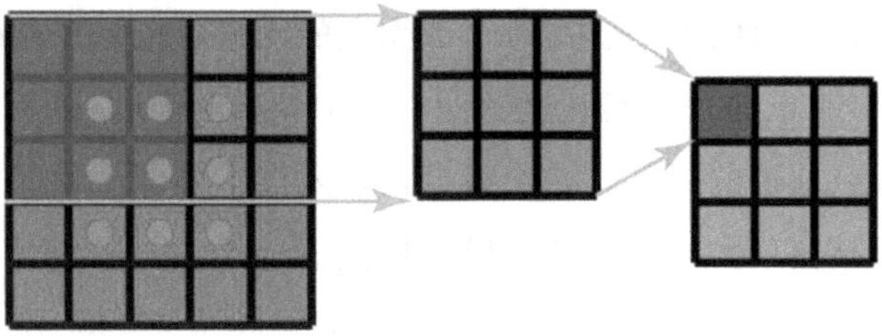

**图 6.5　卷积操作**

2. 池化层

池化是卷积神经网络中一种降维方法。在某种程度上,一般通过并行计算来加快处理速度。但是,每个定义的卷积核都会创建一个新"版本"的数据样本,即经过卷积过滤的数据样本。池化的关键思想是把每个卷积核的输出均匀地分成多个子部分,对于每个子部分,挑选或计算出一个具有代表性的值,然后就可以使用这些具有代表性的值的集合来作为下一层的输入。一般来说,丢弃数据不会是一个理想的方案。但事实证明这是学习源数据高阶表示的一种有效途径。卷积核通过这种训练来发现数据中的模式,这些模式存在于词和相邻词之间的关系中。在图像处理中,第一层学到的往往是边缘信息,位于像素密度迅速变化的部分。后面的层会学到形状和纹理等概念。再之后的层可能会学到"内容"或"含义"。类似的过程也会发生在文本上。

池化有两种方式:平均池化(见图 6.6)和最大池化(见图 6.7)。平均池化是比较直观的一种方式,通过求子集的平均值理论上可以保留最多的数据信息。最大池化通过取给定区域中的最大激活值,网络可以看到这个片段中最突出的特征。网络有一条学习路径来决定应该看什么,而不管确切的像素级位置。

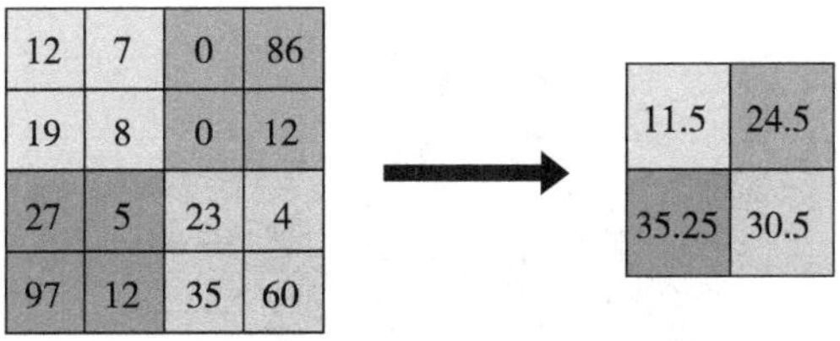


**图 6.6　平均池化**

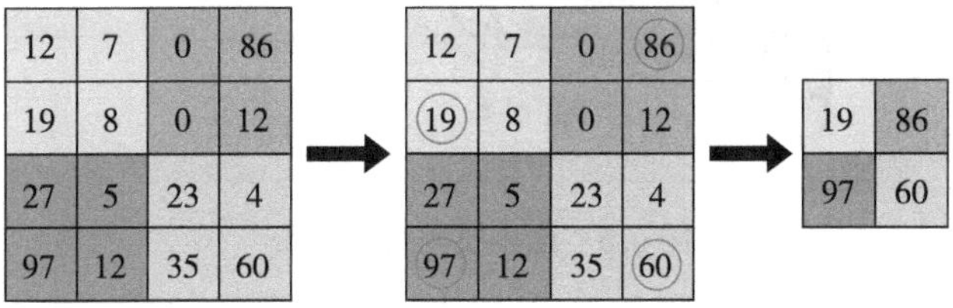


**图 6.7　最大池化**

除了降维和节省计算量,池化还具有位置不变性。如果原始输入在相似但有区别的输入样本中的位置发生轻微变化,则最大池化层仍然会输出类似的内容。这在图像识别领域中是一个非常有用的特性,在自然语言处理中也有类似的作用。

3. 全连接层

在卷积神经网络网络中,至少是有一个全连接层。全连接层位于所有的卷积层之后,层与层之间的神经元采用全连接的方式进行连接。全连接层是正规的神经网络。全连接层的主要作用是对卷积层提取出来的特征进一步提取出高层次的特征。它通过将卷积层的特征进行合并或者取样,提取出其中具有区分性的特征,从而达到分类的目的。

全连接层与卷积层的连接方式不同。卷积层中采用的是局部连接方式,即一个节点和上一层中的部分节点相连,而全连接层中,该层的每一个神经元与上一层的所有神经进行连接。全连接层中权值是不共享的,图 6.8 为全连接网络示意图,每一条线都代表了一个权值。相对于卷积层,全连接层的参数更多,所以其网络的复杂度也更大。在全连接层中,常用 softmax 逻辑回归来进行分类识别图像。softmax 逻辑回归分类方法主要用于多分类问题。在构建分类器的过程中,一般还采用正则化方法来防止训练过拟合,提高分类的性能。

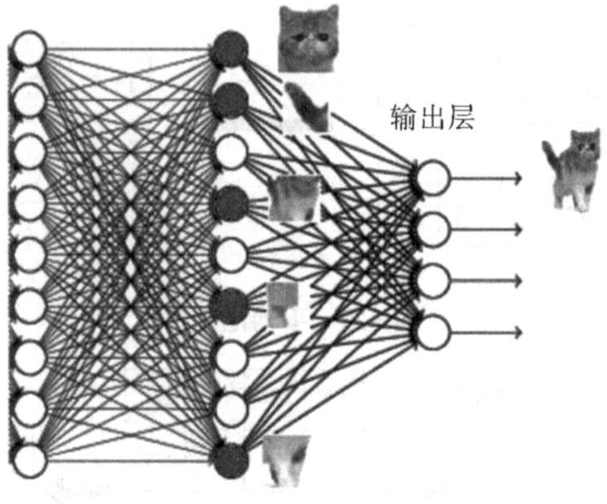


图 6.8 全连接网络示意图

### 6.2.4 卷积神经网络的主要特点

1. 权值共享

权值共享也可以理解为平移不变性,卷积神经网络在图像的某一区域学到某个模式之后,就可以在图像的任何地方识别这个模式。

如果使用某一个特征过滤器(检测器)提取手写“3”的特征,因为内容可能出现在图片任何一个有 $N\times N$ 形成的区域,所以每个特征检测器都可以在图片的不同 $N\times N$ 的像素区域中使用同样的参数,都有可能提取到“3”的特征。对于全连接神经网络,则必须重新学习“3”出现在新的位置的特征。因此权值共享使卷积神经网络可以高效利用不同位置出现的同种特征来减少网络参数,只需要很少的训练样本就能学到具有泛化能力的数据表示。

2. 分层提取

卷积神经网络可以学到模式的空间层次结构。第一个卷积层可以只学习图像较小的局部特征(如棱角、边缘);第二个卷积层将学习由第一层卷积后形成的特征图组成的更大的特征;第三个卷积层再学习第二层卷积后形成的特征图组成的更大的特征;依此类推。

层数越高,学到的特征就越全局化。因为视觉世界从根本上具有空间层次结构,所以说卷积神经网络可以有效地学习复杂、抽象的视觉概念。

3. 局部感知

通常而言，人类是从局部到全局渐进认识外部的世界。在网络学习中，神经元之间不需要对全局图像进行感知，只需要对局部图像进行感知，然后在更高层网络中将局部的特征进行综合便可以得到全局特征。图像具有空间相关性——距离较近的局部像素关系在空间位置中同样较为紧密，距离越远的像素之间相关性越弱。事实上，视觉皮层的神经元就是局部接收信息的，网络部分连通的思想便是受生物学中的视觉系统结构启发的。

在全连接神经网络中，相邻层的神经元全部连接在一起，由于其输入数据是一维结构，因此图像需要先转换为一维向量，在这个过程中，图像会完全丢失“形状”，即像素间的空间信息。从理论上说，神经网络几乎可以解决全部深度学习问题，但是在处理复杂问题时，往往难以达到理想的效果。

该类网络不仅参数量巨大，而且学习速度很慢，即使是一个简单的问题，一般也需要几百次甚至上千次的学习才可以收敛，且容易产生过拟合问题，泛化能力较弱。卷积层则可以保持形状不变，当输入图像时，卷积层会以 3 维数据的形式接收输入数据，并且同样以 3 维数据的形式输出至下一层。因此在 CNN 中，可以正确理解图像等具有形状的数据，而且由于局部连接，大大降低了参数量，节省了内存。

## 6.2.5　案例

1. 案例说明

本案例使用卷积神经网络（CNN）对微博情感分类进行分析。通过构建一个包含嵌入层、卷积层、全局最大池化层、全连接层和 Dropout 层的神经网络模型，对文本数据进行情感分类。

2. 案例数据

本案例使用的是一个包含微博评论和对应情感标签的数据集。通过十折交叉验证的方式，将数据集划分为训练集和测试集，并循环 10 次进行训练和验证。每次训练后，评估模型的损失和准确率，并打印分类报告。同时，绘制训练集和测试集的准确率和损失变化曲线，以便观察模型的训练效果。最后，计算模型的平均损失和准确率。

3. 代码示例

```
from sklearn.metrics import classification_report
from keras.utils import pad_sequences
import pandas as pd
import jieba
import tensorflow as tf
from sklearn.model_selection import KFold
from keras.preprocessing.text import Tokenizer
from keras.models import Sequential
from keras.layers import Embedding,Conv1D,GlobalMaxPool-
ing1D,Dense,Dropout
from keras.callbacks import EarlyStopping,ReduceLROnPla-
teau
import numpy as np
import re

with tf.device('/gpu:0'):
    #读取文本数据
    df = pd.read_csv('../Emotional_text/weibo_sentiment.
csv')

    #分词并去除停用词
    stop_words = load_stopwords()
    df['review'] = df['review'].apply(lambda x: re.sub(r'\d
+','',x))
    df['review'] = df['review'].apply(lambda x: re.sub(r'[^\
w\s]','',x))
    df['review'] = df['review'].apply(lambda x: x.replace
(" ",""))
```

```
    df['review'] = df['review'].apply(lambda x: ' '.join
(word for word in jieba.cut(x)if word not in stop_words))

    #使用 Keras 的 Tokenizer 来转化词语为词向量,这里选择出现频率
前 25000 个词作为词袋
    tokenizer = Tokenizer(num_words =25000,oov_token ='<
OOV >')
    tokenizer.fit_on_texts(df['review'])
    seq = tokenizer.texts_to_sequences(df['review'])

    #补齐每个样本序列,使其长度一致,以方便后续计算
    max_len = 280
    seq = pad_sequences(seq,maxlen =max_len,truncating ='
post')

    #划分数据集,这里使用十折交叉验证,循环 10 次训练
    labels = df['label']
    kfold = KFold(n_splits =10,shuffle =True,random_state
=42)
    losses = []
    accs = []
    for train_idx,test_idx in kfold.split(seq,labels):
        #划分训练集和测试集
        train_seq,test_seq = seq[train_idx],seq[test_idx]
        train_labels,test_labels = labels.iloc[train_
idx],labels.iloc[test_idx]

        #建立一个神经网络模型,一层层添加神经元层
        model = Sequential()
```

```
model.add(Embedding(25000,150,input_length = max_len))
model.add(Conv1D(128,5,activation = 'relu'))
model.add(GlobalMaxPooling1D())
model.add(Dense(128,activation = 'relu'))
model.add(Dropout(0.5))
model.add(Dense(2,activation = 'softmax'))

#编译建立的卷积神经网络模型
model.compile(optimizer = 'adam',loss = 'categorical_crossentropy',metrics = ['accuracy'])

#设置 EarlyStopping 和 ReduceLROnPlateau 来避免过拟合
early_stop = EarlyStopping(monitor = 'val_loss',patience = 3)
reduce_lr = ReduceLROnPlateau(monitor = 'val_loss',factor = 0.2,patience = 2,min_lr = 0.0001)

#训练以及验证卷积神经网络模型的效果
history = model.fit(train_seq,tf.keras.utils.to_categorical(train_labels),batch_size = 128,epochs = 20,validation_data = (test_seq,tf.keras.utils.to_categorical(test_labels)),callbacks = [early_stop,reduce_lr],verbose = 0)

#评估建立的卷积神经网络模型训练结果的各项参数
loss,accuracy = model.evaluate(test_seq,tf.keras.utils.to_categorical(test_labels))
print('Test loss:',loss)
print('Test accuracy:',accuracy)
```

```
        losses.append(loss)
        accs.append(accuracy)
        y_pred = np.argmax(model.predict(test_seq),axis =
-1)
        print(classification_report(test_labels,y_pred))

        #绘制训练集和测试集的损失函数曲线和准确率曲线
        import matplotlib.pyplot as plt
        % matplotlib inline

        plt.plot(history.history['accuracy'])
        plt.plot(history.history['val_accuracy'])
        plt.title('Model accuracy')
        plt.ylabel('Accuracy')
        plt.xlabel('Epoch')
        plt.legend(['Train','Test'],loc ='upper left')
        plt.show()

        plt.plot(history.history['loss'])
        plt.plot(history.history['val_loss'])
        plt.title('Model loss')
        plt.ylabel('Loss')
        plt.xlabel('Epoch')
        plt.legend(['Train','Test'],loc ='upper left')
        plt.show()

    print('Mean loss:',np.mean(losses))
    print('Mean accuracy:',np.mean(accs))
```

4. 结果及说明

```
375/375 [========================] - 6s 16ms/step
              precision    recall  f1-score   support

           0       0.91      0.93      0.92      5960
           1       0.93      0.91      0.92      6038

    accuracy                           0.92     11998     11998
   macro avg       0.92      0.92      0.92     11998
weighted avg       0.92      0.92      0.92     11998
```

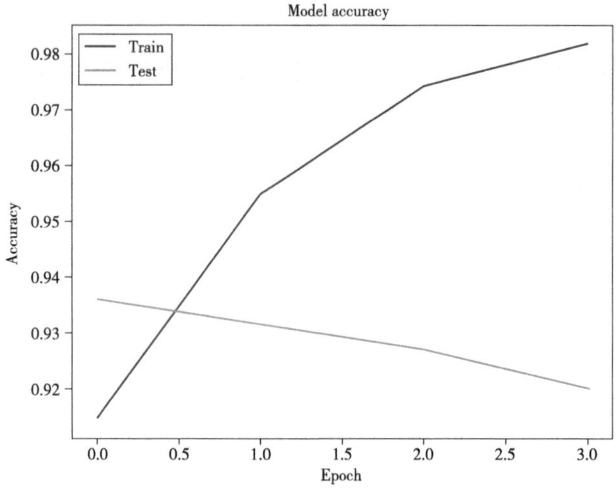


**图 6.9 准确率曲线**

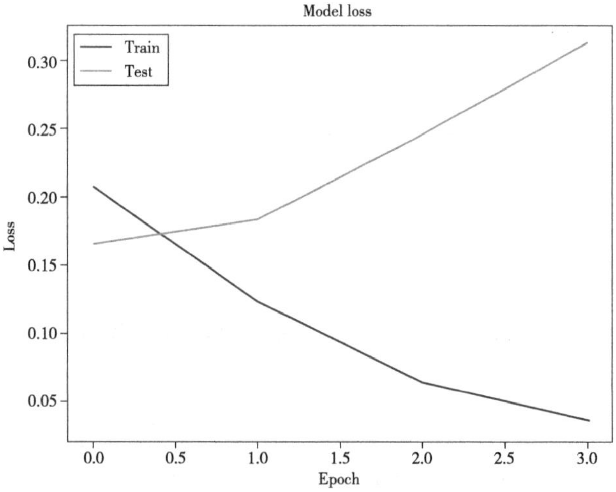


Mean loss: 0.32672482132911684
Mean accuracy: 0.9236006736755371

**图 6.10 损失函数曲线**

通过训练和验证模型,可以得到每次训练的损失和准确率,以及分类报告。同时,绘制训练集和测试集的准确率曲线(见图 6.9)和损失函数曲线(见图 6.10),以便观察模型的训练效果。最后,计算模型的平均损失和准确率。

## 6.3　循环神经网络

前馈网络的主要优点是能够将数据样本作为整体与其关联标签之间的关系进行建模。尽管文本开头和结尾的词与中间的词之间不太可能存在语义关系,但是它们对输出的影响一样。当考虑表示强烈的否定词和修饰语(形容词和副词)的词条,如"not"或者"good"时,可以看到这种文本所具备的同质性或者"影响的一致性"是如何导致问题的。在前馈网络中,否定词会影响句子中所有词的含义,甚至是距离否定词可能影响到的位置较远的那些词。

通过观察词的滑动窗口,一维卷积提供了一种处理词条间关系的方法。池化层是专门设计用来处理轻微词序变化的。本节将介绍一种完全不同的方法,以初步学习神经网络的记忆概念。不同于将语言视作一个大数据块,本节将按照语言序列创建的时间顺序,逐个词条地查看序列。

### 6.3.1　循环神经网络的记忆功能

文档中的词很少是完全独立的,它们的出现会影响文档的其他词或者受到文档中其他词的影响。

假如大家能想到一种方式"记忆"之前时刻发生的事情(尤其是在 $t+1$ 时刻时 $t$ 时刻发生的),就能捕获当序列中某些词条出现时其他词条相对应会出现的模式。循环神经网络(recurrent neural net,RNN)使神经网络能够记住句子中出现过的词。

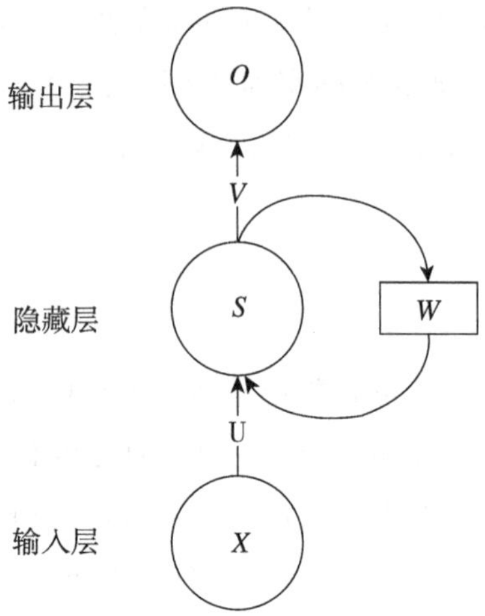


**图 6.11　循环神经网络**

从图 6.11 可以看到,隐藏层中的单个循环神经元增加了一个循环回路,使 $t$ 时刻隐藏层的输出重新输入隐藏层中。$t$ 时刻的输出会作为 $t+1$ 时刻的输入。这个新的输入会由 $t+1$ 时刻的网络处理来产生 $t+1$ 时刻隐藏层的输出。$t+1$ 时刻的输出接下来又会被重新作为 $t+2$ 时刻的输入,依此类推。

循环网络指整个循环是由一个或者多个神经元组成的前馈网络层。网络隐藏层的输出和普通的输出一样,但是它本身会和下一个时刻的正常输入数据一起作为输入回传进网络。这个反馈表示为从隐藏层的输出指向它的输入的箭头。

处于隐藏状态的每个神经元都有一组权重,它们应用于每个输入向量的每个元素,这和一般的前馈网络一样。但是,现在有一组额外的可训练权重,这些权重应用于前一个时刻隐藏层神经元的输出。当逐个词条地输入序列时,网络可以学习分配给"过去"的事件多少权重或者重要度。

回到数据,假设有一组文档,每篇文档都是一个带标签的样本。对于每个样本,不同于一次性地将词向量集合传递进卷积神经网络,这次是从样本中一次取一个词条并将其单独传递到的 RNN 中。在 RNN 中,传入第一个词条的词向量并获得网络的输出,然后传入第二个词条的词向量,同时也传入第一个词条的输出;之后传入第三个词条的词向量以及第二个词条的输出,依此类推。网络中有前后概念和因果关系,以及一些模糊的时间概念。

### 6.3.2　随时间反向传播算法

前文讨论过的所有网络都有一个标签(目标变量),循环神经网络也不例外。但是,并不是说每个词条都有一个标签,而是每个样本中的所有词条只有一个标签,也就是说,对于样本文档,只有一个标签。

这里,一般开始会在最后一个时刻查看网络的输出,并将该输出与标签进行比较。这就是对于误差的定义,而误差是网络最终想要尽量减小的目标。对于给定的数据样本,可以将其分成较小的片段,这些片段按顺序进入网络。但是,往往并不直接处理这些由"子样本"产生的所有输出,而是将其反馈给网络。只关心最终的输出,将序列中的每个词条输入网络中,并根据序列中最后一个时刻(词条)的输出计算损失。对于给定样本的误差,需要确定哪些权重需要更新以及需更新多少。标准网络中运用反向传播法进行权重的学习,但是不能在时间序列上应用反向传播算法。

可以这样来考虑:将整个过程视为基于时间的。在每个时刻取一个词条,从 $t=0$ 处的第一个词条开始,将它输入当前的隐藏层神经元。当这样做时,网络会展开并揭示下一列,为序列中的下个词条做好准备。隐藏层的神经元不断展开,一次一个。当到达终点,在输入样本的所有片段之后,网络将停止展开并且将获得目标变量的最终输出标签。可以使用该输出来计算误差并调整权重。这样,就完成了这个展开网络计算图的所有环节。此时,可以将整个输入视为静态的。通过计算图可以看到各个神经元分别送入了哪个输入。一旦知道各个神经元是如何工作的,就可以循着之前的方法运用反向传播。

使用链式法则反向传播到前一层,但是不同于传播到上一层,这里是传播到过去的层,就好像每个展开的网络版本都不同。将反向传播在最后一个时刻获得的误差。对于每个"较早"的时刻,都要执行更新时刻的梯度。对于该样本,在计算了所有词条的梯度之后,将聚合这些校正值并将它们应用于整套权重的更新,直至回到时刻 $t=0$。

### 6.3.3　权重更新

将循环神经网络类比于标准前馈网络,可以使权重更新的过程更易于理解。

但是,更新过程中棘手的部分是正在更新的权重而不是神经网络的不同分支,每个分支代表着位于不同时刻的相同网络。各个时刻的权重是相同的,一个简单的解决方案是计算各个时刻的权重校正值但并不立即更新。在前馈网络中一旦为输入样本计算了所有梯度,所有权重的校正值就会被计算。这对循环神经网络同样适用,但对该输入样本必须一直保留这些校正值,直至回到时刻 $t=0$。

梯度计算需要基于权重对误差的贡献量。这部分令人费解:在时刻 $t$ 一个权重在初次计算时对误差产生了贡献,而该权重在时刻 $t+t$ 会接收到不同的输入,因此之后对误差的贡献量也会有所不同。可以计算出权重在每个时刻的不同校正值,然后聚合所有校正值并在学习阶段的最后一步将其应用于隐藏层的各个权重。

对于单个数据样本,随时间反向传播算法中的单个权重在一个时刻 $t$ 可能会在一个方向上进行调整(取决于其在时刻 $t$ 对输入的反应),然后在时刻 $t-1$ 在另一个方向上进行调整(取决于其在时刻 $t-1$ 对输入的反应)。但是,不管中间步骤有多复杂,神经网络一般都是通过最小化损失函数来工作的,所以总体来说,它会对这个复杂的函数进行优化。当对每个数据样本应用一次权重更新时,网络将确定对该输入样本来说最适合处理此任务的神经元的权重。

### 6.3.4　循环神经网络的难点

尽管一个循环神经网络需要学习的权重(参数)可能相对较少,但是,训练一个循环神经网络的代价高昂,尤其是对于较长的序列(如 10 个词条)。拥有的词条越多,每个时刻误差必须反向传播的时间越长。对于每一时刻,都有更多的导数需要计算。虽然循环神经网络的效果并不比其他网络的效果差,但是非常消耗计算机的资源。神经网络具有基本的记忆能力,但是当它们(指网络时刻)变深,会出现梯度消失问题。梯度消失问题有一个推论:梯度爆炸问题,它们的思想是,随着网络变得更深(更多层)时,误差信号会随着梯度的每一次计算消散或增长。

循环神经网络也面临着同样的问题,因为在数学上,时刻的每一次后退都相当于将一个误差反向传播到前馈网络的前一层。但是由于这个原因,大多数前馈网络往往只有几层深,但是当要处理的是 5 个、10 个,甚至数百个词条的序列时,要深入 100 层网络的底层还是很困难的。不过,尽管梯度可能会在计算最后一次权重集的过程中消失或爆炸,但是实际上只更新了一次权重集,并且每个时刻的权重集都是相同的。

### 6.3.5 案例

1. 案例说明

使用 TextRNN(text recurrent neural network)模型对文本序列,进行文本分类任务。

2. 代码示例

```
import torch
import torch.nn as nn
import numpy as np


class Config(object):
    """配置参数"""
    def __init__(self,dataset,embedding):
        self.model_name = 'TextRNN'
        self.train_path = dataset + '/data/train.txt'#训练集
        self.dev_path = dataset + '/data/dev.txt'    #验证集
        self.test_path = dataset + '/data/test.txt'#测试集
        self.class_list = [x.strip() for x in open(dataset
         + '/data/class.txt',encoding ='utf - 8').readlines
        ()]      #类别名单
        self.vocab_path = dataset + '/data/vocab.pkl'#词表
        self.save_path = dataset + '/saved_dict/' + self.
model_name + '.ckpt'     #模型训练结果
        self.log_path = dataset + '/log/' + self.model_name
        self.embedding_pretrained = torch.tensor(
            np.load(dataset + '/data/' + embedding)["embed-
            dings"].astype('float32'))\
```

```
if embedding ! = 'random' else None     #预训练词向量
        self.device = torch.device('cuda' if torch.cuda.is_available()else 'cpu')     #设备
        self.dropout = 0.5     #随机失活
        self.require_improvement = 1000#若超过1000batch效果还没提升,则提前结束训练
        self.num_classes = len(self.class_list)     #类别数
        self.n_vocab = 0     #词表大小,在运行时赋值
        self.num_epochs = 10     # epoch数
        self.batch_size = 128     # mini-batch大小
        self.pad_size = 32     #每句话处理成的长度(短填长切)
        self.learning_rate = 1e-3     #学习率
        self.embed = self.embedding_pretrained.size(1)\
            if self.embedding_pretrained is not None else 300     #字向量维度,若使用了预训练词向量,则维度统一
        self.hidden_size = 128     # lstm隐藏层
        self.num_layers = 2     # lstm层数


class Model(nn.Module):
    def __init__(self,config):
        super(Model,self).__init__()
        if config.embedding_pretrained is not None:
            self.embedding = nn.Embedding.from_pretrained(config.embedding_pretrained,freeze=False)
        else:
            self.embedding = nn.Embedding(config.n_vocab,config.embed,padding_idx=config.n_vocab - 1)
        self.lstm = nn.LSTM(config.embed,config.hidden_size,config.num_layers,
```

```
                                bidirectional = True,batch_first
= True,dropout = config.dropout)
        self.fc = nn.Linear(config.hidden_size * 2,config.
num_classes)

    def forward(self,x):
        x,_ = x
        out = self.embedding(x)  #[batch_size,seq_len,em-
beding] =[128,32,300]
        out,_ = self.lstm(out)
        out = self.fc(out[:, -1,:])  #句子最后时刻的 hidden
state
        return out
```

3. 案例数据

从 THUCNews 中抽取 20 万条新闻标题,文本长度在 20～30 之间。一共 10 个类别,每个类别 2 万条。具体类别包括财经、房产、股票、教育、科技、社会、时政、体育、游戏、娱乐。

数据集包含训练集:18 万;验证集:1 万;测试集:1 万,每个样本都是一个文本序列。

4. 结果及说明

训练过程中,共进行了 10 个 epoch。每个 epoch 中,训练集的损失逐渐降低,准确率逐渐提高。验证集的损失和准确率也呈现相似的趋势。由于一段时间内没有观察到优化的改进,因此系统自动停止训练。在测试集上,模型的损失为 0.3,准确率为 90.68%。通过查看精确度、召回率和 F1 分数,可以看到各个类别的性能。整体而言,模型在大多数类别上表现良好,但在某些类别上稍有下降。混淆矩阵显示了模型在每个类别上的预测结果。可以看到,模型在某些类别上存在一些混淆,即将一些样本错误地分类到其他类别。

## 6.4 长短期记忆网络(LSTM)

尽管在序列数据中,循环神经网络为对各种语言关系建模提供了诸多便利,但是存在一个主要缺陷:当传递了两个词条后,前面的词条几乎完全失去了作用。第一个节点对第三个节点(第一个时刻再过两个时刻后)的所有作用都将被中间时刻引入的新数据彻底抹平。这对网络的基本结构很重要,却和人类语言中的常见情景相违背,实际中即使词条在句子中相隔很远,也还是深度关联的。

这里面临的挑战是建立一个网络,其在上述两个句子中都能“领悟”到相同的核心思想。需要注意的是能够在整个输入序列中记住过去的方法。长短期记忆(long short - term memory,LSTM)则正是所需要的一类方法①。长短期记忆网络的现代版本通常使用一种特殊的神经网络单元,称为门控循环单元(gated recurrent unit,GRU)。门控循环单元可以有效地保持长、短期记忆,使 LSTM 能够更精确地处理长句子或文档②。事实上,LSTM 工作效果非常好,它在几乎所有涉及时间序列、离散序列和 NLP 领域问题的应用中都取代了循环神经网络。

### 6.4.1 长短期记忆

LSTM 是解决循环神经网络 RNN 结构中存在的梯度消失问题而提出的,是一种特殊的循环神经网络,其结构如图 6.12 所示。LSTM 对于循环网络的每一层都引入了状态的概念,状态作为网络的记忆。可以把上述过程看成在面向对象编程中为类添加属性。每个训练样本都会更新记忆状态的属性。在 LSTM 中,管理存储在状态(记忆)中信息的规则就是经过训练的神经网络本身。它们可以通过训练来学习要记住什么,同时循环网络的其余部分会学习预测目标标签。随着记忆和状态的引入,可以开始学习依赖关系,这些依赖关系不仅可以扩展到一两个词条,甚至还可以扩展到每个数据样本的整体。有了这些长期依赖关系,就可以

---

① See Hochreiter S. , Schmidhuber J. , *Long short - term memory*, Neural Computation, 1997, 9(8): 1735 - 1780.

② See CHO K. , MERRIENBOER B. V. , GULCEHRE C. , et al. , *Learning phrase representations using RNN encoder - decoder for statistical machine translation*, Computer Science, 2014.

开始考虑超越文字本身的关于语言更深层次的东西。

有了 LSTM,模型可以开始学习人类习以为常和在潜意识层面上处理的语言模式。有了这些模式,不仅可以更精确地预测样本类别,还可以开始使用这些语言模式生成新的文本。尽管这个领域的技术水平还远远谈不上完美,但是其结果令人惊叹。就像在一般的循环网络中一样,记忆状态受输入的影响,同时也影响层的输出。但是,这种记忆状态在时间序列(句子或文档)的所有时刻会持续存在。因此,每个输入都会对记忆状态和隐藏层的输出产生影响。记忆状态可以在学习(使用标准的反向传播)需要记住信息的同时学习输出信息。

展开一个标准的循环神经网络,并添加记忆单元。除了向下一个时刻提供激活函数的输出,还添加了一个也经过网络各时刻的记忆状态。在每个时刻的迭代中,隐藏层循环单元都可以访问该记忆单元。这个记忆单元的添加,以及与其交互的机制,使它与传统的神经网络层有很大的不同。然而,并不能设计一组传统的循环神经网络层来完成 LSTM 层中存在的所有计算。LSTM 层只是一个极为特例化的循环神经网络。

每个元胞不再是一系列输入权重和应用于这些权重的激活函数,而是稍微复杂的结构。与前面一样,到每一层(或元胞)的输入是当前时刻输入和前一个时刻输出的组合。当信息流入这个元胞而不是权重向量时,它现在需经过 3 个门:遗忘门、输入门和输出门。

这些门中的每一个都由一个前馈网络层和一个激活函数构成。其中的前馈网络包含将要学习的一系列权重。从技术上讲,其中一个门由两个前向路径组成,因此在这个层中将有 4 组权重需要学习。权重和激活函数旨在控制信息以不同数量流经元胞,也控制信息到达元胞状态(或记忆)的所有路径。

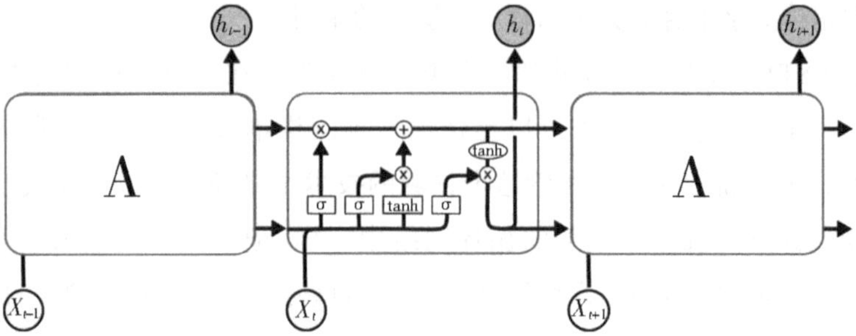


图 6.12　LSTM 结构

### 6.4.2　随时间反向传播算法

长短期记忆网络与其他任何神经网络一样，通过反向传播算法进行学习。基本 RNN 易到梯度消失影响，主要是因为在任意给定时刻，导数都是权重的一个重要决定因素。因此，当结合不同的学习率，往之前时刻（词条）传播时，经过几次迭代之后，权重（和学习率）可能会将梯度缩小到 0。在反向传播结束时（相当于序列的开始），对权重的更新要么很小要么为 0。当权重稍大时也会出现类似的问题：梯度爆炸并不与网络增长成比例。

LSTM 通过记忆状态避免了这个问题。每个门中的神经元都是通过它们输入的函数的导数来更新的，即那些在前向传递时更新记忆状态的函数。所以在任何给定的时刻，当一般链式法则反向应用于前向传播时，对神经元的更新只依赖当前时刻和前一个时刻的记忆状态。这样，整个函数的误差在每个时刻都能“更接近”。

这个功能更强大的模型仍然有大量的超参数可以尝试。但是，从使用卷积神经网络开始，就一直在使用相同的数据，以完全相同的方式进行处理，这样就可以看到模型类型的变化以及在给定数据集上的性能表现。但是确实做出了一些损害数据完整性的选择，或者说弄脏了数据。将每个样本填充或截断到 400 个词条对于卷积网络非常重要，这样过滤器就可以“扫描”长度一致的向量。卷积网络也能输出一个长度一致的向量。对输出来说，保持维数的一致是很重要的，因为在链的末端，输出将进入一个全连接的前馈层，这个前馈层需要一个固定长度的向量作为输入。

类似地,对循环神经网络的实现,包括简单的 RNN 和 LSTM,都在努力构造一个固定长度的思想向量,可以将其传递到一个前馈层进行分类。一个对象的固定长度的向量表示,如思想向量,通常也称嵌入。因此,思想向量的大小是相同的,必须将网络展开至相同的时刻(词条)数。

由于神经网络的强大功能以及它们学习复杂模式的能力,人们时常忘记,一个设计良好的神经网络善于学习丢弃噪声和系统偏差。把所有那些零向量都加进来,会导致很大的偏差。即使所有输入都为零向量,每个节点的偏置项元素也仍然会给它一些信号。但最终,网络将学会完全忽略这些元素(会将偏置项元素的权重特别调整为零),从而专注于样本中包含有意义信息的部分。所以优化后的 LSTM 虽然没能学到更多信息,但是它可以学得更快。这里最重要的一点是,要注意测试集样本的长度与训练集样本的长度有关。如果训练集是由数千个词条长的文档组成的,那么将只有 3 个词条长的文档填充到 1000 个词条就可能无法得到一个精确的分类结果。反之,将一个 1000 个词条的文档截断到 3 个词条,对于在 3 个词条长的文档中训练的小模型同样也会造成困扰。

在数据处理方面,直接丢弃"未知"词条会造成很大的问题。"未知"词条基本上就是在预训练的模型中找不到的词,其列表非常大。直接丢弃这么多数据,尤其是试图对词序列建模时,通常会造成很大的问题。有两种常见的方法可以在不增加计算需求的情况下提供更好的结果。这两种方法都涉及用新的向量表示替代未知的词条。

第一种方法是反直觉的:对于没有由向量建模的每个词条,从现有词嵌入模型中随机选择一个向量并使用它。第二种也是更常见的方法是,在重构原始输入时,用一个特定的词条替换词向量库中没有的所有词条,这个特定的词条通常称为 UNK(未知词条)。这个向量本身要么是在对原始嵌入建模时选择的,要么是随机选择的(理想情况是远离空间中已知的向量)。与填充一样,网络可以学习如何绕过这些未知的词条,并围绕它们得出结论。

### 6.4.3 字符级建模

词是有含义的。用这些基本的模块来对自然语言建模看起来很自然。使用这些模型从原子结构的角度来描述含义、情感、意图和其他一切似乎也很自然。

但是,词不是原子性的。如前文所述,它们由单位更小的词、词干、音素等组成。更重要的是,它们更基本地也都是由一系列字符构成的。

对语言建模时,许多含义隐藏在字符里面。语音语调、头韵、韵律,如果把它们分解到字符级别,可以对所有这些建模。人类不需要分解得如此细致就可以为语言建模。但是,从建模中产生的定义非常复杂,并不容易传授给机器。对于见过的字符,当查看文本中哪个字符出现在哪个字符后面时,可以发现文本中的许多固有模式。

在这个范式中,空格、逗号或句号都变成了另一个字符。当网络从序列中学习含义时,如果把它们分解成单个的字符,模型就会被迫来寻找这些更低层级的模式。有一些音节后面是重复的,这可能是押韵的后缀,也可能是一种带有意义的模式,或许代表着某种情感。随着学习了足够大的训练集,这些模式开始显现。因为英语中不同的字母比词要少得多,所以需要关心的输入向量相对也就少了。然而,在字符级别训练模型仍是很棘手的。在字符级别发现的模式和长期依赖关系在不同的语调中可能会有很大的差异。或许可以找到这些模式,但它们可能不具有泛化性。

### 6.4.4 其他记忆机制

LSTM 是循环神经网络基本概念的一种扩展,同样也存在其他各种形式的扩展。所有这些扩展都是对元胞内门的数量或运算的一些微调。例如,门控循环单元将遗忘门和候选门中的候选选择分支组合成一个更新门。这个门减少了需要学习的参数数量,并且已经被证实可以与标准 LSTM 相媲美,同时计算开销也要小得多。

另一种技术是使用具有窥视孔连接的 LSTM。其思想是,标准 LSTM 元胞中的每个都可以直接访问当前记忆状态,并将其作为输入的一部分。所有的门包含与记忆状态相同维度的额外权重,每个门的输入是该时刻元胞的输入、前一个时刻元胞的输出和记忆状态本身的拼接。在时间序列数据中,这使为时间序列事件建模更加准确。

### 6.4.5 案例

1. 案例说明

本案例使用 LSTM 模型对文本进行情感分类。通过构建一个包含嵌入层、

LSTM 层、Dropout 层和全连接层的神经网络模型,对文本数据进行情感分类。使用的数据集包含训练集和测试集,以及标签和词汇表。通过加载数据集,构造字符级别的特征,并进行序列填充,将文本数据转化为模型可接收的格式。然后,创建 LSTM 模型,并进行模型训练。最后,使用训练好的模型对测试集进行预测,并计算模型在测试集上的准确率。

2. 案例数据

以某电商网站中某个商品的评论作为语料(corpus. csv),该数据集一共有 4310 条评论数据,文本的情感分为“正面”和“反面”两类。

3. 代码示例

```
import pickle
import numpy as np
import pandas as pd
from keras.utils import np_utils
from keras.utils.vis_utils import plot_model
from keras.models import Sequential
from keras_preprocessing.sequence import pad_sequences
from keras.layers import LSTM,Dense,Embedding,Dropout
from sklearn.model_selection import train_test_split
from sklearn.metrics import accuracy_score

def load_data(filepath,input_shape =20):
    df =pd.read_csv(filepath)

    #标签及词汇表
    labels,vocabulary =list(df['label'].unique()),list(df
['evaluation'].unique())

    #构造字符级别的特征
    string =''
```

```
    for word in vocabulary:
        string += word

    vocabulary = set(string)

    #字典列表
    word_dictionary = {word:i + 1 for i,word in enumerate(vocabulary)}
    with open('word_dict.pk','wb') as f:
        pickle.dump(word_dictionary,f)
    inverse_word_dictionary = {i + 1:word for i,word in enumerate(vocabulary)}
    label_dictionary = {label:i for i,label in enumerate(labels)}
    with open('label_dict.pk','wb') as f:
        pickle.dump(label_dictionary,f)
    output_dictionary = {i:labels for i,labels in enumerate(labels)}

    #词汇表大小
    vocab_size = len(word_dictionary.keys())
    #标签类别数量
    label_size = len(label_dictionary.keys())

    #序列填充,按 input_shape 填充,长度不足的按 0 补充
    x = [[word_dictionary[word] for word in sent] for sent in df['evaluation']]
    x = pad_sequences(maxlen = input_shape, sequences = x, padding = 'post', value = 0)
```

```
        y = [[label_dictionary[sent]] for sent in df['label']]
        y = [np_utils.to_categorical(label,num_classes = label_size)for label in y]
        y = np.array([list(_[0])for _ in y])

        return x,y,output_dictionary,vocab_size,label_size,inverse_word_dictionary

    #创建深度学习模型,Embedding + LSTM + Softmax
    def create_LSTM(n_units,input_shape,output_dim,filepath):
        x,y,output_dictionary,vocab_size,label_size,inverse_word_dictionary = load_data(filepath)
        model = Sequential()
        model.add(Embedding(input_dim = vocab_size + 1,output_dim = output_dim,
                            input_length = input_shape,mask_zero = True))
        model.add(LSTM(n_units,input_shape = (x.shape[0],x.shape[1])))
        model.add(Dropout(0.2))
        model.add(Dense(label_size,activation = 'softmax'))
        model.compile(loss = 'categorical_crossentropy',optimizer = 'adam',metrics = ['accuracy'])
        plot_model(model,to_file = './model_lstm.png',show_shapes = True)
        #输出模型信息
        model.summary()
```

```
    return model

#模型训练
def model_train(input_shape,filepath,model_save_path):
    #将数据集分为训练集和测试集,占比为 9:1
    # input_shape =100
x,y,output_dictionary,vocab_size,label_size,inverse_word
_dictionary =load_data(filepath,input_shape)
    train_x,test_x,train_y,test_y =train_test_split(x,y,
test_size =0.1,random_state =42)

    #模型输入参数,根据需要调整
    n_units =100
    batch_size =32
    epochs =5
    output_dim =20

    #模型训练
    lstm_model = create_LSTM(n_units,input_shape,output_
dim,filepath)
    lstm_model.fit(train_x,train_y,epochs = epochs,batch_
size =batch_size,verbose =1)

    #模型保存
    lstm_model.save(model_save_path)

    #测试条数
    N = test_x.shape[0]
    predict =[]
```

```
    label = []
    for start,end in zip(range(0,N,1),range(1,N+1,1)):
        print(f'start:{start},end:{end}')
        sentence = [inverse_word_dictionary[i] for i in test
_x[start] if i! =0]
        y_predict = lstm_model.predict(test_x[start:end])
        print('y_predict:',y_predict)
        label_predict = output_dictionary[np.argmax(y_pre-
dict[0])]
        label_true = output_dictionary[np.argmax(test_y
[start:end])]
        print(f'label_predict:{label_predict},label_true:
{label_true}')
        #输出预测结果
        print(''.join(sentence),label_true,label_predict)
        predict.append(label_predict)
        label.append(label_true)

    #预测准确率
    acc = accuracy_score(predict,label)
    print('模型在测试集上的准确率:% s'% acc)


if __name__ == '__main__':
    filepath = 'data/data_single.csv'
    input_shape = 180
    model_save_path = 'data/corpus_model.h5'
    model_train(input_shape,filepath,model_save_path)
```

4. 结果及说明

```
Model:"sequential_1"
```

```
______________________________________________________________
Layer(type)                  Output Shape          Param #
==============================================================
embedding_1(Embedding)       (None,180,20)         43100
lstm_1(LSTM)                 (None,100)            48400
dropout_1(Dropout)           (None,100)            0
dense_1(Dense)               (None,2)              202
==============================================================
Total params:91,702
Trainable params:91,702
Non-trainable params:0
______________________________________________________________
Epoch 1/5
121/121 [==============================] - 7s 19ms/step - loss:0.4269 - accuracy:0.8098
Epoch 2/5
121/121 [==============================] - 2s 17ms/step - loss:0.2243 - accuracy:0.9297
Epoch 3/5
121/121 [==============================] - 2s 17ms/step - loss:0.1797 - accuracy:0.9447
Epoch 4/5
121/121 [==============================] - 2s 17ms/step - loss:0.1522 - accuracy:0.9520
Epoch 5/5
121/121 [==============================] - 2s 17ms/step - loss:0.1361 - accuracy:0.9585
start:0,end:1
y_predict:[[0.01155674 0.9884433 ]]
label_predict:负面,label_true: 负面
硬件一般,但是软件很棒,负面 负面
```

```
start:1,end:2
y_predict:[[0.14237535 0.8576247 ]]
1abel_predict:负面,label_true:正面
客服态度好。电视还没有开始用,还不知道效果。用了再评价 正面 负面
start:426,end:427
y_predict:[[0.03763796 0.96236205]]
1abel_predict:负面,1abel_true:负面
电视机一般,低端机不要求那么高咯。负面 负面
start:427,end:428
y_predict:[[0.9980398 0.00196028]]
label_predict:正面 ,label_true:正面
很好,两点下单上午就到了,服务很好。正面 正面
start:428,end:429
y_predict:[[9.9979240e-01 2.0762834e-04]]
1abel_predict:正面,1abel_true:正面
帮朋友买的,好好好好好好好好 正面 正面
模型在测试集上的准确率:0.9277389277389277
```

训练过程中会输出模型的结构信息和训练日志。训练完成后会输出每条测试数据的预测结果和真实标签,以及模型在测试集上的准确率。最终训练完成后,模型在训练集上的损失函数值为 0.1361,准确率为 0.9585。这意味着模型对训练集中的文本数据进行了很好的拟合,损失函数较低,准确率较高。

## 6.5 注意力机制

近年来,注意力机制(attention mechanism)在深度学习框架模型中应用得越来越广泛,在 NLP 及机器视觉领域的语义理解和目标识别等方面能够取得非常好的效果。注意力机制可以通过"去粗取精"的方式优化算力资源的使用,从海量繁杂的信息中快速筛选出重要信息。本节着重介绍深度学习模型中注意力机制的相关概念、主要方法理论以及应用案例。

### 6.5.1 注意力机制简介

注意力一般指人类观察事物的焦点,即视野里的关注点,是人类高效理解视觉信息的主要方式。比如,人们更关注视野中运动的物体,或者找东西时关注一个一个的物品进行识别筛选,如图6.13所示,两组图像中标出的白色区域为高注意力区域,也是追踪和识别物体的视觉焦点。注意力机制引入深度学习模型后,能够模仿人类视觉认知的方法,约束神经网络自动学习并集中注意力处理重要的数据信息,降低对一般信息的注意力,甚至滤除无关信息,从而提高模型的性能和泛化能力。

**图6.13 人类视觉的注意力焦点**

注意力机制的方法是在机器视觉和图像处理领域最早提出的,通过仿生人类的视觉注意力构建了很多不同的模型,基本都是聚焦图像或视频中需要重点关注的目标区域,给予这部分区域优先处理权、更高的权重或单独分割出来处理,并随着关注焦点的改变或移动调整注意力区域。2015年,Bahdanau等将注意力机制引入自然语言处理领域,用于在机器翻译任务上同步进行翻译和对齐处理。之后,在自然语言处理领域逐步被广泛应用,尤其是应用到深度学习模型中,取得了不错的效果。在深度学习领域,模型往往需要接收和处理大量的数据,然而,在某个特定的处理任务阶段,往往只有少部分的数据是重要的,这就适合引入注意力机制进行处理。总之,深度学习模型中引入注意力机制可以合理调整重要向量或特征的权重。例如,为了预测一个句子中各个词的排列顺序,使用注意力机制可以估算一个词向量与其他词向量的相关程度有多强,即词语的上下文关系,并关注相关性强的排列去理解或翻译句子。

举个简单的例子,假如英文“Who are you”翻译为中文的“你是谁”,如图6.14所示。传统的模型处理方式是一个Seq - to - Seq(Sequence to Sequence)的模型,包含编码器(Encoder)端和解码器(Decoder)端。Encoder 端对“Who are you”进行编码,然后将整句话的信息传递给 Decoder 端,由 Decoder 解码出“你是谁”。在这个过程中,Decoder 是逐字解码并排列顺序的,在每次解码的过程中,如果接收信息过多,可能会导致模型的内部混乱,从而导致错误结果。这时,可以使用注意力机制来解决这个问题。Decoder 生成“你”的时候和单词“you”强相关,和“Who are”弱相关,使用注意力机制可以将焦点放到“you”上,并减少对“Who are”的关注,从而提高整体模型的表现。因此,注意力机制是加在 Encoder 和 Decoder 之间,用于调整 Encoder 传给 Decoder 上下文向量的权重(注意力),以便按照语序生成翻译文本。

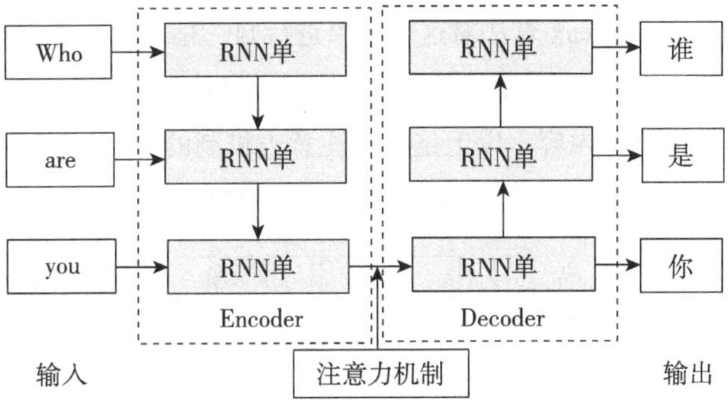


**图 6.14　传统深度模型翻译过程**

## 6.5.2　注意力机制基本原理

最早在深度学习模型引入注意力机制的论文中提出了两种方法:软注意力机制(Sort Attention)和硬注意力机制(Hard Attention)。软注意力机制是指在选择信息的时候,计算由 Encoder 输入 $N$ 个信息的注意力权重进行加权平均作为 Decoder 的输入,融合了各个信息。硬注意力是选择输入 $N$ 个信息中注意力权重最大值作为 Decoder 的输入,剔除了其他信息。一般常用软注意力机制。本节以软注意力机制为例,结合上面英文翻译的例子讲解基本原理。

现在要把“Who are you”翻译为中文,图 6.15 为生成“谁”的过程,假设英文单词在网络模型中的输入表示为向量:$X=[x_1,x_2,\cdots,x_N]$,经过 RNN 后提取为词向量 $H=[h_1,h_2,\cdots,h_N]$,首先将 Decoder 前一个时刻的输出状态 $q_2$ 和 Encoder 的

输出 $H$ 进行 Attention 计算,得到一个当前时刻的上下文向量 $C$(context),具体的公式如下:

$$
\begin{aligned}
[a_1, a_2, a_3] &= \mathrm{softmax}([s(q_2, h_1), s(q_2, h_2), s(q_2, h_3)]) \\
&= \frac{exp(s(q_2, h_i))}{\sum_{j=1}^{3} exp(s(q_2, h_j))}
\end{aligned} \tag{6-1}
$$

$$
C = \sum_{i=1}^{3} a_i h_i \tag{6-2}
$$

其中,标量 $s(q_2, h_1)$ 表示注意力打分函数的分数值,描述了当前时刻在 Encoder 输出结果上的关注程度,即注意力分数。由 $q_1, q_2, \cdots$ 组成的向量 $Q$ 称为查询向量。然后用 Softmax 算法对这个结果进行归一化。最后使用加权求和获得当前时刻的上下文向量 $C$,表示截至当前已经有了"你是",下一个时刻应该更加关注源英文语句的哪些内容。以上是关于注意力机制的一个完整计算。最后,将 $C$ 与上一时刻输出"是"融合作为当前 RNN 单元的输入。

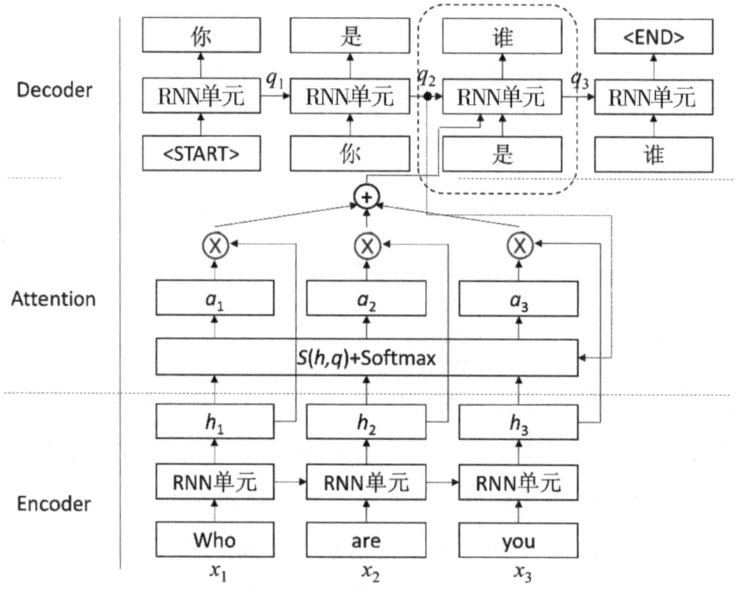


**图 6.15　软注意力机制示意图**

当然,以上例子较为简单,当涉及长复杂句翻译时,输入和输出的内容甚至长度都是不一样的,而注意力机制是在输入句子和生成句子之间起作用,能达到更好的翻译效果。

### 6.5.3 注意力机制的各种方法

1. 硬注意力机制

硬注意力机制根据注意力分布情况,选择输入向量 $H$ 中的一个作为输出,而不再计算加权平均值了。输入向量的选择有两种方式:①选择注意力分布中最大值,其对应的输入向量作为注意力机制的输出;②根据注意力分布进行随机采样,随机采样值作为注意力机制的输出。硬注意力这种单值的输出,会导致整体深度模型损失函数与注意力分布之间的函数关系不可导,因此无法使用反向传播算法训练模型,通常需要用强化学习算法训练模型。

2. 自注意力机制(self - attention)

自注意力机制建立了输入或输出内部长距离的联系,即提取到长句内间隔较远的词之间的依赖关系,使其更符合语法特征。相对于能起同样作用的全连接神经网络,自注意力机制可以动态生成不同连接的权重值,具体生成多少个连接是可变的,这是全连接神经网络无法做到的,其连接边数是固定不变的,因而无法处理长度可变的序列。如图 6.16 所示,输入 $x_i$ 和中间输出 $h_i$ 之间连接用虚线表示,是动态变化的。

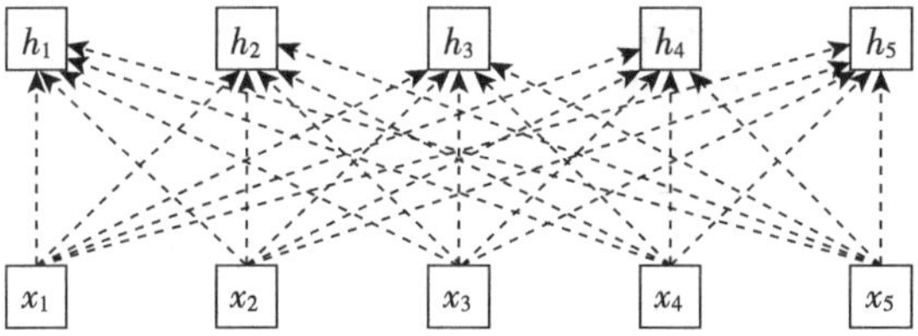


**图 6.16 自注意力机制的输入输出间连接**

自注意力机制一般采用查询 - 键 - 值(Query - Key - Value)的结构,即将输入向量与 $Wq$, $Wk$, $Wv$ 三个矩阵相乘,转化为查询向量 $Q$,键向量 $K$ 和值向量 $V$。然后计算注意力分数值,并使用 Softmax 归一化后获得注意力分布。最后,用注意力分布对 $V$ 进行加权平均,获得最终的上下文向量 $C$,从而组织生成翻译的语序语句。图 6.17 是一个自注意力机制的示例,表示了每个中文词翻译为英文单词后,如何将这些单词按照语序组成语句。由图中动态生成的连线可以看出:

“more”和“difficult”颜色深的块表示与“making”相关性权重值高，即高注意力值，三个词之间存在的联系构成了一个短语。

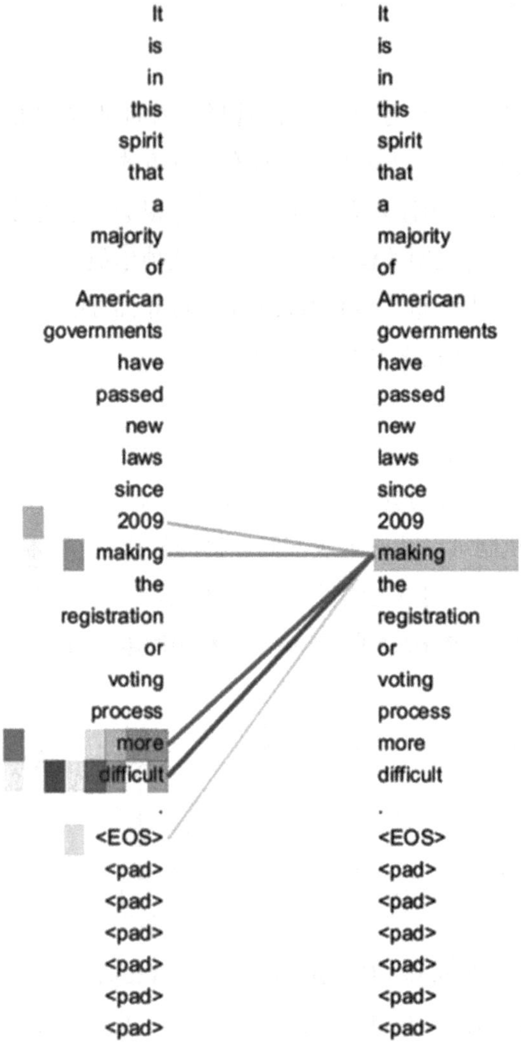


**图 6.17　自注意力机制示例**

3. 多头注意力机制(multi – head attention)

人们利用视觉观察周边事物或阅读时会有不同的思考角度，形成多个注意力关注点获取综合信息。在深度学习领域，多头注意力机制是利用多组注意力权重(查询向量 $Q$)，并行地从输入信息中选取多组信息，从而学习到不同分析角度的语义信息。它是 Transformer 模型内的重要组成部分,被广泛用于 NLP 各种任务,如机器翻译、语义理解、文本分类等。

多头注意力机制也是采用了查询—键—值结构,如图 6.18 所示,$Q$、$K$、$V$ 经过线性全连接后,每个查询向量 $Q$ 将会进行注意力分布的计算,结果为每个注意力头(head),即注意力聚焦输入信息的不同角度,从不同的角度上去关注分析输入信息。最终将所有注意力头输出的上下文向量用 Concat 函数进行拼接作为最终的结果。

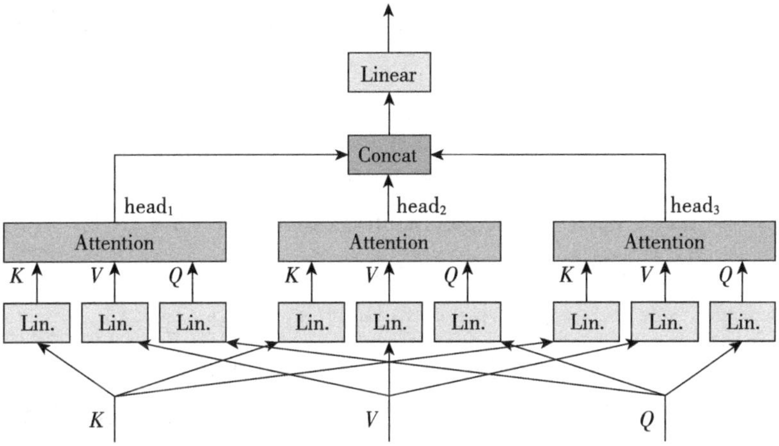


**图 6.18　多头注意力机制示意图**

此外,注意力机制还包括:通道注意力机制(chanel attention),应用于压缩和激励网络(squeeze – and – excitation networks, SENet)模型;空间注意力机制(spatial attension),应用于空间变换神经网络(spatial transformer networks, STN)模型,一般用于图像和视频处理任务,这里不再详述。

## 6.5.4　多头注意力机制应用实例

本小节使用公开测试数据集为实例,讲解多头注意力机制的使用和效果。具体的任务是分析康奈尔大学发布的电影评价数据集评论者的满意程度,即实现文本情感分析。该数据集共 10662 条影评,包含 rt – polarity. neg 和 rt – polarity. pos 两个文件,其分别包含 5331 个正面的评论和 5331 个负面的评论。

1. 数据读取

使用 tf. keras. preprocessing. text. Tokenizer( )模块进行数据的读取和预处理，代码如下：

```
import tensorflow as tf
def load_data(positive_data_file,negative_data_file):
# 加载数据
    # 读取数据
    file_list = [positive_data_file,negative_data_file]
    train_data = [ ]
    train_labels = [ ]
    for index,file in enumerate(file_list):
        with open(file,'r',encoding = 'utf - 8')as fp:
            for line in fp.readlines( ):
                train_data.append(line.strip( ))
                train_labels.append(index)
    # 文本标签预处理:(1)文本过滤;(2)建立字典;(3)向量化文本以及文
本对齐
    # 文本过滤,去除无效字符
    tokenizer = tf.keras.preprocessing.text.Tokenizer(oov
_token = " <unk > ",
                                                filters = '!"#$% &()
* + ., - /:; = ? @ [ \]^_'{ |} ~ ')
    tokenizer.fit_on_texts(train_data)
    # 建立字典,构造正反向字典
    tokenizer.word_index = {key:value for key,value in to-
kenizer.word_index.items( )}
    # 向字典中加入 <unk >字符
    tokenizer.word_index[tokenizer.oov_token]  = len(to-
kenizer.word_index) + 1
```

```
        # 向字典中加入<pad>字符
        tokenizer.word_index['<pad>'] = 0
        index_word = {value: key for key,value in tokenizer.word_index.items()}
        # 向量化文本和对齐操作,将文本按照字典的数字进行项向量化处理,
        # 并按照指定长度进行对齐操作(多余的截掉,不足的进行补零)
        train_seq=tokenizer.texts_to_sequences(train_data)
        len_seq=[len(l)for l in train_seq]
        cap_vector = tf.keras.preprocessing.sequence.pad_sequences(train_seq,padding='post')
        max_length = len(cap_vector[0])  # 标签最大长度
        return cap_vector,train_labels,max_length,len_seq,tokenizer.word_index,index_word
    def dataset(positive_data_file,negative_data_file,batch_size=64):
        cap_vector,train_labels,max_length,len_seq,word_index,index_word = load_data(positive_data_file,negative_data_file)
        dataset = tf.data.Dataset.from_tensor_slices(((cap_vector,len_seq),train_labels))
        dataset=dataset.shuffle(len(cap_vector))
        dataset = dataset.batch(batch_size,drop_remainder=True)
        return dataset,max_length,word_index,index_word
```

2. 模型搭建

(1)带有位置信息的词嵌入层的实现。

MultiAttention 模型的本质是 key - value 的查找机制,该模型并不能捕捉序列的顺序。也就是说,即使将 $K$、$V$ 按行打乱顺序(相当于打乱句子中的词序),也不会影响 Attention 的结果。对于时间序列来说,尤其是对于 NLP 中的任务来说,顺

序信息是很重要的。顺序信息代表着局部甚至是全局的结构，如果模型学习不到顺序信息，那么效果将会大打折扣（比如机器翻译中，即使把每个词都翻译出来了，没有合理的顺序也不能组织成完整的句子）。

因此，Google 提出“位置向量”（Position Embedding），给每个位置编号，然后每个编号对应一个向量，通过结合词向量和位置向量，就给每个词都引入了一定的位置信息，这样 Attention 模型就可以分辨出不同位置的词了。

在以往的 Position Embedding 中，基本都是根据任务训练出来的向量。Google 直接给出了一个构造 Position Embedding 的公式：

$$PE_{(pos,2i)} = \sin\left(\frac{pos}{10\,000^{\frac{2i}{d}}}\right) \tag{6-3}$$

$$PE_{(pos,2i+1)} = \cos\left(\frac{pos}{10\,000^{\frac{2i}{d}}}\right) \tag{6-4}$$

式中，pos 表示位置 index；$i$ 表示 dimension index。

Google 在论文中表示他们比较过直接训练出来的位置向量和上述公式计算出来的位置向量，效果是接近的，因此更倾向于使用公式来构造 Position Embedding。

Position Embedding 本身是一个绝对位置的信息，但在语言中，相对位置也很重要，Google 选择前述的位置向量公式的一个重要原因是，由于有公式 $\sin(\alpha+\beta)=\sin\alpha\cos\beta+\cos\alpha\sin\beta$ 和公式 $\cos(\alpha+\beta)=\cos\alpha\cos\beta-\sin\alpha\sin\beta$，这表明位置 $p+k$ 的向量可以表示成位置 $p$ 的向量的线性变换，这提供了表达相对位置信息的可能性。

Position Embedding 的主要实现步骤如下：

①对嵌入中的每一个元素使用 sin 和 cos 算法进行计算。

②将第①步的结果使用 concat 函数连接起来作为最终的位置信息。

③将得到的位置信息与 embedding 进行拼接或直接加入 embedding 中。

这里自定义 Position Embedding 层，在 tf. keras 中自定义网络主要有以下几步：

①继承 tf. keras. layers. Layer。

②在类中实现__init__方法，用于初始化该层。

③实现 build 方法用于对该层的权重进行定义。

④实现 call 方法,用于调用事件。对输入数据进行自定义处理,同时还需要支持 masking(根据实际长度进行计算)。

⑤在类中实现 compute_output_shape 方法,指定该层的输出 shape。

代码如下:

```
class Position_Embedding(tf.keras.layers.Layer):
# 带位置信息的词嵌入
    def __init__(self,size=None,mode='sum',**kwargs):
        super(Position_Embedding,self).__init__(**kwargs)
        self.size=size# 必须为偶数
        self.mode=mode
    def call(self,inputs,**kwargs):
        if self.size==None or self.mode=='sum':
            self.size=int(inputs.shape[-1])
        position_j=1./K.pow(10000.,2*K.arange(self.size/2,dtype='float32')/self.size)
        position_j=K.expand_dims(position_j,0)
        # 按照 x 的 1 维度累计求和,与 arange 一样,生成序列。只不过按照 x 的实际长度来
        position_i=tf.cumsum(K.ones_like(inputs[:,:,0]),1)-1
        position_i=K.expand_dims(position_i,2)
        position_ij=K.dot(position_i,position_j)
        position_ij=K.concatenate([K.cos(position_ij),K.sin(position_ij)],2)
        if self.mode=='sum':
            return position_ij+inputs
        elif self.mode=='concat':
            return K.concatenate([position_ij,inputs],2)
```

```
    def compute_output_shape(self,input_shape):
        if self.mode == 'sum':
            return input_shape
        elif self.mode == 'concat':
            return(input_shape[0],input_shape[1],input_shape[2] + self.size)
```

(2)多头注意力层的实现。

Multi - Head 的意思就是重复运行几次然后拼接在一起,但如果按照这个思路来实际运行程序,显示最终结果会非常慢,因此必须把 Multi - Head 的操作合并到一个张量来运算,因为单个张量的乘法内部会自动并行。该方法直接将多头注意力机制最后生成的全连接网络中的权重提取出来,并入原有的输入变量 $Q$、$K$、$V$ 中,同时按照指定的次数展开,使它们直接以矩阵的方式进行计算。具体实现步骤如下:

①对注意力机制中的三个变量 $Q$、$K$、$V$ 进行线性变换。

②调用 batch_dot 对变换后的变量 $Q$ 和 $K$ 作基于矩阵的相乘计算。

③对第②步的结果与变量 $V$ 再进行基于矩阵的相乘计算。

代码如下:

```
class Attention(tf.keras.layers.Layer):
# 基于内部注意力机制的多头注意力机制
    def __init__(self,nb_head,size_per_head, **kwargs):
        super(Attention,self).__init__( **kwargs)
        self.nb_head = nb_head                          # 设置注意力的计算次数
        self.size_per_head = size_per_head              # 设置每次线性变化为 size_per_head 的维度
        self.output_dim = nb_head * size_per_head       # 设置输出的总维度
    def build(self,input_shape):
        '''定义 Q、K、V 的权重'''
```

```
        super(Attention,self).build(input_shape)
        self.WQ = self.add_weight(name = 'WQ',
                                  shape = (int(input_shape[0][ -
1]),self.output_dim),
                                  initializer ='glorot_uni-
form',trainable = True)
        self.WK  =  self.add_weight(name = 'WK',
                                  shape = (int(input_shape[1]
[ -1]),self.output_dim),
                                  initializer ='glorot_uni-
form',trainable = True)
        self.WV  =  self.add_weight(name = 'WV',
                                  shape = (int(input_shape[2]
[ -1]),self.output_dim),
                                  initializer ='glorot_uni-
form',trainable = True)
    def Mask(self,inputs,seq_len,mode = 'mul'):
  # 定义 Mask 方法,按照 seq_len 实际长度对 inputs 进行计算
        if seq_len = = None:
            return inputs
        else:
            mask = K.one_hot(seq_len[:,0],K.shape(inputs)
[1])
            mask = 1 - K.cumsum(mask,1)
            for _ in range(len(inputs.shape) -2):
                mask = K.expand_dims(mask,2)
            if mode = = 'mul':
                return inputs * mask
            if mode = = 'add':
```

```
                return inputs - (1 - mask) * 1e12
        def call(self,inputs, * * kwargs):
            # 解析传入的 Q_seq、K_seq、V_seq
            if len(inputs) = =3:
                Q_seq,K_seq,V_seq = inputs
                Q_len,V_len = None,None
            elif len(inputs) = =5:
                Q_seq,K_seq,V_seq,Q_len,V_len = inputs
            # 对 Q_seq、K_seq、V_seq 进行 nb_head 次线性变换,并转化为
size_per_head
            Q_seq = K.dot(Q_seq,self.WQ)
            Q_seq = K.reshape(Q_seq,( -1,K.shape(Q_seq)[1],
self.nb_head,self.size_per_head))
            Q_seq = K.permute_dimensions(Q_seq,(0,2,1,3))
            K_seq = K.dot(K_seq,self.WK)
            K_seq = K.reshape(K_seq,( -1,K.shape(K_seq)[1],
self.nb_head,self.size_per_head))
            K_seq = K.permute_dimensions(K_seq,(0,2,1,3))
            V_seq = K.dot(V_seq,self.WV)
            V_seq = K.reshape(V_seq,( -1,K.shape(V_seq)[1],
self.nb_head,self.size_per_head))
            V_seq = K.permute_dimensions(V_seq,(0,2,1,3))
            #计算内积,然后 mask,之后 softmax
           A = tf.compat.v1.keras.backend.batch_dot(Q_seq,K_
seq,axes =[3,3])/self.size_per_head* *0.5
            A = K.batch_dot(Q_seq,K_seq,axes =[3,3])/self.
size_per_head* *0.5
            A = K.permute_dimensions(A,(0,3,2,1))
            A = self.Mask(A,V_len,'add')
```

```
            A = K.permute_dimensions(A,(0,3,2,1))
            A = K.softmax(A)
            # 输出并 mask
            O_seq = K.batch_dot(A,V_seq,axes = [3,2])
            O_seq = K.permute_dimensions(O_seq,(0,2,1,3))
            O_seq = K.reshape(O_seq,(-1,K.shape(O_seq)[1],
self.output_dim))
            O_seq = self.Mask(O_seq,Q_len,'mul')
            return O_seq
        def compute_output_shape(self,input_shape):
            return(input_shape[0][0],input_shape[0][1],self.
output_dim)
```

下一步,搭建模型,代码如下:

```
    def RNN_Attention(embedding_size,vocab_size,max_len):
        input = tf.keras.layers.Input([max_len])
        # 生成带位置信息的词向量
        embeddings = tf.keras.layers.Embedding(vocab_size,em-
bedding_size)(input)
        embeddings = Position_Embedding( )(embeddings) # 默认使
用同等维度的位置向
        # 注意力机制
        x = Attention(8,16)([embeddings,embeddings,embed-
dings])
        # 全局池化
        x = tf.keras.layers.GlobalAveragePooling1D( )(x)
        # dropout
        x = tf.keras.layers.Dropout(rate = 0.5)(x)
        # x = TargetedDropout(drop_rate = 0.5,target_rate = 0.5)
(x)
```

```
    x = tf.keras.layers.Dense(1,activation = 'sigmoid')(x)
    model = tf.keras.Model(inputs = input,outputs = x)
    return model
```

接着进行模型的训练,代码如下:

```
positive_data_file = "./rt -polaritydata/rt -polarity.pos"
negative_data_file = "./rt -polaritydata/rt -polarity.neg"
dataset,max_length,word_index,index_word = dataset(positive_data_file,negative_data_file)
embedding_size = 128
vocab_size = len(word_index)
max_len = max_length
model = RNN_Attention(embedding_size,vocab_size,max_len)
model.summary( )
# 添加反向传播节点
model.compile(loss = 'binary_crossentropy',optimizer = 'adam',metrics = ['accuracy'])
# 开始训练
print('Train...')
model.fit(dataset,epochs = 5)
```

最终训练结果如图 6.19 所示。

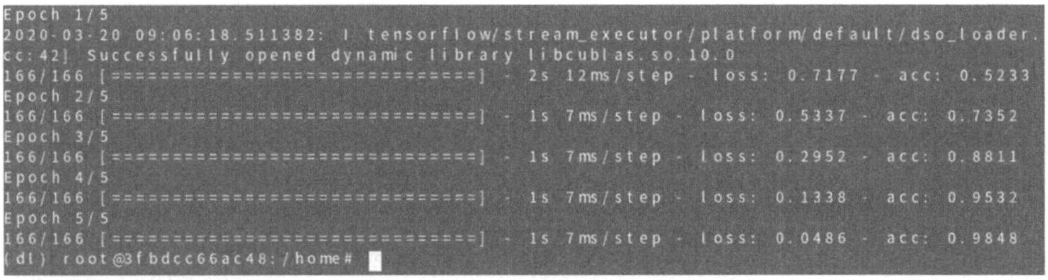


**图 6.19　训练结果**

# 第七章

# 基于文本分类的犯罪心理归因及风险评估

党的二十大报告指出："在社会基层坚持和发展新时代'枫桥经验'，完善正确处理新形势下人民内部矛盾机制。"报告要求打造共建共享的社会治理格局，提高社会治理社会化、法治化、智能化、专业化水平。

随着法治化建设进程不断推进，我国整体的社会治安形势有了较大的改观。最高人民检察院 2022 年 7 月发布的数据显示，自 2013 年至 2021 年，暴力犯罪案件已经从 10.8 万起降至 5.9 万起，案件数量减少了一半左右，同时检察机关本着少捕慎诉慎押的刑事司法政策，不诉率、不捕率也得到了较大幅度的提升[①][②]。然而暴力犯罪与其他犯罪类型不同，会直接造成人身伤害。目前家庭暴力、校园暴力、再犯罪等暴力犯罪行为也得到了广泛关注，其中导致暴力犯罪发生的因素涉及个人情绪、家庭、社会等因素[③][④][⑤]。在犯罪心理学中，探究"什么类型的人更容易犯罪"具有一定的宏观价值，不仅能够为评判犯罪风险（实施犯罪的可能性）提供评估因子，同时能够进一步分析服刑人员的实施暴力行为的成因，进行归因分析。仅依靠专业人员去研判罪犯的暴力犯罪归因类型效率较低，同时也容易掺入个人的主观情感因素，影响司法的公正性。

归因理论最早由海德在《人际关系心理学》中提出，目的是解释生活中事物发

① 参见张璁：《加强法律监督维护公平正义》，载《人民日报》2022 年 7 月 19 日，第 2 版。

② 参见《最高人民检察院发布上半年全国检察机关主要办案数据》，载 https://www.spp.gov.cn/spp/xwfbh/wsfbt/202207/t20220720_565763.shtml#1。

③ 参见王方圆：《我国家庭暴力犯罪的原因与对策研究》，安徽大学 2020 年硕士学位论文。

④ 参见陈彦、郑明景：《湖南省青少年校园暴力性犯罪的现状及原因分析》，载《法制博览》2021 年第 20 期。

⑤ 参见邓平：《社区矫正对象再犯风险现状及对策探究》，载《犯罪与改造研究》2022 年第 8 期。

生的缘由。随着该理论与心理学结合日益紧密,在犯罪中应用逐渐成熟。不同心理类型的人对情绪的控制能力不一,而情绪反映了罪犯心理的变化,对暴力行为的实施具有心理支配的影响①。对罪犯进行归因分析,可以从不同维度挖掘影响犯罪的因素②③④。暴力行为是犯罪行为的一种重要表现形式,主要体现为具有“攻击性”,根据 Barrat 等在 1991 年提出的广义化的三类型攻击行为:预谋性攻击、冲动性攻击和病理性攻击,暴力犯罪的归因类型可以划分为预谋型、冲动型和病理型。目前的研究大多数借助问卷、量表、自评、自陈等方式,从多角度对罪犯进行归因分析。多种维度的综合归因分析能够帮助研究人员全面发现暴力行为产生的因素,不仅聚焦个人主观层面,也扩展到外界影响因素以及自身内在情绪层次等,而后制定正确的防控路径。然而,目前仍旧面临暴力犯罪基数大的情况,能自动进行研判就显得十分重要。同时,数据的获取依赖专业的研究人员,量表及问卷需要专家解释说明。

随着科学技术的发展,人工智能技术在不同领域取得了较好的发展,在司法领域中引入人工智能技术也成为必然的趋势。2021 年,中共中央、国务院印发《法治政府建设实施纲要(2021—2025 年)》,大力发展“数字法治、智慧司法”,对“数字法治,智慧司法”的信息化体系建设提出了指导性意见。同时“智慧司法”“智慧法院”⑤等以人工智能为支撑,取得了较好的发展,促进司法信息化和智能化。自然语言作为人工智能中的重要一环,尤其对于司法领域中大量的文本数据,为在海量的司法文本数据的挖掘到具有重要价值的信息提供了支持。文本分类作为自然语言处理中一项基本任务,在司法领域中得到了广泛应用,如类案推送⑥、

---

① 参见许桂敏、张莹:《激情杀人犯罪的归因与防控路径探析》,载《浙江警察学院学报》2022 年第 3 期。

② See KRONER D. G. ,LACEY B. A. ,CASHEL M. L. ,*Development of attribution - based scales associated with proactive,reactive,and acquisitive offending*,Journal of Interpersonal Violence,2021,36(13 - 14):6274 - 6296.

③ See KARLSSON L. C. ,MALEN T. ,KAAKINEN J. K. ,et al. ,*The effect of sex and perpetrator - victim relationship on perceptions of domestic homicide*,Journal of Interpersonal Violence,2018,36(7 - 8):3309 - 3330.

④ 参见王旌宇、冯健新、张玉清:《心理学视角的青少年暴力犯犯罪成因探究》,载《现代交际》2020 年第 3 期。

⑤ 参见邓恒:《如何理解智慧法院与互联网法院》,载《人民法院报》2017 年 7 月 25 日,第 2 版。

⑥ 参见王君泽、马洪晶、张毅等:《裁判文书类案推送中的案情相似度计算模型研究》,载《计算机工程与科学》2019 年第 12 期。

争议焦点①、法条预测②等。

可以将心理学、人工智能融入司法干预中，对罪犯的犯罪事实进行归因分析，深度挖掘文本中罪犯实施犯罪时的心理状态，归因分析得到影响实施暴力行为的深层次因素。基于服刑人员的犯罪事实，对暴力犯罪进行归因分类，实质上是对犯罪事实进行分类处理。根据挖掘犯罪事实文本中的语义信息，自动对犯罪事实进行归因分类，科学的对暴力行为做出研判分析，不仅能够对监狱、社区等部门的矫正评估的工作中提供重要静态因子，也为制定合理的分级处遇机制提供了科学的依据。借助文本分类技术实现犯罪事实的自动研判，可以提升有关工作人员的工作效率。

目前基于罪犯的犯罪事实描述，采用文本分类技术对其展开暴力犯罪心理归因分析的研究还较少。由于非结构化的文本数据不能被直接处理，需要分词后转换为词向量，对于具有关键特征的词或短语，不能被正确分词。同时犯罪事实的描述不规范，不同犯罪案例的文本长度差距较大，单一的文本语义特征无法充分对犯罪事实建模，不能很好地映射犯罪案例的描述与归因类型的关系。另外，不同类型样本分布不均匀，存在数据不平衡的问题，导致少数类的归因准确率较低，容易发生过拟合的现象。综上所述，基于罪犯的犯罪事实描述，对其展开心理归因分析研究，具有重要的研究价值。不仅能自动对罪犯的暴力犯罪进行归因分类处理，提升工作效率，也能避免人为主观思想影响对归因类型的研判分析，同时一定程度上为构建适合的分级处遇机制提供参考，推动矫正教育工作的发展。

本章深入介绍文本分类及文本分类在犯罪归因方向的应用，介绍文本分类在司法领域中的深入应用，本章演示代码环境为 Python 3.7，TensorFlow 1.10，编译器为 Jupyter。

## 7.1　文本分类

文本分类（text classification）作为 NLP 中重要的任务之一，在各个领域得到

① 参见刘永聪：《基于深度学习的法律争议焦点归纳研究》，西南财经大学 2021 年硕士学位论文。

② 参见程豪、张虎、崔军等：《基于分层学习的易混淆法条预测》，载《计算机工程与设计》2020 年第 1 期。

了广泛应用。文本分类任务是基于每个文本文档的内在属性或特征将文本自动划分为几种类别。文本分类包括有监督学习和无监督学习两种方式,有监督学习是已经对文本的类别进行了预定义,而无监督学习则是没有预定义文本类别,不需要任何预先标记的训练数据样本构建分类技术,重点是挖掘文本中潜在的子结构或内容信息,而不是预测性分类。针对有监督文本分类,一组预定义标签的语料库 TS,包含一组成对的文档和标签,定义如下:$TS = \{(d_1,c_1),(d_2,c_2),\cdots,(d_n,c_n)\}$ ,其中 $d_1,d_2,\cdots,d_n$ 为不同文档的向量表示,对应标签为 $c_1,c_2,\cdots,c_n$ ,使 $c_x \in C = \{c_1,c_2,\cdots,c_n\}$ ,$c_x$ 表示文档 $x$ 的类标签,$C$ 表示所有可能离散分类的集合。通过有监督学习算法 F,对数据集 TS 上进行训练,构建分类模型 $\gamma$ ,即 $F(TS) = \gamma$ 。如 1.2.3 节所述,目前文本分类研究的前沿模型为深度学习模型,具有较好的泛化能力和分类准确率,是当前的主流方法,能够应用于司法行政领域主题分类、心理分析、档案整理等方面。

### 7.1.1 文本分类框架

本节介绍文本分类的主要流程,包括训练和测试阶段所需一系列步骤。在正式开始文本分类任务前,需要预先构建数据源,作为模型的输入。以下为文本分类模型的主要工作流程,图 7.1 为自动文本分类模型流程。

(1)训练集和测试集的构建。

(2)预处理和规范化文本文档。

(3)特征提取和工程。

(4)模型训练。

(5)模型预测与评估。

(6)模型部署。

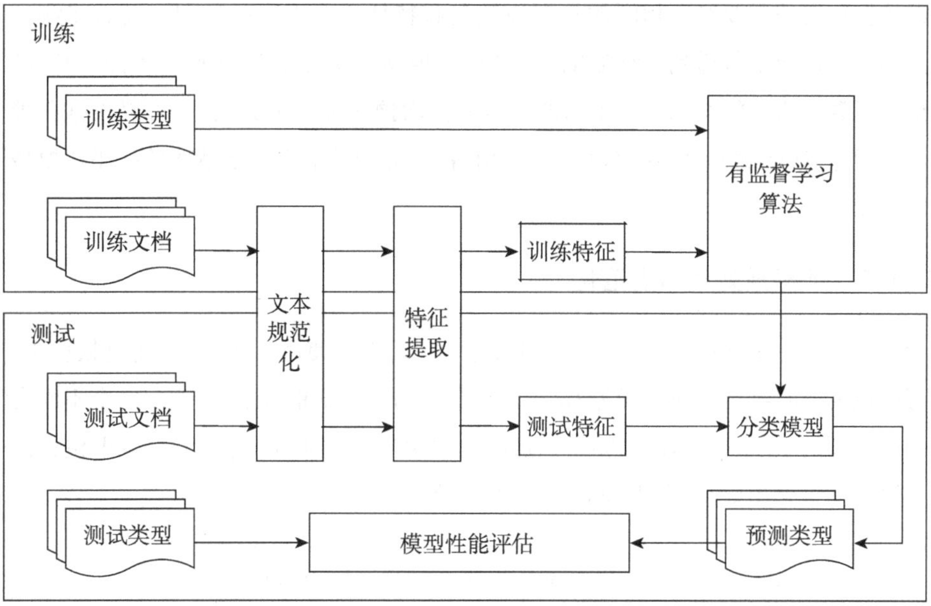


**图 7.1　自动文本分类模型流程**

由图 7.1 可知,模型主要包括两部分,分别为训练和测试,是构建文本分类模型的两个主要阶段。通常将数据集划分为三部分,分别为训练集、验证集和测试集,其中验证集是可选的。需要注意的是,文本规范化和特征提取对训练和预测是重叠的,这也表明在训练和预测的过程中,对这一部分需要进行相同的操作,确保分类模型在预测中始终保持一致。

在训练的过程中,每个文档均有对应的类别,在有监督学习中,这些类别均需要预先标记。在文本规范化的流程中,对数据进行预处理规范化,保证训练文档是标准化的。然后进行特征提取,采用不同的特征提取技术或工程技术从规范化后的文本提取有意义的语义特征,构建特征后,便可以选择有监督学习算法训练模型。模型的训练涉及从文档和对应的标签提取特征向量,使算法可以学习文本与类之间的对应的模式,并重用这些知识预测新文档的类别。通常采用验证集评估分类算法的性能,来确保模型能够在训练的过程中较好地表示数据。分类模型是特征工程和分类算法的结合,通过调节模型的各种参数,构建性能更好的最佳模型。

预测的过程涉及预测新文档的类或者评估预测如何处理新的测试数据。测试数据集文档需要经历相同的数据规范化和特征提取工程的过程。而后将测试文档的特征向量传递到训练后的分类模型，根据基于先前学习的参数，模型能够预测新数据所属的类别。如果新的测试文档均预先标记了类别，则可以根据各种评价指标，如准确率、精度、召回率、F1 值等，比较真实标签和预测标签，评估模型的性能。

### 7.1.2 数据预处理和规范化

为了进一步详细介绍文本分类的具体细节，本节使用了 20 个新闻组数据集，可以在 Scikit – Learn 下载该数据集。20 个新闻组数据集包括分布在 20 个不同类别或主题的 18000 个新闻组帖子。加载数据集操作代码如下，对于文本中包含的页眉页脚等无用信息，采用 remove 函数去除。

```
from sklearn.datasets import fetch_20newsgroups
import padas as pd
import warnings
warnings.filterwarnings('ignore')
data = fetch_20newsgroups(subset ='all', shuffle = True, remove =
('headers', 'footers', 'quotes'))
data_labels_map = dict(enumerate(data.target_names))
# 构建 dataframe 数据结构
corpus, target_labels, target_names = (data.data, data.target,
[data_labels_map[label] for label in data.target]
data_df = pd.DataFrame({'Artile': corpus, 'Target Label': target_
labels, 'Target Name': target_names})
print(data_df.shape)


Downloading 20news dataset. This mat take a few minutes.
Downloading dataset from http://qwone.com/~jason/20Newsgroups/
```

准备好数据集后，需要对数据集进行预处理和规范化。首先需要将数据集中的空文档进行删除。查询空文档及删除操作代码如下：

```
    total_nulls = data_df[data_df.Article.str.strip() = =''].shape
[0]
    print("空文档数:", total_nulls)
    data_df = data_df[ ~(data_df.Article.str.strip() = = '')]
    data_df.shape

    空文档数:515
    (18331, 3)
```

接下来为了使文本中的句子、短语或单词处于某种标准的格式，以减少文档中的噪声，进一步进行数据的预处理和规范化操作。数据预处理的一些相关操作主要如下，主要通过 text_normalizer 模块进行操作。

(1)删除重音字符：在处理英文字符时，需要将其他格式的字符转换为 ASCII 字符，主要通过 remove_accented_chars 函数实现。

(2)扩展缩写：在英文中，一些单词或音节常常以缩写的形式出现，如 I am 缩写为 I' m，所以必须处理带撇号缩写的特殊字符，将缩写形式扩展为原始形式。expand_contractions 函数使用正则表达式和 contractions. py 模块中映射的各种缩写来扩展语料库中的缩写。

(3)删除特殊字符：特殊字符会增加非结构化文本的额外噪声，用 remove_special_characters 函数进行清除。

(4)词干提取和词形还原：词干是单词的基本形式，在词干上附加前缀和后缀构建了新的单词，而获得单词的基本形式的逆过程称为词干提取。词形还原与词干提取相似，词形还原总是字典中存在的正确单词。通过 lemmatize_text 函数实现。

(5)删除停用词：停用词一般指意义不大或者没有实际意义的词语，在 NLTK 中有标准的英语停用词列表，使用 remove_stopwords 函数移除停用词。

文本预处理操作代码如下：

```
import nltk
import text_normalizer as tn
stopwords_list = nltk.corpus.stopwords.words('english')
# 标准化语料库
norm_corpus = tn.mormalize_corpus(corpus = data_df['Article'], html_stripping = True, contraction_expansion = True, accented_char_removal = True, text_lower_case = True, text_lemmatization = True, text_stemming = False, special_char_removal = True, remove_digits = True, stopword_removal = True, stopwords = stopwords_list)
data_df['Clean Article'] = norm_corpus
data_df = data_df.dropna().reset_index(drop = True) # 删除失效文档
data_df.info()
data_df.to_csv('clean_newsgroups.csv', index = False)

<class 'pandas.core.frame.DataFrame'>
Int64Index: 18331 entries, 0 to 18445
Data columns (total 4 columns):
Article            18304 non-null object
Clean Article            18304 non-null object
Target Label           18304 non-null int64
Target Name           18304 non-null object
dtypes: int64(1), object(3)
memory usage: 1.3 + MB
```

### 7.1.3 构建训练和测试集

文本分类系统是在训练数据上构建模型，在测试数据中测试和评估性能。因此将数据集划分为训练集和测试集，训练数据占语料库 67%，测试数据占 33%。具体操作代码如下：

```
    from sklearn.model_selection import train_test_split
    train_corpus, text_corpus, train_label_nums, test_label_nums,
train_label_names, test_label_names = train_test_split(np.array
(data_df['Clean Article']), np.array(data_df['Target Label']),
                np.array(data_df['Target Name']), test_size=0.33,
random_state=42)
    train.corpus.shape, test_corpus.shape

    ((12263,), (6041,))
```

### 7.1.4　特征工程技术

数据集中包含许多数据点,数据集的行和列都是数据集的各种特征和属性,每行或者每个观测值都有特定的值。特征是数据集中每个观察点或者数据点的唯一可测量的内在属性。特征通常是数据,可以是绝对数值或分类特征,提取和选择特征的过程称为特征工程。将提取的特征输入分类算法中,用于学习模式,学习到的模式可以用于新数据点的挖掘。然而,文本数据是由非结构化的数据表示,如何从非结构化的数据提取数字特征成为一项难点。目前文本数据的特征工程包括传统特征工程和高级特征工程。

1. 传统特征工程

文本数据的传统特征工程是基于计数方法构建的,涉及一类模型,通常称为词袋模型。尽管这一类方法能够有效从文本中提取特征,但由于该模型的内在性质只是一袋非结构化的单词,丢失了大量信息,如每个文本文档中单词的语义、结构、顺序和上下文。主要有以下方法:

(1)词袋(词频)模型:词袋模型将每个文本文档表示为数字向量,其中每个维度是语料库中的特定单词,值可以是其在文档中出现的频率(出现与否用1或0表示),可以是加权值。该模型无须考虑单词顺序、序列和语法。

(2)n－gram词袋模型:n－gram是文本文档中单词标识符的集合,这些标识符是连续按顺序出现的。Bi－gram表示二元的n－gram(两个单词),Tri－gram表示三元的n－gram(三个单词),依此类推。n－gram词袋模型是一种利用基于

n – gram 特征的词袋模型的扩展。

(3) TF – IDF 模型：代表词频 – 逆文档频率，是两个度量指标的组合：词频 (TF) 和逆文档频率 (IDF)。该技术最初被开发为一种度量指标，基于用户查询显示搜索引擎结果，现已成为信息检索和文本特征提取的一部分。

2. 高级特征工程

高级特征工程是基于神经网的语言模型的预测方法，通过查看语料库中的单词序列来尝试从相邻单词预测单词。在这个过程中，通过学习分布式表示法，从而提供稠密的词嵌入，也称词嵌入模型。

(1) Word2Vec：是一种基于预测性深度学习模型，通过计算生成当前词的连续稠密向量表示，获取上下文和语义相似度。其核心思想是基于上下文，先用向量代表各个词，再通过预测目标函数学习这些向量的参数。本质上是一种无监督学习模型，通过大量学习语料库，创建尽可能多的词语词汇表，并为词汇表代表向量空间中每个词语生成稠密的词嵌入。Word2Vec 通过两个架构方式生成稠密向量空间：CBOW 模型和 Skip – gram 模型。

(2) GloVe：全局向量 (Global Vectors) 模型是一种无监督学习模型，通过将单词映射到有意义的向量空间，其中单词之间的距离与语义相似性有关，对聚合的全局词语 – 词语贡献矩阵进行训练，从而提供有意义的向量空间。其基本方法是构建一个庞大的词语 – 上下文共现矩阵，矩阵由 (word, context) 对组成，矩阵中每一个元素均代表一个词在上下文出现的频率。作为用于词表示的无监督学习的对数 – 双线性回归模型，结合了两个模型族的功能，即全局矩阵分解和局部上下文窗口方法。

### 7.1.5 构建分类模型

分类模型是根据过去观察到的数据获得的模式，用于对新数据点的分类、归类或者标注。分类模型的构建经历了训练、评估和调试三个阶段。训练是有监督学习算法视图从训练数据中发现原数据与类别之间模式关系的过程，从而发现导致对应结果的特定模式。结果通常称为类标签、类变量或响应变量。通过特征提取或者特征工程处理，从原始数据中得到有意义的数据特征，再输入选择的分类算法，经过训练获取模式关系。获取的模式关系可以视作训练数据的概括，以便用于未来新的数据的预测。

评估包括测试模型的预测性能,以查看模型在训练数据集上的训练和学习情况。因此,通过一个验证数据集,对该数据集进行预测并针对实际的类标签测试预测值,来评估模型的性能。另外,交叉验证可以将数据分为多份,并将其中的一部分用于训练,其余用于验证训练后的模型。根据验证结果对模型进行调整,以达到最佳参数配置,从而产生最大的准确率和最小的误差。

调试也称超参数调试或优化,通过优化模型,以最大化其预测能力并减小误差。模型的核心都是带着参数的数学函数,这些参数可以确定模型复杂性、学习能力等。这些参数也称超参数,因为它们无法直接从数据中学习,必须在运行和训练之前进行设置,因此选择最佳的模型超参数能使模型的性能产生良好的预测精度,这个过程也称模型调优。

文本分类算法包括浅层学习算法和深度学习算法。浅层学习算法主要通过特征工程获取数据后直接采用传统机器学习算法进行分类,而深度学习算法则是使用多个隐藏层闭关结合多个神经网络模型来构建复杂的分类模型。接下来将简要介绍几种浅层学习算法和深度学习算法。

1. 支持向量机

支持向量机(SVM)是一种有监督的浅层学习算法,常用于分类、回归,以及异常值或离群点检测的问题中。该算法将训练数据样本表示为空间中的点,使属于这两个类的点之间可以被一个较大的间隙(超平面)分隔开,并且要预测的新数据点属于哪个类取决于其落在超平面的哪一侧。这个过程适用于典型的线性分类过程。SVM 还可以通过一种称为内核技巧的方法执行非线性分类,该方法使用内核函数对可非线性分离的高维特征空间进行操作。通常,特征空间中数据点之间的内积可以帮助实现这一目标。在二分类问题,使每个数据点或观察值都属于一个特定的类,则可以基于数据训练 SVM 算法,从而将未来的数据点分配给这两个类之一。

2. 逻辑回归

逻辑回归模型(Logit 或 Logistic 模型)实际上是统计学家 David Cox 在 1958 年开发的统计模型,逻辑回归型使用逻辑(通常也称 sigmoid)数学函数来估计参数值。这些是所有特征的系数,因此,在预测结果时,可以将总损失降到最低。但在这个过程中不关注误差,而是更多地使用最大似然估计(MLE)将预测值与观察值的可能性最大化。

3. 集成模型

集成模型本质上是由其他模型或估计器组成的模型或元估计器。这些子模型是简单的估计器,将这些简单子模型组合起来用于数据的预测。组合子模型的方法如下:

(1)套袋法(bagging):一种非常流行的集成建模技术。在套袋中,将数据切分为子集,并在每个子集上并行训练模型。然后,允许子集同时对结果进行投票,最终结果通常是平均汇总。随机森林模型可能是套袋模型的最常用示例。

(2)提升法(boosting):是另一种集成技术,可以使用顺序建模,而不是像套袋那样并行构建多个模型,并从先前模型的错误中更新一个模型的参数。通常以顺序处理的形式助推,将一个模型的输出用作下一个模型的输入。梯度提升机是最受欢迎的增强模型之一。

在随机森林的情况下,子模型是决策树。通常,随机森林训练许多决策树并将其组合以生成单个预测有各种各样的集成模型。

4. LSTM

循环神经网络(RNN)是以序列数据作为输入,在序列的前进的方向上进行递归,且所有节点(循环单元)按链式连接的递归神经网络。图 7.2 为 RNN 网络结构,其中 $x$ 为模型的输入,$S$ 为隐藏层单元状态,$o$ 为模型的输出,$U$、$V$、$W$ 为模型的权重矩阵。RNN 在 $t$ 时刻的输出如式(7-1)和式(7-2)所示,其中 $S_t$ 为 $t$ 时刻隐藏层单元状态,$o_t$ 为 $t$ 时刻模型的输出,$b$ 和 $c$ 为偏置,$\psi(\cdot)$ 为激活函数。

$$S_t = \psi(Ux_t + Wh_{t-1} + b) \tag{7-1}$$

$$o_t = VS_t + c \tag{7-2}$$

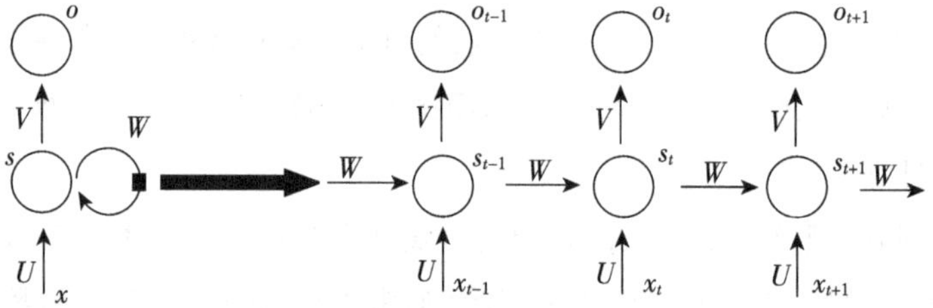


**图 7.2　RNN 网络结构**

长短时记忆神经网络(LSTM)是 RNN 的一种变体,增加了门结构和记忆单元,能够控制信息的传递和更新。图 7.3 为 LSTM 模型结构,其中 $x_t$ 为当前节点的输入，$h_{t-1}$ 为上一层细胞元的输出，$C_{t-1}$ 为上一层细胞元选择保留或遗忘的状态，$h_{t-1}$ 为当前节点的输出，$C_t$ 为当前节点细胞元选择保留或遗忘的细胞态通过接收上一时刻序列信息、细胞态和当前输入的序列信息，分别通过三种门操作选择遗忘旧信息、保留部分输入的序列信息，更新模型细胞态信息，并输出当前序列的表征信息。

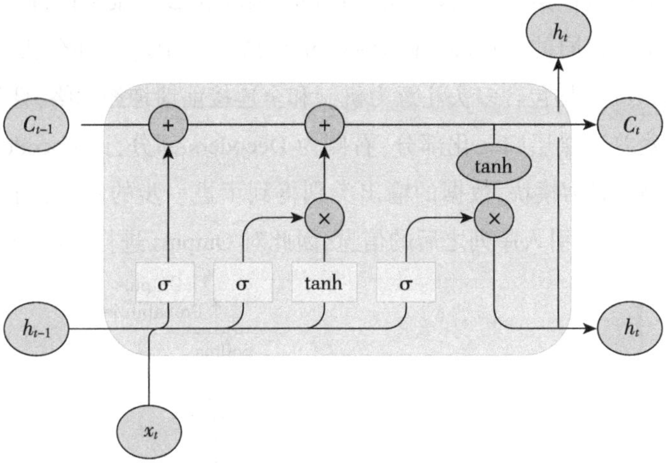


**图 7.3　LSTM 模型结构**

5．CNN

卷积神经网络（CNN）是一种前馈神经网络，主要由输入层、卷积层、池化层、全连接层和输出层组成。作为深度学习模型中典型算法之一，CNN 在 NLP 领域的各种任务中也得到了广泛应用。将 CNN 应用到文本序列的建模中，具有良好的效果。模型的输入层是将文本向量化后获取的词嵌入矩阵作为模型的输入，然后利用多个高度不同的滤波器对文本向量矩阵进行卷积运算，其中滤波器的宽度与文本向量的维度相同。经过卷积后获得文本的特征表示，进一步采用池化运算获取文本序列中重要的局部特征表示，同时能够降低参数的维度，保持局部不变性。经过全连接层融合获得的重要特征表示，增加了文本的非线性表现能力，最终采用分类器获取文本的类别。TextCNN 由于模型结构较简单，参数设置较少，所需算力要求较低，训练速度快，与其他模型相比对于小数据集具有一定的优势。同时，卷积运算能够很好地学习序列信息中的局部特征，对文本序列采用相同的滤波器进行运算，使卷积层具有局部连接和权值共享的优点；多个不同的滤波器的使用，能够进一步丰富语义特征。

6. Transformer

Transformer 是 Google 在 2017 年提出的,具有强大的特征提取能力,极大地提升了机器翻译的准确率。该模型是一种基于注意力机制的深度学习模型,具有并行化计算的特点,在一些 NLP 的一些任务中精度高于 RNN 的一些神经网络。Transformer 的结构框架如图 7.4 所示,由 Encoders 和 Decoders 两部分组成,每部分均分别由 6 个相同的 Encoder 和 Decoder 组成。其中左侧部分为 Encoders 部分,每一个 Encoder 均包含多头注意力机制和全连接前馈神经网络,且每次操作结束后均包含残差连接层归一化部分;右侧为 Decoders 部分,比 Encoder 部分多了一个编码解码注意力模块,数据的输出类别得到了进一步的考虑,同时为了避免预测当前位置时,会引入序列之后的信息,因此对 Outputs 进行了掩盖。

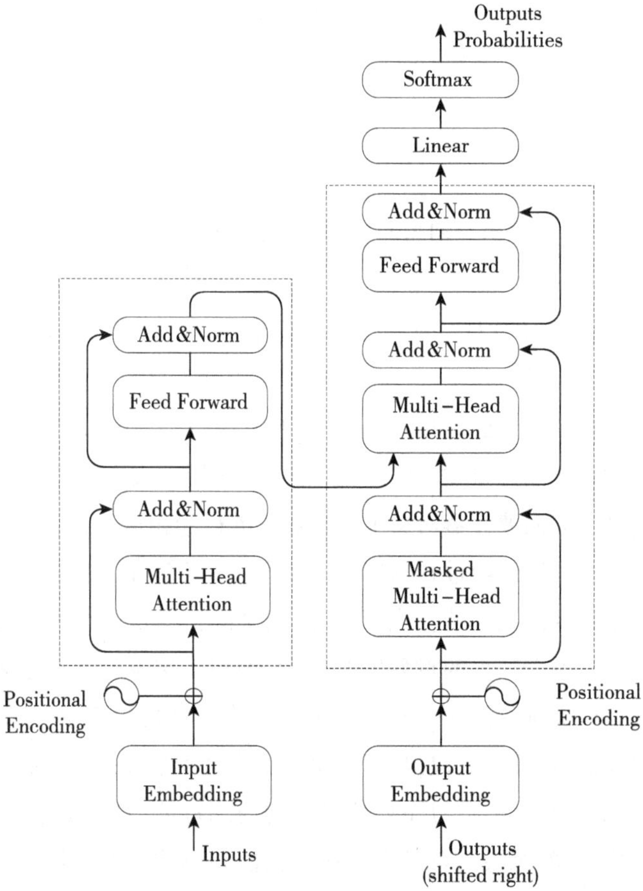


图 7.4　Transformer 结构框架

### 7.1.6　评估分类模型

训练、调试和构建模型是整个分析生命周期的重要组成部分，了解这些模型的性能表现尤为重要。分类模型的性能通常基于它们对新数据点的结果预测的良好程度。通常使用测试数据集或保留数据集对性能进行测量，数据集中的任何数据点不会以任何方式影响或训练分类器。该测试数据集具有多个观测值及其对应的标签。使用与训练模型相同的方式提取特征，这些特征被馈送到已经训练好的模型中，获得每个数据点的预测值。然后，将这些预测与实际标签进行匹配，以查看模型预测的程度或准确率。有多种度量指标可以确定模型的预测效果。主要采用以下度量指标：准确率、精度、召回率和 F1 值。

混淆矩阵是评估分类模型的常用方法之一。虽然矩阵不能用来评价度量指标，但是矩阵表示形式可用于定义各种度量指标。混淆矩阵是一个表格结构，可以直观表示正确分类和错误分类。混淆矩阵中的每一列代表基于模型预测的分类实例计数，矩阵的每一行代表基于实际/真实类标签的实例计数。这种结构也可以颠倒，即以行表示预测以列表示实际标签。图 7.5 显示了用于二分类问题的典型混淆矩阵结构，其中 $p$ 表示正类，$n$ 表示负类。

| | | 预测的标签 | |
|---|---|---|---|
| | | $n'$（预测） | $p'$（预测） |
| 实际的标签 | $n$（实际） | 真阴性（正确预测的负类$n$的实例数量） | 假阳性（错误地将负类$n$预测为正类$p$的实例数量） |
| | $p$（实际） | 假阴性（错误地将正类$p$预测为负类$n$的实例数量） | 真阳性（正确预测的正类$p$的实例数量） |

**图 7.5　混淆矩阵结构**

真阳性（TP）：是实际类标签等于预测类标签的正类实例总数，即使用模型正确预测正类标签的实例总数。

假阳性(FP):是模型错误地将负类预测为正类的实例总数。

真阴性(TN):是负类的实例总数,其中实际类标签等于预测类标签,即使用模型正确预测负类标签的实例总数。

假阴性(FN):是错误地将正类预测为负类的实例总数。

混淆矩阵本身并不是分类模型的性能度量指标,而是用于计算准确率、精度、召回率和 F1 值度量指标的方法。以下是这几种度量指标的计算方法。

准确率是分类器性能最流行的衡量标准之一,其定义为模型正确预测的整体比例。根据混淆矩阵计算准确率的公式如下:

$$\text{准确率} = \frac{TP + TN}{TP + FP + TN + FN} \tag{7-3}$$

以下代码计算模型预测的准确率:

```
import model_evaluation_utils as meu
acc = round(meu.metrics.accuracy_score(y_true =y_test, y_pred =
y_pred), 5)
```

精度也称正预测值,是可以从混矩阵中得出的另一项度量指标,定义为正类正确预测的数量除以正类的所有预测量(包括预测为假阳性的数量)。精度公式如下:

$$\text{精度} = \frac{TP}{TP + FP} \tag{7-4}$$

与精度较低的模型相比,精度较高的模型将识别出较高的正类。当更关注获取最大正类数的情况时,精度就变得很重要了(即使整体准确率降低)。

以下代码计算模型预测的精度:

```
import model_evaluation_utils as meu
prec = round(meu,metrics.precision_score(y_true =y_test, y_pred
=y_pred), 5)
```

召回率是模型的一种度量指标,用于识别相关数据点的百分比,定义为正类中正确预测的数量除以正确与错误预测的数量之和,也称命中率、置盖率或灵敏度。

召回率公式如下:

$$召回率 = \frac{TP}{TP + FN} \tag{7-5}$$

当想捕获特定类的最多实例时,召回率会成为衡量分类器性能的重要度量指标,即使它增加了假阳性。

以下代码计算模型预测的召回率:

```
import model_evaluation_utils as meu
rec = round(meu.metrics.recall_score(y_true =y_test, y_pred =y_pred), 5)
```

F1 值是精度和召回率的谐波平均值,用于平衡精度和召回率。F1 值公式如下:

$$F1值 = \frac{2 \times 精度 \times 召回率}{精度 + 召回率} \tag{7-6}$$

代码如下:

```
import model_evaluation_utils as meu
F1 = round(meu.metrics.f score(y_true =y_test, y_pred =y_pred), 5)
```

以上流程为文本分类模型所需的步骤,包括数据检索、整理,文本预处理和规范化,特征提取和工程,构建分类模型和模型性能评估。同时展示了部分操作的代码操作,接下来将以犯罪心理归因分析为例进行实践,将文本分类技术应用到司法领域中。

## 7.2 犯罪心理归因分析实战

上一节详细介绍了文本分类的相关概念及操作,接下来将对文本分类在归因分析中的应用进行实战。司法行政领域中数据涵盖范围较广,包括司法文书、判决文书、法条等,需要在海量的司法数据中构建专业数据集。暴力犯罪主要强调实施犯罪时手段的暴力性,《刑法》规定:侵犯公民人身权利、民主权利罪、危害国家安全罪、危害公共安全罪、侵犯财产罪、妨害社会管理秩序罪和危害国防利益罪涉及暴力性质的犯罪。本节根据以上犯罪案件类型,从中国裁判文书网中选取了相关类型案件的判决书作为本节的实验数据。接下来将详细构建归因分类模型。

### 7.2.1 加载和查看数据集

通过爬虫技术在中国裁判文书网选取判决文书后,经过整理,选择判决书中“判决认定内容”或“指控内容”作为案件描述,构成本节的实验数据。该内容能够对服刑人员的犯罪事实进行详细描述。同时借助自然语言处理技术,提取犯罪事实中重要的特征项后,存入 csv 文件中。接下来将正式对数据进行读取和处理。

读取数据信息采用 pandas 库,该库文件能够提供高级数据结构和函数,能够对结构化、表格化的数据进行简单快速处理。

读取数据文件和查看数据简要信息的代码如下:

```
import pandas as pd
df = pd.read_csv('dataset.csv')
data.info()
data.head()
```

输出结果如下:

```
<class 'pandas.core.frame.DataFrame'>
RangeIndex: 972 entries, 0 to 971
Data columns (total 19 columns):
序号            972 non - null int64
年龄            972 non - null int64
出生日期          972 non - null object
民族            972 non - null object
文化程度          972 non - null object
```

```
捕前职业          972 non-null object
捕前面貌          972 non-null object
婚否          971 non-null object
籍贯/国籍          971 non-null object
罪名          972 non-null object
刑期          972 non-null object
前科次数          972 non-null int64
主从犯          295 non-null object
团伙犯          562 non-null object
累惯犯          78 non-null object
流窜类别          0 non-null float64
犯罪事实          972 non-null object
label1        972 non-null object
Unnamed: 18         151 non-null float64
dtypes: float64(2), int64(3), object(14)
memory usage: 144.4 + KB
```

通过爬虫技术从中国裁判文书网中选取的数据如图 7.6 所示。

| | 序号 | 年龄 | [redacted] | 民族 | 文化程度 | 捕前职业 | 捕前面貌 | 婚否 | [redacted] | 罪名 | 刑期 | 前科次数 | 主从犯 | 团伙犯 | 累惯犯 | 流窜类别 | 犯罪事实 | label1 |
|---|---|---|---|---|---|---|---|---|---|---|---|---|---|---|---|---|---|---|
| 0 | 1 | 19 | [redacted] | 汉族 | 小学 | 农民 | 群众 | 未婚 | [redacted] | 故意杀人 | 15_00_00 | 0 | NaN | 团伙犯 | NaN | NaN | 2011年10月，罪犯庞xx租xxx市xxx乡xxxx村王xx家一院落，用于加工... | 冲动性 |
| 1 | 2 | 20 | [redacted] | 汉族 | 小学 | 农民 | 群众 | 未婚 | [redacted] | 故意杀人、抢劫 | 无期 | 0 | NaN | NaN | NaN | NaN | 2012年10月7日19时许，刘x、董xx经预谋持刀子、手套、透明胶带以借水为由进入... | 预谋性 |
| 2 | 3 | 19 | [redacted] | 汉族 | 高中 | 农民 | 群众 | 未婚 | [redacted] | 故意杀人 | 15_00_00 | 0 | NaN | NaN | NaN | NaN | 2014年3月xx日x时许，罪犯屈x饭后被陈xx等人带至x县xx宾馆三楼xxKTV员... | 冲动性 |
| 3 | 4 | 19 | [redacted] | 汉族 | 初中 | 农民 | 群众 | 未婚 | [redacted] | 故意杀人、盗窃 | 16_00_00 | 0 | NaN | 团伙犯 | NaN | NaN | ，罪犯郄xx因怀疑本村郄xx与其母谷xx有不正当男女关系而怀根在心。2013年x月x... | 预谋性 |
| 4 | 5 | 20 | [redacted] | 汉族 | 小学 | 农民 | 群众 | 未婚 | [redacted] | 强奸 | 05_00_00 | 0 | NaN | 团伙犯 | NaN | NaN | 2013年6、7月份的一天下午，罪犯宋x、宋xx、焦xx伙同王xx预谋后，王xx给被... | 预谋性 |

**图 7.6　中国裁判文书网选取的数据**

本节主要依据罪犯的案情描述开展研究，因此接下来的实战部分仅保留犯罪事实这一项，所获取信息如下：

```
<class 'pandas.core.frame.DataFrame'>
RangeIndex: 2185 entries, 0 to 2184
Columns: 124 entries, label to Unnamed: 123
dtypes: float64(13), object(111)
memory usage: 2.1 + MB
```

构建数据集后,可以进一步进行归因分类操作,主要流程如下:

(1)文本预处理。

(2)特征工程。

(3)构建分类模型进行训练。

(4)测试模型效果。

将不同类型的犯罪事实进行统一归类,存放在不同的 .txt 文件中,等待进行下一步操作。

### 7.2.2 文本预处理

在正式构建特征工程前,需要对文本进行预处理。由于文本数据不能直接被计算机进行识别处理,需要将其转换为数字信息后,再选择合适的模型进行实验。针对文本数据,首先需要进行分词处理,本节采用 LTP 分词器进行处理。安装 pyltp 库文件后进行分词操作,加载库文件及分词代码如下:

```
from pyltp import Segmentor
import os
import re
LTP_DATA_DIR = '../../../myLTP/ltp_data' # ltp 模型目录的路径
cws_model_path = os.path.join(LTP_DATA_DIR, 'cws.model') # 分词模型路径,模型名称为'cws.model'
lexicon_path = os.path.join(LTP_DATA_DIR, 'lexcion.txt') # 参数lexicon 是自定义词典的文件路径

# 中文分词
```

```
def cut_word(text):
    # pyltp 模型,进行分词
    segment_dict = Segmentor() # 初始化实例
    segment_dict.load_with_lexicon(cws_model_path, lexicon_path)
    words = segment_dict.segment(text) # 分词
    segment_dict.release() # 释放资源
    return words # 返回当前分词结果
```

在进行分词时,需要对停用词及其他标点符号进行去除,本节建立了停用词库,加载停用词字典及去除停用词代码如下:

```
# 加载停用词文件
def stopWordslist():
    with open('raw_data/stop_words.txt', 'r', encoding='UTF-8') as f:
        stopwords = f.readlines()
        for i in range(len(stopwords)):
            stopwords[i] = stopwords[i].rstrip('\n')
        f.close()
    return stopwords

# 去除停用词
def del_swords(list_txt):
    # 读取停用词表
    stopwords = stopWordslist()
    seg_txt = [w for w in list_txt if w not in stopwords]
    # print(seg_txt)
    return seg_txt
```

构建相关操作函数后,接下来对犯罪事实文本进行分词,并将结果重新存放在新的.txt 文件中。代码如下:

```
fromdir = "./raw_data/" # 原犯罪事实存放文件夹
todir = "./progressing_data/" # 分词后存放文件夹
file = "crime_facts.txt" # 犯罪事实文件名
file2 = "seg_crime_facts.txt" # 分词后文件名
infile = open(os.path.join(fromdir, file), 'r', encoding='utf-8')
outfile = open(os.path.join(todir, file2), 'a+', encoding='utf
-8')
for line in infile:
    print("-------------------正在分词-----------")
    line_seg = cut_word(text)
    print(''.join(line_seg))
    # print(type(line_seg))
    seg_txt = del_swords(line_seg)
    print(seg_txt)
    # print()
    # 写入新的分词文件中
    for w in seg_txt:
        outfile.write(w + '')
    outfile.write('\n')
infile.close()
outfile.close()
```

### 7.2.3 特征工程的构建及分类

分词结束后进一步进行特征表示。为了充分提取犯罪事实的语义信息,更好地映射案件描述与归因类型之间的关系,本节构建了两种类型特征:文本特征与数值特征。其中文本特征能够在文本序列信息中捕获局部重要的语义特征,而数值特征则基于预定义的关键词字典直接映射文本中关键词与归因类别的联系。

在进行特征工作构建前，需要加载分词后的犯罪事实，并与归因类型组合，进一步处理后构建 dataframe 对象。代码如下：

```
    import numpy as np
    def load_data_and_labels(yumou_data_file, chongdong_data_file,
bingli_data_file):
        # yumou_data_file:存放预谋型分词文件;chongdong_data_file:存放
冲动型分词文件;bingli_data_file:存放病理型分词文件
        # 加载预谋型分词文件
        yumou_examples = list()
        for line in open(yumou_data_file, 'r', encoding ='utf - 8').
readlines():
            line = line.split(' ')
            yumou_examples.append(line)

        chongdong_examples = list()
        for line in open(chongdong_data_file, 'r', encoding ='utf - 8').
readlines():
            line = line.split(' ')
            chongdong_examples.append(line)

        bingli_examples = list()
        for line in open(bingli_data_file, 'r', encoding ='utf - 8').
readlines():
            line = line.split(' ')
            bingli_examples.append(line)

        # 组合不同类型犯罪事实
        x_text = yumou_examples + chongdong_examples + bingli_exam-
ples
        x_text = [sent for sent in x_text]
```

```
        # 定义类别标签，格式为 one - hot 的形式：y =1 - - - >[0,1]
        yumou_labels = [[0, 1, 0] for _ in yumou_examples]
        chongdong_labels = [[1, 0, 0] for _ in chongdong_examples]
        bingli_labels = [[0, 0, 1] for _ in bingli_examples]
        y = np.concatenate([yumou_labels, chongdong_labels, bingli_
labels], 0)
        print(y.shape)
        return [x_text, y]

    yumou_num_file = 'yumou.txt'
    chongdong_num_file = 'chongdong.txt'
    bingli_num_file = 'bingli.txt'
    data = load_data_and_labels(yumou_num_file, chongdong_num_file,
bingli_num_file)
    (1085, 3)
```

1. 数值特征表示

为了量化衡量暴力犯罪心理归因类型，本节按照每种归因类型的预定义的公关键词字典，构建了数值特征，分别对应每种类型。其中关键词字典词云如图 7.7 所示。

图 7.7　关键词字典词云

在犯罪事实中，根据三种类型的字典利用关键词提取技术分别提取相对应的关键词，并对每种类别提取到的关键词的词频进行统计，作为对应三项特征的权重值，表示对某一种暴力犯罪归因类型的倾向程度。数值特征符号说明见表7.1。例如，对于图7.8从中国裁判文书网获取的某一裁判书所截取犯罪事实，加载预定义词典后进行分词，并匹配关键词，统计关键词的词频作为该特征的权重值，各项特征权重值见表7.2。

**表7.1　数值特征符号说明**

| 符号 | 特征项 | 说明 |
|---|---|---|
| feature 1 | pk_score | 与预谋型相关 |
| feature 2 | aik_score | 与冲动型相关 |
| feature 3 | mk_score | 与病理型相关 |

xxxx / 因 / 女朋友 / xxxx / 在 / 年旧历 / 新年 / 期间 / 发生 / 感情 / 纠纷 / 并 / 提出 / 分手 / 而 / 怀恨在心 / 年月 / 日时 / 许 / xxxx / 回到 / 与 / 被告人 / xxxx / 共同 / 居住 / 的 / 位于 / 开平市 / 街道 / 办事处 / 东路 / 号 / 房卧室 / 内 / 收拾 / 自己 / 的 / 行李 / 时 / 被告人 / xxxx / 遂 / 产生/ 杀害 / xxxx / 的 / 念头/ 随后 / 被告人 / xxxx / 使用 / 音响线 / 从 / xxxx / 背后 / 勒 / 住 / 其 / 脖子 / 致 / xxxx / 窒息 / 晕倒 / 昏迷 / 当 / xxxx / 苏醒 / 后 / 被告人 / xxxx / 又 / 使用 / 水果 / 刀割 / 伤 / xxxx / 颈部 / 处 / 损伤 / 创口 / 长度 / 累计 / 厘米 / 被告人 / xxxx / 见到 / xxxx / 颈部 / 流血 / 后 / 以为 / xxxx / 会 / 死亡 / 而 / 逃离 / 现场 / 并 / 上 / 到 / 涉案 / 地址 / 的 / 楼顶 / 准备 / 跳楼 / 自杀 / xxxx / 见 / 被告人 / xxxx / 离开 / 后遂 / 自行 / 逃 / 到 / 楼下 / 并 / 在 / 路人 / 的 / 帮助 / 下 / 报警 / 及 / 乘坐 / 出租车 / 到 / 医院 / 治疗 / 次日 / 凌晨 / 时许 / 被告人 / xxxx / 在 / 其 / 朋友 / xxxx / 及 / 母亲 / 的 / 劝阻 / 下 / 回到 / 上述 / 涉案房 / 内 / 被 / 民警 / 抓获 / 经法医 / 鉴定 / 被害人 / xxxx / 的 / 损伤 / 程度 / 为 / 轻伤 / 一级

**图7.8　犯罪事实例图**

**表7.2　犯罪事实数值特征权重分布**

| 特征项 | 权重值 |
|---|---|
| pk_score | 4 |
| aik_score | 5 |
| mk_score | 0 |

首先需要加载不同类型的关键词字典，每一种类型构建一种字典对象，字典内key值和value值对应关键词字典中的关键词和关键词在文本中的词频。代码如下：

```
    #加载关键词字典,并构建对应的字典
    #key 为索引值,value 为权值
    def classify_words(word_list): #word_list 为分词后的犯罪事实
        #(预谋性)预谋相关关键词(PremeditationKeyword) -pk_dict
        with open('./预定义词典/PremeditationKeyword.txt', 'r', enco-
ding='utf-8') as f1:
            pk_list = f1.readlines()
            pk_list.pop(0)
            for i in range(len(pk_list)):
                pk_list[i] = pk_list[i].rstrip('\n')
            f1.close()
        #(冲动性)临时起意关键词(abrupt intention keyword) -aik_dict
        with open('./预定义词典/aiKeyword.txt', 'r', encoding='utf-
8') as f2:
            aik_list = f2.readlines()
            aik_list.pop(0)
            for i in range(len(aik_list)):
                aik_list[i] = aik_list[i].rstrip('\n')
            f2.close()
        #病理性相关关键词(mind keyword) -mk_dict
        with open('./预定义词典/mindKeyword.txt', 'r', encoding='utf-
8') as f3:
            mk_list = f3.readlines()
            mk_list.pop(0)
            for i in range(len(mk_list)):
                mk_list[i] = mk_list[i].rstrip('\n')
            f3.close()
        #建立三种类型字典
        pk_dict = dict.fromkeys(pk_list, 0)
        aik_dict = dict.fromkeys(aik_list, 0)
```

```
        mk_dict = dict.fromkeys(mk_list, 0)
        # 统计不同关键词词频
        for word in word_list:
            if word in pk_dict.keys():
                pk_dict[word] += 1
            if word in aik_dict.keys():
                aik_dict[word] += 1
            if word in mk_dict.keys():
                mk_dict[word] += 1
        return pk_dict, aik_dict, mk_dict
```

加载关键词后,计算关键词在犯罪事实中的词频,然后计算不同类型的得分,构建数值特征。代码如下:

```
    # 计算不同类型的得分
    def score_classify(pk_dict, aik_dict, mk_dict):
        score_dict = dict(zip(['pk_score', 'aik_score', 'mk_score'],
[0, 0, 0]))
        score_dict['pk_score'] = sum(pk_dict.values())
        score_dict['aik_score'] = sum(aik_dict.values())
        score_dict['mk_score'] = sum(mk_dict.values())
        return score_dict
    # 构建数值特征
    def count_num(x_text):
        num_x = pd.DataFrame(columns=['a1', 'a2', 'a3'])
        print(len(x_text))
        for i in range(len(x_text)):
            pk_dict, aik_dict, mk_dict = classify_words(x_text[i])
            score = score_classify(pk_dict, aik_dict, mk_dict)
            scores = list(score.values())
```

```
            num_x.at[i, 'a1'] = scores[0]
            num_x.at[i, 'a2'] = scores[1]
            num_x.at[i, 'a3'] = scores[2]
        # print(num_x)
    return num_x
x_num = count_num(num_data[0])
x_num = np.array(x_num)、
len(x_num)

3
```

2. 文本特征表示

犯罪事实中分词特征表达的语义信息往往不是唯一的,数值特征表示仅仅是为了增强少数类对归因类别的影响程度,而容易忽视词语的上下文犯罪序列的语义信息。同时,单一模型无法较好地捕获不同长度犯罪文本的语义信息。为了进一步获取犯罪描述中的语义信息,本节基于文本分类技术构建网络模型构提取文本特征。模型由两部分组成:第一部分为 LSTM,对犯罪事实序列进行充分表征后;第二部分为 CNN,构建关键的局部犯罪语义特征。在将文本输入模型前,需要将分词后的犯罪事实转换为向量信息。采用 load_data_and_labels( ) 函数加载分词后的犯罪事实后,进行向量化。代码如下:

```
    x_text, y = load_data_and_labels(yumou_num_file, chongdong_num_
file, bingli_num_file)
    print(" =========Loading data: crime_fact ============== ")
    max_document_length = max([len(x) for x in x_text]) # 获得训练实例
中的最长的文本的长度
    print('最长文本长度为:', max_document_length)
    # 为文本建立索引,用位置表示该词的向, learn.preprocessing.Vocabu-
laryProcessor()根据所有已分词好的文本建立好一个词典,找出每个词在词典中对
应的索引,不足长度或者不存在的词补 0
```

```
    vocab_processor = learn.preprocessing.VocabularyProcessor(max_
document_length)
    x = np.array(list(vocab_processor.fit_transform(x_text)))
    =========Loading data: crime_fact ==============
    最长文本长度为:366
```

(1)基于长短时记忆网络的语义序列建模。

LSTM 作为 RNN 的一种,可以增加门限机制,控制语义信息的累积速度及信息的遗忘,充分学习当前词的上下文语义信息。经过将非结构化的犯罪文本转化为向量后,输入 LSTM 模块中对犯罪事实的全局序列特征进行建模,如图 7.9 所示,其中 $x_i(i=1,2,\cdots,t)$ 为犯罪文本序列的输入,$h_i(i=1,2,\cdots,t)$ 为模型的隐藏层,outputs 为该模块对犯罪事实序列表示。LSTM 模块的隐藏层由输入门、遗忘门和输出门三部分组成,具体结构如图 7.9 所示,具体操作由式(7－7)至式(7－12)表示。通过接收上一时刻犯罪序列信息、细胞态和当前输入的犯罪序列信息,分别通过三种门操作选择遗忘旧信息、保留部分输入的犯罪序列,更新模型细胞态信息,并输出当前犯罪序列的表征信息。

$$f_t = \mathrm{sigmoid}(W_f \cdot x_t + W_f \cdot h_{t-1} + b_f) \tag{7-7}$$

$$i_t = \mathrm{sigmoid}(W_i \cdot x_t + W_i \cdot h_{t-1} + b_i) \tag{7-8}$$

$$\tilde{c}_t = \tanh(W_C \cdot x_t + W_c \cdot h_{t-1} + b_c) \tag{7-9}$$

$$c_t = f_t \odot c_{t-1} + i_t \odot \tilde{c}_t \tag{7-10}$$

$$o_t = \mathrm{sigmoid}(W_o \cdot x_t + W_o \cdot h_{t-1} + b_o) \tag{7-11}$$

$$h_t = o_t \odot \tanh(c_t) \tag{7-12}$$

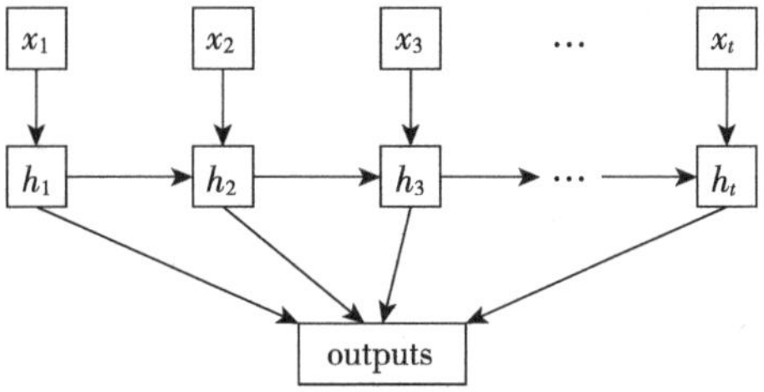


**图 7.9　LSTM 模型框架**

LSTM 能够对犯罪事实中距离较长特征的序列信息的关系进行建模，充分学习远距离之间的犯罪语义信息。门结构使 LSTM 细胞态能够选择性地遗忘部分信息，控制犯罪信息在神经单元中的传递，记忆长时间的犯罪序列。然而，LSTM 能够对犯罪事实构建全局语义特征，捕捉犯罪序列之间的联系，但数据集中犯罪事实长度不一致，LSTM 对局部关键特征的提取能力不强，因此加入 CNN 模块对犯罪文本全局序列特征进行进一步提取，获取对分类结果影响较大的特征。

LSTM 网络模型代码如下：

```
import tensorflow as tf
print("start LSTM")
ith tf.name_scope('LSTM'):
    cell = tf.nn.rnn_cell.LSTMCell(hidden_dim, state_is_tuple =
True)
     Cell = tf.contrib.rnn.DropoutWrapper(cell, self.dropout_
keep_prob)
    output, _ = tf.nn.dynamic_rnn(cell = Cell, inputs = embedding_
input, sequence_length = None, dtype = tf.float32)
```

(2)基于卷积神经网络的特征提取。

CNN 是一种进行卷积操作的前馈神经网络，在文本分类中，具有良好的分类效果。LSTM 模块获取到犯罪事实的全局序列特征后，构建 CNN 模块对犯罪的局部特征进一步提取，捕获对暴力犯罪类型影响较大的局部特征。传统 CNN 模型对输入向量进行卷积池化操作提取特征后，利用全连接层组合特征进行分类。CNN 模块结构如图 7.10 所示。

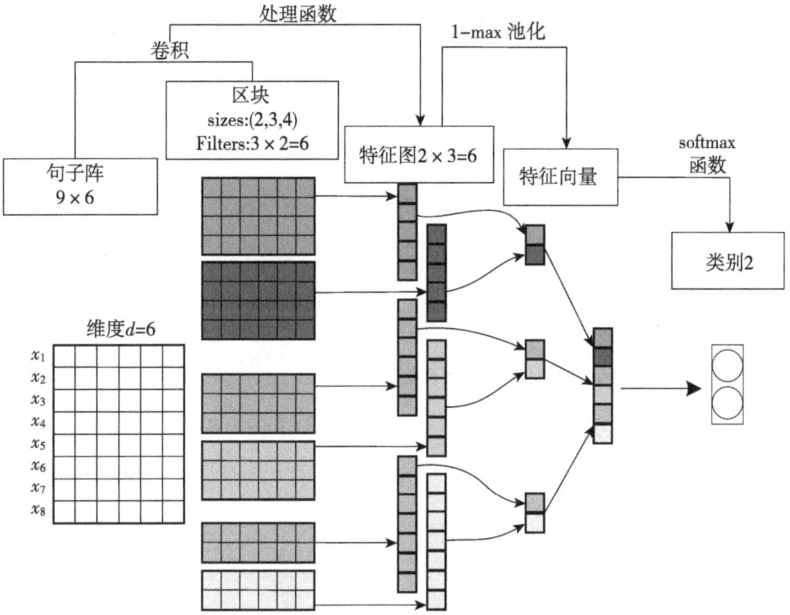


**图 7.10　CNN 模块结构**

由于 CNN 具有平移不变性的特点,可以有效提取数据的局部特征。卷积层包含多个尺寸不同的卷积核,利用不同大小的感受野在全局特征向量上进行卷积操作,从不同粒度表示文本的语义信息,提取犯罪事实的局部语义特征。

经过 LSTM 模块建模后,获取到的犯罪序列表示可以使用向量 $S = n \times d$ 表示,其中 $n$ 为犯罪序列向量的长度,$d$ 为向量的维度。假设卷积核的尺寸为 $F = h \times d$,其中 $h$ 为卷积核的高度,$d$ 为卷积核的宽度。进行卷积操作后,特征表示如式(7－13)所示,其中 $\otimes$ 为卷积操作,$[i-h+1:i,:]$ 表示矩阵的高度 $h$。经过一次卷积,形成$(n-h+1)$维向量,如式(7－14)所示。

$$c_i = (S \otimes F)_i = \sum_{i+h-1} (S_{[i-h+1:i,:]} \otimes F)_{i+h-1} \tag{7-13}$$

$$C = [c_1, c_2, \cdots, c_{n-h+1}] \tag{7-14}$$

池化层是进一步对卷积层构建的局部特征进行降维提取。池化层的输入是卷积层的输出,卷积层输出的通道数 $m$ 等于卷积核的数量,每个通道都是一列。不同尺寸的卷积核得到的特征图大小是不一样的,因此,需要对每个特征图使用池化函数,使它们的维度相同。池化的方法有两种计算方式:平均池化和最大池化。

平均池化:平均池化就是对每个通道的所有数值求均值。

最大池化:最大池化就是对每个通道的所有数值求最大值。

本节采用最大池化进行计算。代码如下:

```
import tensorflow as tf
with tf.name_scope('CNN'):
    outputs = tf.expand_dims(output, -1) #[batch_size, seq_length, hidden_dim, 1]
    pooled_outputs = []
    for i, filter_size in enumerate(filters_size): #2 3 4
        filter_shape = [filter_size, 128, 1, num_filters]
        # filter_shape = [filter_size, hidden_dim, 1, num_filters]
        w = tf.Variable(tf.truncated_normal(filter_shape, stddev=0.1), name='w')
        b = tf.Variable(tf.constant(0.1, shape=[num_filters]), name='b')
        conv = tf.nn.conv2d(outputs, w, strides=[1, 1, 1, 1], padding='VALID', name='conv')
        h = tf.nn.relu(tf.nn.bias_add(conv, b), name='relu')
        pooled = tf.nn.max_pool(
            h,
            ksize=[1, sequence_length - filter_size + 1, 1, 1],
            strides=[1, 1, 1, 1],
            padding='VALID', name='pool')
        pooled_outputs.append(pooled)
```

3. 融合特征分类

基于犯罪事实,数值特征的权重值在一定程度上表示不同犯罪归因类型的倾向程度,而文本特征则可以对犯罪事实的局部信息进行建模描述。由于部分犯罪事实描述受到人为因素的影响,关键性字词无法与特征字典中的关键词对应,本节将提取的文本特征与数值特征进行融合,以进一步对暴力犯罪心理归因类型的划分准确描述和分析建模。将分别提取的数值特征与文本特征进行拼接融合,对犯罪事实进行充分建模挖掘发生暴力行为是属于哪一种类型。代码如下:

```
import tensorflow as tf
fusion_features = tf.concat([self.h_pool_flat, self.input_x_
num], axis =1)
```

本节采用 softmax 分类器对融合特征进行分类识别。softmax 分类器是一种进行多分类的逻辑回归分类器,将类别的输出映射到(0,1)之间,获得每一种类别的概率,但未获取最终的归因类型。本节设计了一种三分类器,假设数据集包含 $m$ 个训练样本 $\{(x^{(1)},y^{(1)}),(x^{(2)},y^{(2)}),\cdots,(x^{(m)},y^{(m)})\}$ ,其中输入特征为 $x^{(i)} \in \mathrm{R}^{n+1}$ ,预谋型、冲动型和病理型三种类别标记分别为 $y^{(i)} \in \{0,1,2\}$ ,则每个输入样本所属类别概率为

$$p(y^{(i)} = j \mid x^{(i)};\theta) = \frac{e^{\theta_j^T x^{(i)}}}{\sum_{k=1}^{k} e^{\theta_j^T x^{(i)}}} \tag{7-15}$$

代码如下:

```
import tensorflow as tf
with tf.name_scope("output"):
    W = tf.get_variable(
        "W",
        shape =[num_filters_total +3, num_classes],
        initializer =tf.contrib.layers.xavier_initializer())
    b = tf.Variable(tf.constant(0.1, shape =[num_classes]), name
 ="b")
    l2_loss + = tf.nn.l2_loss(W)
    l2_loss + = tf.nn.l2_loss(b)
    # l2_loss = (tf.nn.l2_loss(W) - 0.4).abs() + 0.4
    # l2_loss = (tf.nn.l2_loss(b) - 0.4).abs() + 0.4
    self.scores = tf.nn.softmax(tf.matmul(self.h_drop, W) + b)
```

```
        self.predictions = tf.argmax(self.scores, 1, name = "predic-
tions")
```

然而,数据集中不同类别的实例数量不同,会出现数据不平衡的问题,导致训练参数向着数量较多的类别学习。为了更好地学习模型的参数,缓解类别不平衡带来的影响,损失函数采用了 Focal Loss。Focal Loss 在交叉熵损失函数的基础上增加了权重因子 $(1-p_t)^\gamma$,避免了数量多的归因类别主导损失函数学习的方向,从而忽视了数量较少的类别所具有的特征信息。如式(7-16)为交叉熵损失函数,$y_i$ 为真实类别标签,$\hat{y}_i$ 为模型预测的类别标签。式(7-17)为 Focal Loss,当 $\gamma=0$ 时,Focal Loss 为交叉熵损失函数,当分类错误时,权重因子 $(1-p_t)^\gamma$ 会变大,使损失函数更关注难分辨的样本,增强了错误分类样本的纠错能力。

$$\text{loss} = -\frac{1}{n}\sum_{i=0}^{n} y_i \cdot \log(\hat{y}_i) \tag{7-16}$$

$$\text{loss}_1 = -\alpha_t\,(1-p_t)^\gamma \log(p_t) \tag{7-17}$$

代码如下:

```
    with tf.name_scope('loss'):
        epsilon = 1.e-8
        gamma = 1
        alpha = 0.0
        y_pred = tf.clip_by_value(self.logits, epsilon, 1. - epsi-
lon)
        weight = tf.multiply(self.input_y, tf.pow(tf.subtract(1., y_
pred), gamma))
        if alpha != 0.0: # alpha 只起到调节 loss 倍数的作用(调节倍数对训练
没影响,因为 loss 的梯度才是影响训练的关键),要想起到调节类别不均衡的作用,要
替换成数组,数组长度和类别总数相同,每个元素表示对应类别的权重
            alpha_t = self.input_y * alpha + (tf.ones_like(self.in-
put_y) - self.input_y) * (1 - alpha)
        else:
            alpha_t = tf.ones_like(self.input_y)
```

```
        # origin x ent,计算原始的交叉熵损失
        xent = tf.multiply(self.input_y, -tf.log(y_pred))
        # focal x ent,对交叉熵损失进行调节
        focal_xent = tf.multiply(alpha_t, tf.multiply(weight, xent))
        #经过 y_true 选择后,样本只保留了 true label 对应的交叉熵损失,用 max 和 sum 是同等的
        losses = tf.reduce_max(focal_xent, axis=1)
        self.loss = tf.reduce_mean(losses) + l2_reg_lambda * l2_loss
```

### 7.2.4 模型训练及测试

通过构建特征工程,对犯罪事实的语义信息进行建模,将文本转换为计算机能够识别的数字信息,并对文本进行向量化,全面表示案件情况的序列信息。最终采用 softmax 分类器对由特征信息表示的犯罪事实进行归因分类,获取罪犯实施暴力行为的根源。搭建好模型后,开始对文本数据进行分类。首先将数据集划分为训练集和验证集,将转化为向量表示的文本信息和构建的数值特征划分为训练集和验证集。代码及运行结果如下:

```
    # 训练集:测试集 = 9:1
    dev_sample_percentage = 0.1
    dev_sample_index = -1 * int(dev_sample_percentage * float(len(y)))
    x_train, x_dev = x[:dev_sample_index], x[dev_sample_index:]
    print("x_train.shape[1]:", x_train.shape[1])
    x_num_train, x_num_dev = x_num[:dev_sample_index], x_num[dev_sample_index:]
    y_train, y_dev = y[:dev_sample_index], y[dev_sample_index:]
```

```
    print("Vocabulary Size: {:d}".format(len(vocab_processor.vocab-
ulary_)))
    print("Train/Dev split: {:d}/{:d}".format(len(y_train), len(y_
dev)))

    x_train.shape[1]:1085
    Vocabulary Size:10447
    Train/Dev split:977/108
```

将数据集划分完毕后，接下来进入正式的模型训练过程。首先构建训练函数，将训练集按照 batchsize 的大小输入构建的模型中，其中每个 batch 的数据使用 batch_iter 生成。代码如下：

```
    def batch_iter(data, batch_size, num_epochs, shuffle=True):
        """
        利用迭代器从训练数据的回去某一个 batch 的数据
        """
        data = np.array(data)
        data_size = len(data)
        num_batches_per_epoch = int((len(data) - 1) /batch_size) + 1
        for epoch in range(num_epochs):
            # 每回合打乱顺序
            if shuffle:
                # 随机产生一个乱序数组,作为数据集数组的下标
                 shuffle_indices = np.random.permutation(np.arange
(data_size))
                shuffled_data = data[shuffle_indices]
            else:
                shuffled_data = data
            # 划分批次
```

```
            for batch_num in range(num_batches_per_epoch):
                start_index = batch_num * batch_size
                end_index = min((batch_num + 1) * batch_size, data_
size)
                yield shuffled_data[start_index:end_index]
```

将训练集划分为batchsize大小后,用于文本特征的构建及融合特征进行分类训练,并将训练过程中的损失率、准确率及每次训练结束所获取较好的参数结果进行保存,并展示其中一个step的输出结果。代码如下:

```
    def train_step(x_batch, x_num_batch, y_batch):
        """
        A single training step
        """
        feed_dict = {
            model.input_x: x_batch,
            model.input_x_num: x_num_batch,
            model.input_y: y_batch,
            model.dropout_keep_prob: FLAGS.dropout_keep_prob
        }
        _, step, summaries, loss, scores, accuracy = sess.run(
            [train_op, global_step, train_summary_op, cnn.loss, cnn.
scores, cnn.accuracy],
            feed_dict)
        time_str = datetime.datetime.now().isoformat()
        print("{}: step {}, loss {:g}, acc {:g}".format(time_str,
step, loss, accuracy))
        train_summary_writer.add_summary(summaries, step)


    1628648039:step 1590, loss 0.622879, acc 0.925926
```

每一个 batchsize 结束后都要进行验证，如果 loss 值尚未收敛，需要进行参数的调整，直至 loss 收敛。验证本轮 batchsize，并展示一次验证的结果。代码如下：

```
def dev_step(x_batch, x_num_batch, y_batch, writer=None):
    """
    Evaluates model on a dev set
    """
    feed_dict = {
        cnn.input_x: x_batch,
        cnn.input_x_num: x_num_batch,
        cnn.input_y: y_batch,
        cnn.dropout_keep_prob: 1.0
    }
    step, summaries, loss, predictions, accuracy = sess.run(
        [global_step, dev_summary_op, cnn.loss, cnn.scores, cnn.
accuracy],
        feed_dict)
    time_str = datetime.datetime.now().isoformat()
    print("step {}, loss {:g}, acc {:g}".format(step, loss, accu-
racy))
    # from sklearn.metrics import classification_report
    for i in range(len(predictions)):
        max_value = max(predictions[i])
        for j in range(len(predictions[i])):
            if max_value == predictions[i][j]:
                predictions[i][j] = 1
            else:
                predictions[i][j] = 0
    print(classification_report(y_batch, predictions))
    if writer:
```

```
        writer.add_summary(summaries, step)

    Evaluation:
    step 1120, loss 0.216223, acc 0.87963
                  precision    recall   f1-score   support
              0       0.90       0.64      0.75        28
              1       0.88       0.99      0.93        72
              2       0.86       0.75      0.80        8

       micro avg    0.88     0.88     0.88     108
       macro avg    0.88     0.79     0.83     108
    weighted avg    0.88     0.88     0.87     108
    samples avg   0.88     0.88     0.88     108
```

## 7.2.5 雷达图表示

通过对模型的训练及测试,模型能够实现对犯罪事实自动归因分类,根据softmax分类器获取不同类型的权重,并根据不同犯罪事实的归因权重绘制雷达图,能够直观展现罪犯在不同类型的倾向程度。代码如下:

```
    def pic_plot(data):
        num = len(data)
        for i in range(num):
            # 构造数据
            values = list(data.iloc[i]*100)
            print(values)
            features = ['Premeditated type', 'Impulsive type', 'Patho-
logical type']
            plt.rcParams['font.sans-serif'] = 'SimHei' # 用于正常显示中
文
```

```
        plt.rcParams['axes.unicode_minus'] = False # 用于正常显示符号
        # 使用 ggplot 的绘图风格,通过 plt.style.available 查看可选值
        plt.style.use('ggplot')
        # 设置每个数据点的显示位置,在雷达图上用角度表示
        angles = np.linspace(0, 2 * np.pi, len(values), endpoint=False)
        # 拼接数据首尾,使图形中线条封闭
        values = np.concatenate((values, [values[0]]))
        angles = np.concatenate((angles, [angles[0]]))
        features = np.concatenate((features, [features[0]]))
        plt.rc('font', family='Times New Roman')
        # 绘图
        fig = plt.figure()
        ax = fig.add_subplot(111, polar=True) # 设置为极坐标格式
        # 绘制折线图
        ax.plot(angles, values, '.-.', linewidth=1, color='dodgerblue')
        # for angel, value in zip(angles, values):
        # ax.text(angel, value, '%.2f' % value, fontdict={'fontsize': 10})
        # 填充颜色
        ax.fill(angles, values, alpha=0.25, color='lightskyblue')
        # 设置图标上的角度划分刻度,为每个数据点处添加标签
        ax.set_thetagrids(angles * 180 / np.pi, features, color="black")
        # 设置雷达图的范围
        ax.set_ylim(0, 100)
        ax.set_yticks(range(0, 100, 10))
```

```
        #添加标题
        #plt.title('犯罪事实分类权重示意图')
        #plt.legend(loc='upper right')
        #添加网格线
        ax.grid(True)
        plt.savefig('softmax_pic/第' + str(i + 1) + '项犯罪事实分
类情况示意图.tiff', dpi=600)
        plt.show()
```

根据以上代码为不同案件描述构建雷达图,下面以图 7.8 所示的实例进行分析。使用 softmax 分类器得到每种暴力犯罪归因类型的概率,分布区间为[0,1],可以为暴力犯罪心理归因分类提供分析依据。为了方便直观展示,将每种类型概率分布转换为百分制分数情况,区间为[0,100],根据分数情况可以获取服刑人员在预谋型、冲动型和病理型三种暴力犯罪类型的权重分布情况,并绘制雷达图。图 7.8 所示实例的归因类型为冲动型,根据 softmax 分类器得到每种归因类型的概率分布绘制雷达图,如图 7.11 所示。表 7.3 为该案件描述的不同归因类型转换为百分制后的权重分布。该服刑人员在冲动型的分数为 73.62,占重较高,说明在实施犯罪时表现出冲动性的行为,情绪没有得到很好的控制,根据犯罪心理学解释认为其情绪由恐惧到愤怒的明显转变;其在预谋型的分数为 26.32,说明其在实施犯罪时受到某种目标的驱动,在发生时或者发生后的心理状态无内疚的精神状态。图 7.8 所示的案例表明,罪犯由于长期的情感问题对其心理产生了一定程度的影响,最终在特定事件的影响下发生了冲动的暴力行为。在他人的帮助下,他的情绪得到了进一步的调节,对自己的犯罪行为供认不讳。基于犯罪心理学,认为罪犯长期处于焦虑和恐惧状态下,他的情绪从恐惧转变到了愤怒,发生了极大的转变,最终导致了暴力行为的发生。因此相关部门根据不同类型的权重分布状况,以矫正服刑人员冲动性情绪为主制定相关的矫正教育措施。

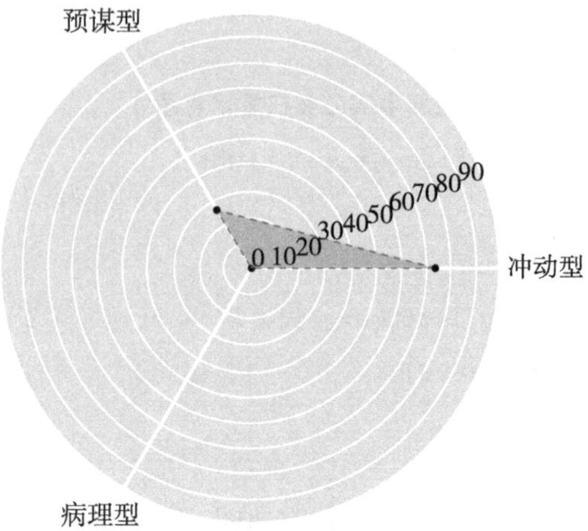


**图 7.11 权重分布示意图**

**表 7.3 概率及权重分布**

| 分布 | 预谋型 | 冲动型 | 病理型 |
|---|---|---|---|
| 概率分布 | 0.263 201 | 0.736 259 | 0.000 539 |
| 权重分布 | 26.32 | 73.62 | 0.05 |

## 7.3 犯罪心理归因结果分析

在融合数值特征与文本特征后,计算不同归因类型的权重分布,进一步判别归因类别。如表 7.4 所示,选取了测试集中部分归因正确和错误归因的测试案例,截取了案例中部分犯罪事实,其中不同类型的关键词使用**黑体**和下画线标出。获取归因权重后,以最高得分作为最终归因类型,最高权重已使用**黑体**标注。表 7.4 中前三条案例均正确预测出,案例 4 ~6 为错误归因,错误归因的类别大部分为预谋型。如案例 4 中正确归因类别为病理型,该案例中不同类别关键词较多,在使用文本特征表示语义信息后,数值特征的表示中减轻了病理型关键词对结果的影响,使病理型权重远低于其他两种类型。在其他错误归因案例中,病理型的权重总是远低于冲动型和预谋型,说明虽然关键词的引入和特征的重构,缓解了数据不平衡的影响,但是参数的学习仍会偏向于数量多的类别。

**表 7.4　犯罪事实实例分析**

<table>
<tr><th rowspan="2">序号</th><th rowspan="2">实际类型</th><th rowspan="2">犯罪事实</th><th colspan="3">归因权重</th><th rowspan="2">归因类型</th><th rowspan="2">正/负</th></tr>
<tr><th>预谋型</th><th>冲动型</th><th>病理型</th></tr>
<tr><td>1</td><td>病理型</td><td>被告人 赵某 因 张某 要钱 未果 发生争吵 后 赵某 用 手 掐 张某 颈部 致 张某 死亡 经 鉴定 赵某 患 轻度 精神 发育 迟滞 具有 限定 刑事责任能力…</td><td>0.3575</td><td>0.2724</td><td>0.3701</td><td>病理型</td><td rowspan="3">正确归因</td></tr>
<tr><td>2</td><td>冲动型</td><td>司徒 某 因 与 女朋友 潘某 发生 感情纠纷 并 提出 分手 遂 产生 杀害 潘某 念头 随后 被告人 司徒 某 使用 音响线 从 潘某 背后 勒住 脖子 致…</td><td>0.2019</td><td>0.7195</td><td>0.0786</td><td>冲动型</td></tr>
<tr><td>3</td><td>预谋型</td><td>罪犯 牛某 谋取 钱财 预谋 确定 被害人 李某 为 绑架 目标 牛某 踩点 准备 作案 工具 牛某 驾驶 黑色 轿车 持刀 将 李某 拖进 车内 李某 反抗 时…</td><td>0.7127</td><td>0.1912</td><td>0.0961</td><td>预谋型</td></tr>
<tr><td>4</td><td>病理型</td><td>付某 1 携带 烧纸 与 一把 铁锹 付某 2 携带 一把 铁锹 和 一把 扫帚 二人 相约… 致 付某 1 情绪激动 付某 1 用 带来 的 铁锹 向 付某 2 头部…经 鉴定 付某 1 属于 器质 性 人格改变 作案 时 有 限制刑事责任能力</td><td>0.5929</td><td>0.3248</td><td>0.0823</td><td>预谋型</td><td rowspan="2">错误归因</td></tr>
<tr><td>5</td><td>冲动型</td><td>罪犯 刘某 因 琐事 与 张某 等人 发生口角 双方 出来 后 张某 追打 刘某 后 双方 发生 打斗 刘某 持 随身 携带 刀子 扎刺 张某 胸部 致 其 死亡…</td><td>0.5354</td><td>0.3159</td><td>0.1487</td><td>预谋型</td></tr>
</table>

续表

| 序号 | 实际类型 | 犯罪事实 | 归因权重 | | | 归因类型 | 正/负 |
|---|---|---|---|---|---|---|---|
| | | | 预谋型 | 冲动型 | 病理型 | | |
| 6 | 预谋型 | 因 罪犯 杨某 工地 被 刘某 停工 **产生矛盾** 杨某 **纠集** 罪犯 董某 等人 持械 驾车 到 ××× 找到 刘某 并 **发生打斗** 杨某 等人 持 砍刀 钢管 闯入 刘某 办公 室内 将 受害 人 陈某 殴打 致死… | 0.3266 | **0.6576** | 0.0158 | 冲动型 | |

罪犯在实施暴力时,情绪具有多重性,多数情况下并不能根据单一类型对罪犯的行为进行评判,因此获取犯罪不同类型的归因权重具有重要的意义。如表7.4中案例2,预谋型的权重为0.2019,表明该罪犯在实施暴力行为前,由于"感情纠纷",较长的一段时间中情绪波动较大,受长期的情绪影响,情绪不稳定,最终愤怒性行为占为主导,发生极端的暴力行为。因此监狱对该罪犯制定分级处遇机制时,应该重点关注罪犯冲动型方面的矫正教育,并以其他两种类型为辅助对罪犯进行矫正教育。从犯罪事实入手进行归因分析,获取什么类型的人更容易产生暴力行为,为相关人员预防及惩治犯罪、服刑人员的矫正教育提供科学的依据。

# 第八章

# 基于相似性聚类的司法案例智能推荐

在第六章和第七章中,介绍了几种分析犯罪文本并提取见解的技术。同时,研究了有监督的机器学习技术,该技术用于将文本文档分类为几种假定的类别。此外在第四章中还介绍了主题模型和文本摘要之类的无监督技术,它们尝试从大型文本文档和语料库中检索关键主题思想和信息。

在司法实践中,判决案例是一项非常重要的资料。通过分析判决案例,法官可以了解类似案例的判决结果,并参考其理由和逻辑进行判断。然而,由于案例数量庞大,法官往往需要花费大量的时间和精力来寻找类似案例。因此,构建一种基于相似性聚类的智能推荐系统,可以帮助法官快速准确地找到与当前案件类似的案例,提高司法效率和判决质量。

本章将研究几种技术和用例,它们利用了无监督学习和信息检索概念。文本分类具有多个应用场景,尤其是在基于文本分类的犯罪心理归因及风险评估中。但是,文本分类中的一个限制是需要大量带有人工标记类别的训练数据。为此,需要花费时间和人力来标记数据、构建模型,然后使用它对新文档进行分类。通常,任何科研机构或企业可能都没有足够的时间对此进行投资。我们可以让机器执行这个任务吗?也许在一定程度上可以。本章专门研究司法案例文本文档的内容,使用各种方法来分析它们的相似度,并将相似的文档聚类在一起。利用 AI 算法来学习过去法律情景的案例信息集,构建预测模型,推断未来案情结果,可以成为法律咨询方面的一个有价值的补充。

文本数据是非结构化的,并且噪声很大。在执行文本分类时,系统获得了标记良好的训练数据和实现监督学习的益处。然而,文档聚类是无监督学习过程,系统通过让机器了解各种文本及其特征、相似度和差异性,尝试将文档分隔和分类为不同的类别。这使文档聚类更有挑战性。因此,可以考虑构建一个犯罪文档语料库,并讨论各种不同的概念和想法。系统以某种方式将它们连接,它使我们可以使用过去所学到的知识,并将其应用于区分概念。例如,与句子“2016 年 11 月,被告人温某某与被告人蔡某某合谋走私柴油”相比,句子“2012 年 6 月初,郭某与汪某联系购买 10000 克毒品氯胺酮”更类似于“2016 年春节后的一天,董某某、严某某(另案处理)密谋生产毒品甲卡西酮”这句话。系统可以轻松并直观地确定特定的关键短语,如走私、毒品、氯胺酮、甲卡西酮等,这有助于确定哪些句子或文本更为相似。但是,通过编程方式系统能做到这一点吗?

本章将重点讨论与文本相似度相关(如距离度量和无监督机器学习算法)的概念,以回答以下问题:

(1)如何度量词项和文档之间的相似度?

(2)如何使用距离度量方法来找到最相关的文档?

(3)距离度量在什么时候作为一个度量标准?

(4)如何根据文本相似度构建一个司法案例智能推荐系统?

(5)如何将相似的文档分组?

本章将介绍理解解决上述问题的各种技术所需的基本概念和信息。本章通过一些司法案例研究来描述这些内容,这些司法案例研究使用文本相似度来构建一个推荐系统,并将相似的司法案例聚类在一起。

这些技术中,许多都可以与之前学到的一些技术相结合。例如,具有特征工程的文本表示与使用距离度量和特征的文本相似度概念也可以用于构建文档簇。读者还可以使用第四章介绍的主题模型中的特征来度量文本相似度。

除此之外,基于相似的模式和属性,聚类可以让系统对数据可能包含的组或类别具有一个很好的切入点。然后,可以将其接入其他相关系统,如监督分类系统。本章首先介绍与距离度量、度量指标和无监督学习有关的一些重要概念;其次介绍如何理解和分析词项相似度、文档相似度、司法案例推荐及最终文本聚类。

## 8.1 基本概念

本章主要介绍犯罪文本的相似度和聚类,本节讨论与信息检索、文档相似度指标和机器学习有关的一些重要概念。

### 8.1.1 信息检索

信息检索(information retrieval)是从信息资源集合获得与信息需求相关的信息资源的活动。需求可以是用户在搜索引擎中输入的查询或搜索形式。然后,他们获得与其查询有关的相关搜索项。实际上,搜索引擎是最受欢迎的应用之一。文本与信息的相关性可以用几种方法来度量,包括从搜索文本中查找特定的关键字,或者使用相似度度量来查看与输入的查询相关的文档相似度排名或分数。这使它与字符串匹配或匹配正则表达式有很大不同,因为搜索字符串中的单词在文档(实体)集中往往会有不同的顺序、上下文和语义,并且这些单词甚至可以基于同义词、反义词和否定修饰符具有多种不同的分解或可能性。

### 8.1.2 特征工程

本书第五章介绍了传统、高级特征工程模型。如词袋、n - gram、one - hot、TF - IDF、Word2Vec、GloVe、ELMO、GPT、BERT 等方法通常用于以数值向量的形式来表示文档,因此引用数学或机器学习技术变得更加容易。用户可以通过应用这些特征提取技术来生成多种文档表示形式,甚至可以将每个单词或子词映射到相应的唯一数值编码。

### 8.1.3 相似度度量

相似性度量,即综合评定两个事物之间相近程度的一种度量。两个事物越接近,它们的相似性度量也就越大;两个事物越疏远,它们的相似性度量也就越小。相似性度量的种类繁多,一般根据实际问题进行选用。

相似度度量用于文本相似度分析和聚类。任何相似度度量或距离度量都可测量两个实体之间的紧密程度,该实体可以是任何文本格式,如文档、句子甚至侧向。这种相似度度量有助于识别相似实体和区分彼此差异明显的实体。相似度度量非常有效,有时选择正确的度量可能会对最终分析系统的性能产生很大的影响。基于这些距离变量,人们发明了各种评分或排名算法。有两个主要因素决定了实体之间的相似程度:

(1)实体的内在属性或特征。

(2)度量公式和性质。

有几种可衡量相似度的距离度量方法,将在后面的章节中介绍其中的几种。但是,要记住的重要一点是,所有相似度的距离度量并不是相似度的度量指标。Huang 等在论文"Similarity Measures for Text Document Clustering"中详细讨论了这一点。假设距离度量 $d$ 的两个实体(让系统将它们视为上下文中的文档)$x$ 和 $y$。$x$ 和 $y$ 之间的距离用于确定它们之间的相似程度。它可以表示为 $d(x,y)$,当且仅当满足以下四个条件时,度量 $d$ 称为相似度的距离度量标准。

(1)任意两个实体(如 $x$ 和 $y$)之间测得的距离必须始终为非负值,即 $d(x,y) \geqslant 0$。

(2)当且仅当两个实体相同时,它们之间的距离为零,即 $d(x,y)=0$, *iff* $x=y$。

(3)此距离度量应始终对称,这意味着从 $x$ 到 $y$ 的距离始终与从 $y$ 到 $x$ 的距离相同。在数学上,这表示为 $d(x,y)=d(y,x)$。

(4)此距离度量应满足三角不等式性质,可以用数学表示为 $d(x,z) \leqslant d(x,y)+d(y,z)$。

以上展示了距离度量的重要标准,并提供了一个良好的框架,以便检查一种距离度量方法是否可以用于衡量相似度的距离度量标准。KL 散度度量(也称 Kullback - Leibler 散度)是一种违反第三性质的距离度量,这种度量是非对称性的。因此,将其用于文本文档的相似度度量是没有意义的。但是,它在区分各种分布和模式时非常有用。

### 8.1.4 无监督的机器学习算法

无监督的机器学习算法属于机器学习算法系列,它们试图从数据的各种属性和特征中发现数据中潜在的隐藏结构和模式。除此之外,一些无监督的学习算法也用来减少特征空间。这些算法操作的数据本质上是未标记的数据,因此没有任何预先确定的类别或类。应用这些算法的目的是寻找模式和区别特征,这可能有助于将各种数据点分成组或簇。这些算法通常称为聚类算法,核心思想是“物以类聚,人以群分”。第四章中介绍的主题模型都属于无监督学习算法系列。

## 8.2 文本相似度

文本相似度主要用于分析和度量文本两个实体之间的紧密程度。文本的这些实体可以是简单的标识符或词项,如词、句子或文本段落的整个文档。分析文本相似度的方法有很多种,可以将分析文本相似度的意图大致分为以下两个方面:

(1)词汇相似度:这涉及观察文本文档的语法、结构和内容方面的内容,并根据这些参数度量它们的相似度。

(2)语义相似度:这涉及确定文档的语义、含义和上下文,然后确定它们彼此间的紧密程度。在此方面,依存语法和实体识别是可以提供帮助的便捷工具。词嵌入方法有助于获取语义信息。

本章将介绍词汇相似度。通常距离度量标准用于衡量文本实体之间的相似度分数,主要涵盖以下两个广泛的文本相似度领域:

(1)词项相似度:单个标识符或词之间的相似度。

(2)文档相似度:整个文本文档之间的相似度。

这个思想是实现几个距离度量标准,并了解如何衡量和分析简单词之间的相似度。然后,当衡量单个词之间的相似度时,要根据具体情况而进行相应变化。

## 8.3 分析词项相似度

将从分析词项相似度入手,或者更准确地说,将从分析单词标识相似度入手。虽然词项相似度分析没有在实际应用中大量使用,但是仍可以作为理解文本相似度分析的一个很好的出发点。当然,一些应用程序和用例(如自动填充程序、拼写检查和文本校正器)也会使用词项相似度分析中的部分技术来纠正拼写错误的词项。接下来选取一些单词并计算它们之间的相似度,然后应用不同的单词标识方法对距离度量进行相似度分析。将使用如下单词标识方法:

(1)字符向量化。

(2)字符袋(bag of character)向量化。

字符向量化是非常简单的过程,它将词项的每个字符映射到唯一的对应数字。可以使用以下代码来实现:

```
import numpy as np
from scipy.stats import itemfreq


def vectorize_terms(terms):
    terms = [term.lower()for term in terms]
    terms = [np.array(list(term))for term in terms]
    terms = [np.array([ord(char)for char in term])
              for term in terms]
    return terms
```

该函数输入一列单词或词项,并返回相应的字符向量。字符袋向量化与词袋模型非常类似,区别是这里会计算单词中每个字符的频率。字符袋向量化的过程中不考虑字符序列或单词序列。以下函数可以完成上述过程:

```
from scipy.stats import itemfreq


def boc_term_vectors(word_list):
    word_list = [word.lower()for word in word_list]
    unique_chars = np.unique(np.hstack([list(word) for
word in word_list]))
    word_list_term_counts = [{char: count for char,count
in itemfreq(list(word))}
                             for word in word_list]
    boc_vectors = [np.array([int(word_term_counts.get
(char,0))
                             for char in unique_chars])
                   for word_term_counts in word_list_term_
```

```
counts]
        return list(unique_chars),boc_vectors
```

在这个函数中,输入单词或词项,然后从所有单词中提取出特殊字符。与词袋模型类似,这就是特征列表,不同的是,在词袋模型中特殊词(而不是字符)才是特征。有了 unique_chars 这个列表之后,就可以得到所有单词中每个字符的计数,并构建字符袋向量。可以在下面代码段中看到前述函数的应用。将使用 4 个示例词项,并计算它们之间的相似度:

```
root = 'Believe'
term1 = 'beleive'
term2 = 'bargain'
term3 = 'Elephant'

terms = [root,term1,term2,term3]
vec_root,vec_term1,vec_term2,vec_term3 = vectorize_terms
(terms)
print('''
root: {}
term1: {}
term2: {}
term3: {}
'''.format(vec_root,vec_term1,vec_term2,vec_term3))
```

结果:

```
root: [ 98 101 108 105 101 118 101]
term1: [ 98 101 108 101 105 118 101]
term2: [ 98  97 114 103  97 105 110]
term3: [101 108 101 112 104  97 110 116]
features,(boc_root,boc_term1,boc_term2,boc_term3) = boc_
term_vectors(terms)
print('Features:',features)
```

```
print('''
root:{}
term1:{}
term2:{}
term3:{}
'''.format(boc_root,boc_term1,boc_term2,boc_term3))
```

结果:

```
Features:['a','b','e','g','h','i','l','n','p','r','t','v']
root:[0 1 3 0 0 1 1 0 0 0 0 1]
term1:[0 1 3 0 0 1 1 0 0 0 0 1]
term2:[2 1 0 1 0 1 0 1 0 1 0 0]
term3:[1 0 2 0 1 0 1 1 1 0 1 0]
```

从以上代码可以看到如何轻松地将文本转换成数字向量表示形式。如上一节所述,现在使用几个距离度量来计算根词和前面代码段中其他三个词之间的相似度。有很多距离度量标准可以用来计算和度量相似度。在本节中,将介绍以下5种度量标准:

(1)汉明距离(Hamming distance)。

(2)曼哈顿距离(Manhattan distance)。

(3)欧几里得距离(Euclidean distance)。

(4)莱文斯坦编辑距离(Levenshtein edit distance)。

(5)余弦距离(cosine distance)和相似度。

下面介绍每个距离度量的概念,并使用numpy数组来实现必要的计算和数学公式。之后,通过计算示例词项的相似度,具体介绍每个距离度量概念。设置一些必要的变量以存储根词项,其他词项以及它们的向量化表示,代码如下:

```
# build the term vectors here
root_term = root
root_vector = vec_root
root_boc_vector = boc_root
```

```
terms = [term1,term2,term3]
vector_terms = [vec_term1,vec_term2,vec_term3]
boc_vector_terms = [boc_term1,boc_term2,boc_term3]
```

至此,已经做好了计算相似度度量的准备,接下来即可以使用词项及其向量表示来测量相似度。

### 8.3.1　汉明距离

汉明距离[①]在信息和通信领域广泛使用,它是非常流行的距离度量方法。汉明距离是两个长度相等的字符之间的测量距离。它的正式定义是两个长度相等的字符串之间互异字符或符号的位置的数量。考虑长度为 $n$ 的两个词项 $u$ 和 $v$,汉明距离的数学表达式为

$$hd(u,v) = \sum_{i=1}^{n} (u_i \neq v_i) \tag{8-1}$$

如果需要,还可以通过将不匹配项的数量除以词项的总长度来对其进行规范化。这给出了规范化后的汉明距离,其表示为

$$norm\_hd(u,v) = \frac{\sum_{i=1}^{n} (u_i \neq v_i)}{n} \tag{8-2}$$

式中,$n$ 表示词项的长度。以下函数可以计算两个词项之间的汉明距离,还可以计算归一化距离:

```
def hamming_distance(u,v,norm = False):
    if u.shape ! = v.shape:
        raise ValueError ('The vectors must have equal lengths.')
    return(u ! = v).sum()if not norm else(u ! = v).mean()
```

现在,使用以下代码来衡量词根项和其他词项之间的汉明距离:

```
# HAMMING DISTANCE DEMO
for term,vector_term in zip(terms,vector_terms):
```

① See NOROUZI M., FLEET D. J., SALAKHUTDINOV R. R., *Hamming distance metric learning*, Advances in Neural Information Processing Systems, 2012, 25.

```
    print('Hamming distance between root: {} and term: {} is {}'.format(root_term,term,hamming_distance(root_vector,vector_term,norm=False)))
```

结果：

```
Hamming distance between root: Believe and term: beleive is 2

Hamming distance between root: Believe and term: bargain is 6

---------------------------------------------------------------

ValueError Traceback(most recent call last)
<ipython-input-5-be6181236c26> in <module>()
    3 print('Hamming distance between root: {} and term: {} is {}'.format(root_term,
    4 term,
----
> 5
hamming_distance(root_vector,vector_term,norm=False)))
    6
    7
<ipython-input-1-2034efa805fa> in hamming_distance(u,v,norm)
    1 def hamming_distance(u,v,norm=False):
    2 if u.shape != v.shape:
--> 3 raise ValueError('The vectors must have equal lengths.')
    4 return(u != v).sum()if not norm else(u != v).mean()

ValueError: The vectors must have equal lengths.
for term,vector_term in zip(terms,vector_terms):
```

```
print('Normalized Hamming distance between root: {} and term: {} is {}'.format(root_term,term,round(hamming_distance(root_vector,vector_term,norm=True),2)))

Normalized Hamming distance between root: Believe and term: beleive is 0.29
Normalized Hamming distance between root: Believe and term: bargain is 0.86
---------------------------------------------
ValueError Traceback(most recent call last)
< ipython - input - 6 - 2474b1c55a95 > in < module >()
      2 print('Normalized Hamming distance between root: {} and term: {} is {}'.format(root_term,
      3 term,
----
>     4 round(hamming_distance(root_vector,vector_term,norm=True),2)))
      5
      6

< ipython - input - 1 - 2034 efa805fa > in hamming_distance(u,v,norm)
      1 def hamming_distance(u,v,norm=False):
      2     if u.shape != v.shape:
- - > 3         raise ValueError('The vectors must have equal lengths.')
      4 return(u != v).sum()if not norm else(u != v).mean()

ValueError: The vectors must have equal lengths.
```

从前面的输出可以看出,在忽略大小写的情况下,'Believe'和'beleive'最为相似,其汉明距离为 2 或 0.29(归一化距离),与'bargain'一词的汉明距离值为 6 或 0.86(这里,数值越小,词项越相似)。词项'Elephant'则引发了一段计算汉明距离的程序,因为该词的长度是 8,而词根'Believe'的长度为 7,所以不能计算汉明距离,因为汉明的假设前提是距离长度相等。

(1)汉明距离的缺点:当两个向量长度不相等时,很难使用汉明距离。为了知道哪些位置不匹配,可能希望比较相同长度的向量。此外,只要它们不同或相等,就不会考虑实际值。因此,当幅度是重要指标时,建议不要使用此距离度量指标。

(2)汉明距离用例:典型的用例包括数据通过计算机网络传输时的错误纠正/检测。它可以用来确定二进制字中失真的数,作为估计误差的一种方法。此外,还可以使用汉明距离来度量分类变量之间的距离。

## 8.3.2 曼哈顿距离

曼哈顿距离度量①在概念上类似于汉明距离,区别是曼哈顿距离计算两个字符串在每个位置上对应字符之间的差值,而不是计算不匹配字符的数量。曼哈顿距离也称城市街区距离、L1 范数、计程车度量,其正式定义是基于严格水平或垂直路径的网格中两个点之间的距离,而非通常计算的欧几里得对角距离,其数学表示为

$$md(u,v) = \| u - v \|_1 = \sum_{i=1}^{n} | u_i \neq v_i | \quad (8-3)$$

式中,$u$ 和 $v$ 是长度为 $n$ 的两个词项。与汉明距离相同,这里的假设前提是两个词项的长度相同。还可以通过绝对差的和除以词项长度来计算曼哈顿归一化距离。表达式为:

$$norm\_hd(u,v) = \frac{\| u - v \|_1}{n} = \frac{\sum_{i=1}^{n} | u_i \neq v_i |}{n} \quad (8-4)$$

式中,$n$ 是词项 $u$ 和 $v$ 的长度。以下函数有助于计算曼哈顿距离,也可以计算曼哈

① See CHIU W. Y. , YEN G. G. , JUAN T. K. , *Minimum manhattan distance approach to multiple criteria decision making in multiobjective optimization problems*, IEEE Transactions on Evolutionary Computation, 2016, 20(6): 972 - 985.

顿归一化距离：

```
def manhattan_distance(u,v,norm=False):
    if u.shape != v.shape:
        raise ValueError ('The vectors must have equal lengths.')
    return abs(u - v).sum() if not norm else abs(u - v).mean()
```

现在，使用上述函数计算词根项和其他词项之间的曼哈顿距离，代码如下：

```
# MANHATTAN DISTANCE DEMO
for term,vector_term in zip(terms,vector_terms):
    print('Manhattan distance between root: {} and term: {} is {}'.format(root_term,term,manhattan_distance(root_vector,vector_term,norm=False)))
```

结果：

```
Manhattan distance between root: Believe and term: beleive is 8
Manhattan distance between root: Believe and term: bargain is 38
 ---------------------------------------------------------------------------
ValueError Traceback(most recent call last)
<ipython-input-14-b8740bf6df30> in <module>()
    3 print('Manhattan distance between root: {} and term: {} is {}'.format(root_term,
    4 term,
 ----
> 5 manhattan_distance(root_vector,vector_term,norm=False)))
    6
    7
```

```
<ipython-input-11-f76af5f725e0> in manhattan_distance(u,v,norm)
      1 def manhattan_distance(u,v,norm=False):
      2     if u.shape != v.shape:
----> 3         raise ValueError('The vectors must have equal lengths.')
      4     return abs(u - v).sum() if not norm else abs(u - v).mean()

ValueError: The vectors must have equal lengths.
for term,vector_term in zip(terms,vector_terms):
    print('Normalized Manhattan distance between root: {} and term: {} is {}'.format(root_term,term,round(manhattan_distance(root_vector,vector_term,norm=True),2)))
```

结果:

```
Normalized Manhattan distance between root: Believe and term: beleive is 1.14
Normalized Manhattan distance between root: Believe and term: bargain is 5.43
---------------------------------------------------------------------------
ValueError Traceback(most recent call last)
<ipython-input-15-d5f6b06389a1> in <module>()
      2 print('Normalized Manhattan distance between root: {} and term: {} is {}'.format(root_term,
      3 term,
----> 4 round(manhattan_distance(root_vector,vector_term,norm=True),2)))
      5
      6
```

```
<ipython-input-11-f76af5f725e0> in manhattan_distance(u,v,norm)
      1 def manhattan_distance(u,v,norm=False):
      2     if u.shape != v.shape:
---->3         raise ValueError('The vectors must have equal lengths.')
      4     return abs(u - v).sum() if not norm else abs(u - v).mean()

ValueError: The vectors must have equal lengths.
```

从这些结果可以看出,正如预测的那样,在忽略大小写的情况下,'Believe'和'believe'之间的距离相似度最高,距离度量得分为 8 或 1.14,与'bargain'一词的距离度量得分为 38 或 5.43(这里得分越小,词越相似)。词项'Elephant'则在运行中产生错误,因为它与根词项的长度不同,就像之前在计算汉明距离时一样。

(1)曼哈顿距离的缺点:尽管曼哈顿距离在高维数据中似乎可以工作,但它比欧几里得距离更不直观,尤其是在高维数据中使用时。此外,由于它不是可能的最短路径,它比欧几里得距离更有可能给出一个更高的距离值。虽然这并不一定会带来问题,但这是应该考虑的。

(2)曼哈顿距离用例:当数据集具有离散和/或二进制属性时,曼哈顿距离的测量工作通常做得很好,因为它考虑了这些属性的值中实际可以采用的路径。以欧几里得距离为例,它会在两个向量之间形成一条直线,但实际上这是不可能的。

### 8.3.3　欧几里得距离

欧几里得距离也称欧几里得范数、L2 范数或 L2 距离,它的正式定义是两点之间最短的直线距离。数学上可以表示为

$$\mathrm{ed}(u,v) = \| u - v \|_2 = \frac{\sqrt{\sum_{i=1}^{n} (u_i - v_i)^2}}{2a} \tag{8-5}$$

式中,$u$ 和 $v$ 两点是场景中向量化文本词项,每个文本都为 $n$。以下函数有助于计算两个词项之间的欧几里得距离:

```
def euclidean_distance(u,v):
    if u.shape ! = v.shape:
        raise ValueError ('The vectors must have equal
lengths.')
    distance = np.sqrt(np.sum(np.square(u - v)))
    return distance
```

现在,使用上述函数计算词项之间的欧几里得距离,代码如下:

```
# EUCLIDEAN DISTANCE DEMO
for term,vector_term in zip(terms,vector_terms):
    print('Euclidean distance between root: {} and term: {}
is {}'.format(root_term,term,round(euclidean_distance(root_
vector,vector_term),2)))
```

结果:

```
Euclidean distance between root: Believe and term: beleive
is 5.66
Euclidean distance between root: Believe and term: bargain
is 17.94
 -----------------------------------------------
ValueError Traceback(most recent call last)
< ipython - input - 18 - ac390028bdbb > in < module >()
    3 print('Euclidean distance between root: {} and term:
{} is {}'.format(root_term,
    4 term,
----> 5 round(euclidean_distance(root_vector,vector_
term),2)))
    6

< ipython - input - 17 - 654771 f3cf5d > in euclidean_dis-
tance(u,v)
```

```
      1 def euclidean_distance(u,v):
      2     if u.shape ! = v.shape:
----> 3         raise ValueError('The vectors must have equal lengths.')
      4 distance = np.sqrt(np.sum(np.square(u - v)))
      5 return distance

ValueError: The vectors must have equal lengths.
```

从上述输出结果可以看出,'Believe'和'believe'这两个词最相似,得分为5.66,'bargain'得分为17.94。'Elephant'则给出了一个ValueError,因为这里也是测量字符串相等时的长度。

到目前为止,本章使用的所有距离度量标准在相同长度的字符串上执行,并且在它们的长度不相等时会失败。那么,如何处理这个问题?现在,来研究集中距离度量标准,即使字符串的长度不相等也可以度量它们的相似性。

(1)欧几里得距离的缺点:尽管这是一种常用的距离度量,但欧几里得距离并不是比例不变的,这意味着所计算的距离可能会根据要素的单位而发生偏斜。通常,在使用此距离度量之前,需要对数据进行标准化。此外,随着数据维度的增加,欧几里得距离的用处也就越小。这与维数灾难有关,维数灾难与高维空间不能像期望的二维或三维空间那样起作用。

(2)欧几里得距离用例:当拥有低维数据并且向量的大小非常重要时,欧几里得距离的效果非常好。如果在低维数据上使用欧几里得距离,则KNN和HDBSCAN之类的方法将显示出出色的结果。

欧几里得距离是最常用的距离之一。它使用起来非常直观,易于实现,并且在许多用例中显示出了极好的效果。

### 8.3.4　莱文斯坦编辑距离

莱文斯坦编辑距离也称莱文斯坦距离,属于基于编辑距离的度量,它用于根据字符差异来测量两个字符串之间的距离,类似于汉明距离的度量概念。两个词项之间的莱文斯坦编辑距离可以定义为通过添加、删除或替换将一个词项转变成

另一个词项所需的最少编辑次数。这些替代是基于字符的替代,其中单次操作可以编辑单个字符。此外,如前文所述,这两个词项的长度在这里不必相对。在数学上,可以将两个词项之间的莱文斯坦编辑距离表示为 $\text{ld}_{n,v}(|u|,|v|)$,其中 $u$ 和 $v$ 是词项,$|u|$ 和 $|v|$ 是其长度。该距离可以表示为

$$\text{ld}_{u,v}(i,j)=\begin{cases}\max(i,j),\text{如果}\min(i,j)=0\\ \min\begin{cases}\text{ld}_{u,v}(i-1,j)+1,\text{ld}_{u,v}(i,\\ j-1)+1,\text{ld}_{u,v}(i-1,j-\\ 1)+C_{u_i\neq v_i}\end{cases}\text{其他}\end{cases}\tag{8-6}$$

式中,$i$ 和 $j$ 是词项 $u$ 和 $v$ 的索引。上面最小项的第三个方程包含一个由 $C_{u_i\neq v_i}$ 表示的成本函数,它具有如下限制条件:

$$C_{u_i\neq v_i}=\begin{cases}1, & u_i\neq v_j\\ 0, & u_i=v_j\end{cases}\tag{8-7}$$

式(8-7)为指示函数,它说明了匹配两个词项的对应字符所需的成本(该方程代表了匹配操作或不匹配操作)。上一个最小值中的第一个方程表示增删操作,第二个方程表示插入操作。这样函数 $\text{ld}_{n,v}(i,j)$ 就涵盖插入、删除和添加所有操作,它表示在词项 $u$ 的第 $i$ 个字母到词项 $v$ 的第 $j$ 个字母之间的莱文斯坦编辑距离。对于莱文斯坦编辑距离还有几个边界条件:

(1)两个词项之间编辑距离的最小值是两个词项长度的差值。

(2)两个词项之间编辑距离的最大值可以是较大词项的长度。

(3)如果两个词项完全一样,则编辑距离为零。

(4)当且仅当两个词项具有相同的长度时,两个词项之间莱文斯坦编辑距离的上限为汉明距离。

(5)莱文斯坦编辑距离作为距离度量也满足三角不等式特性。

有很多计算莱文斯坦编辑距离的方法,在这里,以两个词项为例介绍莱文斯坦编辑距离计算。考虑根词项'believe'和另一个词项'beleive'(在这里忽略大小写)。两者的编辑距离应为2,因为需要进行以下两个操作完成'beleive'到词项的变换:

(1)'beleive'→'beliive'(将 e 替换为 i)。

(2)'beleive'→'believe'(将 i 替换为 e)。

为了实现这一点,需要构建一个矩阵,它可以通过比较第一词项的每个字符和第二词项的每个字符,计算两个词项所有字符之间的莱文斯坦编辑距离。为了便于计算,遵循一种动态规划方法,根据最终计算结果得到两个词项之间的编辑距离。对于给定的两个词项,这里的算法应生成的莱文斯坦编辑距离见表8.1。

**表8.1　算法应生成的莱文斯坦编辑距离**

| | b | e | l | i | e | v | e |
|---|---|---|---|---|---|---|---|
| b | 0 | 1 | 2 | 3 | 4 | 5 | 6 |
| e | 1 | 0 | 1 | 2 | 3 | 4 | 5 |
| l | 2 | 1 | 0 | 1 | 2 | 3 | 4 |
| e | 3 | 2 | 1 | 1 | 1 | 2 | 3 |
| i | 4 | 3 | 2 | 1 | 2 | 2 | 3 |
| v | 5 | 4 | 3 | 2 | 2 | 2 | 3 |
| e | 6 | 5 | 4 | 3 | 2 | 3 | 2 |

由表8.1可知,对词项中的每对字符都计算编辑距离,最终的编辑距离值(在表中突出显示)为系统提供了两个词项之间的实际编辑距离。该算法也称Wagner – Fischer算法,如果想了解更多细节,可以参考Wagner等的"The string – to string correction problem"一文。

上述算法使用的是$O(mn)$空间,因为它们虽然包含了整个距离矩阵,但是只需存储前一行和当前的距离行便足以获得最终结果。在代码中,我们将执行相同的操作,同时也会将结果存储在一个矩阵中,以便在最后将其显示出来。以下函数可以实现莱文斯坦编辑距离计算:

```
import copy
import pandas as pd
import numpy as np


def levenshtein_edit_distance(u,v):
    # convert to lower case
    u = u.lower()
```

```
    v = v.lower()
    # base cases
    if u == v:
        return 0,0
    elif len(u) == 0:
        return len(v),0
    elif len(v) == 0:
        return len(u),0
    # initialize edit distance matrix
    edit_matrix = []
    # initialize two distance matrices
    du = [0] *(len(v) + 1)
    dv = [0] *(len(v) + 1)
    # du: the previous row of edit distances
    for i in range(len(du)):
        du[i] = i
    # dv : the current row of edit distances
    for i in range(len(u)):

        dv[0] = i + 1
        # compute cost as per algorithm

        for j in range(len(v)):
            cost = 0 if u[i] == v[j] else 1
            dv[j + 1] = min(dv[j] + 1,du[j + 1] + 1,du[j]
+ cost)
        # assign dv to du for next iteration

        for j in range(len(du)):
```

```
            du[j] = dv[j]
        # copy dv to the edit matrix


        edit_matrix.append(copy.copy(dv))
    # compute the final edit distance and edit matrix
    distance = dv[len(v)]
    edit_matrix = np.array(edit_matrix)
    edit_matrix = edit_matrix.T
    edit_matrix = edit_matrix[1:,]
    edit_matrix = pd.DataFrame(data = edit_matrix,index =
list(v),columns = list(u))
    return distance,edit_matrix
```

该函数返回两个词项 $u$ 和 $v$ 之间最终的莱文斯坦编辑距离以及完整的编辑矩阵,其中 $u$ 和 $v$ 是系统的输入。请记住,需要以原始字符串格式,而不是以它们的向量表示来传递词项。此外,在这里不考虑字符串的大小写,并将所有字符全部转换为小写。

以下代码段使用上述函数来计算示例词项之间的莱文斯坦编辑距离:

```
# LEVENSHTEIN EDIT DISTANCE DEMO
for term in terms:
    edit_d,edit_m = levenshtein_edit_distance(root_term,
term)
    print ('Computing distance between root: {} and term:
{}'.format(root_term,term))
    print('Levenshtein edit distance is {}'.format(edit_d))
    print('The complete edit distance matrix is depicted be-
low')
    print(edit_m)
    print('-'*30)
```

结果:

```
Computing distance between root: Believe and term: Believe
Levenshtein edit distance is 0
The complete edit distance matrix is depicted below
0
--------------------------------
Computing distance between root: Believe and term: beleive
Levenshtein edit distance is 2
The complete edit distance matrix is depicted below
   b  e  l  i  e  v  e
b  0  1  2  3  4  5  6
e  1  0  1  2  3  4  5
l  2  1  0  1  2  3  4
e  3  2  1  1  1  2  3
i  4  3  2  1  2  2  3
v  5  4  3  2  2  2  3
e  6  5  4  3  2  3  2
--------------------------------
Computing distance between root: Believe and term: bargain
Levenshtein edit distance is 6
The complete edit distance matrix is depicted below
   b  e  l  i  e  v  e
b  0  1  2  3  4  5  6
a  1  1  2  3  4  5  6
r  2  2  2  3  4  5  6
g  3  3  3  3  4  5  6
a  4  4  4  4  4  5  6
i  5  5  5  4  5  5  6
n  6  6  6  5  5  6  6
--------------------------------
```

```
Computing distance between root: Believe and term: Elephant
Levenshtein edit distance is 7
The complete edit distance matrix is depicted below
  b e l i e v e
e 1 1 2 3 4 5 6
l 2 2 1 2 3 4 5
e 3 2 2 2 2 3 4
p 4 3 3 3 3 3 4
h 5 4 4 4 4 4 4
a 6 5 5 5 5 5 5
n 7 6 6 6 6 6 6
t 8 7 7 7 7 7 7
------------------------------
```

从上述输出结果可以看出,'Believe'和'believe'彼此很接近,编辑距离为 2,'Believe'与'bargain' 'Elephant'之间的距离为 6,表示总共需要 6 个编辑距离。通过编辑距离矩阵可以更详细地了解算法如何通过每次迭代计算距离。

(1)莱文斯坦编辑距离的缺点:受数据大小的影响很大。大的数据集会对指数产生很大的影响,因为它可以在保持相似的交叉点的同时显著增加联合。

(2)莱文斯坦编辑距离用例:字符串近似匹配的目标是从很多长的文本中发现短文本的匹配,在这种情况下,较少差别的匹配是期望得到的。例如,短文本可以来自字典,这里,通常其中一个字符串是短的,另一个字符串是任意长的。莱文斯坦距离有着广泛的应用,如拼写检查、光学字符的校正系统、基于翻译记忆库的自然语言翻译的辅助软件。

### 8.3.5 余弦距离和相似度

余弦距离是一个可以从余弦相似推导出来的度量,反之亦然。考虑两个词项,它们以向量化形式表示,余弦相似度给出了当它们在内积空间中为非零正量时,它们之间角度的余弦值。因此具有相似方向的词项向量将拥有更接近于 1 ( $\cos 0°$ )的相似得分,表示向量在相同方向上彼此非常接近(它们之间的夹角接近零度)。相似度得分接近 0( cos 90° )则表示两个词项向量的夹角接近直角,它们是无关词项。相似度得分接近 -1( cos 180° )表示彼此是完全相反的词项。如图 8.1 所示,其中 $u$ 和 $v$ 是在向量空间中的词项向量。

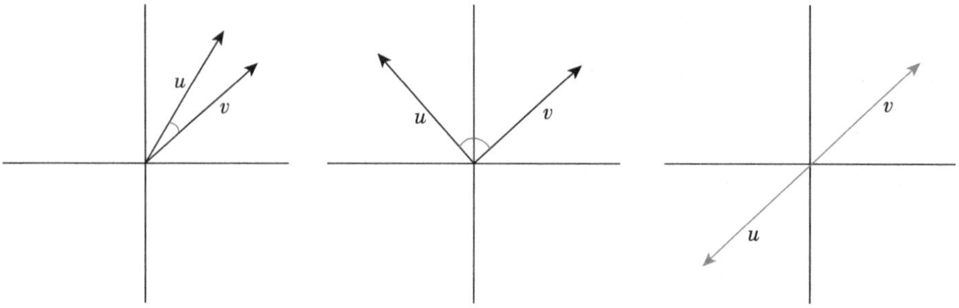


**图 8.1　词项向量的余弦相似度**

可以从向量的位置看出它们的关系,这些图可以更清楚地显示出向量彼此靠近还是彼此远离的,它们之间夹角的余弦值给出了余弦相似度度量。可以将余弦相似度正式定义为两个词项向量 $u$ 和 $v$ 的点积除以它们的 L2 范数的乘积。在数学上,可以使用如下表达式表示两个向量之间的点积:

$$u \cdot v = \| u \| \times \| v \| \cos(\theta) \tag{8-8}$$

式中, $\theta$ 是 $u$ 和 $v$ 之间的角度; $\| u \|$ 表示向量 $u$ 的 L2 范数; $\| v \|$ 表示向量 $v$ 的 L2 范数,可以从上面的公式导出余弦相似度的表达式:

$$\mathrm{cs}(u,v) = \cos\theta = \frac{u \cdot v}{\| u \| \times \| v \|} = \frac{\sum_{i=1}^{n} u_i v_i}{\sqrt{\sum_{i=1}^{n} u_i^2} \times \sqrt{\sum_{i=1}^{n} v_i^2}} \tag{8-9}$$

式中,cs($u$,$v$)是 $u$ 和 $v$ 之间的余弦相似度得分,这里 $u_i$ 和 $v_i$ 是两个向量的各类特征或组件,这些特征或组件的总数为 $n$。在示例中,将使用字符包向量化来构建这些词项向量,$n$ 表示待分析的所有词项的特殊字符的数量。在这里需要注意一件很重要的事情,那就是通常余弦相似度得分的范围是 -1 ~ 1,但是如果使用字符袋(基于字符频率)或词袋(基于词频),那么分数的范围将会是 0 ~ 1,因为词频向量永远不会是负的,所以两个向量之间的角度不能超过 90° 。可用如下公式来表示余弦距离:

$$\mathrm{cd}(u,v) = 1 - \mathrm{cs}(u,v) = 1 - \cos(\theta)$$

$$= 1 - \frac{u \cdot v}{\|u\| \times \|v\|} = 1 - \frac{\sum_{i=1}^{n} u_i v_i}{\sqrt{\sum_{i=1}^{n} u_i^2} \times \sqrt{\sum_{i=1}^{n} v_i^2}} \qquad (8-10)$$

式中，cs($u$,$v$)表示词项向量 $u$ 和 $v$ 之间的余弦距离。

以下函数给出了基于上述公式实现余弦距离的计算过程：

```
def cosine_distance(u,v):
    distance = 1.0 -(np.dot(u,v)/
                        (np.sqrt(sum(np.square(u))) *
    np.sqrt(sum(np.square(v))))
                    )
    return distance
```

接下来，将使用之前创建的字符袋表示来测试示例词项之间的相似度。代码如下：

```
# COSINE DISTANCE \SIMILARITY DEMO
for term,boc_term in zip(terms,boc_vector_terms):
    print('Analyzing similarity between root: {} and term:
{}'.format(root_term,term))
    distance = round(cosine_distance(root_boc_vector,boc
_term),2)
    similarity = 1 - distance
    print('Cosine distance  is {}'.format(distance))
    print('Cosine similarity  is {}'.format(similarity))
    print('-'*40)
```

结果：

```
Analyzing similarity between root: Believe and term: be-
leive
Cosine distance  is -0.0
Cosine similarity  is 1.0
```

```
--------------------------------------
Analyzing similarity between root: Believe and term: bargain
Cosine distance  is 0.82
Cosine similarity  is 0.18000000000000005
--------------------------------------
Analyzing similarity between root: Believe and term: Elephant
Cosine distance  is 0.39
Cosine similarity  is 0.61
--------------------------------------
```

这些向量表示不考虑字符的顺序,因此"Believe"一词和"beleive"的相似度为1.0或100%完全相似,因为它们有着相同频率的相同字符。可以看出将其与WordNet这样的语义词典组合使用的好处,即可以在用户输入拼写错误的单词时,通过测量单词之间的相似度来提供语义上和语法上正确的单词,从而提供正确的拼写建议。在这里,可以尝试使用不同的特征,如同时提取两个字符并计算其频率来构建词项向量,而非示例中所示的使用单个字符的频率构建向量。这样就对词语中的部分字符顺序加入了考量。当测量大文件或长句子之间的相似度时,这种距离度量十分有效。

(1)余弦距离和相似度的缺点:余弦相似度的主要缺点是没有考虑向量的大小,而只考虑它们的方向。在实践中,这意味着没有充分考虑价值的差异。以一个推荐系统为例,余弦相似度没有考虑到不同用户之间评分尺度的差异。

(2)余弦距离和相似度用例:当系统对拥有的高维数据向量的大小不关注时,通常会使用余弦相似度。对于文本分析,当数据由字数表示时,此度量非常常用。例如,当一个单词在一个文档中比另一个单词更频繁出现时,这并不一定意味着一个文档与该单词更相关。可能是文件长度不均匀,计数的重要性不太重要。此时最好使用忽略幅度的余弦相似度。

## 8.4　分析文档相似度

在上一节中,使用各种相似度和距离度量标准来分析词项之间的相似度。通过分析,还看到了向量化是如何发挥作用的,从而使数学计算变得更加容易,尤其是在计算向量之间的距离时。本节将尝试分析文档之间的相似度。到目前为止,你已经知道,文档定义为文本的主题,其中可以包含文本的句子或段落。为了分析文档的相似度,将使用 TF－IDF 进行一些基本的文本预处理并对文档进行向量化,这类似于之前对文本文档进行分类或概括整个文档时所做的操作。掌握了各种文档的向量表示之后,系统就可以使用一些标准距离或相似度度量标准来计算文档之间的相似度。

下一节将通过尝试构建一个司法案例智能推荐系统的真实案例来展示这些内容!

## 8.5　构建司法案例推荐系统

推荐系统是机器学习中最流行、最常用的应用之一。通常,它们用于向用户推荐实体。这些实体可以是任何东西,如产品、案例、电影、服务等。常见的推荐例子包括:

(1)司法案例库推荐相似案例。

(2)Amazon Prime、Netflix 和 Hotstar 推荐电影/节目。

(3)视频网站推荐视频。

推荐系统通常可以通过三种方式实现:

(1)简单的基于规则的推荐系统:基于特定的全局指标和阈值。

(2)基于内容的推荐系统:基于特定的感兴趣实体提供相似的实体。

(3)协同过滤推荐系统:不需要元数据,但会尝试根据不同用户和特定项的过去评分来预测推荐和评分。

本节构建了一个司法案例推荐系统,借此基于与不同案例有关的数据/元数据,尝试推荐类似的司法案例,推断未来案情结果,可以成为法律咨询方面的一个有价值的补充。

由于本章的重点在 NLP 上,因此利用每个司法案例的基于文本的元数据,尝试根据目标案例推荐相似的案例。这是属于基于内容的推荐系统。遵循分布方法,使用文本相似度来构建司法案例推荐系统。

## 8.5.1 司法案例数据集构建

在本例中,以中国裁判文书网为语料源,收集并选取了诈骗、行贿、走私、制造毒品、危险驾驶、抢劫、绑架、故意伤害、故意杀人、强奸等指控的典型案件判决书共 123 条。数据集样式如图 8.2 所示,由姓名、年龄、民族、户籍所在地、文化程度、职业、案件类型、案由、罪名、犯案事实、刑期等多个短语组成。

| 序号 | 姓名 | 年龄 | 民族 | 户籍所在地 | 文化程度 | 职业 | 案件类型 | 案由 | 罪名 | 犯案事实 | 刑期 |
|---|---|---|---|---|---|---|---|---|---|---|---|
| 1 | 耿某某 | 70 | 汉族 | 江苏省滨海县 | 小学 | 会计 | 刑事案件 | 诈骗 | 诈骗 | 1985年5月21日,原审被告人耿某某以陈某东平货铺的名义与四川省江津县果品公司(以下简称江津果品公司)订了50吨柑桔购销合同。同年6月15日耿某某所在单位,江苏省阜宁县综合贸易服务部(以下简称阜宁服务部)亦与江津果品公司订了50吨柑桔。为解决资金问题,1985年10月17日,阜宁服务部以代买桔子罐头为由,与滨海县陈某供销社签订联营桔子的合同,陈某供销社向阜宁服务部提供3万元资金;10月21日,耿某某因滨海县土产果品公司(以下简称滨海果品公司)对桔子罐头感兴趣,持内容为"现货20吨,价2650元,果品加工厂,如要速汇款复"的电报,与滨海果品公司经理王某1、高某谈妥代购桔子罐头事宜。双方在电报上注明货名、价款及到货时间等,加盖阜宁服务部业务专用章。耿某某表示购买桔子罐头需资金3万元,滨海果品公司于当日向江津果品公司汇出2万元,10月26日又汇出1万元。1985年10月21日,阜宁服务部经理田某、业务员耿某某前往四川省江津县(现重庆市江津区)办理购买桔子事宜。到达江津后,田某、耿某某二人前往江津果品加工厂了解行情,得知当地并无罐头存货,而且价格远超预期。耿某某遂将该行情告知耿某某,耿某某亦转告滨海果品公司。滨海果品公司随即表示不要桔子罐头,要求耿某某等人归还3万元,但耿某某以钱款在田某、耿某某手上为由推脱。期间,耿某某向耿某某去信,要求耿某某将滨海果品公司的3万元用于购买东平货铺的桔子,至于滨海果品公司所需的罐头可以想办法先发一部分或购买当地批发货充抵,最终耿某某、田某将全部款项用于购买桔子。由于当时四川控制桔子销售,加上天气原因,桔子腐烂严重,耿某某未将东平货铺购买的桔子发往江苏。而田某则将阜宁服务部购买的桔子分批发往江苏,其中一批到达阜宁后,耿某某打电话通知滨海果品公司,滨海果品公司随即派人前去收货,后由阜宁服务部负责销售该批桔子,将所卖桔子款约10500元交给滨海果品公司。之后阜宁服务部又汇款9000元给滨海果品公司偿还欠款。1986年3月,在滨海县人民法院的调解下,阜宁服务部以白酒抵欠款10544.88元,双方债务两清。 | 期徒刑五年 |
| 2 | 张某某 | 60 | 汉族 | 山东省即墨县 | 博士 | 董事长 | 刑事案件 | 单位行贿 | 单位行贿 | 2002年,在被告单位物美集团收购中国国际旅行社总社(以下简称国旅总社)持有的泰康人寿保险股份有限公司(以下简称泰康公司)5000万股股份过程中,被告人张某某向国旅总社总经理办公室主任赵某提出让其提供帮助,并承诺给其一笔好处费。在赵某的积极协调、帮助下,2002年底,物美集团以其关联公司和康友联公司的名义顺利收购了国旅总社持有的5000万股泰康公司股份。张某某遂指派张某2给付赵某30万元。2003年1月至2004年2月间,张某2通过物美集团的关联公司卡斯特经济评价中心以报销费用的方式向赵某支付了30万元。2002年,在被告单位物美集团收购广东粤财信托投资公司(以下简称粤财公司)持有的泰康公司5000万股股份过程中,被告人张某某向粤财公司总经理梁某承诺事成之后给予梁某个人500万元好处费。2003年底,物美集团以其关联公司华美现代流通发展有限公司(以下简称华美公司)的名义收购了粤财公司持有的5000万股泰康公司股份,张某某遂指使张某1通过北京敬业和康投资咨询中心(以下简称敬业和康中心)向梁某支付500万元。 | 期徒刑十二年 |
| 3 | 刘某某 | 50 | 汉族 | 湖南省 | 初中 | 农民 | 刑事案件 | 卖、运输、 | 走私、贩卖、运输、制造毒品 | 2012年11月9日,原审被告人刘某某驾驶一辆奥德赛商务车,从祁东县城运输毒品前往湖北省宜昌市,行至汉宜高速公路枝江服务区加油时,被公安人员抓获。随后,公安人员从刘某某驾驶的商务车上查获片剂状毒品疑似物5788.52克,从刘某某身上查获片剂状毒品疑似物3.68克,均检出甲基苯丙胺、咖啡因毒品成分,其中甲基苯丙胺含量为13.6%。上述事实,有经原第一审庭审质证确认的从刘某某驾驶的商务车上及其身上查获的甲基苯丙胺片剂等物证,证人刘某的证言,毒品鉴定意见,现场勘查笔录,原审被告人刘某某的供述等证据证实。 | 期徒刑十年 |
| | | | | | | | | | | 胺酮并交给郭某。随后,郭某乘坐长途客车携带毒品返回海南省海口市。被告人王某某将毒品贩卖。 | |

图 8.2 司法案例数据集

现在,将构建自己的司法案例推荐系统。进入其流水线的主要组件,如图 8.3 所示。

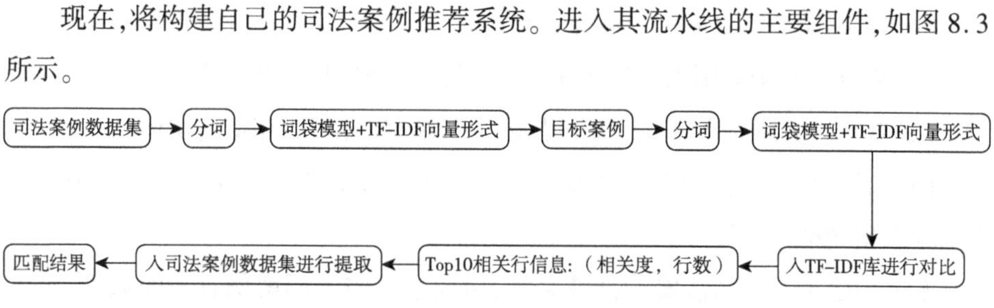


图 8.3 司法案例推荐系统技术路线

推荐都是关于了解基本特性的,它使系统倾向于某种选择而不是另一种选择。项目之间的相似性(在本例中是司法案例)是了解为什么选择某个司法案例而不是另一个司法案例的一种方式。可以使用不同的方法可以计算两个项目之间的相似度。其中余弦相似度是使用最广泛的度量方法之一。

### 8.5.2　司法案例数据集预处理

司法案例语料在计算相似度之前一般需要一系列的预处理工作,才能符合输入要求。首先,需载入用户预定义词典,防止一些重要的短语被分词器所分开。其次,载入停用词典,减少噪声。再次,读入语料文件对整个语料库进行分词操作。最后,将整个语料库制作成向量形式,以便进行相似度计算。

1. 用户预定义词典载入

当某些特定的词在 jieba 的词典中没有并且需要准确切分出来时,就需要在切分过程中引入自定义词典。自定义词典以 TXT 文件形式输入,每个词占据一行。然后在 Python 中读取即可。具体代码如下:

```
jieba.load_userdict("data/Judicial_User_Dictionary.txt")
```

2. 停用词载入

停用词是指在信息检索中,为节省存储空间和提高搜索效率,在处理自然语言数据(或文本)之前或之后会自动过滤掉某些字或词,这些字或词即被称为停用词(Stop Words)。本例通过加载哈尔滨工业大学停用词词表对停用词进行过滤操作。代码如下:

```
#将停用词读出放在 storwords 这个列表中
filepath = r'data/stopwords.txt'
stopwords = [line.strip()for line in open(filepath,'r',en-
coding ='utf -8').readlines()]
# print(stopwords)
```

3. 分词

jieba 分词器可以有效识别犯罪文本中的一些实体信息,分词效果较好。因此,本例采用 jieba 进行分词操作,并保存两个变量:一个是原始语料库中每个文档的字符串列表;另一个是原始语料库中进行分词之后的字符串列表。代码如下：

```
# 读出文件,将其中句子进行分词
def readfile2wordlist(file_path):
    word_list = [] #原始语料中的每条文档的字符串列表
    cut_word_list = [] #原始语料中进行分词之后的字符串列表
    with open(file_path,'r',encoding = "utf-8-sig")as f: #读出所有的词,utf-8-sig代表去除Unicode特殊符号,以达到数据清洗的效果
        for line in f.readlines(): #
            seg_list = jieba.cut(line.strip())#进行分词
            seg_list = [i for i in seg_list if i not in stopwords and i! =' '] #过滤停用词以及空格
            word_list.append(line.strip())
            cut_word_list.append(seg_list)
    return word_list,cut_word_list
```

测试分词代码如下：

```
word_list,cut_word_list = readfile2wordlist('data/commodity_title.txt')
print(word_list)
print(cut_word_list)
```

结果如图 8.4 和图 8.5 所示。

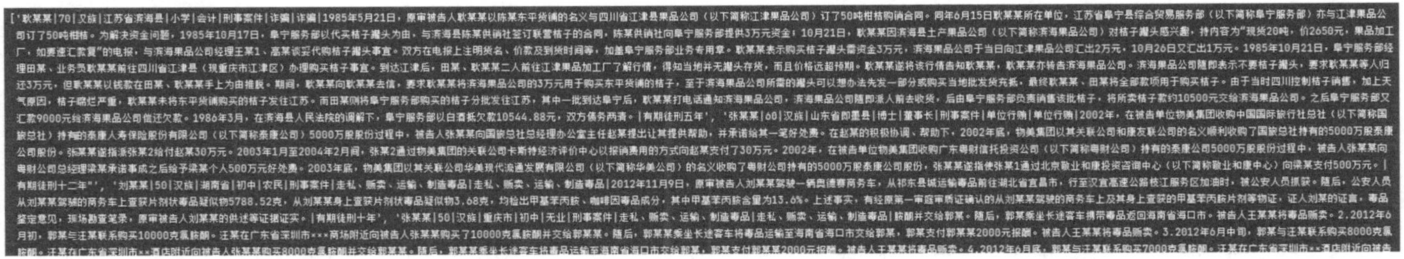

图8.4　word_list变量返回结果

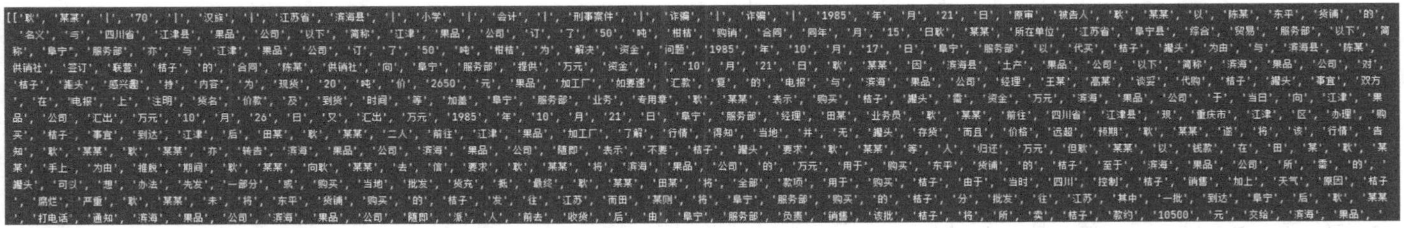

图8.5　cut_word_list变量返回结果

4. 文本向量化

文本分词后,如何将其送入一个计算文本相似度的过程中呢? 答案是文本向量化,即用向量或矩阵的形式表示文本,也可以理解为对文本的数值化处理。文本向量化从数学角度可以解释为映射,即将单词映射到另一个空间。本例将把语料库制作成词袋模型 + TF - IDF 的向量化表示形式。

首先,计算每个词的 IDF 值,代码如下:

```
#计算每个词的 IDF 值
def calculate_idf(cut_word_list): #计算 TF - IDF,并返回字典,只轮巡一遍语料库就可以完成 IDF 的计算
    wordinfilecount = {} #保存键值对键、词值、出现的文档数
    words_count = len(cut_word_list)#语料库中所有的文档数量
    for words in cut_word_list: # 取出每句话的分词结果
        for word in set(words):  #取出每句话中的词,set 表示去重
            if str(word)not in wordinfilecount:
                wordinfilecount[str(word)] = 1
            else:
                wordinfilecount[str(word)] + = 1

    for key in wordinfilecount.keys(): #取出该词在所有文档中出现的数量
        idf = np.log((words_count +1)/(wordinfilecount[key] +1))#文档总数/该词在所有文档中出现的数量
        wordinfilecount[key] = idf
    return wordinfilecount
```

对 IDF 值进行测试,代码如下:

```
word_list,cut_word_list = readfile2wordlist('data/Judicial Cases.txt')
wordinfilecount = calculate_idf(cut_word_list)
print(wordinfilecount)
```

结果如图 8.6 所示。

其次,制作词袋,也就是不重复的每一个 word 对应的序号,代码如下:

```
def make_token2id(cut_word_list):
    n = 0
    token2id = {}
    for words in cut_word_list:
        for word in words:
            if word not in token2id:
                token2id[word] = n
                n + = 1
    return token2id
```

对 IDF 值进行测试,代码如下:

```
word_list,cut_word_list = readfile2wordlist('data/Judicial Cases.txt')
token2id = make_token2id(cut_word_list)
print(token2id)
```

结果如图 8.7 所示。

然后,统计每个文档中词的出现次数,为计算 TF - IDF 值做准备,并返回一个包含键值对的字典。代码如下:

```
def make_word_freq(word_list):
    freword = {} #键、词值、词在这个句子中出现的次数
    for word in word_list:
        if str(word)not in freword:
            freword[str(word)] = 1
        else:
            freword[str(word)] + = 1
    return freword
```

最后,将制作整个语料库的词袋模型 + TF - IDF 表现形式,代码如下:

```
{'偿还': 2.740840023925201, '田某': 3.721669276936927, '专用章': 4.127134385045092, '供销社': 4.127134385045092, '代购': 3.721669276936927, '公司': 1.5244446996007077, '到达': 2.740840023925201, '注明': 4.127134385045092, '天气':
 3.721669276936927, '10544.88': 4.127134385045092, '月': 0.10178269430994238, '双方': 1.601405740736836, '用于': 2.112231364502827, '阜宁': 4.127134385045092, '70': 3.721669276936927, '当地': 3.721669276936927, '刑事案件': 0.0,
 '20': 2.2553322081435003, '柑桔': 4.127134385045092, '两年': 2.2553322081435003, '霸': 3.2108436531709366, '订': 4.127134385045092, '有期徒刑': 0.3894647667617233, '的': 0.10178269430994238, '款项': 2.3353749158170367, '一部分':
 4.127134385045092, '江津县': 4.127134385045092, '加盖': 4.127134385045092, '手上': 4.127134385045092, '可以': 2.8743714165497236, '吨': 3.028522096376982, '代买': 4.127134385045092, '价款': 4.127134385045092, '原因': 3
.2108436531709366, '盗': 1.4529857356185627, '两清': 4.127134385045092, '其中': 2.112231364502827, '15': 2.181224235989778, '源头': 4.127134385045092, '时间': 3.721669276936927, '预期': 4.127134385045092, '事宜': 3
.2108436531709366, '某刚': 4.127134385045092, '于': 1.1567199194753903, '日歌': 4.127134385045092, '五年': 2.4223862928066664, '日': 0.3316451958728971, '了': 1.1314021114911006, '四川省': 2.6230569882688175, '元': 1
.1067094989007291, '归还': 2.4223862928066664, '办法': 4.127134385045092, '以下': 1.6847873496758872, '26': 2.181224235989778, '江津': 4.127134385045092, '由于': 3.721669276936927, '控制': 2.112231364502827, '涨': 4
.127134385045092, '简称': 1.7757591278816138, '分': 2.4223862928066664, '需': 3.028522096376982, '二人': 1.6847873496758872, '万元': 1.3862943611198906, '10': 1.1826954058786512, '后': 0.3429447511268304, '服务部': 4
.127134385045092, '由': 1.9299098077088723, '先发': 4.127134385045092, '经理': 2.517696472610991, '联营': 4.127134385045092, '并': 0.4014409578084389, '推脱': 4.127134385045092, '交给': 3.028522096376982, '田': 3
.028522096376982, '但歌': 4.127134385045092, '等': 0.5576016885637214, '解决': 4.127134385045092, '冒': 4.127134385045092, '当日': 1.824549292051046, '对': 1.4190841839428816, '远超': 4.127134385045092, '人': 0
```

图8.6　IDF值计算结果

```
Loading model cost 1.597 seconds.
Prefix dict has been built successfully.
{'耿': 0, '某某': 1, '|': 2, '70': 3, '汉核': 4, '江苏省': 5, '滨海县': 6, '小学': 7, '会计': 8, '刑事案件': 9, '诈骗': 10, '1985': 11, '年': 12, '月': 13, '21': 14, '日': 15, '原审': 16, '被告人': 17, '以': 18, '陈某': 19, '东平': 20, '

Process finished with exit code 0
```

图8.7　制作词袋结果

```
def make_tfidf_library(cut_word_list,idf_dict): #传进分词之后的结果和 IDF 值
    tfidf_library = [] #整个语料库的词袋模型+TFIDF 的表现形式
    token2id = make_token2id(cut_word_list)#制作词袋模型
    for cut_words in cut_word_list: # 取出每一句话的分词结果
        w_vec = np.zeros(len(token2id))#定义一个全零矩阵,长度=词袋长度
        count = len(cut_words)#计算词频的分母
        freword = make_word_freq(cut_words)#计算一句话中某词的出现次数
        for word in set(cut_words):
            index = token2id[word] #拿到词袋模型中的下标
            tf = freword[word] /count #计算 TF 值
            idf = idf_dict[word] #计算 IDF 值
            w_vec[index] = tf * idf #当前的下标值置成 TF-IDF 值
        tfidf_library.append(w_vec.tolist())
    return tfidf_library
```

对文本向量化函数进行测试,代码如下:

```
word_list,cut_word_list = readfile2wordlist('data/Judicial Cases.txt')#分词结果
idf_dict = calculate_idf(cut_word_list)#计算每个词的 IDF 值
token2id = make_token2id(cut_word_list)#制作词袋
tfidf_library = make_tfidf_library(cut_word_list,idf_dict)#制作整个语料库的词袋模型+TFIDF 的表现形式
print(tfidf_library)
```

结果如图 8.8 所示。

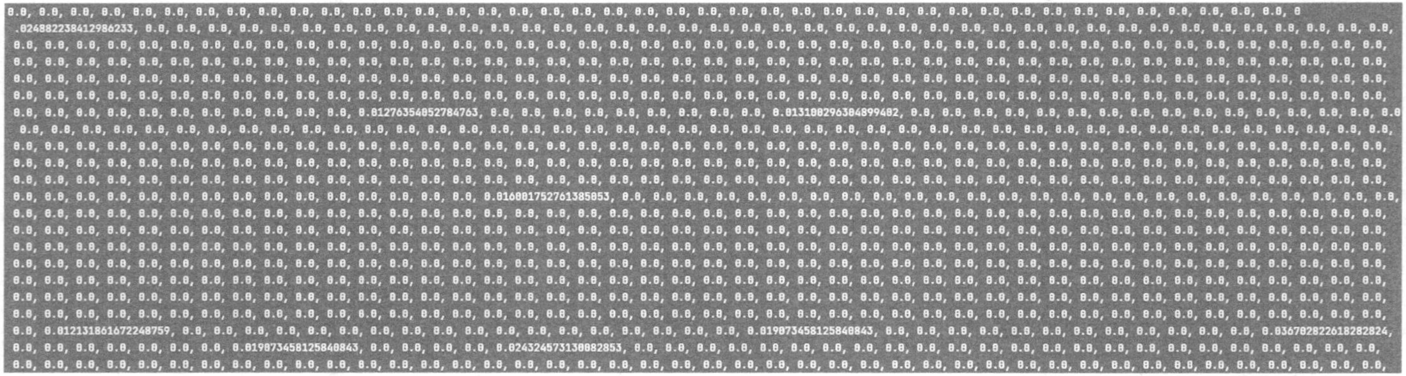

图8.8　文本向量化函数测试结果

### 8.5.3 目标案例预处理

目标案例预处理与司法案例数据集预处理类似，也是通过加载用户预定义词典、删除停用词、分词、向量化4个步骤组成。唯一区别是由整个语料库案例变为了单个案例预处理。

1. 载入用户预定义词典

代码如下：

```
jieba.load_userdict("data/Judicial_User_Dictionary.txt")
```

2. 停用词删除以及分词操作

单一目标案例的预处理过程要与整个语料库的预处理过程相同。代码如下：

```
# 针对目标语句进行分词
def split_words(word):
    cut_word = [i for i in jieba.lcut(word)if i not in stop-
words and i ! = '']
    return cut_word
```

3. 文本向量化

将单一目标案例制作成词袋模型+TF-IDF的向量化表示形式，代码如下：

```
# 计算目标语句的词袋模型+TF-IDF 的表现形式
def make_tfidf(cut_words,token2id,idf_dict):
    word_list = [word for word in cut_words if word in
token2id] # 过滤目标语句中不在词袋模型中的词
    count = len(word_list)
    word_freq = make_word_freq(cut_words) # 统计目标语句中某
词的出现次数,并返回字典
    w_vec = np.zeros(len(token2id))#创建全零矩阵
    for word in set(word_list): # 获取不重复的每个值
        index = token2id[word] # 取出当前 word 所对应的下标,然
后在此下标下填充 TF-IDF 值
        idf = idf_dict[word]
```

```
            w_vec[index] = float(word_freq[word] /count) * float(idf)
    return w_vec
```

现在已经使用基于 TF－IDF 的向量表示对整个语料库和目标案例进行了规范化和向量化处理，接下来研究如何计算文档的余弦相似度和文档相似度。

### 8.5.4 成对文档相似度的余弦相似度计算

之前已经介绍了关于计算余弦相似度的概念，并为词项相似度实现了这些概念。在这里，系统重复使用相同的概念来计算文档而不是词项的余弦相似度分数。文档向量将是基于词袋模型的向量，其具有 TF－IDF 值而不是词频。

基于 Numpy 的余弦相似度代码如下：

```
def Cos_Distance(vector1,vector2):
    vec1 = np.array(vector1)
    vec2 = np.array(vector2)
    return float(np.sum(vec1 * vec2))/(np.linalg.norm(vec1) * np.linalg.norm(vec2))#此处可以更换成任意的相似度计算公式
```

实现余弦相似度的代码之后，便要计算目标案例与整个司法案例语料库的相似度，代码如下：

```
def similarity_words(vec,vecs_list):#传进目标语句的向量形式和整个语料库的向量形式
    Similarity_list = []
    for vec_i in vecs_list:#取出整个语料库中语句
        Similarity = Cos_Distance(vec,vec_i)#计算目标语句与整个语料库中语句的余弦相似度
        Similarity_list.append(Similarity)
    return Similarity_list
```

### 8.5.5 司法案例推荐

将目标案例与整个语料库中的司法案例进行对比，以计算其与整个语料库中

案例的相似度，并返回前 10 条相似度较高的样本，借此可以推断目标案例未来的案情结果，可以成为法律咨询方面的一个有价值的补充。代码如下：

```
def main(words,token2id,idf_dict,tfidf_library):
    cut_words = split_words(words)#对目标语句进行分词
    vec = make_tfidf(cut_words,token2id,idf_dict)#将目标语句转换成词袋模型+TF-IDF的表现形式
    similarity_lists = similarity_words(vec,tfidf_library)#计算相似度,返回目标语句与整个语料库中每个语句的相似度列表
    sorted_res = sorted(enumerate(similarity_lists),key=lambda x: x[1])#将相似度列表转换成枚举形式,针对枚举类型的第二个值进行升序排序
    outputs = [[word_list[i[0]],i[1]] for i in sorted_res[-1:-11:-1]] #取出排名前十的原始语料
    return outputs
```

最终测试某一条目标案例，代码如下：

```
words = '原审判决认定:被告人于某某与同居女友夏某2(被害人,殁年43岁)因于某某饮酒问题而多次争吵。2020年5月27日17时许,因于某某再次饮酒,夏某2在开原市内服药自杀,此举引发于的愤怒。于某某趁夏某2昏睡之机,用电热毯电源线勒夏某2颈部,致夏某2窒息和缺氧;后又用平底炒勺击打夏某2头面部数下,用蔬菜刮刀割夏某2的颈部数下,被害人夏某2经抢救无效死亡。经法医鉴定:夏某2系头右额部、面部遭受反复钝器打击致硬膜下血肿、蛛网膜下腔出血、脑挫伤死亡。案发后被告人于某某主动投案,并对犯罪事实供认不讳'
outputs = main(words,token2id,idf_dict,tfidf_library)
for i in outputs:
    print(str(i[1]) + '          ' + i[0])
```

结果如下所示，返回了 10 条与目标案例相近的案例与相似度：

0.9564883864511295　　　于某某|47 岁|满族|辽宁省开原市|专科|医生|刑事案件|故意杀人|故意杀人罪|原审判决认定:被告人于某某与同居女

友夏某 2(被害人,殁年 43 岁)因于某某饮酒问题而多次争吵。2020 年 5 月 27 日 17 时许,因于某某再次饮酒,夏某 2 在开原市内服药自杀,此举引发于某某的愤怒。于某某趁夏某 2 昏睡之机,用电热毯电源线勒夏某 2 颈部,致夏某 2 窒息和缺氧;后又用平底炒勺击打夏某 2 头面部数下,用蔬菜刮刀割夏某 2 的颈部数下,被害人夏某 2 经抢救无效死亡。经法医鉴定:夏某 2 系头右额部、面部遭受反复钝器打击致硬膜下血肿、蛛网膜下腔出血、脑挫伤死亡。案发后被告人于某某主动投案,并对犯罪事实供认不讳。|判处有期徒刑十年

0.10375773159698873　　叶某某|68 岁|汉族|浙江省温州市|初中|务工|刑事案件|故意杀人|故意杀人罪|1994 年 2 月 2 日中午,被告人叶某某在浙江省温州市鹿城区黄龙商贸城内与胡某打麻将时发生吵打,被旁人劝停后,胡某打电话叫其丈夫夏某 1(被害人,殁年 36 岁)等人过来。当日 12 时 50 分许,夏某 1 乘坐外甥女婿陈某的摩托车到达现场与叶某某互殴,双方扭打至商贸城某店铺内,叶某某持事先藏放在身上的尖刀捅刺夏某 1,致夏某 1 左肺及动脉破裂,导致失血性休克,呼吸循环系统衰竭经抢救无效而死亡。叶某某作案后潜逃外地,后于 2016 年 11 月 22 日在北京被抓获归案。|无期徒刑

0.08136400401329145　　丁某某|54 岁|汉族|河南省永城市|小学|务工|刑事案件|故意杀人|故意杀人罪|被告人丁某某与被害人王某 1 系夫妻关系,丁某某因家庭积怨产生了杀害王某 1 的念头。2019 年 11 月 30 日 16 时许,被告人丁某某事先准备一块石块,藏在位于义乌市××街道的家中。同日 19 时许,被害人王某 1 酒后回家,二人因琐事发生口角,后被害人王某 1 在床上睡觉。被告人丁某某觉得无法与王某 1 沟通,日子没法过下去,下定决心杀死王某 1,遂拿起事先准备好的石块猛砸王某 1 面部两次,后王某 1 摔趴到地上,为防止血液四溅,被告人丁某某用塑料袋套住被害人王某 1 的头部,继续用石块朝其后脑勺猛砸两次。被害人王某 1 经送医院抢救无效死亡。经义乌市公安司法鉴定中心鉴定,死者王某 1 系被他人用钝性物体多次打击头面部致弥漫性蛛网膜下腔出血死亡。|判处无期徒刑

0.05669976918535722　　卢某某|60 岁|汉族|浙江省东阳市|初中|农民|刑事案件|故意伤害他人|故意杀人罪|被告人卢某某系被害人李某 1(殁年 84 岁)的大儿媳,因不满李某 1 多年来一直偏心小儿子李某 3 一家而对李

某 1 心存怨气,又因李某 1 对卢某某的服侍不满意,卢某某遂产生了将其杀害的想法。2016 年1 月24 日凌晨6 时许,卢某某趁无人之际来到东阳市 × ×街道李某 1 居住的老房子,用木质“地拍”(注:东阳农村盖房子时拍泥地所用,与锤衣棒相似)击打李某 1 头部四下,致其当场死亡。经法医鉴定,被害人李某 1 系被他人用钝器击打头部致严重颅脑损伤死亡。|判处无期徒刑

0.0560548101989502９　　陈某某|55 岁|汉族|福建省闽清县|高中|务农|刑事案件|故意杀人|故意杀人罪|福州市中级人民法院审理福州市人民检察院指控被告人陈某某犯故意杀人罪,附带民事诉讼原告人陈某 1、陈某 2 提起附带民事诉讼一案,于 2020 年 9 月 7 日作出(2020)闽 01 刑初 49 号刑事附带民事判决。在法定期限内,附带民事部分判决没有上诉,已发生法律效力。被告人陈某某对刑事部分判决不服,提出上诉。本院受理后,依法组成合议庭审理本案,依法通知福建省福州市法律援助中心指派律师为上诉人陈某某提供辩护。经阅卷,讯问被告人,认为本案不属于依法必须开庭审理的案件,决定不开庭审理。现已审理终结。原判认定,被告人陈某某与被害人陈某 2 系亲兄弟。2019 年 12 月 21 日 7 时许,二人因化粪池整改问题在闽清县 × ×镇家门口发生争执。陈某 2 首先用拳头殴打陈某某,陈某某随即也用拳头回击。互殴中,因被陈某 2 持铁铲追打,陈某某遂从自家厨房取出一把尖刀,并在与陈某 2 对打过程中刺中其胸腹部、颈部。陈某 2 由陈某某及随后赶到的陈某 4 送医后确认死亡。经鉴定,被害人陈某 2 系被他人用单刃锐器刺中右颈部及前上胸部致右颈外静脉离断、左头臂静脉破裂引起急性失血性休克死亡。案发后,陈某某当场拨打 110 电话报警并在闽清县 × ×大楼门口向公安机关投案。|无期徒刑

0.0548978216088508４　　石某某|30 岁|汉族|贵州省从江县|初中|务工|刑事案件|故意伤害|故意伤害罪|被告人石某某和被害人李某 1 分别租住在台州市集聚区 × ×街道。案发前十多天,李某 1 曾因石某某家中晚上发出噪声影响其休息而向石某某反映,并通过房东王某 2 提醒石某某。2020 年 4 月 2 日 22 时许,被害人李某 1 因被告人石某某家中又发出噪声影响其休息而上楼理论,与石某某发生争吵,后双方用拳头殴打对方,石某某的妻子石某 1 见状走至二人中间,李某 1 用拳头殴打石某 1,石某某遂用一个空啤酒瓶击打李某 1 头部致其受伤。被害人李某 1 经送医抢救无效于 2020 年 4 月 9 日凌晨死亡。经法

医鉴定,被害人李某1左顶颞部系受钝性外力作用致严重颅脑损伤死亡,其受伤当晚的饮酒行为,在一定程度上加重了颅内出血。|有期徒刑六年

0.0465146777350274　　闫某某|42岁|汉族|河南省漯河市|初中|务农|刑事案件|故意杀人、强奸|故意杀人罪、强奸罪|2019年7月4日2时许,被告人闫某某在河南省漯河市源汇区某公共健身活动区附近闲逛,见被害人丁某甲(女,殁年28岁)独自经过,便尾随至××桥西南侧河堤附近欲图谋不轨。搭讪遭拒后,闫某某将丁某甲强行挟持至某河坡绿化带内,将丁某甲摔倒在地,并强行脱掉丁某甲裤子欲发生性关系。因遭到反抗,闫某某用双手扼掐丁某甲颈部,致丁某甲机械性窒息死亡。被告人闫某某在河南省漯河市作案后,于2019年7月4日9时许,乘坐出租车前往河南省许昌市。在许昌市魏都区被害人温某某(女,殁年43岁)经营的足疗店内,闫某某与温某某进行性交易。当日17时许,因闫某某无钱支付嫖资,温某某阻止其离开并表示要报警,闫某某将温某某摁倒在按摩店南侧房间内的床上,采用捂压口鼻、扼压颈部的手段致温某某机械性窒息死亡。|无期徒刑

0.0455737326262088854　　李某某|31岁|汉族|陕西省澄城县|本科|无业|刑事案件|故意伤害|故意伤害罪|2019年7月3日16时,在四川省都江堰市某工地内,中国建筑一局(集团)有限公司员工被告人李某某,与成都万达城投资有限公司项目管理分公司员工被害人易某因施工协调发生争吵、抓扯。双方被劝开后,李某某心生不满捡起工地上一方木打向易某,致易某头部受伤并入院。李某某于当日至公安机关投案。2019年7月15日,被害人易某因抢救无效死亡。经鉴定,易某系被他人用钝器击打头部致颅脑损伤并发感染性休克死亡。案发后,中国建筑一局(集团)有限公司支付医疗费等其他相关费用共计50余万元。原判以经过庭审质证的现场勘验笔录、鉴定意见、证人证言及被告人供述等证据证明上诉事实。原判认为,被告人李某某因纠纷持方木击打被害人易某,致被害人颅脑损伤并发感染性休克死亡,其行为已构成故意伤害罪。被告人李某某犯罪后自动投案,如实供述其罪行,系自首,依法可以从轻或者减轻处罚。结合被告人李某某的犯罪事实、性质、情节、社会危害性及认罪、悔罪态度,对其予以从轻处罚。|有期徒刑十五年

0.040620717624188264　　陈某某|45岁|汉族|河南省卫辉市|初

中 | 无业 | 刑事案件 | 故意伤害 | 故意伤害罪 | 2019 年 9 月 16 日 10 时许，杨某 4 从鹤壁市淇县来到卫辉市找张某 1 玩，中午三人在张某 1 的租住处吃饭，陈某某与杨某 4 饮酒。19 时许，三人在卫辉市某酒馆吃饭，陈某某、杨某 4 又饮酒。20 时许，三人到卫辉市某 KTV 唱歌时，陈某某与杨某 4 发生争吵，被张某 1 劝阻。后陈某某与张某 1 各自骑电动车离开 KTV 回到张某 1 租住地，杨某 4 也随后从 KTV 来到张某 1 居住地，后因陈某某打了张某 1 脸部一巴掌，张某 1 遂从租住地二楼下去，杨某 4 遂与陈某某开始打斗，在打斗过程中陈某某拿出一把折叠刀，杨某 4 遂与陈某某开始争夺折叠刀，在夺刀的过程中，杨某 4 用刀捅向陈某某左腿，造成陈某某左腿受伤，陈某某用折叠刀捅刺杨某 4 数下，造成杨某 4 当场死亡。经鉴定，杨某 4 系被他人用具有一定长度和宽度的单刃刺器刺破心脏造成大出血死亡。陈某某损伤程度构成轻微伤。案发后陈某某拨打了 110 报警电话，张某 1 用陈某某的手机拨打了 120 急救电话，陈某某在现场等候，后被民警带至公安机关。另查明，被告人陈某某的行为给附带民事诉讼原告人造成一定经济损失，应赔偿丧葬费 32074 元。 | 有期徒刑十五年

0.0400504706625004340　　　段某某 | 53 岁 | 汉族 | 贵州省瓮安县 | 小学 | 农民 | 刑事案件 | 故意杀人 | 故意杀人罪 | 被告人段某某因夫妻感情不和、家庭矛盾等对其丈夫被害人郭某 1 心生怨恨，于 2018 年 8 月 10 日找到被告人白某预谋杀害郭某 1。2018 年 8 月 21 日晚，白某与段某某电话联系后，驾驶桑塔纳轿车到大厂回族自治县，白某用胳膊勒住郭某 1 颈部将郭某 1 勒倒后，伙同段某某用绳子、铁丝把郭某 1 颈部及手脚捆绑，放置于桑塔纳轿车后备箱内，白某驾车离开，将该车停放至三河市某停车场，致郭某 1 死亡。2018 年 8 月 24 日 16 时许，郭某 1 尸体被发现时已高度腐败，经鉴定不能排除系机械性窒息死亡。当日，白某在发现尸体现场被带至公安机关后如实供述了犯罪事实，并带领侦查人员将段某某抓获。原判决认定上述事实的证据有：证人吴某 1 证明，2018 年 8 月 24 日 16 时 30 分许，在三河市某停车场，其与白某、马某、吴某 2、高某、吴某 3、吴某 4、白某 1 等人在讨论白某停放的一辆黑色桑塔纳 3000 型轿车散发臭味后，马某从白某处拿到车钥匙打开该轿车的后备箱，发现后备箱内有一具死尸。白某说该车是他从别人处所借，不知道尸体来源，其遂电话报警，不久警察来到现场。 | 无期徒刑

## 8.6 文档聚类

文档聚类或聚类分析是 NLP 和文本分析中一个领域,它应用了无监督的 ML 概念和技术。文档聚类的主要前提类似于文档分类,从文档的完整语料库开始,根据文档的一些独特的特性、属性和特征将它们分为不同的组。文档分类需要预先标记培训数据来构建模型,然后对文档进行分类。文档聚类则使用无监督的 ML 算法将文档分组成各种类。这些类的特性就是相较于和其他类的文档之间,一个类内的文档之间更相似、互相关联更紧密。

这里要记住一件重要的事情就是聚类是一种无监督的学习技术,类之间总有一些重叠,因为并没有一个完美的聚类这样的定义。所有这些技术都是基于数学、启发式算法以及一些聚类产生过程的固有属性,它们从来都不是完美的。目前有一些发现聚类的技术或方法,几种流行的聚类算法简要描述如下:

(1)层次聚类属性:这些聚类模型也称基于连接的聚类方法,它基于一个概念,即相似对象在向量空间中应更接近于相关对象,而不是无关对象,即它们距离无关对象更远。聚类通过基于距离的连接对象形成,可以采用树状图来可视化。这些模型的输出是完整的、层次结构详尽的聚类。该类模型主要分为凝聚式聚类和分裂式聚类模型。

(2)基于质心的聚类模型:这些模型以这样的方式构建聚类,即每个聚类都有一个中心、有代表性的成员,它能够代表整个聚类,并具有将特定聚类和其他聚类区分开来的特征。基于质心的聚类模型包含多种算法,如 k - means、k - medoids 算法等,此类算法中需要提前设置聚类 $k$ 的数量,并且最小化距离度量(如每个数据点到质心距离的平方)。这些模型的缺点是需要提前指定 $k$ 值,而这可能会导致局部极小值,使系统无法获得数据的真实聚类表示。

(3)基于分布的聚类模型:这类模型利用概率分布的概念来聚类数据点。它的理念是具有相似分布的对象可以聚类成相同的组或聚类。高斯混合模型(Gaussian Mixture Model,GMM)使用诸如预期最大化算法来构建这些聚类。特征、属性相关性的依存关系也可以使用这些模型来捕获,但是这类模型容易过拟合。

(4)基于密度的聚类模型:这类聚类模型使用聚集在较密集区域的数据点生

成聚类,与较密集区域的数据点相比,其他数据点可能会随机地出现在向量空间的稀疏区域。将这些稀疏区域视为噪声,并作为边界来隔离聚类。该领域的两个流行算法是 DBSCAN 算法和 OPTICS 算法。

此外,还有一些其他聚类模型,如 BIRCH 算法和 CLARANS 算法等。目前,有很多专门研究聚类的数据和杂志。下面将主要介绍三种不同的聚类算法:

(1)k 均值聚类。

(2)近邻传播算法。

(3)凝聚层次聚类。

### 8.6.1　k 均值聚类

k 均值(k - means)是常用的基于欧几里得距离的聚类算法,其认为两个目标的距离越近,相似度越大。本节首先介绍经典的牧师 - 村民模型来引入 k - means 算法,其次介绍算法步骤和时间复杂度,通过介绍其优缺点来引入算法的调优与改进,最后利用 EM 算法进行收敛证明。

1. 算法

(1)牧师 - 村民模型。

k - means 有一个著名的解释——牧师 - 村民模型:

有四个牧师去郊区布道,一开始牧师们随意选了几个布道点,并且把这几个布道点的情况公告给了郊区所有的村民,于是每个村民到离自己家最近的布道点去听课。

听课之后,大家觉得距离太远了,于是每个牧师统计了一下自己的课上所有的村民的地址,搬到了所有地址的中心地带,并且在海报上更新了自己的布道点的位置。

牧师每一次更新地点,不可能离所有人都更近,有的人发现 A 牧师移动以后自己还不如去 B 牧师处听课更近,于是每个村民又去了离自己最近的布道点……

就这样,牧师每个礼拜更新自己的位置,村民根据自己的情况选择布道点,最终稳定了下来。

可以看到该牧师的目的是让每个村民到其最近中心点的距离和最小。

(2)算法步骤。

k－means 的算法步骤如下：

①选择初始化的 $k$ 个样本作为初始聚类中心 $a = a_1, a_2, \cdots, a_k$ 。

②针对数据集中每个样本 $x_i$ 计算它到 $k$ 个聚类中心的距离并将其分到距离最小的聚类中心所对应的类中。

③针对每个类别 $a_j$ ，重新计算它的聚类中心 $a_j = \frac{1}{|c_i|}\sum_{x \in c_i} x$（属于该类的所有样本的质心）。

④重复上面第②、③步操作，直到达到某个中止条件（迭代次数、最小误差变化）。

(3)复杂度。

先看一下伪代码：

```
获取数据 n 个 m 维的数据
随机生成 k 个 m 维的点
while(t)
    for(int i =0;i < n;i + +)
        for(int j =0;j < k;j + +)
计算点 i 到类 j 的距离
    for(int i =0;i < k;i + +)
        1.找出所有属于自己这一类的所有数据点
        2.把自己的坐标修改为这些数据点的中心点坐标
end
```

时间复杂度：$O(tknm)$ ，其中 $t$ 为迭代次数，$k$ 为簇的数目，$n$ 为样本点数，$m$ 为样本维度。

空间复杂度：$O(m(n+k))$ ，其中 $k$ 为簇的数目，$m$ 为样本点维度，$n$ 为样本点数。

2. 优缺点

(1)优点：

①容易理解，聚类效果不错，虽然是局部最优，但往往局部最优已足够。

②处理大数据集的时候，该算法可以保证较好的伸缩性。

③当簇近似高斯分布的时候，效果非常不错。

④算法复杂度低。

(2)缺点：

①$k$ 值需要人为设定，不同 $k$ 值得到的结果不一样。

②对初始的簇中心敏感，不同选取方式会得到不同结果。

③对异常值敏感。

④样本只能归为一类，不适合多分类任务。

⑤不适合太离散的分类、样本类别不平衡的分类、非凸形状的分类。

3. 算法调优与改进

针对 k－means 算法的缺点，可以有很多调优方式，如数据预处理(去除异常点)、合理选取 $k$ 值、高维映射等。

(1)数据预处理。k－means 的本质是基于欧几里得距离的数据划分算法，均值和方差大的维度将对数据的聚类产生决定性影响，所以未做归一化处理和统一单位的数据是无法直接参与运算和比较的。常见的数据预处理方式有数据归一化和数据标准化。

此外，离群点或者噪声数据会对均值产生较大的影响，导致中心偏移，因此还需要对数据进行异常点检测。

(2)合理选择 $k$ 值。$k$ 值的选取对 k－means 影响很大，这也是 k－means 最大的缺点，常见的选取 $k$ 值的方法有手肘法和 Gap statistic 方法。

手肘法如图 8.9 所示。

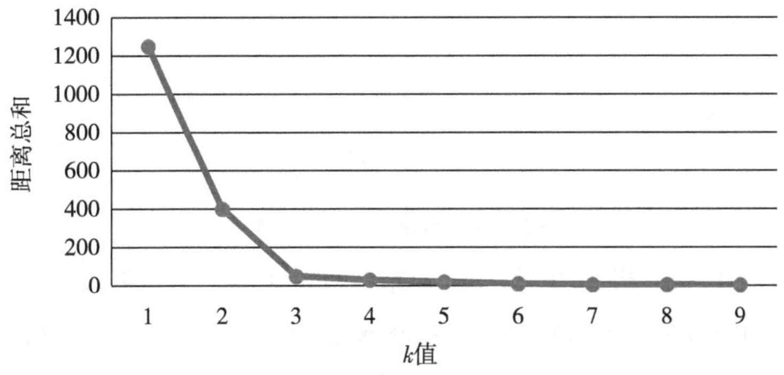


**图 8.9　手肘法**

由图 8.9 可知，当 $k<3$ 时，曲线急剧下降；当 $k>3$ 时，曲线趋于平稳，通过手肘法,认为拐点 3 为 $k$ 的最佳值。

手肘法的缺点在于需要人工检查,所以不够自动化,所以有了 Gap statistic 方法,这个方法出自斯坦福大学的几位学者的论文:*Estimating the number of clusters in a data set via the gap statistic*。

$$\text{Gap}(K) = E(\log D_k) - \log D_k \tag{8-11}$$

式中, $D_k$ 为损失函数,这里 $E(\log D_k)$ 指的是 $\log D_k$ 的期望。这个数值通常通过蒙特卡罗模拟产生,在样本所在的区域中按照均匀分布随机产生和原始样本数一样多的随机样本,并对这个随机样本做 k - means,从而得到一个 $D_k$ 。如此往复多次,通常 20 次,可以得到 20 个 $\log D_k$ 。对这 20 个数值求平均值,就得到了 $E(\log D_k)$ 的近似值。最终可以计算 Gap statisitc。Gap statisitc 取得最大值所对应的 $k$ 就是最佳的 $k$ 值,如图 8.10 所示。

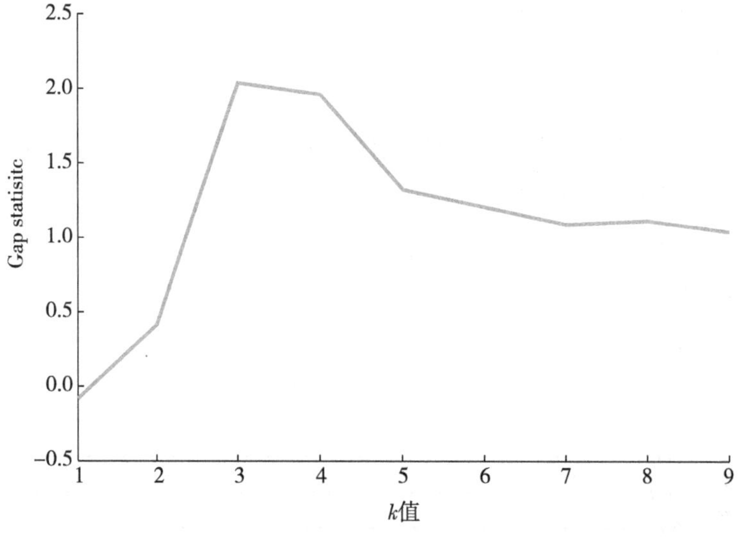


**图 8.10　Gap statisitc 方法**

由图 8.10 可知,当 $k=3$ 时,Gap($k$)取值最大,所以最佳的簇数是 $k=3$。

(3)采用核函数。基于距离的 k - means 假设了各个数据簇的数据具有一样的先验概率并呈现球形分布,但这种分布在实际生活中并不常见。面对非凸的数据分布形状时可以引入核函数来优化,这时算法又称核 k - means 算法,是核聚类方法的一种。核聚类方法的主要思想是通过一个非线性映射,将输入空间中的数据点映射到高位特征空间中,并在新的特征空间中进行聚类。非线性映射增加了数据电线性可分的概率,从而在经典的聚类算法失效的情况下,通过引入核函数以达到更为准确的聚类结果。

(4) k – means + +。初始值的选取对结果的影响很大,对初始值的选择改进是很重要的一部分。在所有的改进算法中,k – means + +最有名。

k – means + +算法步骤如下:

①随机选取一个中心点 $a_1$ 。

②计算数据到之前 $n$ 个聚类中心最远的距离 $D(x)$ ,并以一定概率 $\frac{D(x)^2}{\sum D(x)^2}$ 选择新中心点 $a_i$ 。

③重复第②步。

简单来说,k – means + +算法就是选择离已选中心点最远的点。这也比较符合常理,聚类中心当然是互相离得越远越好。

k – means + +算法的缺点在于难以并行化。所以 k – means Ⅱ 改变取样策略,并非按照 k – means + +那样每次遍历取样 $k$ 个,重复该取样过程 $\log(n)$ 次,则得到 $k\log(n)$ 个样本点组成的集合,然后从这些点中选取 $k$ 个。当然一般也不需要 $\log(n)$ 次取样,5 次即可。

(5) ISODATA。ISODATA 的全称是迭代自组织数据分析法。它解决了 $k$ 值需要预先人为确定这一缺点。当遇到高维度、海量的数据集时,人们往往很难准确地估计出 $k$ 值的大小。ISODATA 针对这个问题进行了改进,它的思想也很直观:当属于某个类别的样本数过少时把这个类别去除,当属于某个类别的样本数过多、分散程度较大时把这个类别分为两个子类别。

4. 收敛证明

先来看一下 k – means 算法的步骤:先随机选择初始节点,然后计算每个样本所属类别,然后通过类别再更新初始化节点。这个过程与 EM 算法有一些相似之处。

k – means 聚类的迭代算法实际上是 EM 算法。EM 算法解决的是在概率模型中含有无法观测的隐含变量情况下的参数估计问题。在 k – means 算法迭代步骤中的每次确认中心点以后重新进行标记对应 EM 算法中的 E 步求当前参数条件下的 Expectation。根据标记重新求中心点对应 EM 算法中的 M 步求似然函数最大化时(损失函数最小时)对应的参数。

首先看一下损失函数的形式:

$$J = \sum_{i=1}^{C} \sum_{j=1}^{N} r_{ij} \cdot \nu(x_j, \mu_i) \tag{8-12}$$

其中

$$\nu(x_j, \mu_i) = \| x_j - \mu_i \|^2, \quad r_{nk} = \begin{cases} 1, & \text{当 } x_n \in k \\ 0, & \text{其他} \end{cases} \tag{8-13}$$

为了求极值,令损失函数求偏导数且等于 0,即

$$\frac{\partial J}{\partial \mu_k} = 2\sum_{i=1}^{N} r_{ik}(x_i - \mu_k) = 0 \tag{8-14}$$

$k$ 是指第 $k$ 个中心点,于是

$$\mu_k = \frac{\sum_{i=1}^{N} r_{ik} x_i}{\sum_{i=1}^{N} r_{ik}} \tag{8-15}$$

可以看出,新的中心点就是所有该类的质心。

EM 算法的缺点是容易陷入局部极小值,这也是 k - means 算法有时会得到局部最优解的原因。

### 8.6.2 近邻传播算法

机器学习中 AP(affinity propagatoin)通常被称为近邻传播算法或者密切度传播或类同传播算法,由 Frey 与 Dueck 于 2007 年在 *Science* 提出。AP 算法的基本思想是将全部数据点都当作潜在的聚类中心(称为 exemplar),然后数据点两两之间连接构成一个网络(相似度矩阵),再通过网络中各条边的消息(responsibility 和 availability)传递计算出各样本的聚类中心(cluster center)。

1. 算法思想

不同于 $k$ 均值聚类等算法需要提前设置簇数 $k$,AP 算法自动确定簇的数量。对于聚类对象中每个数据点选择另一个数据点作为其范例(exemplar)或质心(centroid)。更准确地说,让 $c_i \in \{1,2,\cdots,N\}$ 表示数据点 $i$ 的簇中心,$N$ 表示数据点的总数量。优化对象是最大化如下函数:

$$S(c) = \sum_{i=1}^{N} s(i,c_i) + \sum_{k=1}^{N} \delta_k(c) \tag{8-16}$$

式中,右边第一项衡量每个数据点 $i$ 与它对应的簇中心 $c_i$ 之间的相似度。第二项是惩罚项,如果某个数据点 $i$ 选择点 $k$ 作为它的簇中心 $c_i = k$ ,但是数据点 $k$ 并不选择它自己作为所在簇中心,那么此时相应的惩罚项就是 -□。

$$\delta_k(c) = \begin{cases} -\square, & 当 c_k \neq k, \exists i : c_i = k \\ 0, & 其他 \end{cases} \tag{8-17}$$

对于上述相似性的衡量,通常选择两个数据点之间的负欧几里得距离来表示。

$$s(i,k) = - \| x_i - x_k \|^2 \tag{8-18}$$

对于负欧几里得距离的提法,可以理解为当得到一个依赖簇中心的概率模型时, $s(i,k)$ 会被设置成点 $i$ 的簇中心的点是 $k$ 的对数似然值(log - likelihood)。

将数据点视为网络中的节点,上述目标函数可表示为因子图,如图 8.11 所示。图中,圆形表示变量(节点),方形表示状态,每个节点有 $N$ 个状态。

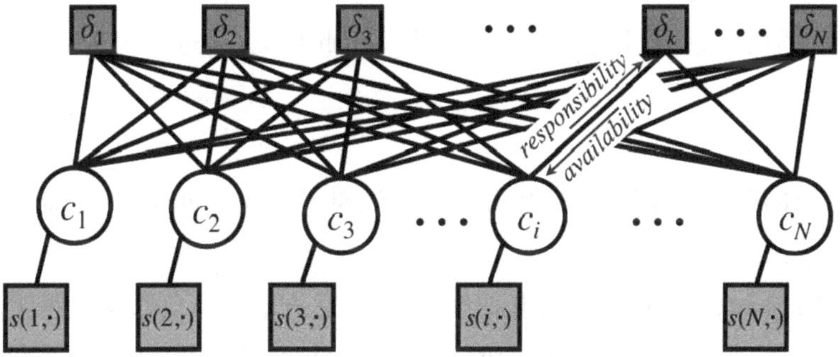


**图 8.11　AP 因子图**

上述优化对象(函数)通常采用 max - product loopy belief propagation 进行求解,迭代示意图如图 8.12 所示。

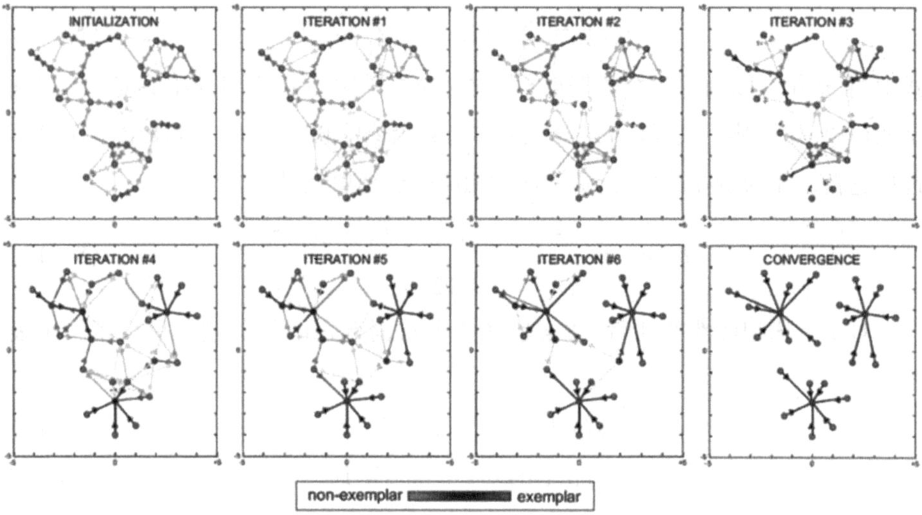


**图 8.12　迭代示意图**

在图 8.12 中,每个点的颜色深浅度反映了其成为簇中心的可能程度,深色代表可能性最大,浅色代表可能性最小。箭头 $i \rightarrow k$ 深浅度表示数据点 $i$ 属于簇 $k$ 的可能程度,颜色越深,属于它的可能性越大。由此可见,通过 6 次迭代,数据点聚合为三类。

2. 算法流程

在完整的算法流程前,首先引入四个概念:Similarity、Preference、Responsibility、Availability。

(1) Similarity。Similarity 即相似度,按照上述方法计算负欧几里得距离作为反映数据点 $i$ 与数据点 $k$ 的相似度值 $s(i,k)$,相似度越大表示数据点 $i$ 与 $k$ 的距离越近,AP 算法中理解为数据点 $k$ 作为数据点 $i$ 的聚类中心的能力,作为算法的初始化矩阵,$N$ 个点就有由 $N \times N$ 个相似度值组成的相似度矩阵。

(2) Preference。Preference 称为参考度或偏好度,是相似度矩阵中对角元素,如 $s(i,i)$,若按负欧几里得距离计算其值应为 0,但在 AP 聚类中其反应数据点 $i$ 作为聚类中心的程度,因此,不能为 0。迭代开始前假设所有点成为聚类中心的能力相同,因此,参考度初始化一般设为相似度矩阵中所有值的中位数或最小值,设为中位数意味着迭代得到的簇数量倾向于中位簇数量,最小值则倾向于得到最小簇数量。参考值越大则说明这个数据点成为聚类中心的能力越强。

(3)Responsibility 与 Availability。Responsibility 是数据点 $i$ 传递信息到候选的簇中心点 $k$ 的取值 $r(i,k)$,描述候选中心点 $k$ 适合作为数据点 $i$ 的聚类中心的程度,考虑了点 $i$ 在别的潜在簇中心,如图 8.13(a)所示。Availability 是从候选簇中心点 $k$ 传递信息到点 $i$ 的取值 $a(i,k)$,反映了点 $i$ 选择 $k$ 作为它的簇中心的合适程度,考虑了除点 $i$ 外别的点对点 $k$ 作为簇中心的支持,如图 8.13(b)所示。

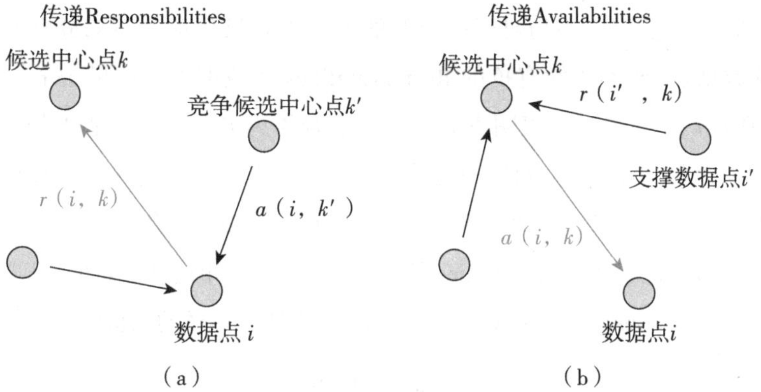


**图 8.13　簇中心示意图**

具体迭代过程如下:

①初始化时,上述 $a(i,k)=0$,然后按下述规则计算出 Responsibilities:

$$r(i,k) \leftarrow s(i,k) - \max_{k',\text{s.t. } k' \neq k} \{a(i,k') + s(i,k')\} \tag{8-19}$$

②第一次迭代时,因为 Availabilities 都是 0,那么 $a(i,k')=0$,$r(i,k)$ 被设置成输入的点 $i$ 与候选的点 $k$ 之间的相似度减去点 $i$ 和其他候选聚类中心 $k'(k' \neq k)$ 之间的最大相似度。这个竞争更新过程是数据驱动的,并不考虑有多少其他点支持每个候选聚类中心。

③在后面的迭代中,当一些点被有效地分配给其他聚类中心时,它们的 Availabilities 将会降到零值以下。这些负的 Availabilities 会减小上面规则中的输入相似度 $s(i,k')$ 的有效值,因 $a(i,k')+s(i,k') \leqslant s(i,k')$,从而使相应的候选聚类中 $k'$ 被排除在外。

④当 $k=i$ 时,相应的 $r(k,k)$ 被设置成 $k$ 作为聚类中心的偏好度 Preference 的取值 $s(k,k)$ 减去点 $i$ 和其他所有候选聚类中心的最大相似度。此时 self-responsibility 的更新让所有的候选簇中心竞争数据点的控制权,下面的 Availibility 更新

从数据点积累关于是否每个候选聚类中心都会是一个好的聚类中心的判据,具体更新过程如下:

$$a(i,k) \leftarrow \min\{0, r(k,k) + \sum_{i', \text{s.t.} i' \notin \{i,k\}} \max\{0, r(i',k)\}\} \tag{8-20}$$

Availibility 的取值 $a(i,k)$ 被设置成 self - responsibility 的取值 $r(k,k)$ 加上候选的聚类中心 $k$ 从其他点获得的正 Responsibilities 的总和。只有正 Responsibilities 是会被添加进来的,因为对于一个好的聚类中心只负责解释部分有 Responsibilities 的数据点,而不用管有负的 Responsibilities 的数据点。如果 self - responsibility 取值 $r(k,k)$ 是负的(表明点 $k$ 目前更适合作为另一个簇中心点的支持点而不是成为一个簇中心点)。如果一些其他点支持点 $k$ 作为它们的簇中心点,$k$ 作为一个簇中心点的 Availibility 能够增加,也就是 $r(i',k)$ 相应地会取正值。式(8-20)中为了限制得到的正 Responsibilities 的影响力,这个总和是被限定的,即它不能大于0,而 self - responsibility 的取值 $a(k,k)$ 的更新是不一样的,具体如下:

$$a(k,k) \leftarrow \sum_{i', \text{s.t.} i' \neq k} \max\{0, r(i',k)\} \tag{8-21}$$

式(8-21)表明其他点传递给候选聚类中心正 Responsibilities 来反映点 $k$ 成为一个聚类中心的积累过程。

上述更新计算要求简单,所传递的信息只在具有已知相似度之间的数据点对之间交换。在 AP 算法的实现过程中,任何点的 Availibilities 和 Responsibilities 都与定义聚类中心相关联。

⑤为防止数据振荡,引入阻尼系数(damping factor),Responsibilities 迭代更新时,每个 Responsibilities 取值等于前一次迭代更新的信息值的 $\lambda$ 倍加上此轮更新值的 $1-\lambda$ 倍,其中 $\lambda$ 在取值 0~1 之间,通常取 0.5,即前后两次加权平均。

3. 算法特点

(1)优点:

①不需要制定最终聚类簇的个数。

②已有的数据点形成最终的聚类中心,而不是新生成一个簇中心。

③模型对数据的初始值不敏感。

④对初始相似度均值数据的对称性没有要求。

⑤与 k - means 及其变种等聚类方法相比,其结果的平方误差较小。

(2)不足:

①不用提前设置簇中心数量,需事先设置参考度,而参考簇的大小与聚类中心的个数正相关。

②每个迭代都需要更新每个数据点的 Responsibility 和 Availibility,算法复杂度较高,在大数据量下运行时间较长。

4. 代码实现

```
sklearn.cluster.AffinityPropagation(damping = 0.5,max_iter = 200,convergence_iter = 15,copy = True,preference = None,affinity ='euclidean',verbose = False)
```

(1)参数设置介绍:

①damping:阻尼系数或称衰减系数,默认为 0.5。

②convergence_iter:迭代次后聚类中心没有变化,算法结束。

③max_iter:最大迭代次数。

④copy:是否在元数据上进行计算,默认 True,在复制后的数据上进行计算。

⑤preference:S 的对角线上的值。

⑥affinity:S 矩阵(相似度),默认为 euclidean(欧几里得距离)矩阵,即对传入的 X 计算距离矩阵,也可以设置为 precomputed,那么 X 就作为相似度矩阵。

(2)训练完 AP 聚类之后可以获得的结果有:

①cluster_centers_indices_:聚类中心的位置。

②cluster_centers_:聚类中心。

③labels_:类标签。

④affinity_matrix_:最后输出的 A 矩阵。

⑤n_iter_:迭代次数。

### 8.6.3 凝聚层次聚类

层次聚类(hierarchical clustering)试图在不同层次对数据集进行划分,从而形成树形的聚类结构。数据集的划分可采用“自底向上”的聚合策略,也可采用“自顶向下”的分拆策略。

层次聚类的优点是可以层次化聚类,将聚类结构视觉化;缺点是计算量大。

1. 凝聚聚类

凝聚聚类(agglomerative clustering)是一种采用自底向上聚类策略的层次聚类算法。它先将数据集中的每个样本看作一个初始聚类簇，然后在算法运行的每一步中找到距离最近的两个聚类簇进行合并。该过程不断重复，直到达到预设的聚类簇个数。这里的关键是如何计算聚类簇之间的距离。实际上，每个簇是一个样本集合，因此，只需要采用关于集合的某种距离即可。例如，给定聚类簇 $C_i$ 与 $C_j$ ，可通过下面的式子来计算距离：

$$\text{最小距离}: d_{\min}(C_i, C_j) = \min_{x \in C_i, z \in C_j} \operatorname{dist}(x, z) \tag{8-22}$$

$$\text{最大距离}: d_{\max}(C_i, C_j) = \max_{x \in C_i, z \in C_j} \operatorname{dist}(x, z) \tag{8-23}$$

$$\text{平均距离}: d_{\text{avg}}(C_i, C_j) = \frac{1}{|C_i||C_j|} \sum_{x \in C_i} \sum_{z \in C_j} \operatorname{dist}(x, z) \tag{8-24}$$

显然，最小距离由两个簇的最近样本决定，最大距离由两个簇的最远样本决定，而平均距离则由两个簇的所有样本共同决定。

此外，也可以使用离差平方和 ESS(error sum of squares)进行聚类，通过最小化聚类前后的离差平方和之差 $\Delta(C_i, C_j)$ ，来寻找最近的簇。

$$\text{离差平方和}: \text{ESS} = \sum_{i=1}^{n} x_i^2 - \frac{1}{n}\left(\sum_{i=1}^{n} x_i\right)^2 \tag{8-25}$$

$$\Delta(C_i, C_j) = \text{ESS}(C_i \cup C_j) - \text{ESS}(C_i) - \text{ESS}(C_j) \tag{8-26}$$

当计算聚类簇距离 $d_{\min}$ 、$d_{\max}$ 、$d_{\text{avg}}$ 或 $\Delta(C_i, C_j)$ 时，凝聚算法相应地成为单链接(single - linkage)、全链接(complete - linkage)、均链接(average - linkage)和 ward - linkage 算法。

凝聚聚类算法描述如图 8.14 所示：

(1)在第 1 ~9 行，算法对仅包含一个样本的初始聚类簇和相应的距离矩阵进行初始化。

(2)在第 11 ~23 行，凝聚算法不断合并距离最近的聚类簇，并对合并得到的聚类簇的距离矩阵进行更新。

上述过程不断重复，直到达到预设的聚类簇数。

**输入：** 样本集 $D=\{\boldsymbol{x}_1,\boldsymbol{x}_2,\cdots,\boldsymbol{x}_m\}$；
　　聚类簇距离度量函数 $d$；（通常使用 $d_{\min}$、$d_{\max}$ 或 $d_{\text{avg}}$）
　　聚类簇数 $k$.

**过程：**

**for** $j=1,2,\cdots,m$ **do**（初始化单样本聚类簇）
　$C_j=\{\boldsymbol{x}_j\}$
**end for**
**for** $i=1,2,\cdots,m$ **do**
　**for** $j=1,2,\cdots,m$ **do**
　　$M(i,j)=d(C_i,C_j)$；（初始化聚类簇距离矩阵）
　　$M(j,i)=M(i,j)$
　**end for**
**end for**
设置当前聚类簇个数：$q=m$
**while** $q>k$ **do**
　找出距离最近的两个聚类簇 $C_{i^*}$ 和 $C_{j^*}$；（$i^*<j^*$）
　合并 $C_{i^*}$ 和 $C_{j^*}$：$C_{i^*}=C_{i^*}\bigcup C_{j^*}$；
　**for** $j=j^*+1,j^*+2,\cdots,q$ **do**
　　将聚类簇 $C_j$ 重编号为 $C_{j-1}$
　**end for**
　删除距离矩阵 $M$ 的第 $j^*$ 行与第 $j^*$ 列；
　**for** $j=1,2,\cdots,q-1$ **do**
　　$M(i^*,j)=d(C_{i^*},C_j)$；
　　$M(j,i^*)=M(i^*,j)$
　**end for**
　$q=q-1$
**end while**

**输出：** 簇划分 $\mathcal{C}=\{C_1,C_2,\cdots,C_k\}$

**图 8.14　凝聚聚类算法**

2. 层次图

下面以单链接为例，介绍层次聚类的层次图（系统图，dendrogram）。假设有 8 个点，使用单链聚为 3 个类，如图 8.15 所示。首先将每个点设为一个单独的簇类，因此此时有 8 个簇，大于预期 3 个簇，故需要继续进行聚类。

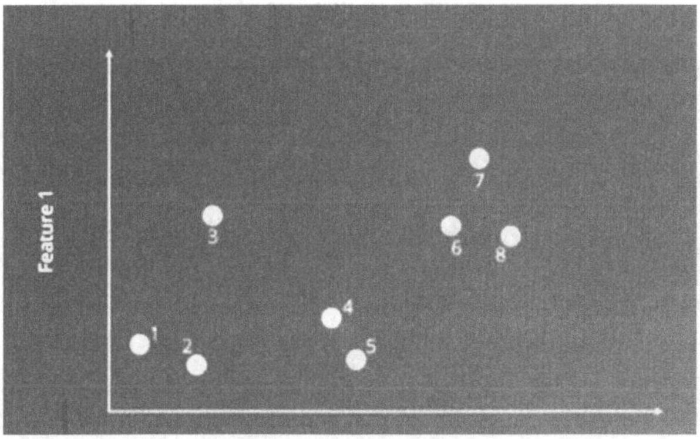


**图 8.15　初始化聚类簇**

重复算法 11 ~23 行 3 次,每次将距离最近的两个样本聚为同一簇,对应图 8.16所示的层次图。此时仍剩下 5 个簇,因此需要继续进行聚类。

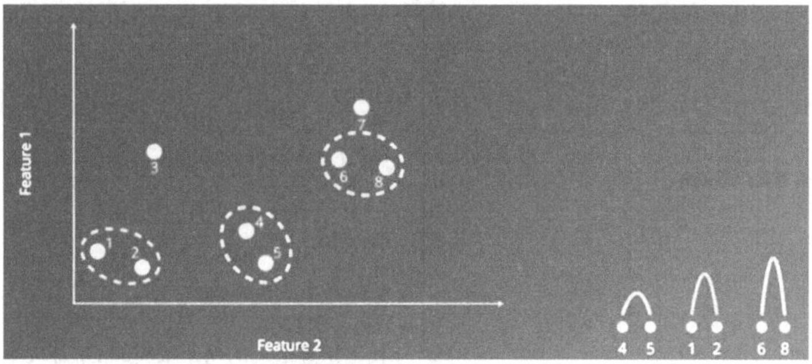


**图 8.16　5 个聚类簇**

可以看到,此时样本 7 与簇{6,8}的距离( $dist_{min}$ = dist(6,7) )最近,因此可以将他们聚为一簇,如图 8.17 所示。

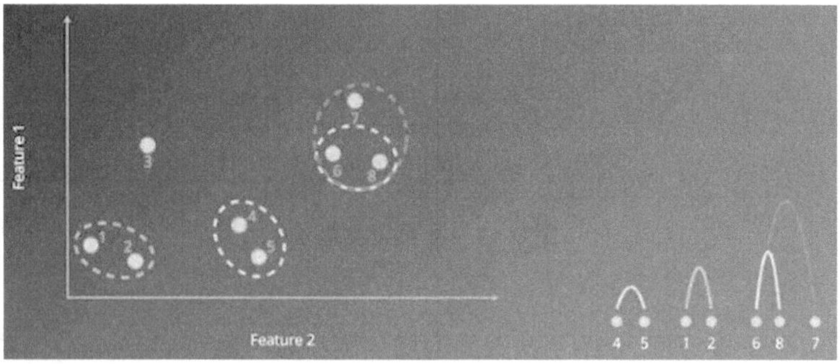


**图 8.17　4 个聚类簇**

同理,继续进行聚类,考虑各个簇之间的距离,可以看出,样本 3 与簇{4,5}的距离( $dist_{min}$ = dist(3,4) )最近,因此聚类如图 8.18 所示。

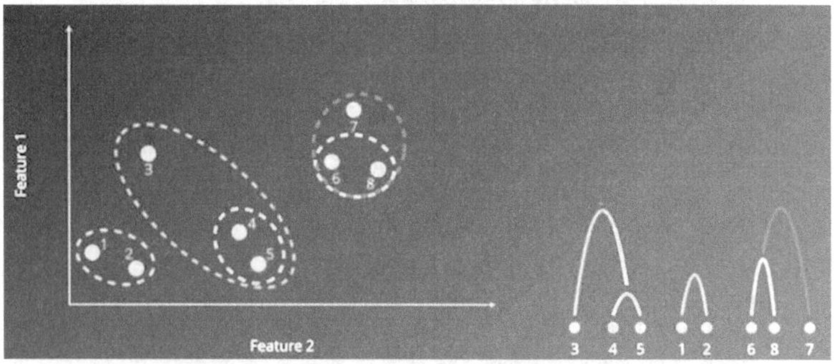


**图 8.18　3 个聚类簇**

此时已经达到了系统所要求的聚类簇数，故算法停止，对应的层次图如图8.18所示。

3. 不同凝聚算法比较

由图8.19可以看到各类凝聚算法在不同类型数据上的聚类效果，需要注意的是，由于单链接和全链接只考虑簇中两个代表性的点，故受噪声和异常点影响大；单链接容易出现一个簇囊括大多数样本；全连接则比单链接更紧凑些。

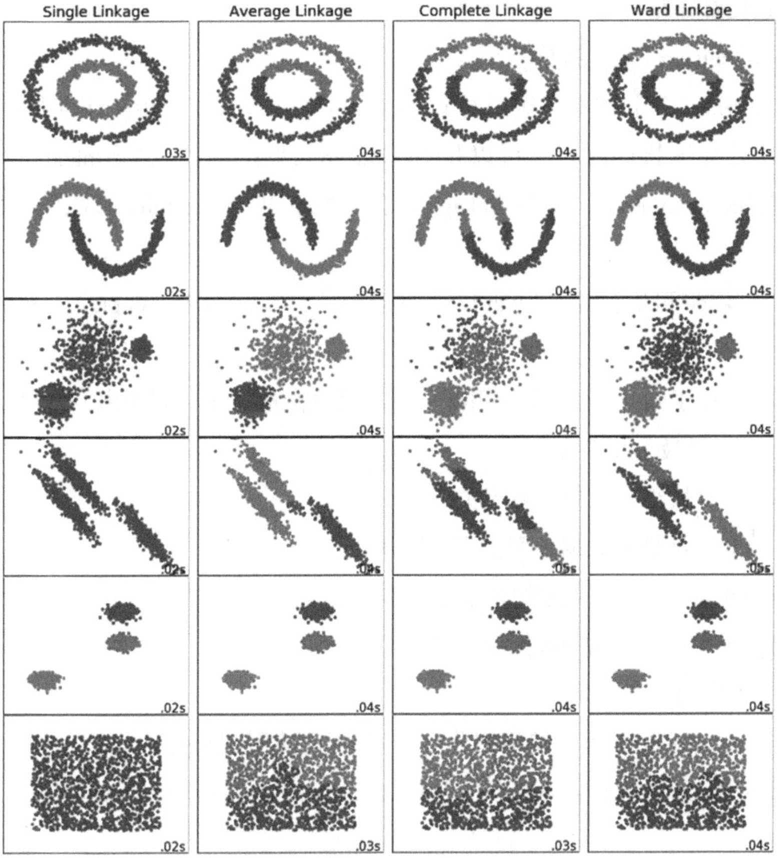


**图8.19 不同凝聚算法比较①**

① 参见 https://blog.csdn.net/weixin_39702714/article/details/111203034。

4. Sklearn 实现

代码如下：

```
sklearn.cluster.AgglomerativeClustering(n_clusters = 2, affinity ='euclidean', memory = None, connectivity = None, compute_full_tree ='auto', linkage ='ward', distance_threshold = None)
```

参数设置介绍：

(1) n_clusters：聚类簇数。

(2) affinity：字符串或可调用对象，默认值："euclidean"[距离计算参数]。

用于计算连接的度量。可以是"euclidean"，"l1"，"l2"，"manhattan"，"cosine"，或"precomputed"。如果 linkage 的值是"ward"，则 affinity 只能取"euclidean"。

(3) linkage 可取值为：{"ward"，"complete"，"average"，"single"}，默认值为"ward"。

linkage 用于归一化，决定使用哪种距离函数衡量数据集间距离。该算法将合并两个聚类，以最小化差异。

"ward"以最小化差异合并聚类。

"average"计算两数据集间的平均距离。

"complete"计算两数据集间的最大距离。

"single"计算两数据集间的最小距离。

5. 层次图可视化

由于 Sklearn 中并不支持可视化层次图，因此使用 Scipy：

```
from scipy.cluster.hierarchy import dendrogram, ward, single
from sklearn.datasets import load_iris
import matplotlib.pyplot as plt
X = load_iris().data[:10]
linkage_matrix = ward(X)
dendrogram(linkage_matrix)
```

```
plt.show
<function matplotlib.pyplot.show( *args, * *kw) >
```

层次图可视化结果如图 8.20 所示。

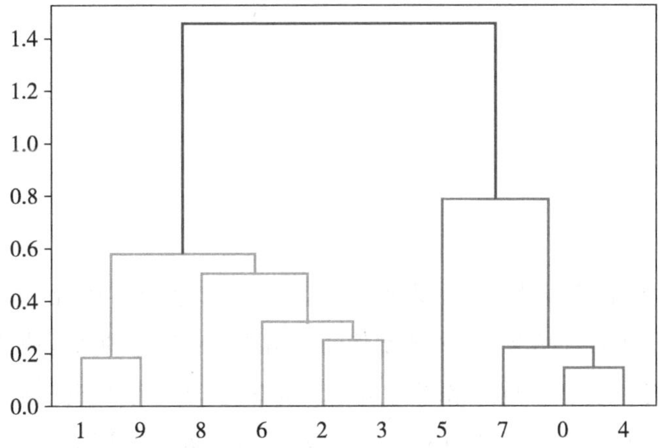


**图 8.20　层次图可视化结果**

本章介绍了很多内容,包括具有挑战性却非常有趣的无监督机器学习领域中的多个主题,如何计算文本相似度以及各种距离度量方法和度量标准。本章研究了与距离度量标准、度量和属性相关的重要概念,并探讨了如何将一个度量转换为一种度量标准。此外,本章还研究了与无监督学习有关的概念,以及如何将此类技术纳入文档聚类。

本章还介绍了各种度量属性和文档相似度的方法,通过使用 Python 的功能和几个开源库成功地将数学方程转换为代码,并实现了其中的几种技术。本章详细讨论了文档聚类,研究聚类模型的各种概念和类别。此外,本章开发一种司法案例推荐系统,去推荐类似的司法案例,推断未来案情结果,可以成为法律咨询方面的一个有价值的补充。

最后,本章介绍了不同的聚类模型,如 *k* 均值、AP 算法和层次聚类等。这些内容足以帮助读者掌握并分析文档的相似度和聚类基本原理。甚至,可以结合到目前为止所涵盖章节中的各种技术。(提示:可以通过聚类的主题模型、组合有监督和无监督机器学习来构建分类器,以及使用文档聚类来增强司法案例推荐系统,此处仅举几例!)

# 第九章

# 基于语言情感分析的亲情电话异常侦测

随着信息时代自媒体的快速发展,在网络上可以看到许多社交媒体信息,如新闻、微博、短视频、朋友圈等,一般都伴随着阅读者对信息的回复或评论,而负面的、恶意的评论往往会影响网络环境,给别人带来心理创伤,因此需要对其进行甄别处理。此外,随着电子商务的发展,顾客对于所购商品的评价往往能够反映商品的好坏以及顾客的喜好,对商品评价进行语义情感分析,也有利于电商平台实现精准质控和精准推送,提升用户使用体验和黏度。要分析某些文档文字或者语音片段来预测其情感或者意见,可以采用情感分析的方法。在司法行政领域,掌握服刑人员的心理和情绪状态,是监狱监管工作中的重点,能够辅助矫正教育工作,可以提前预测和避免异常行为及异常事件的发生。服刑人员与亲人通过亲情电话交流时,往往更容易流露出内心真实的感情。因此,通过对亲情电话进行语言情感分析,能够掌握服刑人员在与亲人交流时的情绪波动,及时发现异常情绪,对保障监管安全、提升矫治效果、预防再犯罪等都有着重要的实际应用价值。本章以亲情电话异常侦测为例,介绍自然语言处理领域内的语言情感分析方法。

## 9.1 前期准备

### 9.1.1 需求分析

基于语言情感分析的罪犯亲情电话异常侦测系统旨在通过分析罪犯与外界通话的语言内容,识别可能存在的异常情况或潜在的犯罪活动,并及时采取相应措施。以下是该系统的需求分析:

(1)情感识别功能:系统需要具备对电话通话中的情感进行准确识别的能力。这包括识别愤怒、焦虑、沮丧、不安等负面情绪,以及可能的激动、兴奋等正面情绪。情感识别技术可通过自然语言处理和机器学习算法来实现。

(2)异常行为识别:系统应该能够检测出与通常通话行为不符的异常情况,如暴力威胁、犯罪计划、走私交易等。这需要建立一个能够识别潜在犯罪活动的模型,该模型可基于先前的犯罪案例和语言特征进行训练。

(3)语言特征提取:系统需要能够提取电话通话中的关键语言特征,如词汇选择、语速、音调变化、情感表达等,以支持后续的情感分析和异常行为识别。

(4)实时监测和警报:系统应具备实时监测电话通话的能力,并在发现异常行为时立即触发警报,以便执法机构或相关人员及时介入。

(5)数据记录和分析:系统需要能够记录和存储通话数据,并对其进行分析,以发现潜在的犯罪模式或趋势。这包括对通话内容、情感分析结果和异常行为识别结果进行归档和分析。

(6)隐私保护:系统必须严格遵守相关的隐私法规和政策,确保通话内容和个人信息的安全和保密,同时在必要时进行合法的数据披露。

(7)合规性和法律依据:系统的设计和运行必须符合相关法律法规的规定,并确保在侦查过程中的合法性和可靠性。这包括在侦测过程中的合规数据收集和法律程序。

(8)持续改进和优化:系统应支持持续的改进和优化,通过不断地分析数据和用户反馈,提升识别准确性和系统性能,以及应对新的犯罪形式和手段。

综上所述,基于语言情感分析的罪犯亲情电话异常侦测系统需要结合情感识别技术、异常行为识别模型、实时监测和警报机制等多项技术和功能,以帮助执法机构及时发现和应对潜在的犯罪活动。同时,系统的设计和运行必须合法合规,保障个人隐私和数据安全。

### 9.1.2　多模态情感分析简介

多模态情感分析是一种分析多种数据来源(如文本、图像、音频等)来识别和理解情感的技术。传统的情感分析通常只基于文本数据,而多模态情感分析则利用了不同类型的数据来更全面地捕捉情感信息。

这项技术通常涉及以下步骤:

(1)数据收集:从不同的来源收集多模态数据,包括文本、图像、音频等。这些数据可以是人工标注的,也可以是自动生成的。

(2)数据预处理:对收集到的数据进行预处理,包括文本的分词、图像的特征提取、音频的转录等。这一步旨在将数据转换为模型可接收的形式。

(3)特征提取:针对每种数据类型,提取适当的特征。例如,对于文本数据,可以使用词袋模型或词嵌入来表示文本特征;对于图像数据,可以使用卷积神经网络(CNN)提取图像特征;对于音频数据,可以使用梅尔频谱系数(MFCC)等方法提取声音特征。

(4)模型设计:设计一个综合考虑多种数据来源的模型,通常是一个多输入的深度学习模型。这个模型可以包括多个分支,每个分支用于处理不同类型的数据,并在最后将它们整合到一起以进行情感分类。

(5)模型训练:使用标注好的数据对模型进行训练,以使其能够从多种数据中学习情感特征。训练过程中可以使用常见的监督学习算法,如多层感知器(MLP)、卷积神经网络(CNN)或循环神经网络(RNN)等。

(6)模型评估:使用评估数据集对训练好的模型进行评估,评估其在情感分类任务上的性能,包括准确率、召回率、F1 值等指标。

(7)模型应用:将训练好的模型部署到实际应用中,如在社交媒体监控、客户服务反馈分析、产品评价等领域中应用情感分析技术。

多模态情感分析的优势在于能够综合利用不同数据来源的信息,提高情感分析的准确性和鲁棒性。然而,挑战也很明显,包括数据的融合和处理、模型的设计和训练等方面的复杂性。

跨模态(cross - modal)和多模态(multi - modal)是两个相关但不完全相同的概念,它们在跨越不同媒体类型的数据处理方面有着不同的重点。

跨模态通常指的是处理来自不同媒体类型的数据,如文本、图像、音频等,但每次只处理一种媒体类型的数据。在跨模态情感分析中,可能会有一个模型专门用于处理文本数据,另一个模型专门用于处理图像数据,然后这些模型的结果可能会结合起来进行情感分析。跨模态方法可以将不同媒体类型的信息单独处理,然后将它们整合到一个单一的情感分析任务中。

多模态指的是同时处理来自不同媒体类型的数据,而不是分别处理。这意味着模型可以同时接收和处理文本、图像、音频等多种数据。

在多模态情感分析中,可能会设计一个综合考虑多种数据来源的模型,这个模型可以包括多个分支,每个分支用于处理不同类型的数据,并在最后将它们整合到一起以进行情感分类。多模态方法旨在充分利用不同媒体类型之间的关联信息,以提高情感分析任务的性能。因此,跨模态情感分析侧重于单独处理不同媒体类型的数据,并尝试将它们整合到一个任务中,而多模态情感分析则更注重同时处理多种不同媒体类型的数据,并利用它们之间的关联信息来提高分析的准确性。

### 9.1.3　项目数据集

运用 CMU 多模态意见级情绪强度(CMU-MOS Ⅰ)数据集。CMU－MOS Ⅰ由来自 YouTube 电影评论的 93 个观点视频组成。这些视频涵盖了 2199 个话语。每个话语的标签由 5 个不同的工作者标注,在－3～3 的连续范围内,－3 表示高度否定,3 表示高度肯定。考虑到说话人不应该同时出现在训练集和测试集,以及正负数据的平衡,在训练集、验证集和测试集中分别分割了 52 个、10 个、31 个视频,分别占 1284 个、229 个和 686 个话语,见表 9.1。

**表 9.1　数据集划分**

| 类型 | 训练集 | 验证集 | 测试集 | 总计 |
|---|---|---|---|---|
| 视频 | 52 | 10 | 31 | 93 |
| 音频 | 1284 | 229 | 686 | 2199 |
| 文本 | 1284 | 229 | 686 | 2199 |

## 9.1.4 框架流程介绍

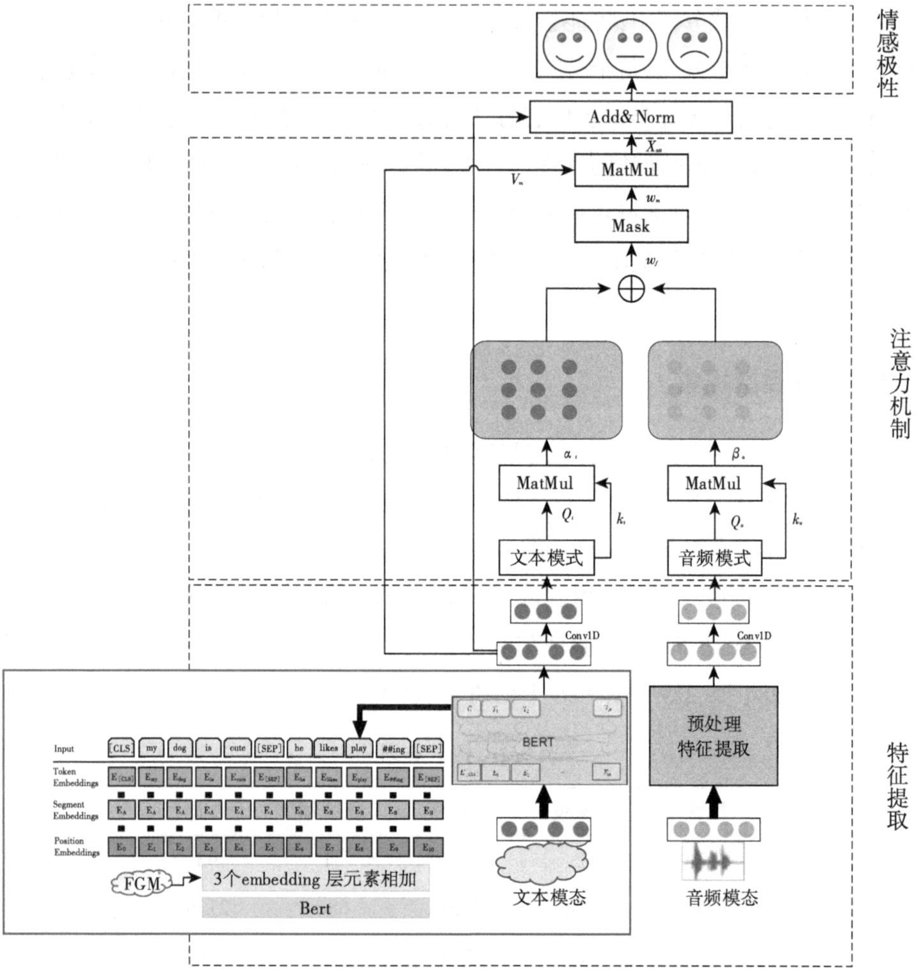


**图 9.1 框架结构**

文本特征定义为 $U_t = [[LS], E1, E2, \cdots]$。由于单词级对齐音频特征 $U_a$ 的维度明显小于文本特征 $U_t$，采用一维时间卷积层将它们控制在相同的维度上。公式如式(9－1)所示：

$$\{\hat{U}_t, \hat{U}_a\} = \text{Conv1}D(\{U_t, U_a\}, k_{\{t,a\}}) \tag{9-1}$$

式中，$k_{\{t,a\}}$ 表示文本和音频模态的卷积核的大小。Conv1$D$ 函数就是利用指定大小的一维卷积核对输入的多通道一维输入信号进行一维卷积操作的卷积层。

文本过预训练 BERT 得到最后一层 encoder 的结果作为文本输入，因为 $U_t$ 的维数明显高于 $U_a$，所以在训练过程中 $\hat{U}_t$ 的值会比 $\hat{U}_a$ 越来越大，为了防止点积变大并将 softmax 函数推入极小的梯度区域，通过 1 维卷积将文本特征维度进行缩小，缩小到和声音特征维度相同为了防止点集过大对其进行放缩如式(9－2)和式(9－3)所示，其中 $\hat{U}_t'$和 $\hat{U}_a'$为缩放后的文本特征和音频特征：

$$\hat{U}_t' = \frac{\hat{U}_t}{\sqrt{\|\hat{U}_t\|_2}} \tag{9-2}$$

$$\hat{U}_a' = \frac{\hat{U}_a}{\sqrt{\|\hat{U}_a\|_2}} \tag{9-3}$$

其中，式(9－2)和式(9－3)为正则化公式，目的是将每个样本缩放到统一的单位标准。为了使文本和音频信息充分交互，将它们输入掩蔽多模态注意中，通过结合不同模式下词语的表现来调整词语的权重。第二部分掩蔽多模态注意机制旨在利用音频模态信息帮助文本模态调整词的权重，并对预训练的 BERT 模型进行微调。评估每个词在不同模态下的权重。文本模态的 Query $Q_t$和 Key $K_t$定义为 $Q_t = K_t = \hat{U}_t'$。其中 $\hat{U}_t'$为缩放后的文本特征。Query 查询向量，表示要关注或检索的目标 Key 键向量，表示要与查询向量进行匹配或比较的源，基本原理是：给定一个 Query，计算 Query 与 Key 的相关性。音频模态的 Query $Q_a$和 Key $K_a$定义为 $Q_a = K_a = \hat{U}_a'$，其中 $\hat{U}_a'$为缩放后的单词级对齐音频特征。将文本注意矩阵 $\alpha_t$和音频注意矩阵 $\beta_a$定义为：$Q$ 和 $K$ 同源且使用 Relu 进行计算权重。

$$\alpha_t = \mathrm{Relu}(Q_t K_t^{\ T}) \tag{9-4}$$

$$\beta_a = \mathrm{Relu}(Q_a K_a^{\ T}) \tag{9-5}$$

式中，$Q$ 和 $K$ 在之前定义过；ReLU(Linear rectification function)函数即线性整流函数(rectified linear unit)，是神经网络结构中常用的非线性激活函数。为了通过文本与音频模态的交互来调整每个词的权重，对文本注意矩阵和音频注意矩阵进行权重加和，计算出加权融合注意矩阵如下：

通过加权计算出两个模态的融合表示如式(9－6)所示：

$$W_f = w_t \cdot \alpha_t + w_a \cdot \beta_b + b \tag{9-6}$$

式中，$w_t$ 表示每个单词的权重；$w_a$ 表示声音的权重；$b$ 表示偏差。为了减少填充序列的问题,引入一个 mask 矩阵 $M$,它使用 0 表示 token 的位置,并使用 $-\infty$ 表示填充位置(在 soft max 函数后,填充位置的注意分数为 0)。然后将多模态注意矩阵 $W_m$ 定义为

$$W_m = \text{soft max}(W_f + M) \tag{9-7}$$

式中,$M$ 为 mask 矩阵,是一个由 0 和 1 组成的矩阵。下面给出 soft max 的定义:

$$\text{soft max}(z_i) = \frac{e^{z_i}}{\sum_{c=1}^{C} e^{z_c}} \tag{9-8}$$

式中,$Z_i$ 为第 $i$ 个节点的输出值,$C$ 为节点个数,可能输出结果的总数(分类类别数),最后,将 BERT 得到的单词向量进行加权。如式(9-9)所示:

$$X_{\text{Att}} = W_{\text{m}} V_{\text{m}} \tag{9-9}$$

式中,$V_m$ 是 BERT 最后一个 encoder 层的输出,定义为 $V_m = Xt$。

在获得了掩蔽多模态注意的输出之后,接下来使用一个残留连接,以保持数据的原始结构。然后它会通过一个线性层和一个标准化层。最后,可以得到线性层的输出。

## 9.2 基于多模态的情感分析案例

### 9.2.1 案例创建

在实现案例之前,需要先准备开发环境等。

1. 开发环境

本案例基于 Windows 操作系统,使用的 Pycharm 版本号为 11.0.13,Python 版本号为 3.9。

2. 创建项目

创建名为 Cross - Modal - BERT 的文件夹,其中包含 CM - BERT_output - gpu 文件夹和 data 文件夹,如图 9.2 所示。

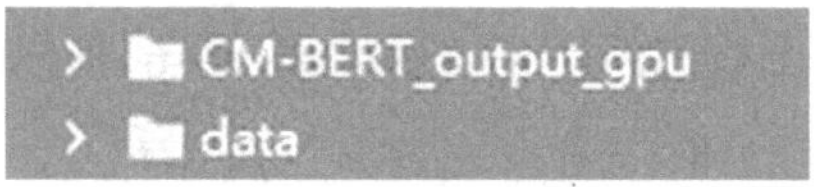


**图 9.2 项目子文件夹**

其中 CM－BERT_output_gpu 是保存输出文件的，如图 9.3 所示；data 文件夹是存放数据集的，如图 9.4 所示；此外还有 py 文件，如图 9.5 所示。

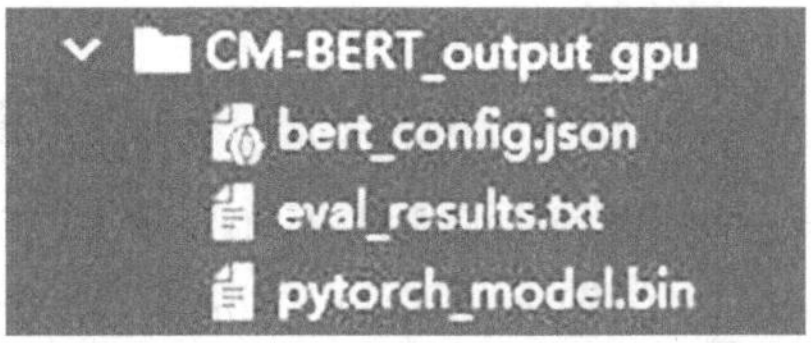


**图 9.3　CM－BERT_output_gpu 文件夹内容**

**图 9.4　data 文件夹内容**

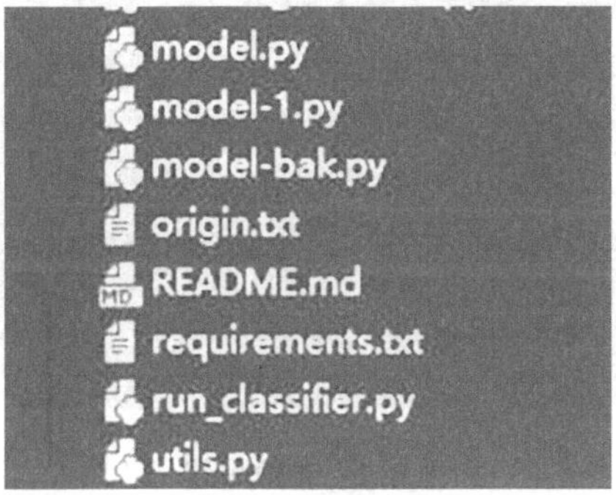


**图 9.5　代码文件**

其中 model 存放的是模型的代码，origin. txt 存放的是运行结果，run_classifier. py 是训练的运行文件（主运行模块），utils. py 是脚本的代码，requirements. txt 中包含脚本的版本号，如图 9.6 所示。

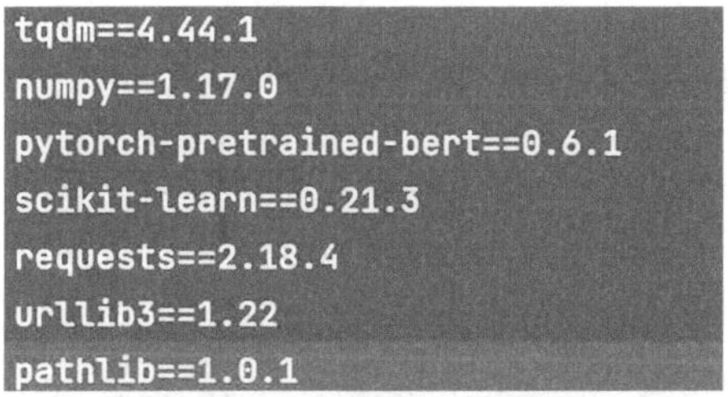

```
tqdm==4.44.1
numpy==1.17.0
pytorch-pretrained-bert==0.6.1
scikit-learn==0.21.3
requests==2.18.4
urllib3==1.22
pathlib==1.0.1
```

**图 9.6　requirements. txt 内容**

### 9.2.2 BERT 模型模块介绍

代码如下：

```
CONFIG_NAME = 'bert_config.json'  # BERT 模型配置文件名
WEIGHTS_NAME = 'pytorch_model.bin'  # BERT 模型权重文件名
TF_WEIGHTS_NAME = 'model.ckpt'  # TensorFlow 模型权重文件名
```

其中 bert_config. json 模型中参数的配置如图 9.7 所示。

```
{
  "attention_probs_dropout_prob": 0.1,
  "hidden_act": "gelu",
  "hidden_dropout_prob": 0.1,
  "hidden_size": 1024,
  "initializer_range": 0.02,
  "intermediate_size": 4096,
  "max_position_embeddings": 512,
  "num_attention_heads": 16,
  "num_hidden_layers": 24,
  "type_vocab_size": 2,
  "vocab_size": 30522
}
```

**图 9.7　参数配置**

(1)定义一个类 BertConfig,用于存储 BertModel 的配置信息。代码如下：

```
class BertConfig(object):
    """Configuration class to store the configuration of a '
BertModel'.
    """
    def __init__(self,
                 vocab_size_or_config_json_file,
                 hidden_size=768,
                 num_hidden_layers=12,
                 num_attention_heads=12,
```

```
                  intermediate_size =3072,
                  hidden_act = "gelu",
                  hidden_dropout_prob =0.1,
                  attention_probs_dropout_prob =0.1,
                  max_position_embeddings =512,
                  type_vocab_size =2,
                  initializer_range =0.02):
        #初始化函数,接收多个参数,用于设置 BertModel 的配置信息

        if isinstance(vocab_size_or_config_json_file,str)
or(sys.version_info[0] == 2
                          and isinstance(vocab_size_or_config_
json_file,unicode)):
            #如果第一个参数是字符串,或者在 Python2 中是 Unicode
类型的字符串
            with open(vocab_size_or_config_json_file,"r",
encoding='utf-8')as reader:
                #打开指定路径下的预训练模型配置文件
                json_config = json.loads(reader.read())
                #加载配置文件中的 JSON 格式数据
            for key,value in json_config.items():
                #遍历配置文件中的键值对
                self.__dict__[key] = value
                #将键值对添加到当前实例的属性中
        elif isinstance(vocab_size_or_config_json_file,
int):
            #如果第一个参数是整数
            self.vocab_size = vocab_size_or_config_json_
file
```

```
        #设置词汇表大小
        self.hidden_size = hidden_size
        #设置隐藏层大小
        self.num_hidden_layers = num_hidden_layers
        #设置隐藏层数量
        self.num_attention_heads = num_attention_heads
        #设置注意力头的数量
        self.hidden_act = hidden_act
        #设置隐藏层激活函数
        self.intermediate_size = intermediate_size
        #设置中间层大小
        self.hidden_dropout_prob = hidden_dropout_prob
        #设置隐藏层 dropout 概率
        self.attention_probs_dropout_prob = attention_
probs_dropout_prob
        #设置注意力概率
    self.max_position_embeddings = max_position_embeddings
    #设置最大位置嵌入
    self.type_vocab_size = type_vocab_size
    #设置类型词汇表大小
    self.initializer_range = initializer_range
    # 设置初始化范围
    else:
    #如果第一个参数不是字符串也不是整数,则抛出异常
    raise ValueError("First argument must be either a vocabula-
ry size(int)" "or the path to apretrained model config file
(str)")
    #抛出异常,指明第一个参数必须是词汇表大小(整数)或者预训练模型配置
文件的路径(字符串)
```

```
    @ classmethod
    def from_dict(cls,json_object):
        """Constructs a 'BertConfig' from a Python dictiona-
ry of parameters."""
        #从 Python 字典类型的参数构造一个 BertConfig 对象
        config = BertConfig(vocab_size_or_config_json_
file = -1)
        #创建一个 BertConfig 对象,vocab_size_or_config_json_
file 设置为 -1
        for key,value in json_object.items():
            #遍历传入的字典参数中的键值对
            config.__dict__[key] = value
            #将键值对赋值给 BertConfig 对象的属性
        return config
        #返回构造好的 BertConfig 对象

    @ classmethod
    def from_json_file(cls,json_file):
        """Constructs a 'BertConfig' from a json file of pa-
rameters."""
        #从一个 JSON 文件中构造一个 BertConfig 对象
        with open(json_file,"r",encoding = 'utf - 8')as read-
er:
            #打开指定路径的 JSON 文件,以只读方式打开,编码方式为
utf - 8
            text = reader.read()
            #读取文件内容
        return cls.from_dict(json.loads(text))
        #调用 from_dict 方法,将 JSON 文件内容解析为字典,然后构造
```

一个 BertConfig 对象,并返回该对象

```
        def __repr__(self):
            #定义对象的字符串表示形式
            return str(self.to_json_string())
            #返回调用 to_json_string 方法的结果的字符串表示形式

        def to_dict(self):
            """Serializes this instance to a Python dictiona-
ry."""
            #将对象序列化为 Python 字典
            output = copy.deepcopy(self.__dict__)
            #使用深拷贝复制对象的属性字典
            return output
            #返回复制后的属性字典

        def to_json_string(self):
            """Serializes this instance to a JSON string."""
            #将对象序列化为 JSON 字符串
            return json.dumps(self.to_dict(),indent =2,sort_
keys =True) + "\n"
            #调用 to_dict 方法将对象转换为字典,并使用 json.dumps 方
法将字典转换为格式化的 JSON 字符串,
            # indent =2 表示缩进为 2 个空格,sort_keys = True 表示按键
进行排序,最后加上换行符

    try:
        from apex.normalization.fused_layer_norm import
FusedLayerNorm as BertLayerNorm
        #尝试导入 apex.normalization.fused_layer_norm 中的
```

```
FusedLayerNorm 类,并将其重命名为 BertLayerNorm
    except ImportError:
        #如果导入模块出错
        print("Better speed can be achieved with apex installed
from https://www.github.com/nvidia/apex.")
        #打印提示信息,建议安装 apex 包以获得更好的速度表现
        class BertLayerNorm(nn.Module):
            #定义一个名为 BertLayerNorm 的类,继承自 nn.Module
            def __init__(self,hidden_size,eps=1e-12):
                """Construct a layernorm module in the TF style
(epsilon inside the square root).
                """
                #构造函数,hidden_size 表示隐藏层的大小,eps 是一个小
的常数,用于避免除以零
                super(BertLayerNorm,self).__init__()
                #调用父类的构造函数
                self.weight = nn.Parameter(torch.ones(hidden_
size))
                #定义权重参数,初始化为全 1,可训练
                self.bias = nn.Parameter(torch.zeros(hidden_
size))
                #定义偏置参数,初始化为全 0,可训练
                self.variance_epsilon = eps
                #定义一个小的常数,用于避免除以零

            def forward(self,x):
                #前向传播函数
                u = x.mean(-1,keepdim=True)
                #计算输入张量 x 沿着最后一个维度的均值,并保持维度不变
```

```
            s =(x - u).pow(2).mean( -1,keepdim = True)
            #计算输入张量 x 减去均值的平方的均值,并保持维度不变
            x =(x - u)/torch.sqrt(s + self.variance_epsi-
lon)
            #对输入张量进行 Layer Normalization 操作,通过均值和
方差的归一化实现
            return self.weight * x + self.bias
            #返回 Layer Normalization 的结果,加上权重和偏置进行
缩放和平移
```

(2)定义一个名为 BertEmbeddings 的类,用于构建来自单词、位置和标记类型嵌入的嵌入向量。代码如下:

```
class BertEmbeddings(nn.Module):
    """Construct the embeddings from word,position and to-
ken_type embeddings.
    """
    def __init__(self,config):
        #构造函数,接收一个 BertConfig 对象作为参数
        super(BertEmbeddings,self).__init__()
        #调用父类 nn.Module 的构造函数进行初始化
        self.word_embeddings = nn.Embedding(config.vocab_
size,config.hidden_size)
        #定义单词嵌入层,使用 nn.Embedding 构造,vocab_size 是词
汇表大小,hidden_size 是嵌入维度
        self.position_embeddings = nn.Embedding(config.
max_position_embeddings,config.hidden_size)
        #定义位置嵌入层,使用 nn.Embedding 构造,max_position_
embeddings 是最大位置嵌入数,hidden_size 是嵌入维度
        self.token_type_embeddings = nn.Embedding(config.
type_vocab_size,config.hidden_size)
```

```
        #定义标记类型嵌入层,使用 nn.Embedding 构造,type_vocab_
size 是标记类型数,hidden_size 是嵌入维度

        # self.LayerNorm is not snake - cased to stick with
TensorFlow model variable name and be able to load
        # any TensorFlow checkpoint file
        # self.LayerNorm is not snake - cased,以保持与 Tensor-
Flow 模型变量名一致,以便能够加载任何 TensorFlow 检查点文件
        self.LayerNorm = BertLayerNorm(config.hidden_
size,eps=1e-12)
        #定义 Layer Normalization 层,用于归一化嵌入向量
        self.dropout = nn.Dropout(config.hidden_dropout_
prob)
        #定义 dropout 层,用于随机丢弃一部分输入,防止过拟合

    def forward(self,input_ids,token_type_ids=None):
        #定义前向传播方法,接收输入参数 input_ids 和可选参数 to-
ken_type_ids

        seq_length = input_ids.size(1)
        #获取输入序列的长度,即序列的第二个维度的大小
        position_ids = torch.arange(seq_length,dtype =
torch.long,device=input_ids.device)
        #创建位置索引张量,长度为序列长度,数据类型为 long,设备为
input_ids 所在的设备
        position_ids = position_ids.unsqueeze(0).expand_
as(input_ids)
        #将位置索引张量的维度扩展为与 input_ids 相同的维度
        if token_type_ids is None:
```

```
            #如果 token_type_ids 参数为 None
            token_type_ids = torch.zeros_like(input_ids)
            #创建一个与 input_ids 相同形状的全零张量作为 token_type_ids
        words_embeddings = self.word_embeddings(input_ids)
        #获取单词嵌入向量,根据输入的 token id 查找对应的单词嵌入
        position_embeddings = self.position_embeddings(position_ids)
        #获取位置嵌入向量,根据位置索引查找对应的位置嵌入
        token_type_embeddings = self.token_type_embeddings(token_type_ids)
        #获取标记类型嵌入向量,根据标记类型 id 查找对应的标记类型嵌入
        embeddings = words_embeddings + position_embeddings + token_type_embeddings
        #将单词嵌入向量、位置嵌入向量和标记类型嵌入向量相加得到嵌入向量
        embeddings = self.LayerNorm(embeddings)
        #对嵌入向量进行 Layer Normalization 归一化处理
        embeddings = self.dropout(embeddings)
        #对归一化后的嵌入向量进行 dropout 处理
        return embeddings
        #返回处理后的嵌入向量作为输出
```

(3)定义一个名为 BertSelfAttention 的类。代码如下:

```
class BertSelfAttention(nn.Module):

    def __init__(self,config):
        #构造函数,接收一个 BertConfig 对象作为参数
```

```
        super(BertSelfAttention,self).__init__()
        #调用父类 nn.Module 的构造函数进行初始化

        if config.hidden_size % config.num_attention_heads != 0:
            #如果隐藏层大小不能被注意力头数整除
            raise ValueError(
                "The hidden size(%d)is not a multiple of the number of attention "
                "heads(%d)" % (config.hidden_size,config.num_attention_heads))
            #抛出 ValueError 异常,提示隐藏层大小不能被注意力头数整除

        self.num_attention_heads = config.num_attention_heads
        #设置注意力头的数量
        self.attention_head_size = int(config.hidden_size /config.num_attention_heads)
        #计算每个注意力头的大小
        self.all_head_size = self.num_attention_heads * self.attention_head_size
        #计算所有注意力头的总大小

        self.query = nn.Linear(config.hidden_size,self.all_head_size)
        #定义查询(query)权重矩阵
        self.key = nn.Linear(config.hidden_size,self.all_head_size)
```

```
            #定义键(key)权重矩阵
            self.value = nn.Linear(config.hidden_size,self.
all_head_size)
            #定义值(value)权重矩阵

            self.dropout = nn.Dropout(config.attention_probs_
dropout_prob)
            #定义 dropout 层,用于在注意力计算中进行随机丢弃一部分输
入,防止过拟合

        def transpose_for_scores(self,x):
            #定义一个方法,用于将输入张量重塑为注意力分数的形状
            new_x_shape = x.size()[:-1] +(self.num_attention
_heads,self.attention_head_size)
            #计算新的张量形状,将最后一个维度分割为注意力头数和注意力
头大小
            x = x.view( *new_x_shape)
            #将输入张量重塑为新的形状
            return x.permute(0,2,1,3)
            #将张量维度进行置换,将注意力头维度移到第二个位置,将序列长
度维度移到第三个位置
        def forward(self,hidden_states,audio_data,attention_
mask):
            #定义前向传播方法,接收隐藏状态、音频数据和注意力掩码作为输
入参数

            mixed_query_layer = self.query(hidden_states)
            #使用查询权重矩阵对隐藏状态进行线性变换,得到混合查询层
            mixed_key_layer = self.key(hidden_states)
```

```
        #使用键权重矩阵对隐藏状态进行线性变换,得到混合键层
        mixed_value_layer = self.value(hidden_states)
        #使用值权重矩阵对隐藏状态进行线性变换,得到混合值层

        query_layer = self.transpose_for_scores(mixed_query_layer)
        #将混合查询层重塑为注意力分数的形状
        key_layer = self.transpose_for_scores(mixed_key_layer)
        #将混合键层重塑为注意力分数的形状
        value_layer = self.transpose_for_scores(mixed_value_layer)
        #将混合值层重塑为注意力分数的形状

        # Take the dot product between "query" and "key" to get the raw attention scores.
        #计算"查询"和"键"的点积,得到原始注意力分数
        attention_scores = torch.matmul(query_layer,key_layer.transpose(-1,-2))
        #使用 torch.matmul 计算张量的矩阵乘积,得到原始的注意力分数矩阵
        attention_scores = attention_scores / math.sqrt(self.attention_head_size)
        #将原始注意力分数除以 sqrt(注意力头大小)进行缩放

        # Apply the attention mask is(precomputed for all layers in BertModel forward()function)
        #应用注意力掩码(在 BertModel 的 forward()函数中预先计算)
```

```
        attention_scores = attention_scores + attention_mask
        #将原始注意力分数和注意力掩码相加,实现掩码操作

        # Normalize the attention scores to probabilities.
        #将注意力分数归一化为概率
        attention_probs = nn.Softmax(dim = -1)(attention_scores)
        #使用 softmax 函数对注意力分数进行归一化,dim = -1 表示对最后一个维度进行 softmax 归一化
        attention_probs = self.dropout(attention_probs)
        #对注意力概率进行 dropout 处理,随机丢弃一部分注意力概率,防止过拟合

        context_layer = torch.matmul(attention_probs,value_layer)
        #计算注意力加权的值向量,得到上下文层,即加权的值向量
        context_layer = context_layer.permute(0,2,1,3).contiguous()
        #将上下文层的维度进行置换,将注意力头维度移到第二个位置,序列长度维度移到第三个位置
        #使用 contiguous()方法确保张量在内存中是连续的

        new_context_layer_shape = context_layer.size()[:-2] +(self.all_head_size,)
        #计算新的上下文层形状,去除最后两个维度,并添加注意力头大小的维度
        context_layer = context_layer.view(*new_context_layer_shape)
```

```
        #将上下文层重塑为新的形状,即添加了注意力头大小的维度
        return context_layer
        #返回上下文层作为输出
```

(4)定义一个名为 BertAttention 的类,继承自 nn. Module。代码如下:

```
class BertAttention(nn.Module):
    def __init__(self,config):
        #构造函数,接收一个 BertConfig 对象作为参数
        super(BertAttention,self).__init__()
        #调用父类 nn.Module 的构造函数进行初始化

        self.self = BertSelfAttention(config)
        #定义自注意力层,使用 BertSelfAttention 类进行初始化
        self.output = BertSelfOutput(config)
        #定义自注意力输出层,使用 BertSelfOutput 类进行初始化

    def forward(self,input_tensor,audio_data,attention_
mask):
        #定义前向传播方法,接收输入张量、音频数据和注意力掩码作为输
入参数

        self_output = self.self(input_tensor,audio_data,
attention_mask)
        #使用自注意力层对输入张量进行处理,得到自注意力输出
        attention_output = self.output(self_output,input_
tensor)
        #使用自注意力输出层对自注意力输出进行处理,得到最终的注意
力输出
        return attention_output
        #返回注意力输出作为输出结果
```

(5)定义一个名为 BertIntermediate 的类,继承自 nn. Module。代码如下:

```
class BertIntermediate(nn.Module):
    def __init__(self,config):
        #构造函数,接收一个 BertConfig 对象作为参数
        super(BertIntermediate,self).__init__()
        #调用父类 nn.Module 的构造函数进行初始化

        self.dense = nn.Linear(config.hidden_size,config.
intermediate_size)
        #定义全连接层,用于映射隐藏状态的维度至中间层大小
        if isinstance(config.hidden_act,str)or(sys.ver-
sion_info[0] == 2 and isinstance(config.hidden_act,uni-
code)):
            #如果隐藏激活函数是字符串类型,或者是 Python 2 中的
unicode 类型
            self.intermediate_act_fn = ACT2FN[config.hid-
den_act]
            #从预定义的激活函数映射表 ACT2FN 中获取相应的激活函数
        else:
            self.intermediate_act_fn = config.hidden_act
            #否则,直接使用配置中指定的激活函数

    def forward(self,hidden_states):
        #定义前向传播方法,接收隐藏状态作为输入参数

        hidden_states = self.dense(hidden_states)
        #使用全连接层对隐藏状态进行线性变换
        hidden_states = self.intermediate_act_fn(hidden_
states)
```

```
        #使用激活函数对线性变换后的隐藏状态进行非线性变换
        return hidden_states
        #返回变换后的隐藏状态作为输出
```

(6)定义一个名为 BertOutput 的类,继承自 nn. Module。代码如下:

```
class BertOutput(nn.Module):
    def __init__(self,config):
        #构造函数,接收一个 BertConfig 对象作为参数
        super(BertOutput,self).__init__()
        #调用父类 nn.Module 的构造函数进行初始化

        self.dense = nn.Linear(config.intermediate_size,
config.hidden_size)
        #定义全连接层,用于映射中间层大小到隐藏状态的维度
        self.LayerNorm = BertLayerNorm(config.hidden_
size,eps=1e-12)
        #定义 Layer Normalization 层,用于归一化隐藏状态
        self.dropout = nn.Dropout(config.hidden_dropout_
prob)
        #定义 dropout 层,用于随机丢弃一部分输入,防止过拟合

    def forward(self,hidden_states,input_tensor):
        #定义前向传播方法,接收隐藏状态和输入张量作为输入参数

        hidden_states = self.dense(hidden_states)
        #使用全连接层对隐藏状态进行线性变换
        hidden_states = self.dropout(hidden_states)
        #对线性变换后的隐藏状态进行 dropout 处理
        hidden_states = self.LayerNorm(hidden_states + in-
put_tensor)
```

```
        #将 dropout 处理后的隐藏状态与输入张量相加,然后进行 Lay-
er Normalization 归一化处理
        return hidden_states
        #返回归一化后的隐藏状态作为输出
```

(7)定义一个名为 BertLayer 的类,继承自 nn. Module。代码如下:

```
class BertLayer(nn.Module):
    def __init__(self,config):
        #构造函数,接收一个 BertConfig 对象作为参数
        super(BertLayer,self).__init__()
        #调用父类 nn.Module 的构造函数进行初始化

        self.attention = BertAttention(config)
        #定义注意力层,使用 BertAttention 类进行初始化,实现多头自
注意力机制,并加和输入后进行 Layer Normalization 处理
        self.intermediate = BertIntermediate(config)
        #定义中间层,使用 BertIntermediate 类进行初始化,实现线性
变换和 GELU 激活函数处理
        self.output = BertOutput(config)
        #定义输出层,使用 BertOutput 类进行初始化,实现线性变换、
dropout 处理和 Layer Normalization 处理

    def forward(self,hidden_states,all_audio_data,atten-
tion_mask):
        #定义前向传播方法,接收隐藏状态、所有音频数据和注意力掩码作
为输入参数

        attention_output = self.attention(hidden_states,
all_audio_data,attention_mask)
        #使用注意力层对隐藏状态进行处理,得到注意力输出
```

```
        intermediate_output = self.intermediate(attention_output)
        #使用中间层对注意力输出进行处理,得到中间层输出
        layer_output = self.output(intermediate_output, attention_output)
        #使用输出层对中间层输出进行处理,得到最终层输出
        return layer_output
        #返回最终层输出作为结果


from custom_attention import MultiHeadAttention
#导入自定义的多头注意力机制模块 MultiHeadAttention
```

(8)定义一个名为 BertEncoder 的 PyTorch 模型,该模型是 BERT 模型中的编码器部分。代码如下:

```
class BertEncoder(nn.Module):
def __init__(self,config):
    super(BertEncoder,self).__init__()
    layer = BertLayer(config)  #创建一个 BertLayer 实例,即 Transformer block
    self.layer = nn.ModuleList([copy.deepcopy(layer)for_ in range(config.num_hidden_layers)])
    #使用 ModuleList 构建一个包含多个 BertLayer 实例的列表,数量等于 num_hidden_layers
def forward(self,hidden_states,all_audio_data,attention_mask,output_all_encoded_layers=True):
        #定义前向传播方法,接收隐藏状态、所有音频数据、注意力掩码和是否输出所有编码层的标志作为输入参数

    all_encoder_layers = []  #存储所有编码层的输出结果
    for layer_module in self.layer:
```

```
        #遍历每个 BertLayer 实例
        hidden_states = layer_module(hidden_states,all_
audio_data,attention_mask)
        #调用 BertLayer 的 forward 方法对隐藏状态进行编码
        if output_all_encoded_layers:
          all_encoder_layers.append(hidden_states)
          #如果需要输出所有编码层的结果,则将当前编码层的输出结果
存储到 all_encoder_layers 中

        if not output_all_encoded_layers:
            all_encoder_layers.append(hidden_states)
            #如果不需要输出所有编码层的结果,则将最后一个编码层的
输出结果存储到 all_encoder_layers 中
            return all_encoder_layers# 返回所有编码层的输出结
果
```

(9)定义一个名为 BertPooler 的 PyTorch 模型,它实现了 BERT 模型中的池化器部分,将 BERT 模型的输出(隐藏状态)通过线性变换和激活函数处理,最终得到一个池化后的表示,用于下游任务的分类等操作。代码如下:

```
class BertPooler(nn.Module):
    def __init__(self,config):
        super(BertPooler,self).__init__()
        #初始化方法,接收配置参数 config,并继承自 nn.Module

        self.dense = nn.Linear(config.hidden_size,config.
hidden_size)
        #使用线性层对隐藏状态进行线性变换,使用矩阵乘法和偏置加法
构建 hidden_size 维度的深度网络
        self.activation = nn.Tanh()
        #使用双曲正切函数作为激活函数
```

```
    def forward(self,hidden_states):
        #定义前向传播方法,接收隐藏状态 hidden_states 作为输入参数

        first_token_tensor = hidden_states[:,0]
        #获取隐藏状态中的第一个标记对应的张量,即第一个 token 对应的张量
        pooled_output = self.dense(first_token_tensor)
        #使用线性层对第一个 token 对应的张量进行线性变换
        pooled_output = self.activation(pooled_output)
        #对线性变换后的张量进行双曲正切激活函数处理
        return pooled_output
        #返回经过池化处理后的张量,即汇聚输出
```

(10)定义一个名为 BertPoolerByLayer 的 PyTorch 模型,实现一种基于编码层的 BERT 池化器。该代码实现了一种基于 BERT 编码层的池化器,它对每个编码层的第一个 token 的隐藏状态进行平均池化,然后通过线性变换和激活函数处理,最终得到一个池化后的表示,用于下游任务的分类等操作。代码如下:

```
class BertPoolerByLayer(nn.Module):
    def __init__(self,config):
        super(BertPoolerByLayer,self).__init__()
# 初始化方法,接收配置参数 config,并继承自 nn.Module

        self.dense = nn.Linear(config.hidden_size,config.hidden_size)
        #使用线性层对隐藏状态进行线性变换。
        self.activation = nn.Tanh()
        #使用双曲正切函数作为激活函数

    def forward(self,encoded_layers):
```

```
        #定义前向传播方法,接收编码层列表 encoded_layers 作为输入参数

        hidden_states = torch.stack([i[:,0] for i in encoded_layers])
        #对编码层列表中每个编码层的第一个 token 对应的隐藏状态进行堆叠,得到一个张量列表
        #此处 i[:,0] 表示取每个编码层中的第一个 token 对应的隐藏状态

        first_token_tensor = hidden_states.mean(dim=0)
        #对堆叠后的张量列表进行沿着维度 0 的均值计算,得到第一个token 对应的平均隐藏状态
        #此处的维度 0 对应于编码层的维度,即不同编码层之间的维度

        pooled_output = self.dense(first_token_tensor)
        #使用线性层对第一个 token 对应的平均隐藏状态进行线性变换
        pooled_output = self.activation(pooled_output)
        #对线性变换后的张量进行双曲正切激活函数处理
        return pooled_output
        #返回经过池化处理后的张量,即汇聚输出
```

(11)定义一个名为 BertMeanPooler 的 PyTorch 模型,实现一种基于 BERT 隐藏状态的平均池化器,对每个序列中所有 token 的隐藏状态进行均值池化,然后通过线性变换和激活函数处理,最终得到一个池化后的表示,用于下游任务的分类等操作。代码如下:

```
class BertMeanPooler(nn.Module):
    def __init__(self,config):
        super(BertMeanPooler,self).__init__()
# 初始化方法,接收配置参数 config,并继承自 nn.Module
```

```
        self.dense = nn.Linear(config.hidden_size,config.
hidden_size)
        #使用线性层对隐藏状态进行线性变换。
        self.activation = nn.Tanh()
        #使用双曲正切函数作为激活函数

    def forward(self,hidden_states):
        #定义前向传播方法,接收隐藏状态 hidden_states 作为输入参
数

        first_token_tensor = hidden_states.mean(dim=1)
        #对隐藏状态沿着维度 1 计算均值,即对每个序列中所有 token 对
应的隐藏状态进行均值计算,得到每个序列的平均隐藏状态

        pooled_output = self.dense(first_token_tensor)
        #使用线性层对每个序列的平均隐藏状态进行线性变换
        pooled_output = self.activation(pooled_output)
        #对线性变换后的张量进行双曲正切激活函数处理
        return pooled_output
        #返回经过池化处理后的张量,即汇聚输出
```

(12)定义一个名为 BertMaxPooler 的 PyTorch 模型,实现一种基于 BERT 隐藏状态的最大池化器,对每个序列中所有 token 的隐藏状态进行最大值池化,然后通过线性变换和激活函数处理,最终得到一个池化后的表示,用于下游任务的分类等操作。代码如下:

```
class BertMaxPooler(nn.Module):
    def __init__(self,config):
        super(BertMaxPooler,self).__init__()
        #初始化方法,接收配置参数 config,并继承自 nn.Module
```

```
        self.dense = nn.Linear(config.hidden_size,config.
hidden_size)
        #使用线性层对隐藏状态进行线性变换。
        self.activation = nn.Tanh()
        #使用双曲正切函数作为激活函数


    def forward(self,hidden_states):
        #定义前向传播方法,接收隐藏状态 hidden_states 作为输入参
数


        first_token_tensor = hidden_states.max(dim=1)
        #对隐藏状态沿着维度 1 计算最大值,即对每个序列中所有 token
对应的隐藏状态进行最大值计算
        #得到每个序列的最大隐藏状态以及对应的索引


        pooled_output = self.dense(first_token_tensor)
        #使用线性层对每个序列的最大隐藏状态进行线性变换
        pooled_output = self.activation(pooled_output)
        #对线性变换后的张量进行双曲正切激活函数处理
        return pooled_output
        #返回经过池化处理后的张量,即汇聚输出
```

### 9.2.3 小脚本文件介绍

(1)下列代码是 Python 程序的一些基本设置,包括导入所需的模块、配置日志记录格式和创建 logger 对象等。

```
import os   #导入 os 模块,用于与操作系统交互,如文件操作等
import csv   #导入 csv 模块,用于读写 CSV 文件
import logging   #导入 logging 模块,用于日志记录
import random   #导入 random 模块,用于生成随机数
```

```
import sys  #导入 sys 模块,用于与 Python 解释器交互
import numpy as np  #导入 numpy 模块,并使用别名 np,用于科学计算
import requests  #导入 requests 模块,用于发送 HTTP 请求
from random import shuffle  #从 random 模块中导入 shuffle 函数,用于随机打乱序列

#配置日志记录格式
logging.basicConfig(format='%(asctime)s - %(levelname)s - %(name)s -  %(message)s',
                    datefmt='%m/%d/%Y %H:%M:%S',  #设置日期时间格式
                    level=logging.INFO)  #设置日志记录级别为 INFO

logger = logging.getLogger(__name__)  #获取或创建一个名为__name__的 logger 对象
```

(2)下列代码定义了一个名为 InputExample 的类,用于表示简单序列分类任务的单个训练/测试示例。这个类的构造函数__init__方法用于初始化示例的各个属性,包括示例的唯一标识符(guid)、第一个序列的文本(text_a)、第二个序列的文本(text_b)和示例的标签(label)。

```
class InputExample(object):
    """表示简单序列分类的单个训练/测试示例。"""

    def __init__(self,guid,text_a,text_b=None,label=None):
        """构造一个 InputExample。

        Args:
            guid:示例的唯一标识符。
```

```
            text_a：字符串。第一个序列的未标记文本。对于单个序列
任务，只需要指定这个序列。
            text_b：(可选)字符串。第二个序列的未标记文本。仅对于
序列对任务必须指定。
            label：(可选)字符串。示例的标签。这应该对训练和开发示
例进行指定，但不应该对测试示例进行指定。
        """
        self.guid = guid  #初始化示例的唯一标识符
        self.text_a = text_a  #初始化第一个序列的文本
        self.text_b = text_b  #初始化第二个序列的文本，如果是序
列对任务则需要指定，否则为 None
        self.label = label  #初始化示例的标签，对于训练和开发示
例需要指定，但对于测试示例不需要指定
```

(3)下列代码定义了一个名为 InputFeatures 的类，用于表示数据的单个特征集。这个类的构造函数__init__方法用于初始化特征集的各个属性，包括输入序列的标识符(input_ids)、输入序列的掩码(input_mask)、分段标识符(segment_ids)和标签的标识符(label_id)。

```
class InputFeatures(object)：
    """表示数据的单个特征集。"""


    def __init__(self,input_ids,input_mask,segment_ids,la-
bel_id)：
        """构造一个 InputFeatures。


        Args：
            input_ids：输入序列的标识符列表。
            input_mask：输入序列的掩码列表，用于指示哪些标识符是
实际输入的。
            segment_ids：分段标识符列表，用于区分序列中的不同段落
```

或句子。

```
            label_id:标签的标识符,表示数据的标签。
        """
        self.input_ids = input_ids  #初始化输入序列的标识符列表
        self.input_mask = input_mask  #初始化输入序列的掩码列表
        self.segment_ids = segment_ids  #初始化分段标识符列表,用于区分不同段落或句子
        self.label_id = label_id  #初始化标签的标识符,表示数据的标签
```

(4)下列代码定义了一个名为 DataProcessor 的类,是用于序列分类数据集的数据转换器的基类。该类定义了获取训练集、开发集和标签列表的方法,并提供了一个辅助方法用于读取以制表符分隔的值文件。

```
class DataProcessor(object):
    """用于序列分类数据集的数据转换器的基类。"""

    def get_train_examples(self,data_dir):
        """获取训练集的 InputExample 集合。"""
        raise NotImplementedError()  #抛出未实现的错误,子类需要实现这个方法

    def get_dev_examples(self,data_dir):
        """获取开发集的 InputExample 集合。"""
        raise NotImplementedError()  #抛出未实现的错误,子类需要实现这个方法

    def get_labels(self):
        """获取数据集的标签列表。"""
```

```
        raise NotImplementedError()  #抛出未实现的错误,子类需要实现这个方法

    @classmethod
    def _read_tsv(cls,input_file,quotechar=None):
        """读取一个以制表符分隔的值文件。"""
        with open(input_file,"r")as f:  #打开输入文件
            reader = csv.reader(f,delimiter = "\t",quotechar=quotechar)  #使用 csv 模块读取文件
            lines = []  #初始化空列表,用于存储读取的行
            for line in reader:  #遍历文件中的每一行
                if sys.version_info[0] == 2:  #检查 Python 版本是否为 2.x 系列
                    line = list(unicode(cell,'utf-8') for cell in line)  #将每个单元格转换为 Unicode 编码(针对 Python 2.x)
                lines.append(line)  #将当前行添加到列表中
            return lines  #返回读取的所有行作为列表
```

(5)下列代码定义了一个名为 PgProcessor 的类,是用于 PG 数据集的处理器。该类实现了获取训练集、开发集、测试集和标签列表的方法,以及一个辅助方法用于创建训练集和开发集的示例。

```
class PgProcessor(DataProcessor):
    """PG 数据集的处理器。"""

    def get_train_examples(self,data_dir):
        """获取训练集的 InputExample 集合。"""
        return self._create_examples(
            self._read_tsv(os.path.join(data_dir,"train.tsv")),"train")  #调用_create_examples 方法读取训练集数据并创建 InputExample 集合
```

```
    def get_dev_examples(self,data_dir):
        """获取开发集的 InputExample 集合。"""
        return self._create_examples(
            self._read_tsv(os.path.join(data_dir,"dev.
tsv")),"dev")  #调用_create_examples 方法读取开发集数据并创建 In-
putExample 集合

    def get_test_examples(self,data_dir):
        """获取测试集的 InputExample 集合。"""
        return self._create_examples(
            self._read_tsv(os.path.join(data_dir,"test.
tsv")),"test")  #调用_create_examples 方法读取测试集数据并创建
InputExample 集合

    def get_labels(self):
        """获取数据集的标签列表。"""
        return ["0","1"]  #返回标签列表

    def _create_examples(self,lines,set_type):
        """为训练集和开发集创建示例。"""
        examples = []  #初始化示例列表
        for(i,line)in enumerate(lines):  #遍历读取的行
            if i == 0:  #跳过标题行
                continue
            guid = "%s-%s" % (set_type,i)  #构造示例的唯一
标识符
            text_a = line[0]  #获取第一个序列的文本
            label = line[1]  #获取标签
            examples.append(  #创建 InputExample 并添加到示例
```

列表中

```
                    InputExample(guid = guid,text _a = text _a,
text_b = None,label = label))
        return examples  #返回示例列表
```

(6)下列代码定义了一个名为 accuracy_7 的函数,用于计算二分类任务的准确率。函数接收两个参数,分别是模型的输出值(out)和真实的标签(labels)。函数将输出值和标签四舍五入后比较,计算相等的数量,并将其除以标签数量得到准确率。

```
def accuracy_7(out,labels):
    #计算预测值和真实标签四舍五入后相等的数量,并除以标签数量得到
准确率
    return np.sum(np.round(out) = = np.round(labels))/
float(len(labels))
```

(7)下列代码定义了一个名为 convert_examples_to_features 的函数,用于将示例转换为特征列表,并加载数据文件到 InputBatch 列表中。函数接收 4 个参数,分别是示例列表(examples)、标签列表(label_list)、最大序列长度(max_seq_length)和分词器(tokenizer)。函数通过遍历示例列表,根据最大序列长度和分词器将示例转换为特征列表,并将每个特征添加到列表中。在此过程中,会对输入进行截断和填充,以确保每个序列的长度为 max_seq_length。

```
def convert_examples_to_features(examples,label_list,max
_seq_length,tokenizer):
    """将示例转换为特征列表,并加载数据文件到'InputBatch'列表
中。"""

    label_map = {label: i for i,label in enumerate(label_
list)}  #将标签列表转换为标签映射字典

    features = []  #初始化特征列表
    for(ex_index,example)in enumerate(examples):  #遍历示
```

例列表

tokens_a = tokenizer.tokenize(example.text_a) #使用分词器对第一个文本进行分词

tokens_b = None

if example.text_b: #如果存在第二个文本

tokens_b = tokenizer.tokenize(example.text_b) #使用分词器对第二个文本进行分词

#修改'tokens_a'和'tokens_b',使总长度小于指定长度

#考虑到[CLS]、[SEP]、[SEP],所以减去3

_truncate_seq_pair(tokens_a,tokens_b,max_seq_length - 3)

else:

#考虑到[CLS]和[SEP],所以减去2

if len(tokens_a) > max_seq_length - 2:

tokens_a = tokens_a[:(max_seq_length - 2)]

tokens = ["[CLS]"] + tokens_a + ["[SEP]"] #在 tokens 前后加上[CLS]和[SEP]

segment_ids = [0] * len(tokens) #初始化分段标识符列表

if tokens_b: #如果存在第二个文本

tokens + = tokens_b + ["[SEP]"] #在 tokens 后面加上[SEP]和第二个文本的 tokens

segment_ids + = [1] * (len(tokens_b) + 1) #设置第二个文本的分段标识符为1

input_ids = tokenizer.convert_tokens_to_ids(to-

```
kens)  #将 tokens 转换为对应的标识符列表

            input_mask = [1] * len(input_ids)  #初始化输入掩码列
表,表示真实标记为 1

            #补零,使序列长度为 max_seq_length
            padding = [0] *(max_seq_length - len(input_ids))
            input_ids + = padding
            input_mask + = padding
            segment_ids + = padding

            assert len(input_ids) = = max_seq_length  #断言确保
输入序列的长度为 max_seq_length
            assert len(input_mask) = = max_seq_length  #断言确保
输入掩码的长度为 max_seq_length
            assert len(segment_ids) = = max_seq_length  #断言确
保分段标识符的长度为 max_seq_length

            #将标签转换为对应的标签 id
            label_id = example.label
            label_id = float(label_id)

            #打印前 5 个示例的信息
            if ex_index < 5:
                logger.info("* * * Example * * *")
                logger.info("guid: % s" % (example.guid))
                logger.info("tokens: % s" % " ".join([str(x)for
x in tokens]))
                logger.info("input_ids: % s" % " ".join([str(x)
```

```
for x in input_ids]))
            logger.info("input_mask: % s" % " ".join([str
(x)for x in input_mask]))
            logger.info("segment_ids: % s" % " ".join([str
(x)for x in segment_ids]))
            logger.info("label: % s(id = % s)" % (example.
label,label_id))

        #创建 InputFeatures 并添加到特征列表中
        features.append(
            InputFeatures(input_ids = input_ids,
                          input_mask = input_mask,
                          segment_ids = segment_ids,
                          label_id = label_id))
    return features  #返回特征列表
```

(8)下列代码定义了一个名为_truncate_seq_pair 的函数,用于在原地截断一个序列对至最大长度。函数接收 3 个参数,分别是两个序列的标记化表示(tokens_a 和 tokens_b)以及最大长度(max_length)。函数通过循环比较两个序列的总长度与最大长度,如果总长度超过最大长度,则根据两个序列的长度进行截断。具体来说,如果第一个序列比第二个序列长,则截断第一个序列的第一个令牌;如果第二个序列比第一个序列长,则截断第二个序列的最后一个令牌。

```
def _truncate_seq_pair(tokens_a,tokens_b,max_length):
    """在原地截断一个序列对至最大长度。"""
    #这是一个简单的启发式算法,它总是以一个令牌为单位截断较长的序列
    #这比从每个序列中截断相等比例的令牌更合理
    #因为如果一个序列非常短,那么被截断的每个令牌很可能包含比较长
序列更多的信息
    while True:
        total_length = len(tokens_a) + len(tokens_b)  #计算
```

```
两个序列的总长度
        if total_length < = max_length:  #如果总长度小于等于最大长度,则不需要截断
            break
        if len(tokens_a) > len(tokens_b):  #如果第一个序列比第二个序列长
            tokens_a.pop(0)  #截断第一个序列的第一个令牌(针对对话上下文)
        else:  #如果第二个序列比第一个序列长
            tokens_b.pop()  #截断第二个序列的最后一个令牌
```

(9)下列代码定义了一个名为 accuracy 的函数,用于计算输出列表(out)和标签列表(labels)中对应元素均为非负数或均为负数的数量。函数首先初始化正确预测的数量为0,然后遍历输出和标签列表的索引,对于每个索引位置,如果输出值和标签值均为非负数或均为负数,则将正确预测的数量加1。最后,返回正确预测的数量。

```
def accuracy(out,labels):
    num = 0  #初始化正确预测的数量
    for i in range(len(out)):  #遍历输出和标签列表的索引
        if out[i] > = 0 and labels[i] > = 0:  #如果输出值和标签值均大于等于0
            num = num + 1  #将正确预测的数量加1
        else:  #如果输出值和标签值中至少有一个小于0
            if out[i] < 0 and labels[i] < 0:  #如果输出值和标签值均小于0
                num = num + 1  #将正确预测的数量加1
    return num  #返回正确预测的数量
```

(10)下列代码定义了一个名为 F1_score 的函数,该函数接收一个输入参数 out,这是一个二维 NumPy 数组。函数通过 np. argmax 函数找出每一行中最大值所在的列索引,然后将这些索引组成的数组作为输出返回。

```
def F1_score(out):
    outputs = np.argmax(out,axis =1)  #沿着第二个轴(axis =
1)找出每行最大值的索引,返回索引数组
    return outputs  #返回索引数组作为输出
```

(11)下列代码定义了一个名为 pearson 的函数,用于计算两个向量的皮尔逊相关系数。函数接收两个向量作为输入参数 vector1 和 vector2,并返回它们之间的皮尔逊相关系数。函数首先计算了向量的长度,然后计算了向量的简单和、平方和、点积。接着,函数根据这些中间结果计算皮尔逊相关系数的分子和分母,并在分母为 0 时避免了除以 0 的错误。最后,函数返回计算得到的皮尔逊相关系数。

```
def pearson(vector1,vector2):
    n = len(vector1)  #获取向量的长度

    #计算向量的简单和
    sum1 = sum(float(vector1[i])for i in range(n))  #计算
第一个向量的总和
    sum2 = sum(float(vector2[i])for i in range(n))  #计算
第二个向量的总和

    #计算向量的平方和
    sum1_pow = sum([pow(v,2.0)for v in vector1])  #计算第一
个向量的平方和
    sum2_pow = sum([pow(v,2.0)for v in vector2])  #计算第二
个向量的平方和

    #计算向量的点积
    p_sum = sum([vector1[i] * vector2[i] for i in range
(n)])  #计算向量的点积
```

```
    #计算皮尔逊相关系数的分子和分母
    num = p_sum - (sum1 * sum2 /n)  #分子
    den = math.sqrt((sum1_pow - pow(sum1,2)/n) * (sum2_pow
- pow(sum2,2)/n))  #分母

    if den == 0:  #如果分母为0,避免除以0的错误,返回0.0
        return 0.0
    return num/den  #返回皮尔逊相关系数
```

### 9.2.4 run_classifier 主函数

导入必要的库:下列代码是一个 BERT 微调的运行程序的头部注释和导入部分。它导入了需要用到的各种库和模块,包括处理数据、构建模型、优化器、评价指标和绘图等。

```
"""BERT finetuning runner."""
#导入必要的库
from __future__ import absolute_import,division,print_
function
import argparse
import os
import numpy as np
import torch
from torch.utils.data import(DataLoader,RandomSampler,Se-
quentialSampler,TensorDataset)
from tqdm import tqdm,trange
from pytorch_pretrained_bert.file_utils import PYTORCH_
PRETRAINED_BERT_CACHE,cached_path
from model import BertForSequenceClassification,BertCon-
fig,WEIGHTS_NAME,CONFIG_NAME
from pytorch_pretrained_bert.tokenization import Bert-
```

```
Tokenizer
    from pytorch_pretrained_bert.optimization import BertAd-
am,warmup_linear
    from utils import *   #导入自定义的工具函数
    import pickle
    from sklearn.metrics import precision_score,recall_score,
f1_score   #导入评价指标函数
    import matplotlib.pyplot as plt   #导入绘图库
    import itertools
    from sklearn.metrics import confusion_matrix,accuracy_
score   #导入评价指标函数
    from sklearn import metrics   #导入评价指标函数

    add_fgm = True
    # 单 GPU
    os.environ["CUDA_VISIBLE_DEVICES"] = "-1"   # 设置 CUDA 可
见设备为 -1,表示不使用 GPU 加速
    import torch.nn as nn   # 导入 PyTorch 的神经网络模块
```

(1)下列代码定义了一个名为 FGM 的类,用于实现对抗性扰动攻击(fast gradient method)。该类包括 attack 方法用于对模型进行攻击,restore 方法用于恢复被攻击的参数。

```
    class FGM:
        def __init__(self,model:nn.Module,eps=3.):
            # 初始化 FGM 对象
            # model:要攻击的模型
            # eps:扰动大小,默认为 3
            self.model = (model.module if hasattr(model,"mod-
ule")else model)   # 获取模型的主体部分
            self.eps = eps   # 设置扰动大小
```

```
        self.backup = {}  # 用于备份参数的字典

    # 只攻击词嵌入
    def attack(self,emb_name='word_embeddings'):
        # 对模型进行扰动攻击
        # emb_name:要攻击的参数名称,默认为'word_embeddings'
        for name,param in self.model.named_parameters():
            if param.requires_grad and emb_name in name:  # 如果参数需要梯度且是要攻击的参数
                self.backup[name] = param.data.clone()  # 备份参数
                norm = torch.norm(param.grad)  # 计算参数的梯度范数
                if norm and not torch.isnan(norm):  # 如果梯度范数不为 0 且不为 NaN
                    r_at = self.eps * param.grad /norm  # 计算扰动
                    param.data.add_(r_at)  # 添加扰动至参数值

    # 恢复参数
    def restore(self,emb_name='word_embeddings'):
        # 恢复被攻击的参数
        # emb_name:要恢复的参数名称,默认为'word_embeddings'
        for name,para in self.model.named_parameters():
            if para.requires_grad and emb_name in name:  # 如果参数需要梯度且是要恢复的参数
                assert name in self.backup  # 断言参数已备份
                para.data = self.backup[name]  # 恢复参数值
```

```
        self.backup = {}  # 清空备份字典
```

(2)下列代码定义了一个名为 main 的函数,它接收一个参数 ttt。在函数内部,创建了一个参数解析器 parser,用于解析命令行参数。

```
def main(ttt):
    # 创建一个参数解析器
parser = argparse.ArgumentParser()

## Required parameters 所需参数

# 添加一个参数'--data_dir',默认值为'data/text',类型为字符串,
用于指定输入数据目录,该目录应包含任务的.tsv 文件(或其他数据文件)
parser.add_argument("--data_dir",default='data/text',
type=str,
                        help="The input data dir. Should contain
the .tsv files(or other data files)forthe task.")

# 添加一个参数'--bert_model',默认值为'uncased_L-12_H-768_A
-12',类型为字符串,用于选择预训练的 BERT 模型
parser.add_argument("--bert_model",default='uncased_L
-12_H-768_A-12',type=str,
                        help="Bert pre-trained model selected
in the list: bert-base-uncased,""bert-large-uncased,bert-
base-cased,bert-large-cased,bert-base-multilingual-un-
cased,"
                        "bert-base-multilingual-cased,bert-
base-chinese.")

# 添加一个参数'--task_name',默认值为'Multi',类型为字符串,用于
指定要训练的任务名称
```

```
    parser.add_argument("--task_name",default='Multi',type=str,
                        help="The name of the task to train.")

    # 添加一个参数'--output_dir',默认值为'CM-BERT_output_gpu',类型为字符串,用于指定模型预测和检查点将被写入的输出目录
    parser.add_argument("--output_dir",default='CM-BERT_output_gpu',type=str,
                        help="The output directory where the model predictions and checkpointswill be written.")

    # Other parameters 其他参数

    # 添加一个参数'--cache_dir',默认值为空字符串,类型为字符串,用于指定从 s3 下载的预训练模型的存储位置
    parser.add_argument("--cache_dir",default="",type=str,
                        help="Where do you want to store the pre-trained models downloaded from s3")

    # 添加一个参数'--max_seq_length',默认值为 50,类型为整数,用于指定经过 WordPiece tokenization 后的最大总输入序列长度
    # 超过这个长度的序列将被截断,而短于这个长度的序列将被填充
    parser.add_argument("--max_seq_length",default=50,type=int,
                        help="The maximum total input sequence length after WordPiece tokenization.\n"
                             "Sequences longer than this will be truncated,and sequences shorter \n"
```

```
                    "than this will be padded.")

    # 添加一个参数'--do_train',默认值为 True,用于指示是否进行训练
    parser.add_argument("--do_train",default=True,
                        help="Whether to run training.'store_
true'")

    # 添加一个参数'--do_test',默认值为 True,用于指示是否在开发集上
进行评估
    parser.add_argument("--do_test",default=True,
                        help="Whether to run eval on the dev
set.")

    # 添加一个参数'--do_lower_case',默认值为 True,用于指示是否使用
未大小写的模型
    parser.add_argument("--do_lower_case",default=True,
                        help="Set this flag if you are using an
uncased model.")

    # 添加一个参数'--train_batch_size',默认值为 24,类型为整数,用于
指定训练的总批量大小
    parser.add_argument("--train_batch_size",default=24,
type=int,
                        help="Total batch size for training.")

    # 添加一个参数'--eval_batch_size',默认值为 24,类型为整数,用于
指定评估的总批量大小
    parser.add_argument("--eval_batch_size",default=24,
type=int,
```

```
                              help = "Total batch size for eval.")

    # 添加一个参数'--test_batch_size',默认值为 24,类型为整数,用于指定测试的总批量大小
    parser.add_argument("--test_batch_size",default = 24,type = int,
                              help = "Total batch size for test.")

    # 添加一个参数'--learning_rate',默认值为 1e-5,类型为浮点数,用于指定 Adam 优化器的初始学习率
    parser.add_argument("--learning_rate",default = 1e-5,type = float,
                              help = "The initial learning rate for Adam.5e-5")

    # 添加一个参数'--num_train_epochs',默认值为 5.0,类型为浮点数,用于指定总的训练轮数
    parser.add_argument("--num_train_epochs",default = 5.0,type = float,
                              help = "Total number of training epochs to perform.")

    # 添加一个参数'--warmup_proportion',默认值为 0.1,类型为浮点数,用于指定线性学习率预热的训练比例
    # 例如,0.1 表示 10% 的训练用于线性学习率预热
    parser.add_argument("--warmup_proportion",default = 0.1,type = float,
                              help = "Proportion of training to perform linear learning rate warmup for. "
```

```
                    "E.g.,0.1 = 10%% of training.")

    # 添加一个参数'--no_cuda',默认为'store_true',用于指示是否不使用 CUDA(如果可用)
    parser.add_argument("--no_cuda",action='store_true',
                        help="Whether not to use CUDA when available")

    # 添加一个参数'--seed',默认值为 11111,类型为整数,用于初始化随机种子
    parser.add_argument('--seed',type=int,default=11111,
                        help="random seed for initialization")

    # 添加一个参数'--gradient_accumulation_steps',默认值为 1,类型为整数,用于指定在执行反向/更新传递之前累积的更新步数
    parser.add_argument('--gradient_accumulation_steps',type=int,default=1,
                        help="Number of updates steps to accumulate before performing abackward/update pass.")

    args = parser.parse_args()   #解析命令行参数,并将结果存储在 args 对象中

    processors = {
        "multi": PgProcessor,   #将任务名称映射到相应的数据处理器类
    }

    num_labels_task = {
        "multi": 1,   #每个任务的标签数量
    }
```

```
#根据 CUDA 是否可用以及命令行参数中是否设置了 - -no_cuda 来选择设备
device = torch.device("cuda" if torch.cuda.is_available() and not args.no_cuda else "cpu")

n_gpu = 2  #设定 GPU 数量

#打印设备和 GPU 数量的信息
logger.info("device: {} n_gpu: {}".format(device,n_gpu))

if args.gradient_accumulation_steps < 1:
# 如果梯度累积步数小于 1,则抛出异常
raise ValueError("Invalid gradient_accumulation_steps parameter: {},should be >= 1".format(args.gradient_accumulation_steps))

args.train_batch_size = args.train_batch_size //args.gradient_accumulation_steps
#更新训练批次大小,使其等于原始大小除以梯度累积步数

seed_num = np.random.randint(1,10000)
#生成一个随机种子数,范围为 1 到 10000
random.seed(seed_num)
#设置 Python 的随机数生成器种子
np.random.seed(seed_num)
#设置 numpy 的随机数生成器种子
torch.manual_seed(seed_num)
#设置 PyTorch 的随机数生成器种子
if n_gpu > 0:
```

```
torch.cuda.manual_seed_all(seed_num)
# 设置所有可用 GPU 的随机数生成器种子

if not args.do_train and not args.do_test:
# 如果既没有设置进行训练,也没有设置进行测试,则抛出异常
raise ValueError("At least one of 'do_train' or 'do_test'
must be True.")
```

以上代码主要完成了以下任务:检查梯度累积步数是否小于1,若是则抛出异常;更新训练批次大小,使其等于原始大小除以梯度累积步数;生成随机种子数,设置 Python、numpy 和 PyTorch 的随机数生成器种子;检查是否至少设置了进行训练或进行测试,若否则抛出异常。

(3)下列代码主要完成了以下任务:检查输出目录是否存在,如果不存在则创建;获取任务名称并转换为小写;检查任务名称是否在处理器字典中,若不在则抛出异常;根据任务名称获取相应的处理器对象;获取该任务的标签数量和标签列表;使用指定的 BERT 模型和大小写设置创建分词器对象;如果设置了进行训练,获取训练集的样本并计算总的训练优化步数。

```
if not os.path.exists(args.output_dir):
    #如果输出目录不存在,则创建它
    os.makedirs(args.output_dir)

task_name = args.task_name.lower()
#获取任务名称并转换为小写

if task_name not in processors:
    #如果任务名称不在处理器字典中,则抛出异常
    raise ValueError("Task not found: % s" % (task_name))

processor = processors[task_name]()
#根据任务名称从处理器字典中获取相应的处理器对象
```

```
    num_labels = num_labels_task[task_name]
    #获取该任务的标签数量

    label_list = processor.get_labels()
    #获取该任务的标签列表

    tokenizer = BertTokenizer.from_pretrained(args.bert_mod-
el,do_lower_case = args.do_lower_case)
    #使用指定的 BERT 模型和大小写设置创建分词器对象

    train_examples = None
    num_train_optimization_steps = None
    if args.do_train:
        #如果设置了进行训练
        train_examples = processor.get_train_examples(args.
data_dir)
        #获取训练集的样本

        num_train_optimization_steps = int(len(train_exam-
ples)/args.train_batch_size /args.gradient_accumulation_
steps) * args.num_train_epochs
        #计算总的训练优化步数
```

(4)下列代码主要根据参数的名称来决定是否解冻参数,如果参数名称满足特定条件,则将其 requires_grad 属性设置为 True,允许梯度更新。

```
    cache_dir = args.cache_dirifargs.cache_dir
    else os.path.join(str(PYTORCH_PRETRAINED_BERT_CACHE),'
distributed_{}'.format("-1"))
    #设置缓存目录,如果未指定缓存目录则使用默认的 PyTorch 预训练 BERT
模型的缓存目录
```

```
#从预训练 BERT 模型中加载一个用于序列分类的 BERT 模型,同时指定缓存目录和标签数量
model = BertForSequenceClassification.from_pretrained(args.bert_model,cache_dir = cache_dir,num_labels = num_labels)

#冻结除最后一个 Transformer 层及其后续层之外的所有层,即只训练最后一个 Transformer 层及其后续层
for name,param in model.named_parameters():
    #遍历模型的所有参数

    param.requires_grad = False
    #将参数的 requires_grad 属性设置为 False,即冻结参数,默认不进行梯度更新

        if "encoder.layer.0" in name or "encoder.layer.1" in name:
            #如果参数名称包含"encoder.layer.0"或"encoder.layer.1",则解冻该参数
            param.requires_grad = True

        if "encoder.layer.2" in name or "encoder.layer.3" in name:
            #如果参数名称包含"encoder.layer.2"或"encoder.layer.3",则解冻该参数
            param.requires_grad = True

        if "encoder.layer.4" in name or "encoder.layer.5" in name:
```

```
            #如果参数名称包含"encoder.layer.4"或"encoder.layer.5",则解冻该参数
            param.requires_grad = True

        if "encoder.layer.6" in name or "encoder.layer.7" in name:
            #如果参数名称包含"encoder.layer.6"或"encoder.layer.7",则解冻该参数
            param.requires_grad = True

        if "encoder.layer.8" in name or "encoder.layer.9" in name:
            #如果参数名称包含"encoder.layer.8"或"encoder.layer.9",则解冻该参数
            param.requires_grad = True

        if "encoder.layer.10" in name or "encoder.layer.11" in name:
            #如果参数名称包含"encoder.layer.10"或"encoder.layer.11",则解冻该参数
            param.requires_grad = True

        if "BertFinetun" in name or "pooler" in name:
            #如果参数名称包含"BertFinetun"或"pooler",则解冻该参数
            param.requires_grad = True
```

(5)下列代码主要完成了以下任务:将模型移动到指定的设备上,即 GPU 或 CPU;如果 GPU 数量大于 1,使用 DataParallel 进行多 GPU 并行训练;准备优化器,包括参数组和 BertAdam 优化器的初始化;初始化全局步数、训练步数和训练损失;加载音频数据集;初始化最大准确率和最小损失。

```
model.to(device)
#将模型移动到指定的设备上,即 GPU 或 CPU

if n_gpu > 1:
    model = torch.nn.DataParallel(model)
    #如果 GPU 数量大于 1,使用 DataParallel 进行多 GPU 并行训练

#准备优化器
param_optimizer = list(model.named_parameters())

#定义不使用权重衰减的参数类型
no_decay = ['bias','LayerNorm.bias','LayerNorm.weight']

#定义新的参数类型
new_decay = ['BertFine']

optimizer_grouped_parameters = [
    #定义不使用权重衰减的参数组
    {'params': [p for n,p in param_optimizer if not any(nd in
n for nd in no_decay)and not any(np in n for np in new_decay)],'
weight_decay': 0.01},
    #定义使用权重衰减的参数组
    {'params': [p for n,p in param_optimizer if any(nd in n
for nd in no_decay)],'weight_decay':0.0},
    #定义新的参数组
    {'params': [p for n,p in param_optimizer if not any(nd in
n for nd in no_decay)and any(np in n for np in new_decay)],'lr':
0.01}
]
```

```
optimizer = BertAdam(optimizer_grouped_parameters,
                     lr = args.learning_rate,
                     warmup = args.warmup_proportion,
                     t_total = num_train_optimization_steps)
#使用 BertAdam 优化器,传入优化器参数组、学习率、warmup 比例和总的训练优化步数

global_step = 0
#全局步数
nb_tr_steps = 0
#训练步数
tr_loss = 0
#训练损失

#加载音频数据集
train_audio,valid_audio,test_audio = pickle.load(open('data/audio/MOSI_cmu_audio_CLS.pickle','rb'))

max_acc = 0
#最大准确率
min_loss = 100
#最小损失
```

(6)下列代码实现以下功能:如果设置了使用 FGM 攻击,则初始化一个 FGM 对象。如果设置了进行训练,则将训练数据集转换为特征。创建训练数据集和数据加载器。对每个训练 epoch 进行训练:设置模型为训练模式。对每个训练批次执行前向传播、反向传播和参数更新。如果设置了 FGM 攻击,则在反向传播过程中对模型参数进行扰动。计算并记录训练损失。对于每个测试 epoch,加载测试数据集和数据加载器。对测试数据进行评估,执行模型的前向传播,并计算测试损失,计算预测值、真实标签以及文本和融合注意力。计算评估指标,如准确率、

F1 分数、相关系数和平均绝对误差。将测试结果保存在字典中并返回。

```
    if add_fgm:
        #如果设置了使用 FGM 攻击
        fgm = FGM(model)
        #初始化 FGM 对象

    if args.do_train:
        #如果设置了进行训练
        train_features = convert_examples_to_features(train_
examples,label_list,args.max_seq_length,tokenizer)
        #将训练样本转换为特征

        logger.info("*****Running training*****")
        logger.info("  Num examples = %d",len(train_exam-
ples))
        logger.info("  Batch size = %d",args.train_batch_
size)
        logger.info("  Num steps = %d",num_train_optimiza-
tion_steps)
        #记录训练相关信息

        all_train_audio = torch.tensor(train_audio,dtype =
torch.float32)
        #将训练音频数据转换为张量

        all_input_ids = torch.tensor([f.input_ids for f in
train_features],dtype = torch.long)
        all_input_mask = torch.tensor([f.input_mask for f in
train_features],dtype = torch.long)
```

```
        all_segment_ids = torch.tensor([f.segment_ids for f in
train_features],dtype=torch.long)
        all_label_ids = torch.tensor([f.label_id for f in
train_features],dtype=torch.float32)
        #将特征转换为张量

        train_data = TensorDataset(all_input_ids,all_input_
mask,all_segment_ids,all_train_audio,all_label_ids)
        #创建训练数据集对象

        train_sampler = RandomSampler(train_data)
        #创建随机采样器

        train_dataloader = DataLoader(train_data,sampler =
train_sampler,batch_size=args.train_batch_size)
        #创建训练数据加载器,用于生成批次数据
    eval_examples = processor.get_dev_examples(args.data_
dir)
    #获取验证集示例

    eval_features = convert_examples_to_features(eval_exam-
ples,label_list,args.max_seq_length,tokenizer)
    #将验证集示例转换为特征

    all_valid_audio = torch.tensor(valid_audio,dtype=torch.
float32,requires_grad=True)
    #将验证音频数据转换为张量

    all_input_ids = torch.tensor([f.input_ids for f in eval_
```

```
features],dtype=torch.long)
    all_input_mask = torch.tensor([f.input_mask for f in eval_
features],dtype=torch.long)
    all_segment_ids = torch.tensor([f.segment_ids for f in
eval_features],dtype=torch.long)
    all_label_ids = torch.tensor([f.label_id for f in eval_
features],dtype=torch.float32)
    #将验证集特征转换为张量
    eval_data = TensorDataset(all_input_ids,all_input_mask,
all_segment_ids,all_valid_audio,all_label_ids)
    #创建验证数据集对象
    eval_sampler = SequentialSampler(eval_data)
    #创建顺序采样器
    eval_dataloader = DataLoader(eval_data,sampler=eval_sam-
pler,batch_size=args.eval_batch_size)
    #创建验证数据加载器,用于生成批次数据

    for _ in trange(int(args.num_train_epochs),desc="Ep-
och"):
        #遍历每个训练轮次
        model.train()
        #将模型设置为训练模式
        tr_loss = 0
        nb_tr_examples,nb_tr_steps = 0,0
        #初始化训练损失、训练示例数和训练步数
        for step,batch in enumerate(tqdm(train_dataloader,de-
sc="Iteration")):
            #遍历每个训练批次
            batch = tuple(t.to(device)for t in batch)
```

```
            #将批次数据移动到设备上
            input_ids,input_mask,segment_ids,all_train_audio,
label_ids = batch
            #拆解批次数据
            loss = model(input_ids,all_train_audio,segment_
ids,input_mask,label_ids)
            #计算模型输出的损失值
            if n_gpu > 1:
                loss = loss.mean()  #对多个GPU上的损失值取平均
            if args.gradient_accumulation_steps > 1:
                loss = loss /args.gradient_accumulation_steps
                #如果梯度累积步数大于1,则对损失值进行平均

            loss.backward()
            #反向传播计算梯度
            if add_fgm:
                fgm.attack()
                #如果使用FGM攻击,则执行FGM攻击
                attack_loss = model(input_ids,all_train_audio,
segment_ids,input_mask,label_ids)
                #计算攻击后的损失值
                if n_gpu > 1:
                    attack_loss = attack_loss.mean()
                if args.gradient_accumulation_steps > 1:
                    attack_loss = attack_loss /args.gradient_
accumulation_steps
                    #如果梯度累积步数大于1,则对攻击后的损失值进行平均

                attack_loss.backward()
```

```
            #反向传播计算攻击后的梯度
            fgm.restore()
            #恢复原始参数

        tr_loss += loss.item()
        #累积训练损失值
        nb_tr_examples += input_ids.size(0)
        nb_tr_steps += 1
        #更新训练示例数和训练步数
        if(step + 1)% args.gradient_accumulation_steps =
= 0:
            #如果达到梯度累积步数
            optimizer.step()
            #更新参数
            optimizer.zero_grad()
            #梯度清零
            global_step += 1
            #更新全局步数

    logger.info("***** Running evaluation *****")
    logger.info("  Num examples = %d",len(eval_exam-
ples))
    logger.info("  Batch size = %d",args.eval_batch_size)
    model.eval()
    #将模型设置为评估模式
    eval_loss,eval_accuracy = 0,0
    nb_eval_steps,nb_eval_examples = 0,0

  for input_ids,input_mask,segment_ids,all_valid_audio,la-
```

```
bel_ids in tqdm(eval_dataloader,desc = "Evaluating"):
    #对验证数据进行评估
    input_ids = input_ids.to(device)
        input_mask = input_mask.to(device)
        segment_ids = segment_ids.to(device)
        label_ids = label_ids.to(device)
        all_valid_audio = all_valid_audio.to(device)
        #将数据移动到设备上

        with torch.no_grad():
        #在评估过程中,不计算梯度
    tmp_eval_loss = model(input_ids,all_valid_audio,segment_
ids,input_mask,label_ids)
        #计算验证数据的损失值
            logits,_,_ = model(input_ids,all_valid_audio,seg-
ment_ids,input_mask)
        #获取模型输出的 logits

        logits = logits.detach().cpu().numpy()
        label_ids = label_ids.to('cpu').numpy()
        #将 logits 和标签转移到 CPU 上,并转换为 numpy 数组

        tmp_eval_accuracy = accuracy(logits,label_ids)
        #计算验证准确率
        eval_loss + = tmp_eval_loss.mean().item()
        eval_accuracy + = tmp_eval_accuracy
        #累积损失和准确率
        nb_eval_examples + = input_ids.size(0)
        nb_eval_steps + = 1
```

```
        #更新评估示例数和评估步数
        eval_loss = eval_loss /nb_eval_steps
        eval_accuracy = eval_accuracy /nb_eval_examples
        #计算平均损失和平均准确率

        loss = tr_loss /nb_tr_steps if args.do_train else None
        #计算训练损失
        result = {'eval_loss': eval_loss,
               'eval_accuracy': eval_accuracy,
               'global_step': global_step,
               'loss': loss}
        #将评估结果保存到 result 字典中
        output_eval_file = os.path.join(args.output_dir,"eval_
results.txt")
        with open(output_eval_file,"w")as writer:
        #将评估结果写入文件
    logger.info("***** Eval results *****")
            for key in sorted(result.keys()):
    logger.info("  %s = %s",key,str(result[key]))
    writer.write("%s = %s\n" % (key,str(result[key])))

         if eval_loss < min_loss:
    # 如果验证损失小于最小损失,保存模型
            min_loss = eval_loss
            model_to_save = model.module if hasattr(model,'mod-
ule')else model
            #如果有多个 GPU,只保存模型本身而不是 DataParallel 包装器
            output_model_file = os.path.join(args.output_dir,
WEIGHTS_NAME)
```

```
            torch.save(model_to_save.state_dict(),output_mod-
el_file)
            #保存模型权重
             output_config_file = os.path.join(args.output_
dir,CONFIG_NAME)
            with open(output_config_file,'w')as f:
    f.write(model_to_save.config.to_json_string())
            #保存模型配置

    if args.do_test:
    ## Evaluate for each epcoh
        #获取测试数据
        test_examples = processor.get_test_examples(args.da-
ta_dir)
        #将测试数据转换为特征
    test_features = convert_examples_to_features(test_exam-
ples,label_list,args.max_seq_length,tokenizer)
        logger.info("")
        logger.info("***** Running test *****")
        logger.info("  Num examples = % d",len(test_exam-
ples))
        logger.info("  Batch size = % d",args.test_batch_size)
        #将音频数据转换为张量
        all_test_audio = torch.tensor(test_audio,dtype =
torch.float32,requires_grad=True)
        #将特征转换为张量
    all_input_ids = torch.tensor([f.input_ids for f in test_
features],dtype=torch.long)
        all_input_mask = torch.tensor([f.input_mask for f in
```

```
test_features],dtype=torch.long)
        all_segment_ids = torch.tensor([f.segment_ids for f in 
test_features],dtype=torch.long)
        all_label_ids = torch.tensor([f.label_id for f in test_
features],dtype=torch.float32)
        #创建测试数据集
    test_data = TensorDataset(all_input_ids,all_input_mask,
all_segment_ids,all_label_ids,all_test_audio)
        #创建测试数据采样器
        test_sampler = SequentialSampler(test_data)
        #创建测试数据加载器
        test_dataloader = DataLoader(test_data,sampler = test_
sampler,batch_size=args.test_batch_size)
        #加载模型
              model = BertForSequenceClassification.from_pre-
trained(args.bert_model,cache_dir=cache_dir,num_labels=num
_labels)
        #加载已训练的模型权重
        model.load_state_dict(torch.load('CM - BERT_output_
gpu/pytorch_model.bin'))
        #将模型移动到设备上
        model.to(device)
        #将模型设置为评估模式
        model.eval()
        #初始化测试损失和准确率
        test_loss,test_accuracy = 0,0
        #初始化测试步数和测试示例数
        nb_test_steps,nb_test_examples = 0,0
        #初始化预测列表、真实标签列表、文本注意力列表和融合注意力列表
```

```
        predict_list = []
        truth_list = []
        text_attention_list = []
        fusion_attention_list = []
    with torch.no_grad():
                #对测试数据进行评估
                 for input_ids,input_mask,segment_ids,label_
ids,all_test_audio in tqdm(test_dataloader,desc = "Evalua-
ting"):
                    #将输入数据移动到设备上
                    input_ids = input_ids.to(device)
                    input_mask = input_mask.to(device)
                    segment_ids = segment_ids.to(device)
                    label_ids = label_ids.to(device)
                    all_test_audio = all_test_audio.to(device)

                    with torch.no_grad():
                        #使用模型进行前向传播,并计算损失
                         tmp_test_loss = model(input_ids,all_
test_audio,segment_ids,input_mask,label_ids)
                        #获取模型的输出结果,包括 logits(预测值)、文本
注意力和融合注意力
      logits,text_attention,fusion_attention = model(input_
ids,all_test_audio, segment_ids,input_mask)

    # 将 logits、label_ids、text_attention 和 fusion_attention 转
换为 numpy 数组
                    logits = logits.detach().cpu().numpy()
                    label_ids = label_ids.to('cpu').numpy()
```

```
                    text_attention = text_attention.cpu().
numpy()
                    fusion_attention = fusion_attention.cpu().
numpy()
                    #累加测试损失
                    test_loss += tmp_test_loss.mean().item()

    # 将预测值、真实标签、文本注意力和融合注意力添加到相应的列表中
                    for i in range(len(logits)):
                        predict_list.append(logits[i])
                        truth_list.append(label_ids[i])
                        text_attention_list.append(text_atten-
tion[i])
                        fusion_attention_list.append(fusion_at-
tention[i])
                    #更新测试样本数和测试步数
                    nb_test_examples += input_ids.size(0)
                    nb_test_steps += 1

    exclude_zero = False
            #获取预测值列表中非零元素的索引
            non_zeros = np.array([i for i,e in enumerate(pre-
dict_list)if e != 0 or(not exclude_zero)])
            predict_list = np.array(predict_list).reshape(-
1)
            truth_list = np.array(truth_list)
            #根据非零元素的索引获取相应的预测值和真实值列表
            predict_list1 =(predict_list[non_zeros] > 0)
            truth_list1 =(truth_list[non_zeros] > 0)
```

```
        #计算测试损失
        test_loss = test_loss /nb_test_steps
        #对预测值和真实值列表进行裁剪,使其在[ -3,3]范围内
        test_preds_a7 = np.clip(predict_list,a_min = -3.,a_max =3.)
        test_truth_a7 = np.clip(truth_list,a_min = -3.,a_max =3.)
        #计算准确率
        acc7 = accuracy_7(test_preds_a7,test_truth_a7)
        #计算加权 F1 分数
        f_score = f1_score(predict_list1,truth_list1,average ='weighted')
        #计算准确率
        acc = accuracy_score(truth_list1,predict_list1)
        #计算预测值和真实值的皮尔逊相关系数
        corr = np.corrcoef(predict_list,truth_list)[0][1]
        #计算平均绝对误差
        mae = np.mean(np.absolute(predict_list - truth_list))
        #如果进行了训练,计算训练损失;否则,设置训练损失为 None
        loss = tr_loss /nb_tr_steps if args.do_train else None
        #将测试结果保存在字典中
        results = {'test_loss': test_loss,
                'global_step': global_step,
                'loss': loss,
                'acc': acc,
                'F1': f_score,
                'mae': mae,
```

```
            'corr': corr,
            'acc7': acc7}
    #如果 ttt 不等于 4,则输出测试结果
    if ttt ! = 4:
        logger.info("* * * * * test results * * * * *")
        for key in sorted(results.keys()):
            logger.info("  % s = % s",key,str(results
[key]))
    return results
```

(7)下列代码实现以下功能:初始化用于存储各指标的列表;循环运行 5 次主函数,每次运行都会创建输出目录并删除,以避免产生过多的输出文件;将每次运行的结果存储到相应的列表中;计算各指标的均值,并添加到相应的列表中;将各指标结果组合到字典中,并输出到日志文件中。

```
if __name__ = = "__main__":
    #初始化用于存储指标的列表
    acc_list = []
    F1_list = []
    mae_list = []
    corr_list = []
    acc7_list = []
    global_step = []
    test_loss = []
    loss = []
    #循环运行 5 次训练和评估过程
    for i in range(5):
        #创建输出目录
        os.system('mkdir Cross - Modal - BERT - master / CM -
BERT_output_gpu')
        #运行主函数并获取结果
```

```
        results = main(i)
        #将结果存储到相应的列表中
        acc_list.append(float(results['acc']))
        F1_list.append(float(results['F1']))
        mae_list.append(float(results['mae']))
        corr_list.append(float(results['corr']))
        acc7_list.append(float(results['acc7']))
        global_step.append(float(results['global_step']))
        test_loss.append(float(results['test_loss']))
        loss.append(float(results['loss']))
        #删除输出目录
        os.system('rm -r Cross-Modal-BERT-master/CM-
BERT_output_gpu')

    #将列表转换为 numpy 数组并计算各指标的均值
    acc_array = np.array(acc_list).astype(float)
    F1_array = np.array(F1_list).astype(float)
    mae_array = np.array(mae_list).astype(float)
    corr_array = np.array(corr_list).astype(float)
    acc7_array = np.array(acc7_list).astype(float)
    acc_list.append(np.mean(acc_array))
    F1_list.append(np.mean(F1_array))
    mae_list.append(np.mean(mae_array))
    corr_list.append(np.mean(corr_array))
    acc7_list.append(np.mean(acc7_array))
    #组合指标结果到字典中
    results = {'test_loss': max(test_loss),
             'global_step': max(global_step),
             'loss': max(loss),
```

```
            'acc': max(acc_list),
            'F1': max(F1_list),
            'mae': max(mae_list),
            'corr': max(corr_list),
            'acc7': max(acc7_list)}
    #输出指标结果
    logger.info("***** test results *****")
    for key in sorted(results.keys()):
        logger.info("  %s = %s",key,str(results[key]))
```

### 9.2.5　结果分析

运行主函数模块即可得到情感分析的准确率结果,如图 9.8 所示。

```
***** test results *****
  F1 = 0.8656662453862616
  acc = 0.8658892128279884
  acc7 = 0.46938775510204084
  corr = 0.8259669312892093
  global_step = 270.0
  loss = 0.046227686762533804
  mae = 0.6978314518928528
  test_loss = 0.4744890321945322
```

**图 9.8　多模态情感分析结果**

分析多模态情感分析结果时,需要考虑以下几个方面:

(1)模态融合方法:多模态情感分析的一个关键问题是如何融合来自不同模态的信息。常见的方法包括串行融合、并行融合和级联融合等。分析结果时需要考虑采用的融合方法对结果的影响。

(2)性能评估指标:对于情感分析任务,常用的评估指标包括准确率、F1 分数、混淆矩阵、ROC 曲线等。针对多模态情感分析,需要根据任务需求选择适当的评估指标。

(3)模态贡献度分析:分析不同模态对情感分析结果的贡献度。可以通过特征重要性分析、模型权重分析等方法了解每个模态对最终预测结果的影响程度。

(4)模型解释性:对于模型的预测结果,需要进行解释性分析,了解模型是如何做出预测的。可以使用可解释性技术,如 LIME、SHAP 等,来解释模型的预测结果。

(5)跨模态关联分析:分析不同模态之间的关联性对情感分析的影响。例如,音频中的语气是否与文本中的情感一致,图像中的表情是否与文本中的描述相符等。

(6)应用场景分析:根据具体的应用场景,分析多模态情感分析的实际效果。不同的应用场景可能对情感分析的准确度、鲁棒性、实时性等有不同的要求。

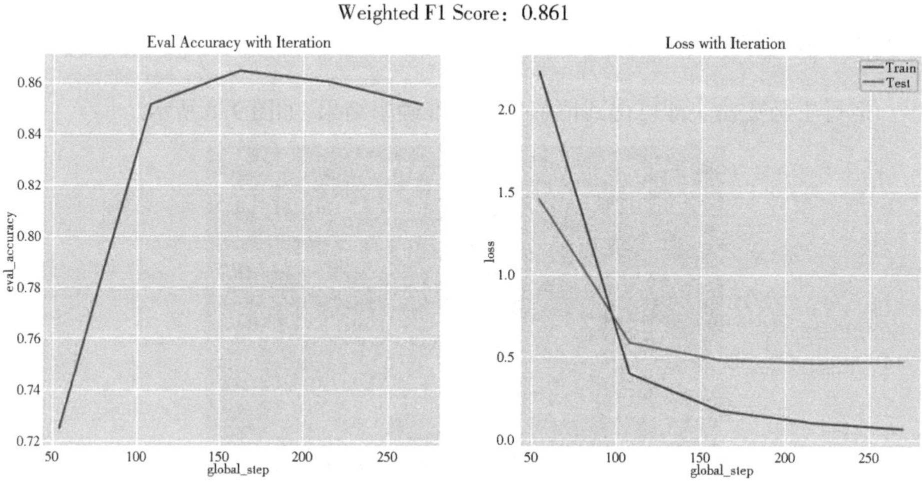


(a) (b)

**图 9.9　函数曲线图**

图 9.9(a)所示为测试集的准确率,横坐标是训练次数,纵坐标是准确率,在前半段的时候准确率随着训练次数的增加而增加,后半段准确率随训练次数的增加而减少。可以看到模型的准确率大概为 87%,后半段准确率下降代表模型存在一些过拟合。图 9.9(b)所示为 loss 曲线,以训练轮数为横坐标,以模型损失函数值为纵坐标。图中的 loss 值随着训练次数的增加而减少并趋于平稳,说明模型的训练效果比较好。图 9.9 正上方是本模型的 F1 值。

在罪犯亲情电话情感分析中的应用意义:

(1)准确率(accuracy):①准确率是评估模型整体性能的重要指标之一,表示模型正确预测的比例。②在罪犯亲情电话异常侦测中，准确率可以帮助衡量模型在检测异常情感的能力。高准确率意味着模型能够准确地识别出异常情感的电话，有助于提高侦测的效率和精度。

(2)损失值(loss)：①损失值是评估模型训练过程中的性能指标，表示模型预测与实际标签之间的误差程度。②在训练过程中，通过最小化损失值来调整模型参数，使其更好地拟合数据，提高模型在测试数据上的泛化能力。

(3)F1 值：①F1 值是综合考虑了模型的精确率(precision)和召回率(recall)的指标，用于平衡两者之间的关系。②在罪犯亲情电话异常侦测中，F1 值可以帮助评估模型在正常电话和异常电话之间的平衡，既要尽可能准确地识别出异常电话，又要尽量减少误判正常电话为异常电话的情况。

这些指标的综合分析可以帮助评估模型在罪犯亲情电话异常侦测情感分析任务中的性能，并指导进一步的改进和优化。通过不断地调整模型和训练数据，使这些指标达到最佳状态，可以提高侦测异常情感的准确性和效率，有助于司法系统更有效地应对罪犯的通信行为。

综上所述，多模态情感分析的研究方法可以有效提高模型的准确率。

以上即为多模态情感分析的一个具体例子，分别介绍了 BERT 模型的代码，以及各个小脚本代码和运行的主函数的代码，可以将其中的数据集换成对应的司法数据集来进行实验，得到相关结果。

## 9.3　情感分析面临的挑战及研究方向

1. 情感分析面临的挑战

(1)数据稀缺性。文本情感分析一般涉及建立情绪词典和规范的技术，包括使用机械进行学习的技术。但是，不管哪种方式，资料都非常匮乏。在建立词典的方式中，情感字典很难得到资源，目前没有公开的情感字典可用。另外，即使是开源的情感字典，随着互联网新词不断涌现，也必须继续对情感字典加以拓展与创新；在基于机器学习的算法中，人们可以通过有情绪标记的语料库来获得信息，并使用情绪分类器。但是情感标注语言材料本身又是稀缺资源，因为各个行业的情感需求具有不同特征，一般的情感训练语言教材不能适应各个行业发展的需要。

(2)类别不平衡。情感研究的工作虽已进行了多年,但目前大部分人还是认为情感正负样本是相对均衡的。情绪研究是在传统情感研究的基础上作出的细粒性的研究分析。但是,各种表达的材料集也往往不平衡,在实际获取的微博资料中,某些情感类型的表达材料量显然超过另一部分类型,如表示希望的表达材料明显超过表示恐惧的。但是,应用于均衡信息的技术在遇到不平等信息的效益通常并不理想。样本数量的不均匀分布,会使机器学习方法在进行分析时会严重倾向于样本较多的类型,进而影响分析的性能。

(3)领域依赖性。某个词语在截然不同的研究领域背景之下代表了截然不同的情感,如"不可预测"在影视批评研究领域是褒义的,在汽车批评研究领域则是贬义的。所以,在进行情感分类的时候,就需要充分考虑情感词的领域依赖性。跨领域情感研究是文本情感研究的一项重大研究课题,跨领域情感研究的许多障碍必须克服。因此,在某个区域的观点表达,在另一区域发生反转。另外,还需要注意各个领域情绪词汇的程度不同。

(4)语言不平衡。目前情感分析工作主要是依靠英文,尽管近些年对中文的情感分析方法也有了相应的研究工作,但由于通过情感词典或语义知识库的管理工作通常都需要依靠某种语言的外部资料,因此通过英文的情感分析方法研究管理工作很难转移到其他语言。而且,由于当时非英文的情感分析练习集与测验集也比较缺乏,极大影响了非英文语种的情感分析研究。

2. 情感分析的研究方向

当各种媒体、不同类型的情感信息"糅合"在一块时,会迅速形成"质变"。与此同时,随着知识自学习、社会网络分析以及学习等新技术的开展,又为对文本情绪的研究提出了新的探索方向。从未来的趋势看,未来的情绪研究的方向包括以下几个领域:

(1)基于多媒体融合的情绪分析。以往的情感研究大多着眼于文字,但是视频和多媒体通常可以比文字表现更为突出的情感意义,即所谓的"一图胜千言"。而且,另一个情感信息表现的重要媒介——声音也能够较好地表达使用者的当前情感状况。所以,随着图片、视频等各类社会网络信息的持续增加,不同的用户信息相结合的技术也有着良好的应用空间。

(2)基于领域自适应的情绪分析。领域自适应技术可使用信息更丰富的源域资源改善目标或模型中的问题特性。传统情感分析者为解决对情感词本身所存在的领域依赖性,故意选取与领域无关的特性,如表情符号。领域自适应的方式能够充分利用情感词在不同领域所表现的各种情感,精确、迅速地辨识文本情感。所以,随着各个领域情感语料资源的累积,基于领域自适应的情感分类将越来越成为一种新兴的科研热点。

(3)基于社交网络分析的情绪分析。社会化互联网的蓬勃发展,带来了丰富的用户互动信息,这些数据体现出使用者的想法、情感和社会关系。通过利用社会互联网的相关研究技术,能够知道不同的社会群体怎样表现情感和情绪倾向。所以,深入研究根据社会网络分析的情感分析方法能够有效地了解受众情感变化,为舆情研究、情感治理的研究做基础。

(4)基于深层语义的情绪分析。深度学习成为机器学习技术研究中的一种新兴应用领域,也获得了长足的发展。在自然语言处理的各项任务中,深度学习也有着不少可喜的成绩。随着计算能力的日益增强、信息量的日益扩大,可预见未来还将涌现出更多更加先进的神经网络模型。该类技术将在工人自主提取情绪信息、避免人工标记工作时间等领域有所巨大贡献。此外,人们在深度学习算法中加了相应的策略,从而能够更有效地掌握单词以及句型中的意思表达,进而完成了解词汇结构和整个文档的工作。

3. 罪犯亲情犯罪方面情感分析存在的不足

在罪犯亲情电话方面,情感分析存在以下不足之处:

(1)语境理解不足。情感分析模型可能无法完全理解电话中的语境,尤其是在涉及特定文化、行业术语或俚语时。这可能导致模型对情感的分析偏差。

(2)语音情感识别准确度。电话通常是通过语音进行交流的,而语音情感识别技术的准确度可能不够高,尤其是在处理不同口音、语速或语调的情况下。

(3)情感复杂性。亲情电话涉及丰富的情感体验,包括爱、恨、悲伤、愤怒等。情感分析模型可能无法准确捕捉到这种复杂的情感变化。

(4)隐私问题。对于涉及个人隐私的电话通话,进行情感分析可能涉及隐私和道德方面的问题,因为情感分析可能会揭露涉及个人的敏感信息。

(5)文化差异。不同文化对于情感的表达方式和理解可能存在差异,情感分析模型可能难以跨越不同文化背景进行准确的分析。

(6)情感伪装。一些人可能会故意伪装他们的情感,使情感分析模型难以准确捕捉到真实的情感状态。

因此,在进行罪犯亲情电话的情感分析时,需要综合考虑以上因素,并且可能需要人工的干预和分析以确保准确性和合法性。

本章通过一个多模态融合的例子,介绍了情感分析在罪犯亲情电话方面的应用。在罪犯亲情电话方面,使用多模态情感分析相比单一模态的情感分析有以下优势:

(1)更全面的信息获取:亲情电话不仅涉及语言的交流,还包括语音、语调、表情、身体语言等多种模态。使用多模态情感分析可以综合考虑这些信息,从而更全面地理解通话中的情感状态。

(2)提高准确性:多模态情感分析可以结合不同模态的信息,相较于单一模态情感分析,可以提高情感识别的准确性。例如,结合语音情感识别和面部表情分析,可以更准确地捕捉到通话中的情感变化。

(3)更好的语境理解:通过同时分析语言、声音和图像等多种模态信息,可以更好地理解通话中的语境,从而提高情感分析的准确性和可解释性。

(4)降低误判风险:多模态情感分析可以相对降低误判风险。在单一模态情感分析中,由于信息的局限性,可能会出现误判情感的情况。多模态情感分析可以通过多种信息进行交叉验证,减少误判的可能性。

(5)更好地适应多样化的通话情境:亲情电话的情境复杂多样,涉及各种情感表达方式。多模态情感分析可以更好地适应这种多样性,从而更准确地捕捉到通话中的情感变化。

综上所述,使用多模态情感分析在理解罪犯亲情电话中的情感方面具有更好的优势,可以提高准确性、降低误判风险,并且更好地适应多样化的通话情境。

# 参考文献

1. 吴军:《数学之美》,人民邮电出版社 2014 年版。

2. 成庆宗编著:《统计自然语言处理》,清华大学出版社 2008 年版。

3. [美]莱恩、霍华德、哈普克:《自然语言处理实战:利用 Python 理解、分析和生成文本》,史亮、鲁骁、唐可欣等译,人民邮电出版社 2020 年版。

4. [印]迪潘简·萨卡尔:《Python 文本分析》(原书第 2 版),闫龙川、高德荃、李君婷译,机械工业出版社 2020 年版。

5. 白天、徐明蔚、刘思铭等:《基于深度神经网络的诉辩文本争议焦点识别》,载《吉林大学学报(工学版)》2022 年第 8 期。

6. 张德:《自然语言处理技术在司法过程中的应用研究》,载《信息与电脑(理论版)》2017 年第 17 期。

7. 王君泽、马洪晶、张毅等:《裁判文书类案推送中的案情相似度计算模型研究》,载《计算机工程与科学》2019 年第 12 期。

8. 刘宗林、张梅山、甄冉冉等:《融入罪名关键词的法律判决预测多任务学习模型》,载《清华大学学报(自然科学版)》2019 年第 7 期。

9. 李大鹏、赵琪珲、邢铁军等:《基于分层注意力循环神经网络的司法案件刑期预测》,载《东北大学学报(自然科学版)》2022 年第 3 期。

10. 程豪、张虎、崔军等:《基于分层学习的易混淆法条预测》,载《计算机工程与设计》2020 年第 1 期。

11. 徐琳宏、林鸿飞、赵晶:《情感语料库的构建和分析》,载《中文信息学报》2008 年第 1 期。

12. 黄昌宁、赵海:《中文分词十年回顾》,载《中文信息学报》2007 年第 3 期。

13. 魏韡、向阳、陈千:《中文文本情感分析综述》,载《计算机应用》2011 年第 12 期。

14. 袁军鹏、朱东华、李毅等:《文本挖掘技术研究进展》,载《计算机应用研究》2006 年第 1-4 期。

15. 胡侠、林晔、王灿等:《自动文本摘要技术综述》,载《情报杂志》2010 年第 8 期。
16. 刘华:《基于关键短语的文本分类研究》,载《中文信息学报》2007 年第 4 期。
17. 黄佳佳、李鹏伟、彭敏等:《基于深度学习的主题模型研究》,载《计算机学报》2020 年第 5 期。
18. 肖元君、吴国文:《基于 Gensim 的摘要自动生成算法研究与实现》,载《计算机应用与软件》2019 年第 12 期。
19. 林鸿飞、高仁璟:《基于潜在语义索引的文本摘要方法》,载《大连理工大学学报》2001 年第 6 期。
20. 范云满、马建霞:《基于 LDA 与新兴主题特征分析的新兴主题探测研究》,载《情报学报》2014 年第 7 期。
21. 邓子云:《scikit - learn 的机器学习流水线技术与应用》,载《信息化研究》2020 年第 2 期。
22. 李乐、章毓晋:《非负矩阵分解算法综述》,载《电子学报》2008 年第 4 期。
23. 周飞燕、金林鹏、董军:《卷积神经网络研究综述》,载《计算机学报》2017 年第 6 期。
24. 程豪、张虎、崔军等:《基于分层学习的易混淆法条预测》,载《计算机工程与设计》2020 年第 1 期。
25. 陈彦、郑明景:《湖南省青少年校园暴力性犯罪的现状及原因分析》,载《法制博览》2021 年第 20 期。
26. 邓平:《社区矫正对象再犯风险现状及对策探究》,载《犯罪与改造研究》2022 年第 8 期。
27. 许桂敏、张莹:《激情杀人犯罪的归因与防控路径探析》,载《浙江警察学院学报》2022 年第 3 期。
28. 王旌宇、冯健新、张玉清:《心理学视角的青少年暴力犯犯罪成因探究》,载《现代交际》2020 年第 3 期。
29. 张虎、潘邦泽、谭红叶等:《基于法律裁判文书的法律判决预测》,载《大数据》2021 年第 5 期。
30. 张璁:《加强法律监督维护公平正义》,载《人民日报》2022 年 7 月 19 日,第 2 版。
31. 邓恒:《如何理解智慧法院与互联网法院》,载《人民法院报》2017 年 7 月 25 日,第 2 版。
32. 刘永聪:《基于深度学习的法律争议焦点归纳研究》,西南财经大学 2021 年硕士学位论文。
33. 张思瑞:《基于深度学习的刑事案件刑期预测方法及应用研究》,沈阳工业大学 2022 年硕士学位论文。
34. 郭彬彬:《融合审判逻辑的盗窃案件刑期预测方法研究》,贵州大学 2022 年硕士学位论文。

35. 林媛媛:《基于多任务联合建模的法律判决预测研究》,南京大学 2020 年硕士学位论文。

36. 王方圆:《我国家庭暴力犯罪的原因与对策研究》,安徽大学 2020 年硕士学位论文。

37.《最高检发布上半年全国检察机关主要办案数据 精准发力 法律监督质效全面提升》,载 https://www.spp.gov.cn/spp/xwfbh/wsfbt/202207/t20220720_565763.shtml#1。

38. DUAN L., Xu T., *A short text similarity algorithm for finding similar police* 110 *incidents*, Proc of International Conference on Cloud Computing and Big Data (CCBD) 2016:260-264.

39. ZHONG H. X. et al., *Legal judgment prediction via topological learning*, Proceedings of the 2018 Conference on Empirical Methods in Natural Language Processing. Brussels, Belgium, oct-nov 2018. ACL, 2018.

40. LONG S. B. et al., *Automatic judgment prediction via legal reading comprehension*, China National Conference on Chinese Computational Linguistics. Kunming: Springer, 2019: 558-572.

41. LUO B. F. et al., *Learning to predict charges for criminal cases with legal basis*, Proceedings of the 2017 Conference on Empirical Methods in Natural Language Processing, 2017:2727-2736.

42. YANG W. M. et al., *Legal judgment prediction via multi-perspective bi-feedback network*, Proceedings of the 28th International Joint Conference on Artificial Intelligence, 2019:4085-4091.

43. Li P., DUNHAM Y., CAREY S., *Of substance: the nature of language effects on entity construal*, Cognitive Psychology, 2009, 58 (4):487-524.

44. FOO S, LI H., *Chinese word segmentation and its effect on information retrieval*, Information processing & management, 2004, 40 (1):161-190.

45. LAMPLE G. et al., *Neural architectures for named entity recognition*, arXiv preprint arXiv: 1603.01360, 2016.

46. BARONI M. et al., *Don't count, predict! A systematic comparison of context-counting vs. context-predicting semantic vectors*, Proceedings of the 52nd Annual Meeting of the Association for Computational Linguistics (Volume 1: Long Papers), 2014.

47. MIKOLOV T. et al., *Efficient estimation of word representations in vector space*, arXiv preprint arXiv:1301.3781.

48. PENNINGTON J. et al. , *Glove: global vectors for word representation*, Proceedings of the 2014 conference on empirical methods in natural language processing (EMNLP) , 2014, 10: 1532 – 1543.

49. JOULIN A. et al. , *Bag of tricks for efficient text classification*, arXiv preprint arXiv:1607. 01759.

50. SARZYNSKA – WAWER J. et al. , *Detecting formal thought disorder by deep contextualized word representations*, Psychiatry Research, 2021, 304: 114135.

51. PETERS M. et al. , *Deep contextualized word representations*, arXiv preprint arXiv: 1802. 05365.

52. DEVLIN J. et al. , *Bert: pre – training of deep bidirectional transformers for language understanding*, arXiv preprint arXiv:1810. 04805.

53. JOSHI M. et al. , *Spanbert: improving pre – training by representing and predicting spans*, Transactions of the Association for Computational Linguistics, 2020: 64 – 77.

54. LIU Y. et al. , *Roberta: a robustly optimized bert pretraining approach*, arXiv preprint arXiv: 1907. 11692.

55. LAN Z. et al. , *Albert: a lite bert for self – supervised learning of language representations*, arXiv preprint arXiv:1909. 11942.

56. RUMELHART D. E. et al. , *Learning representations by back propagating errors*, Nature, 1986, 323(6088):533 – 536.

57. LAWRENCE S. et al. , *Face recognition: a convolutional neural – network approach*, IEEE transactions on neural networks, 1997, 8 (1) : 98 – 113.

58. NEBAUER C. , *Evaluation of convolutional neural networks for visual recognition*, IEEE Transactions on Neural Networks, 1998, 9 (4) : 685 – 696.

59. KRIZHEVSKY A. , SUTSKEVER I. , HINTON G. E. , Imagenet classification with deep convolutional neural networks \. Advances in neural information processing systems, 2012: 1097 – 1105.

60. SZEGEDY C. et al. , *Going deeper with convolutions*, Proceedings of the IEEE conference on computer vision and pattern recognition, 2015: 1 – 9.

61. SIMONYAN K. & ZISSERMAN A. , *Very deep convolutional networks for large – scale image recognition*, arXiv preprint arXiv:1409. 1556, 2014.

62. HE K. et al. , *Deep residual learning for image recognition*, Proceedings of the IEEE confer-

ence on computer vision and pattern recognition, 2016: 770 – 778.

63. HOCHREITER S. & SCHMIDHUBER J. *Long short – term memory*, Neural Computation, 1997, 9 (8) :1735 – 1780.

64. CHO K. et al. , Learning phrase representations using RNN encoder – decoder for statistical machine translation, Association for Computational Linguistics, 2014.

65. KRONER D. G. , LACEY B. A. & CASHEL M. L. , *Development of attribution – based scales associated with proactive, reactive, and acquisitive offending*, Journal of Interpersonal Violence, 2021,36 (13 – 14) : 6274 – 6296.

66. KARLSSON L. C. et al. , *The effect of sex and perpetrator – victim relationship on perceptions of domestic homicide*, Journal of Interpersonal Violence, 2018, 36 (7 – 8) : 3309 – 3330.

67. BARRAT E. S. et al. , *A controlled trail of phenytoin in impulsive aggression*, Journal of Clinical Psychopharmacology, 1991, 11 (6) : 388 – 389.

68. HUANG A. , *Similarity measures for text document clustering*, Proceedings of the sixth new zealand computer science research student conference (NZCSRSC2008), Christchurch, New, 2008.

69. NOROUZI M. et al. , *Hamming distance metric learning*, Advances in Neural Information Processing Systems, 2012: 25.

70. CHIU W. Y. et al. , *Minimum manhattan distance approach to multiple criteria decision making in multiobjective optimization problems*, IEEE Transactions on Evolutionary Computation, 2016, 20 (6) : 972 – 985.

71. DANIELSSON P. E. , *Euclidean distance mapping*, Computer Graphics and image processing, 1980, 14 (3) : 227 – 248.

72. WAGNER R. A. & FISCHER M. J. , *The string – to – string correction problem*, Journal of the Acm, 1974, 21:168 – 173.

73. LIAO H. & XU Z. , *Approaches to manage hesitant fuzzy linguistic information based on the cosine distance and similarity measures for HFLTSs and their application in qualitative decision making*, Expert Systems with Applications, 2015, 42 (12) : 5328 – 5336.

74. HAMERLY G. & ELKAN C. , *Learning the k in k – means*, Advances in Neural Information Processing Systems, 2003: 16.

75. TIBSHIRANI R. & HASTIE W. T. , *Estimating the number of clusters in a data set via the*

*gap statistic*, Journal of the Royal Statistical Society B, 2001, 63 (2) : 411 – 423.

76. ARTHUR D. & VASSILVITSKII S., *K – means + + : the advantages of careful seeding*, SODA'07, 2007: 1027 – 1035.

77. BALL G. H. & HALL D. J., *ISODATA, a novel method of data analysis and pattern classification*, Stanford research inst Menlo Park CA, 1965.

78. FREY B. J. & DUECK D., *Clustering by passing messages between data points*, Science, 2007 (5814) : 315.

79. JOHNSON S. C., *Hierarchical clustering schemes*, Psychometrika, 1967, 32 (3): 241 – 254.

80. Joe H. Ward., *Hierarchical grouping to optimize an objective function*, Journal of the American statistical association, 1963, 58 (301) : 236 – 244.